Was Brüssel sagt, ist Gesetz. Doch in Brüssel regiert eine mächtige EU-Kommission, die keiner gewählt hat, ein gewähltes Europaparlament, das wenig Macht hat, und ein Ministerrat, in dem hinter verschlossenen Türen gekungelt wird. In ihrem Kern ist die EU ein vordemokratisches Gebilde geblieben – die Bürger bleiben außen vor. Aber Europa ist zu wichtig, um es weiter denen in Brüssel zu überlassen!

Andreas Oldag war von 1996 bis Ende 2002 Korrespondent der Süddeutschen Zeitung in Brüssel und berichtet jetzt aus New York.

Hans Martin Tillack ist seit 1999 Korrespondent des Stern in Brüssel.

Unsere Adresse im Internet: www.fischerverlage.de
www.hochschule.fischerverlage.de

Andreas Oldag und Hans-Martin Tillack

RAUMSCHIFF BRÜSSEL
Wie die Demokratie in Europa scheitert

Fischer Taschenbuch Verlag

Veröffentlicht im Fischer Taschenbuch Verlag,
einem Unternehmen der S. Fischer Verlag GmbH,
Frankfurt am Main, Februar 2005

Mit freundlicher Genehmigung des
Argon Verlags, Berlin
© 2003 Argon Verlag, Berlin
Alle Rechte vorbehalten
Druck und Bindung: C.H.Beck, Nördlingen
Printed in Germany
ISBN 3-596-15746-6

INHALT

»Würde sich die EU bei uns um Beitritt bewerben, müssten wir sagen: demokratisch ungenügend.«
EU-Erweiterungskommissar Günter Verheugen

Ob die EU-Kommission den Autohandel umkrempelt oder der Europäische Gerichtshof Frauen bei der Bundeswehr zulässt – immer öfter fallen die Entscheidungen auf EU-Ebene. Die EU brachte Frieden und Wohlstand – aber auch ein undurchschaubares Machtkartell. Wie nicht gewählte Beamte Entscheidungen vorbereiten, Minister sie absegnen und Europaabgeordnete im Zweifel meistens kuschen. Wie das oberste Brüsseler Prinzip funktioniert: mitmischen, aber sich nicht verantwortlich machen lassen

»Dieser Typ, er redet, er redet, er redet.«
Belgiens Premier Guy Verhofstadt über Frankreichs Präsident
Jacques Chirac

*Wie Regierungschefs sich auf EU-Gipfeln als Staatsmänner feiern
lassen – und in Wahrheit über italienischen Prosciutto und schwedische Models palavern. Wie Beamte und Minister hinter verschlossenen Türen Gesetze fabrizieren, von denen hinterher keiner mehr
etwas wissen will. Wie mysteriöse Komitees im Verborgenen über
BSE oder Sportboote entscheiden*

»Eine Kuh, die man so kräftig melkt und die gute Milch gibt, muss
man gelegentlich auch mal streicheln.«
Kanzler Schröder über seine Erwartungen an die EU-Kommission
in Brüssel

*Wie sich nationale Lobbys überall einmischen. Wie Deutschland
mit seiner unkoordinierten Europapolitik Einfluss verspielt. Wie die
deutsche Sprache in den Brüsseler Institutionen an Boden verliert*

»Finanzielle Fragen sind nicht so wichtig.«
Nicole Fontaine, ehemalige Präsidentin des Europaparlaments

*Wie die Brüsseler Subventionitis (nicht) funktioniert. Über den Un-
sinn von Agrarpolitik und Strukturfonds. Wie die Kommission nach
Santers Sturz eine bessere Kontrolle der Finanzströme versprach.
Wie es nun plötzlich weniger Finanzkontrolle gibt. Wie sich der
oberste EU-Betrugsbekämpfer ausbremsen lässt*

Inhalt

»Die Union wird demokratisch sein, oder sie wird nicht überleben.«
Der französische Europaabgeordnete Alain Lamassoure

EU-Beamte proben den Aufstand. Wie ein Zahnarzt Fälschungen produzierte und was den Wettbewerbshütern sonst noch so auffiel. Warum Europa in der Krise steckt. Warum Europa nie wichtiger war als heute. Ist das Raumschiff Brüssel noch zu retten?

VORWORT

Die Geschichte der europäischen Einigung ist eine Erfolgsgeschichte, keiner kann das bezweifeln. Von Lappland bis Andalusien herrschen Frieden und Wohlstand. Erstmals sind die Deutschen mit allen ihren Nachbarn verbündet und nicht verfeindet. Fast 380 Millionen Europäer können zwischen Mecklenburg und Mallorca frei wählen, wo sie leben und arbeiten wollen. Grenzkontrollen und Zölle gehören der Vergangenheit an. Der Euro hilft europäischen Unternehmen, den Launen der globalisierten Wirtschaft besser zu widerstehen.

Das ist die eine Seite. Es ist das Europa, über das die Berufseuropäer besonders gerne reden – seien sie Brüsseler Beamte, Diplomaten oder Journalisten.

Skandal Europa – Brüsseler Innenansichten

Aber es gibt noch ein anderes Europa, das von ihnen nur ungern erwähnt wird. Es ist das Europa, in dem mächtige Regierungschefs die Gemeinschaft nur zum nationalen Vorteil nutzen und bei existenziellen Fragen wie in der Frage eines Kriegs gegen den Irak jeder zuerst an die eigenen Interessen denkt. Es ist das Europa einer ständig wachsenden Bürokratie, die Regelungen für fast alle Lebensbereiche ausspuckt. Es ist das Europa der Verschwendung und der vertuschten Skandale. Es ist das Europa des Raumschiffs Brüssel. Längst hat es abgehoben.

Trotzdem möchte ein fest etabliertes Brüsseler Kartell solche Probleme gerne zum Tabu erklären. Das seien Kinderkrankheiten, wird argumentiert. Das wachse sich raus. Viele der Verteidiger des Brüsseler Systems verhalten sich wie Erwachsene gegenüber einem Fünfjährigen, den sie dafür preisen, dass er selbst seine Schuhe bindet und schon ein bisschen lesen kann. Doch die EU ist kein Fünfjähriger mehr. Viele der strukturellen Probleme haben sich von Jahr zu Jahr zugespitzt. Der nackte Kampf der Egoismen verschärfte sich, je größer die Zahl der Mitgliedsstaaten wurde. Die Brüsseler Bürokratie hat sich noch stets gegen jede ernsthafte Sanierung ihrer eigenwilligen Verwaltungspraxis gestemmt. Die Milliardenprogramme für Landwirtschaft und Infrastruktur in den Mitgliedsstaaten zerstören oft mehr, als dass sie etwas bewirken. Und ausgerechnet jetzt packt die Union das ehrgeizigste und teuerste Vorhaben ihrer Geschichte an. Noch im kommenden Jahr stoßen zehn neue Mitgliedsstaaten zu den bestehenden 15. Natürlich: Niemand darf den Osteuropäern den Zutritt verwehren. Doch ohne drastische Reformen droht die EU an ihrer eigenen Größe zu ersticken. Und auf die Steuerzahler kommen unabsehbare neue Lasten zu.

Diejenigen, die darüber nicht reden wollen, schaden Europa mehr, als sie glauben. Denn die Bürger ahnen längst, dass etwas faul ist in dieser Union. Dass man ihnen nicht die Wahrheit sagt, trägt mit dazu bei, dass der Funkkontakt zwischen dem Raumschiff Brüssel und der Bodenstation zunehmend gestört ist.

Berlin? Brüssel!

Längst ist die europäische Einigung keine Veranstaltung aufbruchs-
freudiger Idealisten mehr. Europa, das ist alltägliche Realität. Welches Benzin wir tanken, welche Zusatzstoffe in die Schokolade kommen, ob die Kohle subventioniert wird und ob große Firmen
fusionieren dürfen – all das und noch viel mehr wird nicht in Berlin,
sondern in Brüssel entschieden. Die neuen prächtigen Regierungs-
gebäude in Berlin sind nur Kulisse. Immer öfter fallen die Entscheidungen in irgendwelchen Hinterzimmern in Brüssel – so schäbig die
manchmal aussehen.

Längst begreift kaum noch ein Bürger, wer da eigentlich in seinem Namen worüber entscheidet. Da gibt es eine mächtige EU-
Kommission, die keiner gewählt hat, ein gewähltes Europaparlament, das wenig Macht hat, und einen Ministerrat, in dem
bevorzugt hinter verschlossenen Türen gekungelt wird. In ihrem
Kern ist die EU ein vordemokratisches Gebilde geblieben – die Bürger bleiben außen vor.

Denn auf ihrem Weg der Integration ist die Union auf halbem
Weg stecken geblieben. Die Gesetzgebung wurde vergemeinschaf-
tet, aber die Demokratie nicht. Zunehmend mehr Entscheidungen
mit weitreichenden Auswirkungen auf den Alltag der Bürger von
Turku bis Teneriffa fallen nun in einem merkwürdigen politischen
Niemandsland – irgendwo zwischen den drei Institutionen EU-
Kommission, Ministerrat und Europaparlament. In diesem Bermudadreieck der Demokratie gehen elementare öffentliche Tugenden
wie Verantwortung und Zurechenbarkeit tagtäglich verloren.

Was in Europa schief läuft

Dieses Buch analysiert an vielen Fallbeispielen die Defizite der Union. Es ist eine schonungslose Kritik an den Schwächen des Brüsseler Apparats, an Arroganz und Bürgerferne, an Missmanagement und Dilettantismus.

Manche Verteidiger der europäischen Institutionen werden uns darum vorwerfen, dass wir zu schwarz malen. Europa habe doch viel Gutes erreicht, argumentieren die Befürworter des Brüsseler Systems. Das ist wohl wahr. Doch selbstgefällige Zufriedenheit mit den Erfolgen der Vergangenheit hat schon viele in die Irre geführt. Wir meinen: Europa ist groß genug, um mit einigen unangenehmen Wahrheiten konfrontiert zu werden – damit endlich Konsequenzen gezogen werden.

Andere Leser kommen vielleicht zu ganz anderen Schlussfolgerungen. »Macht die Kommission dicht!«, werden sie sagen. »Lasst uns Deutsche aus der EU austreten!« Doch das ist mindestens so unverantwortlich wie die blinde Pro-Europa-Propaganda vieler anderer. Deutschland braucht die EU, die Deutschen brauchen die EU – mehr vielleicht als alle anderen. Darum müssen wir sie gemeinsam so reformieren, dass sie eine Überlebenschance hat. Und die hat sie nur, wenn wir sie demokratisieren.

Das europäische Projekt ist längst viel zu wichtig, um es den Berufseuropäern zu überlassen. Warum sollen nicht die Bürger bei Wahlen entscheiden, welchen Kommissionspräsidenten und welche Mannschaft sie in Brüssel am Ruder sehen wollen? Warum sollen sie nicht Versager am Ende wieder in die Wüste schicken können? Warum dürfen Sitzungen der Brüsseler Ministerräte nicht so im Fernsehen übertragen werden wie in Deutschland die Beratungen von Bundestag und Bundesrat?

Jetzt tagt in Brüssel ein Verfassungskonvent, der genau diese Fragen diskutiert – nur verschämt, ohne großen Debattenlärm. Aber immerhin. Doch schon hagelt es auch dort Einwände, warum Demokratie in Brüssel angeblich unmöglich wäre. Schon wegen der vielen unterschiedlichen Sprachen sei kein europäischer Wahlkampf möglich, sagen die Verteidiger des Status quo. Soll das heißen, die EU-Bürger sollen die Herrschaft der Brüsseler Regenten klaglos ertragen, weil die sich ihnen ohnehin nicht verständlich machen könnten?

Es bringe Zwietracht und Parteienstreit, wenn man Europa politisiere, argumentieren Strukturkonservative wie der britische Kommissar Neil Kinnock. Müsste er dann nicht auch Wahlen und Opposition zu Hause in Großbritannien abschaffen?

Brüsseler Stillstand

Kanzler Gerhard Schröder und Frankreichs Präsident Jacques Chirac schlagen im Januar 2003 einen Kompromiss vor. Der Kommissionspräsident soll demnach zwar vom Europaparlament gewählt werden, aber nur mit einer übergroßen qualifizierten Mehrheit. Auf Wunsch der Franzosen soll außerdem ein EU-Präsident Nummer Zwei dem Kommissionschef das Brüsseler Terrain streitig machen: Der Europäische Rat der Regierungschefs, so der deutsch-französische Vorschlag, müsse sich selbst ebenfalls einen eigenen festen Vorsitzenden küren. Für diesen Präsidenten sehen Schröder und Chirac überhaupt keine demokratische Wahl vor. Wem wäre ein solcher Monarch auf Zeit also zur Rechenschaft verpflichtet? In erster Linie ja wohl den Regierungsbürokratien in den Hauptstädten, jedoch nicht den gewählten Abgeordneten des Europaparlaments. Der Schröder-Chirac-Vorschlag vergrößert die Konfusion, anstatt sie zu verkleinern.

Die EU ist entstanden, weil einige Frauen und Männer den Mut hatten, das scheinbar Unmögliche zu denken. Jetzt, so scheint es, haben die Mutlosen die Herrschaft an sich gerissen. Es muss möglichst viel so bleiben, wie es ist, lautet ihre Parole.

Dabei ist eins klar: Die Brüsseler Macht wird unvermeidlich weiterwachsen. Es gibt kein Zurück in die europäische Kleinstaaterei. Aber welch ein Gemeinwesen ist es, das da entsteht? Ist es eine Demokratie, die dem Erbe eines Kontinents würdig ist, auf dem die Volksherrschaft erfunden wurde? Oder regiert in Brüssel weiter ein bürokratielastiges Ungetüm?

Die Antwort müsste klar sein: Eine Alternative zu einem demokratischen Europa gibt es nicht.

1 WIE UNS BRÜSSEL REGIERT

>»Würde sich die EU bei uns um Beitritt bewerben,
>müssten wir sagen: demokratisch ungenügend.«
>EU-Erweiterungskommissar
>Günter Verheugen

Ob die EU-Kommission den Autohandel umkrempelt oder der Europäische Gerichtshof Frauen bei der Bundeswehr zulässt – immer öfter fallen die Entscheidungen auf EU-Ebene. Die EU brachte Frieden und Wohlstand – aber auch ein undurchschaubares Machtkartell. Wie nicht gewählte Beamte Entscheidungen vorbereiten, Minister sie absegnen und Europaabgeordnete im Zweifel meistens kuschen. Wie das oberste Brüsseler Prinzip funktioniert: mitmischen, aber sich nicht verantwortlich machen lassen

Vielleicht wird man eines Tages sagen, dass die Bundestagswahlen des Jahres 2002 die ersten waren, die mit in Brüssel entschieden wurden. Dass Kanzler Gerhard Schröder nur ganz knapp gewann, dass die CDU/CSU von Herausforderer Edmund Stoiber viele Monate in den Umfragen führte – erstmals lässt sich die Debatte über die Ursachen nicht von dem Geschehen in Brüssel trennen.

Nie zuvor war in einem deutschen Wahlkampf so häufig von Brüsseler Entscheidungen die Rede. Und nie zuvor hat sich ein von der Abwahl bedrohter deutscher Kanzler so lautstark über EU-

Kommissare und angeblich »klare Kisten gegen Deutschland« beklagt.

Da kritisierte Wirtschaftskommissar Pedro Solbes die Wachstumsschwäche in Deutschland und entwarf wegen des hohen Berliner Haushaltsdefizits einen blauen Brief. Finanzminister Hans Eichel blieb nichts anderes übrig, als das Versprechen abzugeben, »keine Wahlgeschenke« mehr zu verteilen. Da focht Wettbewerbskommissar Mario Monti die Liberalisierung des Autohandels durch – und ließ Schröder um die Stimmen von Kfz-Händlern fürchten. Da nahm sich Montis Kollege Frits Bolkestein den Volkswagen-Konzern vor: Das niedersächsische Spezialgesetz, das den Wolfsburger Autoriesen vor fremden Übernahmen schützt, habe »keine Zukunft«. Und da mahnte Sozialkommissarin Anna Diamantopoulou Arbeitsminister Walter Riester ab, weil der EU-Beschäftigungsgelder in Millionenhöhe gegen Recht und Gesetz vergeben hatte.

Dass Schröder vor Flutkatastrophe und Irak-Debatte wie der klare Verlierer aussah, hatte auch mit den miserablen Brüsseler Zeugnissen für die deutsche Wirtschaftspolitik zu tun. Als Pedro Solbes Haushaltsdefizit und Wachstumsschwäche in Deutschland anprangerte, tat er nur seine Pflicht. Zugleich lieferte er Vorlagen für den Wahlkampf der Opposition. Auf den Kanzler wirkte es zeitweise so, als habe sich Kommissionspräsident Romano Prodi mit CSU-Spitzenmann Edmund Stoiber verschworen. Wilde Phantasien machten im Kanzleramt die Runde. Waren da in Brüssel womöglich »schwarze Seilschaften« am Werk, die dem Sozialdemokraten in Berlin nach dem Posten trachteten?

Nach Schröders lautstarken Protesten legte die Kommission den Rückwärtsgang ein und verschob Gesetzesprojekte, die den Kanzler empört hatten. Doch jetzt beschwerten sich Edmund Stoibers Leute über die Brüsseler »Kumpanei« mit dem Sozialdemokraten – die EU-Administration schaue untätig zu, wie das deutsche Haushaltsdefizit alle Grenzen sprenge.

Jede Seite versuchte, Brüssel für sich zu mobilisieren. Und beide führten so dem Publikum vor, dass über viele Fragen der deutschen

Politik nicht mehr im Berliner Bundestag, sondern in Brüssel entschieden wird.

Schon lange vor der Wahl bewunderte Stoiber heimlich die Kompetenzfülle der Brüsseler EU-Kommissare. Sie seien für ihn weit bedeutsamere Gesprächspartner als die Berliner Minister, vertraute er Anna Diamantopoulou an. Den EU-Wettbewerbskommissar, der Firmenfusionen blocken und Staatssubventionen für Großkonzerne verbieten kann, findet Stoiber immer schon »wichtiger« als den Bundeswirtschaftsminister. Und die Richtlinien und Verordnungen aus Europa, so ist Stoiber seit langem überzeugt, beeinflussten den deutschen Alltag mindestens so sehr wie die Beschlüsse des Bundestages.

Die Macht in Brüssel

Wohl wahr. Während nun nicht Stoiber, sondern weiterhin Schröder als Kanzler in Berlin in neuen prächtigen Kulissen den Regierungschef eines selbstbewussteren Deutschlands gibt, ist er in Wahrheit stärker in seinem Manövrierspielraum eingeschränkt als irgendeiner seiner Amtsvorgänger. »Die europäischen Organe üben gegenwärtig mehr alltägliche Macht aus als jeder Mitgliedsstaat für sich genommen«, konstatiert Bundesverfassungsrichter Udo di Fabio kühl. 80 000 Seiten füllen die europäischen Verträge, Richtlinien und Verordnungen inzwischen. Längst sind die Zeiten vorbei, in denen in Brüssel nur die Krümmung von Gurken normiert wurde – oder die Spezifikation von Traktorensitzen.

Meist mit der Zustimmung deutscher Minister und Europaabgeordneter, aber öfter auch gegen ihren Willen, haben die Brüsseler Gesetzgeber weit ausgegriffen. Was wir essen, was wir produzieren und kaufen, wie wir arbeiten – kaum noch etwas wird nicht europaweit harmonisiert und kontrolliert. Allein 70 Prozent der Wirtschaftspolitik werden heutzutage in Brüssel gemacht, sagen Experten. 50 Prozent aller neuen Gesetze hätten heutzutage einen europäischen Ursprung, schätzen so unterschiedliche Kronzeugen wie der ehemalige französische Europaminister Alain Lamassoure und die bayerische Staatskanzlei.

Etwa jeder dreizehnte Euro aus dem Bundeshaushalt fließt nach Brüssel. Aber von diesen über 20 Milliarden kommen nur etwa 13 Milliarden als Subventionen zurück – netto schießen die deutschen Steuerzahler also jährlich etwa sieben Milliarden zum EU-Haushalt zu. Diese Summe kann sich in den kommenden Jahren um bis zu zehn Milliarden erhöhen – dann, wenn zwölf neue Mitgliedsstaaten in Ost- und Südeuropa beigetreten sind.

Wie die EU-Maschinerie funktioniert

Dabei ist den Bürgern längst nicht mehr klar, wer da was über ihre Köpfe hinweg entscheidet. Die EU-Machtmaschinerie ist in Furcht erregender Weise komplex.

Wer versteht, was der Unterschied zwischen Europarat und Europäischem Rat ist?[1] Worin unterscheiden sich die Funktionen des EU-Kommissionspräsidenten von denen eines EU-Ratspräsidenten?[2] Was bedeuten Abkürzungen wie OLAF[3], GASP[4] oder EAGGFL[5], die in jedem zweiten EU-Dokument auftauchen?

Selbst ein gebildeter Bürger könne den Gang der EU-Gesetz-

---

1 Im Europäischen Rat sitzen die EU-Staats- und Regierungschefs; der Europarat ist eine paneuropäische Organisation unter Einschluss von Russland mit wenigen Kompetenzen.
2 Der Ratspräsident ist der Regierungschef bzw. Außenminister des Landes, das sechs Monate lang dem Ministerrat vorsitzt.
3 Office de la Lutte Anti-Fraude (Amt für Betrugsbekämpfung)
4 Gemeinsame Außen- und Sicherheitspolitik
5 Europäischer Ausgleichs- und Garantiefonds für die Landwirtschaft

gebung nicht nachvollziehen, räumte der ehemalige EU-Kommissionspräsident Jacques Delors einmal ein. Das Raumschiff Brüssel hat abgehoben. Europa ist längst in der Vertrauenskrise. Von Mal zu Mal geht die Beteiligung der Bürger bei Europawahlen zurück. Wenn den Bürgern ein EU-Projekt zur Volksabstimmung vorgelegt wird, geht das Votum für die Pro-Europäer meist auf Anhieb erst mal verloren – ob es um den Euro in Dänemark geht oder um den Nizza-Vertrag und die Osterweiterung in Irland. Wegen interner Affären und Skandale verlor die Kommission bereits in den 90er Jahren unter Führung des Luxemburgers Jacques Santer den Ruf, mit dem Geld der Steuerzahler vernünftig umzugehen. Sein Nachfolger Romano Prodi hat den Ansehensverlust nicht gestoppt. Joschka Fischer fasst es in seiner berühmten Rede an der Humboldt-Uni treffend zusammen: Die EU »gilt als eine bürokratische Veranstaltung einer seelen- und gesichtslosen Eurokratie in Brüssel und bestenfalls als langweilig, schlimmstenfalls aber als gefährlich«.

Für die Verteidiger des Status quo liegt die Schuld freilich nicht bei Europa – sondern bei den Bürgern. Die seien desinteressiert und uninformiert, Opfer von Vorurteilen und Falschmeldungen. In keiner Sonntagsrede eines Brüsseler Würdenträgers fehlt die Mahnung, den »Graben zwischen der EU und den Bürgern« zu überbrücken.

Das ist wenig mehr als leeres Gerede. Tatsächlich kommt die ehemalige Kommissionsbeamtin Kirsty Hughes der Wahrheit näher: Wüssten die Normalbürger mehr darüber, wie in der EU Entscheidungen gefällt werden – sie wären umso geschockter.

Denn es ist der Bürger, der im Brüsseler Machtkartell ausgesperrt ist. Er hat keinen Einfluss auf die Besetzung der EU-Kommission, kann nicht verfolgen, was die Minister in seinem Namen im Rat auskungeln, und besitzt nicht einmal ein umfassendes Klagerecht vor dem Europäischen Gerichtshof. Das Desinteresse vieler Bürger ist rational: Warum sich mit Europa beschäftigen, wenn ihre Meinung nicht zählt?

Den Bundeskanzler können die Wähler immerhin alle vier Jahre in die Wüste schicken. Das Brüsseler Regime dagegen sperrt sich beharrlich gegen die Kontrolle von außen. Die Regierungsbürokratien in den Hauptstädten und die Apparate in Brüssel kommen damit gut zurecht. Doch grundlegende demokratische Prinzipien – von der Volksherrschaft bis zur Gewaltenteilung – sind außer Kraft gesetzt. Erweiterungskommissar Günter Verheugen scherzte einmal bitterböse: Würde sich die EU um einen Beitritt zur EU bewerben, müsste er den Aufnahmeantrag ablehnen. Grund: Das Regierungssystem sei »demokratisch ungenügend«.

Die Institutionen der EU stellen ein weltweit einmaliges Konstrukt dar. Die EU ist – noch – kein souveräner Staat. Aber sie ist schon lange über den Status eines bloßen Staatenbundes hinaus. Das Bundesverfassungsgericht bezeichnet die EU darum als »Staatenverbund«. Jede größere Kompetenzausweitung der Gemeinschaft muss zwar weiter per Vertragsänderung von den Mitgliedsstaaten genehmigt werden. Sie sind die Herren der Verträge. Doch das bereits geltende EU-Kompetenzgeflecht ist schon heute so dicht, dass Politologen die provokante Frage stellen, ob Deutschland und die anderen EU-Mitgliedsländer noch als souverän gelten können – so sehr ist die nationale Selbständigkeit perdu.

Was auf EU-Ebene entschieden wird, ist für Mitgliedsstaaten, Firmen und Einzelpersonen in einer Weise verbindlich wie sonst nur staatliche Entscheidungen. Das gilt, egal ob die Europäische Zentralbank die Zinsen festsetzt, die Kommission über Wettbewerbsfälle entscheidet oder Ministerrat und Europaparlament Gesetze verabschieden, die dann der Europäische Gerichtshof (EuGH) verbindlich auslegt.

Heute schon ist der Haushalt der EU mit jährlich fast 100 Milliarden Euro größer als der in den meisten kleineren Mitgliedsstaaten – wenngleich er bisher nur ein gutes Drittel des Bundesetats ausmacht. Etwa 40 000 Menschen arbeiten direkt für die EU-Institutionen. Das scheinen vergleichsweise wenige. Es erklärt sich damit, dass es Aufgabe der Mitgliedsstaaten ist, europäisches Recht im Alltag umzusetzen und einen Großteil des EU-Haushalts auszugeben.

Wie wird man Kommissionspräsident?

Im Mittelpunkt des Brüsseler Apparats steht die EU-Kommission – eine ebenso gefürchtete wie umstrittene Bürokratie. Mit 20 von den Mitgliedsstaaten entsandten Kommissaren und einem fast 30 000-köpfigen Personalstamm ist diese Behörde nicht einfach die Regierung der EU. Einige typische Exekutivfunktionen wie die Außenpolitik muss sie sich mit dem Ministerrat teilen, in dem die nationalen Regierungen vertreten sind. Der Kommission (und dem Europaparlament) fehlt das Recht, eigene Steuern zu erheben – sie ist auf die Beiträge der Mitgliedsstaaten angewiesen.

Andererseits hat die Kommission ein für eine Behörde weltweit einmaliges Privileg: In den meisten Politikbereichen hat sie und nur sie das Monopol, dem Ministerrat und dem Parlament neue Gesetze vorzuschlagen – ein beachtliches Machtinstrument, denn die Kommission kann zugleich Vorschläge zurückziehen, wenn der Rat oder das Europaparlament die Vorlagen in deutlicher Weise abändern möchte. Mit dieser Drohung versucht die Kommission bis heute, die gewählten Abgeordneten von Änderungsanträgen abzubringen.

Grund genug, sich genau anzusehen, wie die Chefs dieser wichtigen Institution bestimmt werden. Das Ergebnis ist betrüblich: Gemessen an der Kür der EU-Kommissare, ist selbst die Papstwahl keine besonders intransparente Veranstaltung. Denn der Präsident der mächtigsten supranationalen Behörde der Welt muss sich nicht den Wählern stellen, keinen monatelangen öffentlichen Wettbewerb mit anderen Konkurrenten bestehen. Er muss kein überzeugendes politisches Programm vortragen, um nominiert zu werden. Er muss lediglich 15 Männern und Frauen gefallen – den Staats- und Regierungschefs der EU. Sie und nur sie haben das Vorschlagsrecht.

Das Europaparlament muss den Kandidaten anschließend zwar bestätigen, doch tatsächlich spielen die Abgeordneten bei der Ernennung nur die Rolle des Nick-Augusts. Das Parlament könnte theoretisch zwar den Präsidenten oder sogar das gesamte Personaltableau ablehnen. Das ist aber noch nie passiert. Denn die Abgeordneten des Europaparlaments stehen bei der Ernennung der Kommission unter dem massiven Druck ihrer Heimatregierungen. Die 20 Kommissare kommen aus praktisch allen großen europäischen Parteien und bilden damit eine Art übergroße Koalition. Welcher Abgeordnete würde gegen eine Mannschaft rebellieren, in der auch der eigene Parteifreund sitzt?

Der amtierende Präsident Romano Prodi sieht sich bei Amtsantritt bereits an der Spitze einer »Art europäischen Regierung«. Doch man stelle sich eine deutsche Regierung vor, deren Kanzler nicht vom direkt gewählten Bundestag bestimmt würde, sondern von den Ministerpräsidenten der Bundesländer – bei einer Sitzung hinter verschlossenen Türen. Die Länderfürsten hätten zugleich das Privileg, jeweils ein bis zwei Minister vorzuschlagen – zwei für große Länder wie Nordrhein-Westfalen oder Bayern, je einen für Rheinland-Pfalz oder Bremen. Der Bundestag könnte sodann diesen Vorschlag nur noch genehmigen – eigene Kandidaten aus der Mitte des Parlaments aufzustellen wäre unzulässig. Das klingt aberwitzig – aber man ersetze einfach Bundeskanzler durch Kommissionspräsident, Bundesländer durch Mitgliedsstaaten – und man hat die einzigartige Brüsseler Machtstruktur vor sich.

Es ist für das Parlament übrigens auch fast unmöglich, den Kommissionspräsidenten wieder zu stürzen. Dafür braucht es eine extrem schwer zu erreichende Zweidrittelmehrheit. Tröstlich für die Abgeordneten, dass auch die Regierungschefs den Kommissionschef nicht abberufen können. Einmal ernannt, bleibt er fünf Jahre im Amt.

Politik nach Geheimratsart

Alle Gesetze – in der EU heißen sie Richtlinien – werden zwar von der Kommission vorgeschlagen. Doch mit wenigen Ausnahmen treten sie nur in Kraft, wenn der Ministerrat ihnen zustimmt. Er ist das zweite Machtzentrum der EU und ebenfalls kein Ausbund an Transparenz. Denn die Minister verrichten ihre gesetzgeberische Tätigkeit bislang stets hinter verschlossenen Türen – wie sonst »nur der nordkoreanische Volkskongress«, spottet der britische Europaminister Peter Hain. (Jetzt sollen immerhin die Schlussabstimmungen öffentlich übertragen werden.)

Verteidiger des Ratsregimes insistieren, die Minister seien ja demokratisch gewählt. Die Zweifel an der Legitimität des Rates kann das Argument nicht ausräumen. Denn die Parlamentswahlen, aus denen diese Regierungen hervorgehen, sind ja keine europäischen Wahlen, bei denen über europäische Politik debattiert wurde.

Tatsächlich können die Regierungsvertreter auf EU-Ebene viel ungehemmter schalten und walten als zu Hause – denn was sie im Rat beschlossen haben, können die Abgeordneten zu Hause nicht mehr rückgängig machen. Die Behauptung, dass im Rat demokratisch gewählte Minister entscheiden würden, ist noch aus einem anderen Grund irreführend: Nur in der Theorie entscheiden die Minister. In der Praxis sind es in bis zu 85 Prozent der Fälle Beamte und Diplomaten, die das Ergebnis in vertraulichen Arbeitsgruppen aushandeln. Die Minister segnen nur noch ab.

Je größer die Zahl der Mitgliedsstaaten, desto größer wurde das Risiko, dass einzelne Regierungen die Gesetzgebung mit einem Veto aufhalten. In einigen Politikbereichen entscheidet der Ministerrat darum nun mit Mehrheit. Das ist die einzige Lösung, um eine Blockade der Gesetzgebung zu verhindern. Und es ist vertretbar, solange ein demokratisch gewähltes Parlament ebenfalls über diese Gesetze entscheiden darf. Doch über die gesamte 40 Milliarden schwere EU-Agrarpolitik verfügen die Minister mit Mehrheit, ohne dass die

Parlamentarier sich einmischen könnten – und zwar weder die in den Hauptstädten noch in Europa.

Wegen des Initiativmonopols der Kommission hängt es bei Mehrheitsentscheidungen auch maßgeblich von ihr ab, was sich am Ende im Text wiederfindet. Für die Behörde genügt es, den Entwurf an den Interessen einer Mehrzahl von Mitgliedsstaaten auszurichten. Hat ein Land – selbst von der Größe Deutschlands – beim Lobbying der Kommission keinen Erfolg, landet es im Rat schon mal in der Minderheit und verliert. Überdurchschnittlich häufig werden die Minister aus Bonn/Berlin laut offizieller Statistik im Rat überstimmt. Übrigens gerade dann, wenn es um finanzwirksame Beschlüsse geht – etwa eine Aufstockung der Zahl der Kommissionsbeamten.

In diesem System setzen sich am ehesten diejenigen Regierungen durch, die ihre EU-Politik gut koordinieren. Die Deutschen gelten da als jämmerliche Versager. Kein Wunder, dass Bundestagsabgeordnete, wie den Europaausschussvorsitzenden Matthias Wissmann, gelegentlich »Ohnmachtsanfälle« beschleichen: Als nationaler Parlamentarier habe man »das Gefühl des Überfahrenwerdens« durch all die Vorgaben aus Brüssel, die man nicht mehr ändern könne.

Desorganisierte Deputierte – ferne Richter

In etwa drei Viertel aller Fälle bestimmt das Europaparlament heutzutage bei neuen EU-Gesetzen mit. Doch die Abgeordneten sind oft reichlich desorganisiert. Entscheidungen fallen zuweilen nach dem Zufallsprinzip. Ob Bürger bei der Europawahl SPD oder CDU, Grüne oder FDP wählen, hat darum nur begrenzte Auswirkung auf die Gesetzgebung. Sooft die Volksvertretung in Sachfragen zerstritten ist, sosehr ist sie sich andererseits einig bei der Verteidigung des Brüsseler Regimes. Kommissare können das Parlament ungestraft irreführen, von Informationen ausschließen, mit Missachtung behandeln – trotzdem wird alle Kritik an der EU-Administration von einer Mehrheit der Abgeordneten meist rasch erstickt. Dafür sorgt eine übergroße Koalition all der Abgeordneten, deren Partei mit einem eigenen Kommissar in der Exekutive vertreten ist.

Nicht sehr bürgerfreundlich ist auch der Europäische Gerichtshof (EuGH). Direkt anrufen dürfen Bürger das Gericht nur in eng umschriebenen Einzelfällen – alles andere widerspreche dem Vertrag, haben die 15 Richter gerade erst wieder bekräftigt. Doch gäbe es einen Preis für die am meisten unterschätzte europäische Institution – sie gebührte sicher dem EuGH. Dass Frauen in der Bundeswehr seit zwei Jahren Dienst an der Waffe leisten dürfen, verdanken sie nicht dem ehemaligen Verteidigungsminister Rudolf Scharping, sondern elf Richtern des Kleinen Plenums des Gerichtshofes. Die befanden, dass alles andere dem europäischen Gleichberechtigungsrecht widerspreche.

Im Bewusstsein der meisten Deutschen ist das Bundesverfassungsgericht immer noch die höchste juristische Instanz im Lande. Doch in der Praxis haben die Regierungen in Bonn und Berlin und die Richter in Karlsruhe das akzeptiert, was Juristen den »Anwendungsvorrang« von EU-Recht nennen. Mehrmals statuierte Karlsruhe, es werde dieses Recht »nicht mehr am Maßstab der Grundrechte des Grundgesetzes überprüfen«, solange die Gemeinschaft und insbesondere der EuGH »einen wirksamen Schutz der Grundrechte« gewährleisteten – und solange die EU ihren Kompetenzhunger einigermaßen zügele. Kein Wunder: Würden die Bundesverfassungsrichter oder irgendein anderes nationales Gericht die Gültigkeit europäischen Rechts in Frage stellen, drohte in der EU das blanke Chaos.

Was die EU alles regelt

»Es gibt heute keinen Quadratkilometer europäischen Bodens mehr, auf dem nicht irgendwie und irgendwo die Kommission in Brüssel reguliert«, schimpft Ex-Kanzler Helmut Schmidt. Er hat nicht ganz Unrecht – obwohl es in einigen Fällen Witzbolde waren, die Gerüchte über angebliche EU-Richtlinien in Umlauf brachten. Nie war die Holzofenpizza bedroht (obwohl italienische Zeitungen vor einer Anti-Holzofen-Richtlinie warnten), und die Direktive über den Wasserdruck in Klospülungen war ein Scherz der »taz«. Viele nahmen diesen Witz ernst, denn bis heute reguliert die EU in der Tat die Lärmemissionen von Rasenmähern, die Sicherheit von Sportbooten und die Standfestigkeit von Leitern.

Doch zugleich wird heute in Brüssel sogar Auslieferungsrecht gemacht, und die Kommission versucht, die Einwanderung zu regulieren. Sogar ein EU-Militärstab ist in Brüssel im Aufbau. Er soll künftige Einsätze einer 60 000 Mann starken europäischen Eingreiftruppe vorbereiten.

Nirgends ist von jeher die Brüsseler Zuständigkeit so fest verankert wie bei der Agrarpolitik. Betroffen davon sind nicht nur die Bauern, sondern auch ihre Kunden, die Verbraucher. Agrarpolitik einerseits, Lebensmittelsicherheit andererseits sind Brüsseler Domänen. Im Alleingang kann die deutsche Landwirtschaftsministerin wenig mehr tun, als die Legehennenverordnung etwas hühnerfreundlicher zu gestalten – aber um den Preis, dass die Konkurrenten im Nachbarland billiger produzieren und Arbeitsplätze verloren gehen.

Die Brüsseler Union wurde als Europäische Wirtschaftsgemeinschaft geboren, und das sieht man ihr heute noch an. Manchmal bestellen sich europäische Firmen einfach deshalb komplizierte neue Produktrichtlinien aus Brüssel, um die Konkurrenz aus Japan oder Südkorea vom EU-Markt fern zu halten. Auf dem Umweg über die Brüsseler Bande setzten die Regierungen andererseits Reformen durch, die Gewerkschaften und Lobbys zu Hause lange blockiert hatten. Die Liberalisierung des Telefonmarktes wurde von Ministern und Kommissaren in Brüssel durchgesetzt. Wer erinnert sich, dass es Telefone früher nur bei der Bundespost gab?

Selbst europäische Umweltstandards sind oft schärfer als die deutschen Regeln – oder die EU sorgte dafür, dass bundesdeutsche Standards auch jenseits der Grenze gelten und Umweltdumping damit schwerer wird. Mitte der 90er Jahre wollte die Kommission Deutschland zwingen, spanische Babynahrung der Marke Hero auf dem bundesdeutschen Markt zuzulassen, obwohl die drei- bis viermal so stark mit dem Pestizid Lindan belastet war als nach deutschem Recht zulässig. Aufmerksame Europaabgeordnete verhinderten das Schlimmste. Angeführt von dem Sauerländer Arzt und CDU-Abgeordneten Peter Liese, machte das Europaparlament 1999 die niedrigen deutschen Pestizidgrenzwerte in Europa allgemein verbindlich.

Die EU nimmt den Mitgliedsstaaten nicht nur Macht, sie gibt ihnen auch Einfluss zurück: Gemeinsam sind die 15 Partner viel stärker als Länder wie Niederlande oder Spanien, aber auch Frankreich und Deutschland alleine. Wettbewerbskommissar Monti mischt sich erfolgreich auch in US-Fusionsfälle ein, wenn die den europäischen Markt betreffen.

Immer öfter fallen in Brüssel aber auch Entscheidungen, die Kopfschütteln auslösen. Sogar das Rauchen wird von Brüssel reglementiert. Ab 2004 sind europaweit nur noch Leichtzigaretten mit nicht mehr als 10 Milligramm Teer und einem Milligramm Nikotin erlaubt – sie dürfen aber nicht mehr »leicht«, »light« oder »mild« heißen.

Sitzen Geisterfahrer in Brüssel? Das fragten sich deutsche Autobesitzer, als die EU-Kommission versteckt in einer neuen Richtlinie vorschlug, Normalbenzin ab 2005 zu verbieten. Begründung: Es sei in Europa ja kaum noch verbreitet. Dabei fährt ein Drittel aller Benziner in der Bundesrepublik mit dem preisgünstigen Kraftstoff. Müssten sie auf Super umsteigen, kostete sie das jährlich etwa 250 Millionen Euro.

»Europäische Detailsteuerung und Regelungswut führen dazu, dass Sie nicht einmal eine Ortsumgehung alleine planen können«, schimpfte einmal der ehemalige niedersächsische Ministerpräsident Sigmar Gabriel. Und er hat damit nicht Unrecht: In den nach der so genannten Flora-Fauna-Habitat-Richtlinie ausgewiesenen neuen EU-Naturschutzgebieten muss jedes größere Bauprojekt von der Brüsseler Kommission genehmigt werden. Keine Kleinigkeit: 6,4 Prozent des Bundesgebiets sind FFH-Gebiet. Allein Nordrhein-Westfalen stellte 400 Gebiete unter Naturschutz. Im März 2001 rollte darum ein Auto mit 25 000 Seiten Akten nach Brüssel. Als Helmut Kohls Umweltminister Klaus Töpfer dieser Richtlinie seinerzeit zustimmte, war man sich der Folgen wohl »nicht bewusst«, klagt Edmund Stoiber heute. Aber Umweltschützer sind von FFH begeistert.

Selbst ein leibhaftiger EU-Kommissar sprach die Gefahren der europäischen Überregulierung schon mal öffentlich aus. »Die Kommission macht zu viel, hat zu viele Aufgaben, und es gibt einen eingebauten Trend, ihr immer weitere Aufgaben zu übertragen«, bekannte Kommissar Frits Bolkestein Anfang 2002 in einem Interview. Der Niederländer wörtlich: »Das Europaparlament will, dass wir alles und noch etwas mehr tun, die Kommissionsdienste wollen ständig mehr Kompetenzen – das ist der normale bürokratische Reflex. Und viele Minister der Mitgliedsstaaten wollen auf dem Umweg über Brüssel erreichen, was sie zu Hause nicht hinbekommen.«

Tatsächlich ist längst eine veritable Zentralisierungsdynamik im Gange. Die Politologen sprechen vornehm vom »Spill over«-Prozess. »Spill over« heißt so viel wie »überschwappen«. Das bedeutet, dass die Europäisierung der Politik in einem Themenfeld neue EU-Kompetenzen in einem anderen Bereich erzwingt. So erzwang der freie Handel innerhalb der EU die Angleichung vieler Produktnormen. Um gleiche Wettbewerbsbedingungen herzustellen, waren EU-Umweltstandards nötig – um Umweltdumping zu verhindern. Der gemeinsame Markt legte es schließlich nahe, auch eine europäische Währung einzuführen – nur so ließen sich Währungsschwankungen vermeiden, die plötzlich schockartig die Kalkulationen von Exporteuren und Importeuren über den Haufen werfen. Freier Handel verlangte nach offenen Grenzen. Diese offenen Grenzen schließlich erzwingen eine europäische Polizei – die kleine Truppe von Europol in Den Haag ist der Nukleus. Und schon hat die Kommission Vorschläge für zwei neue Einrichtungen entwickelt: Ein Europäischer Staatsanwalt könnte effizienter den Betrug mit EU-Geldern bekämpfen. Außerdem ist eine Europäische Grenzpolizei im Gespräch.

Wahr ist: Oft dauert es viel zu lange, bis die EU-Gesetzgebungsmaschinerie zu einem Ergebnis kommt. Viel zu viele Akteure können ihr Veto einlegen. Mal weigert sich die EU-Kommission rundweg, eine Initiative einzubringen. Mal bremst ein einzelner Mitgliedsstaat. Da verhindert Griechenland lange Zeit den Mazedonien-Einsatz der EU-Armee (ein Streit mit der Türkei blockierte die Zusammenarbeit mit der Nato), Deutschland das Gemeinschaftspatent (aus Sorge, Streitfälle würden nicht mehr vor spezialisierten deutschen Gerichten ausgetragen, sondern beim EuGH in Luxemburg) und Italien eine Entscheidung über den Sitz der Lebensmittelbehörde (Premier Berlusconi ist gegen Helsinki, für Parma).

Mit der Erweiterung der EU auf 25 oder 27 Mitglieder droht der Gemeinschaft endgültig die Lähmung. Je mehr Mitglieder dabei sind, desto schärfer werden die Interessengegensätze: Kleine Staaten gegen große Staaten, Arm gegen Reich, Nord gegen Süd, bald auch noch West gegen Ost. Alle bisherigen Reformversuche – etwa beim Gipfel von Nizza – machten das Abstimmungssystem nur noch komplizierter und anfälliger für Blockademinderheiten. Je mehr Teilnehmer im Saal sind, desto mehr geht unvermeidlich verloren von der intimen Debattieratmosphäre der frühen Europäischen Wirtschaftsgemeinschaft mit ihren gerade mal sechs Mitgliedern.

Dabei privilegiert der Zwang zur Einstimmigkeit ausgerechnet die etablierten Interessen. Frankreich und Spanien, die besonders von Milliarden EU-Subventionen profitieren, können jede Änderung des Förderregimes blockieren. Die vielfältigen Veto-Möglichkeiten führen auch dazu, dass die EU-Politiker immer dann schwach sind, wenn sie rasch aktiv eingreifen sollen. Das schadet der Gemeinschaft gerade da, wo sie besonders stark sein könnte: in der Außen-

und Verteidigungspolitik, wo schon lange klar ist, dass die Europäer gegenüber Amerikanern, Russen und – bald – Chinesen nur gemeinsam bestehen können.

Der Zwang zur Einstimmigkeit hat allerdings noch einen paradoxen Nebeneffekt: Er führt dazu, dass Brüsseler Gesetzgebung viel schwieriger wieder zu ändern ist. In Deutschland kann das Parlament jederzeit eine Novelle einbringen – in Europa niemals, denn dazu fehlen der EU-Volksvertretung die Kompetenzen.

Die »sanfte Tyrannei« der Kommission

So oder so: Der Trend zur Zentralisierung ist nicht aufzuhalten. Eine Union mit bald 25 oder mehr Mitgliedern könne nur funktionieren, wenn die Kommission eine noch »stärkere Stellung« bekomme, bekennt Erweiterungskommissar Günter Verheugen. Er hat Recht. Europa braucht mehr denn je eine stärkere Exekutive, auch zur Koordinierung der Wirtschafts- und Steuerpolitik in der Eurozone. Helmut Kohl hatte im Vorfeld des Maastrichter Gipfels vergebens für eine politische Union als Gegengewicht zur Währungsunion geworben. Doch die Franzosen blockten diese Versuche damals ab.

Solange aber die Kommissionsführung nicht wie eine Regierung im Wettstreit eines Wahlkampfes ausgewählt wird, kann die politische Union nicht funktionieren. Keine Wahlen – das heißt ja auch: Es fehlt der institutionalisierte Streit um die beste Lösung, das vernünftigste Konzept.

Ein demokratisches System habe drei Bedingungen zu erfüllen, schreibt der Oxforder Politologe Larry Siedentop. Es müsse »einfach verständlich« sein, es müsse in der Lage sein, die öffentliche Meinung zu mobilisieren und zu formen – und es »muss in der Lage sein, zu unterhalten und ein öffentliches Schauspiel zu bieten«. Nach diesen Kriterien, folgert Siedentop trocken, »war die EU kein Erfolg«.

Außer im Europaparlament bestehe »das Grundprinzip der EU-Politik« bis heute »eher in Konsensdiplomatie«, also in Verhandlungen mit »geringstmöglicher Geräuschentwicklung«, konstatierte im August 2001 der deutsche Diplomat Martin Kremer in einem Arbeitspapier für Joschka Fischers Auswärtiges Amt. In Brüssel fehlte »das grundlegende Merkmal der innerstaatlichen Demokratie«, nämlich der Dauerstreit zwischen Regierung und Opposition. Diese »elementare Konfliktstruktur« halte die öffentliche Diskussion in den Nationalstaaten in Gang – und ohne sie werde in der EU kein »europäisches Publikum« entstehen.

In der Tat – mangels öffentlichen Streits spielt auf der Brüsseler Bühne kein Drama, das das Medieninteresse wecken würde. Darum ist die Europaberichterstattung in Zeitungen und dem Fernsehen allzu oft reichlich trocken. Viele Brüsseler Korrespondenten sehen sich überdies selbst nicht als Reporter im Dienst ihrer Leser, sondern als Herolde der europäischen Idee. Es komme ihm vor, als sitze er »Missionaren« gegenüber, nicht Berichterstattern, staunte ein schwedischer Minister bei einem Treffen mit Brüsseler Journalisten.

Gäbe es europäische Wahlkämpfe und eine europäische Regierung, es entstünde rasch eine europäische Öffentlichkeit, die heute so sehr fehlt. Dann gäbe es auch Interesse für die Personen, die in Brüssel entscheiden – und nur über Personen lassen sich Bürger für Politik wirklich interessieren. Anonyme Institutionen wecken weder großes Vertrauen noch echte Anteilnahme.

Weil der Kommission die Legitimation durch Parlament und Öffentlichkeit fehlt, ist die Behörde umso mehr auf die Kungelei mit Regierungen und Lobbys angewiesen. Verborgene Seilschaften nehmen Einfluss. Genau hierin liegt eine zentrale Schwäche des EU-Systems. Die Kommission kämpft nicht mit offenem Visier, sondern ist integraler Bestandteil der europäischen Geheimdiplomatie.

Anders als eine gewählte Regierung ist die Brüsseler Administration zugleich gegen die Unbilden sinkender Popularität, kritischer Abgeordneter und skeptischer Journalisten weitgehend abgesichert. »Hier ist man nicht jeden Tag unter dem Druck von Leuten, die auf

der Straße demonstrieren«, freut sich die frühere spanische Minis-
terin und heutige Energie- und Verkehrskommissarin Loyola de Palacio.

Gutgläubige verweisen gerne auf die vertraglich verankerte Unabhängigkeit der Kommission. Das 20-köpfige Führungsteam ist
schließlich nach dem EU-Vertrag verpflichtet, ausschließlich dem
Gemeinschaftswohl zu dienen. Es darf eigentlich keinerlei Weisun-
gen einzelner Mitgliedsstaaten befolgen. Doch gerade weil in Brüssel die öffentliche Debatte fehlt, setzen sich nur allzu leicht Spezialinteressen durch.

Europa wird aus dem Hinterzimmer regiert – und in dem lässt es
sich leicht mauscheln. Wo es keinen Druck von Presse und Parlament gibt, ist auch der Einfluss der Bürokratie umso größer.

Kritiker attestieren der Brüsseler Zentralbehörde schon lange Verselbständigungstendenzen. Sie lanciert schon mal auch dann Initia-
tiven, wenn es dafür keine Rechtsgrundlage gibt. Einmal stellte der
EuGH bereits fest, dass es keine juristische Basis für ein umfassendes EU-weites Tabakwerbeverbot gibt – Kommissar David Byrne
ließ sich davon nicht beirren und startete im Sommer 2001 einen
zweiten Anlauf.

Viele Beamten glauben, selbst am besten zu wissen, wie das europäische Gemeinwohl aussieht. Manche Mitarbeiter der Kommission
verfechten diese technokratische Anmaßung ganz ungehemmt.
Idealismus schlägt da leicht um in ein Europa nach Art einer großen
Lehranstalt, in der Beamte über den Lebenswandel der Bürger entscheiden – von den Rauch- bis zu den Tankgewohnheiten.

Ihren Ursprung hat diese Haltung in der Geschichte der europäischen Einigung. Nach dem Zweiten Weltkrieg misstrauten die
Gründerväter den nationalen Parlamenten und den Bürgern ganz
allgemein. Sie waren in den Worten des US-Politologen David Calleo »gutwillige Technokraten, die die Massendemokratie der modernen Nationalstaaten nicht mochten«. Zu oft waren die Völker mit
Hurrarufen gegeneinander in den Krieg gezogen. Die Brüsseler
Kommission sollte als Motor der europäischen Einigung funktionie-

ren – gerade dann, wenn die Politiker der Mitgliedsstaaten nationalistischen oder populistischen Versuchungen nachgaben.

In den Anfangsjahren der Gemeinschaft, als es wenig mehr zu regeln gab als Stahlzölle und Weizenpreise, mag diese – wie Jacques Delors es formulierte – »sanfte Tyrannei« noch erträglich gewesen sein. Heute, wo die Brüsseler Macht praktisch alle Lebensbereiche umfasst, ist sie nicht mehr zu rechtfertigen.

In einer Demokratie ist es das Volk, das über seine Repräsentanten das Gemeinwohl definiert. In Brüssel sind es Beamte – und die arbeiten nicht im luftleeren Raum, sondern werden jeden Tag von Regierungsleuten und Interessenvertretern umworben. Nichts zeugt so schlagend von der rapide wachsenden Brüsseler Macht wie die ständig wachsende Präsenz von Lobbyisten in der EU-Kapitale. Nach Schätzungen liegt ihre Zahl bei 15 000. Französisch-Polynesien hat ebenso sein eigenes Lobby-Büro wie die russisch-orthodoxe Kirche und die Berliner Verkehrsbetriebe (BVG). Große europäische Konzerne wie DaimlerChrysler, Philips oder Siemens unterhalten exzellente Beziehungen zur Kommission. Ihre gut ausgestatteten Außenbüros in der europäischen Kapitale sorgen dafür, dass Entscheidungen der Wettbewerbshüter dem Firmeninteresse nicht zu stark zuwiderlaufen oder möglichst viele EU-Forschungsgelder in den Konzernetat fließen.

Binnenmarkt und Big Business

Die Konzerne wissen, was sie an der Kommission haben. Denn wenn es eine Idee gibt, die die EU-Zentrale bis heute mit Verve vertritt, dann ist es der gemeinsame europäische Markt, auf dem die Multis ihre Waren ungestört absetzen können. Damit kein Zweifel aufkommt: Der Binnenmarkt hat Wachstum und Wohlstand gefördert, er ist ein großer Erfolg.

Doch was misstrauisch macht, ist der religiöse Eifer, mit dem das gigantische Reformpaket von vielen Kommissionsbeamten verfochten wird. »Jede Sünde gegen den Markt ist eine tödliche Sünde. Das ist die Botschaft«, hörte die Anthropologin Maryon McDonald bei Feldstudien in der Kommission von einem Beamten.

Ursprünglich wollte Landwirtschaftskommissar Franz Fischler sogar Fleisch nur mit der Herkunftsbezeichnung »EU« etikettieren – alles andere sei ein Verstoß gegen das Credo vom unbegrenzten Handel. Im Namen dieses Prinzips bekämpft selbst Umweltkommissarin Margot Wallström die gesetzlich festgelegte deutsche Recyclingquote. Grund: Sie behindert den Import von Mineralwasser in Plastikflaschen – die französischen Firmen Evian, Volvic und Vittel könnten benachteiligt werden. Als ob es sinnvoll wäre, Mineralwasser über Tausende von Kilometern von der Quelle zum Konsumenten zu transportieren!

Folgt man dem deutschen EU-Diplomaten Jochen Grünhage, dann war das Binnenmarktprojekt »das größte Wirtschaftsliberalisierungsprogramm seit Ludwig Erhard, von der Telekommunikation über die Finanzdienstleistungen bis zum Land-, Luft- und Schienenverkehr, von der schrittweisen Öffnung der Energiemärkte bis zu den Postdiensten«. Doch nie wurde dieses Liberalisierungsprogramm in einem europäischen Wahlkampf diskutiert. Geboren wurde die Idee nicht in der öffentlichen Debatte, sondern in den Chefetagen des Big Business. Der so genannte »European Round Table of Industrialists« (ERT), dem die Vorstandsvorsitzenden 43 wichtiger Industriekonzerne von Siemens über E.ON, Bayer bis Volvo angehören, pushte seit 1980 die Beseitigung von Handelshemmnissen, seien es technische Standards, Zölle oder mangelnde Grenzabfertigungskapazitäten.

Kaum ein Projekt hat Brüssel am Ende so viele neue Kompetenzen gebracht wie das Binnenmarktprogramm. Die britische Ex-Premierministerin Margaret Thatcher fragte sich angeblich hinterher, wie sie diesem Vorhaben seinerzeit habe zustimmen können. Jacques Delors, der es als Kommissionspräsident erdacht und durchgefochten hatte, will dagegen ganz genau gewusst haben, was er wollte. »Wir sind nicht einfach für den gemeinsamen Markt hier – das interessiert mich gar nicht –, sondern um die politische Union zu schaffen«, bekennt er 1993.

Selbst wenn sowohl Thatcher wie Delors im Nachhinein etwas übertreiben, bleibt eines wahr: In Brüssel wird die Politik der leisen Sohlen gepflegt. Kaum einmal werden die Optionen auf den Tisch gelegt und ausführlich diskutiert. Vieles, was auf den ersten Blick als staubige Bürokratenmaterie daherkommt, hat dennoch später weitreichende Folgen.

Nichts wird das Überleben der Gemeinschaft so auf die Probe stellen wie die Operation »Big Bang«, mit der im Mai 2004 zehn neue Mitgliedsstaaten auf einmal in die Gemeinschaft aufgenommen werden sollen – mit dramatischen Folgen für das Budget und die Effizienz der EU-Institutionen. Das Großexperiment kann klappen. Es kann aber genauso gut in einem Fiasko enden. Diese Risiken sind in Brüssel allen bekannt – sie wurden aber praktisch nie öffentlich diskutiert.

Tatsächlich steckt hinter der Operation »Big Bang« eine Abfolge von Sachzwängen und äußeren Interventionen. Als Prodi im Herbst 1999 sein Amt antrat, verhandelte die EU mit sechs Kandidaten. Er und Verheugen setzten beim Gipfel in Helsinki durch, Verhandlungen mit sechs weiteren Bewerbern zu beginnen. Man wollte nach dem Kosovokrieg den Osten Europas stabilisieren. Trotzdem plante Prodi zunächst, in seiner Amtszeit nicht mehr als drei bis vier Länder aufzunehmen. Doch weil zugleich Kanzler Schröder Druck machte, auf alle Fälle Polen schon in der ersten Runde aufzunehmen, entstand ein Zugzwang. Denn rasch zeigte sich: Selbst die später zu den Verhandlungen gestoßenen Länder wurden schneller mit Brüssel über die Umsetzung von EU-Recht handelseinig als Warschau. Wenn man nun darauf bestand, Polen mit dabeizuhaben, ließen sich Litauen, Lettland und die Slowakei nicht mehr ausschließen.

Der »Big Bang« kann die EU im schlimmsten Fall zerreißen. Doch er wurde vom großen Publikum unbemerkt auf Trippelschritten vor-

bereitet. Selbst als Verheugen das Vorhaben im November 2001 erstmals offiziell im Europaparlament vorstellt, gibt es nicht etwa eine
große Generaldebatte, sondern eine kurze Fragerunde. Dauer: etwa
eine Stunde.

Der Luxemburger Premierminister Jean-Claude Juncker hat einmal treffend beschrieben, wie das System funktioniert: »Wir entscheiden etwas, lassen es herumliegen und warten, was passiert.
Wenn niemand sich aufregt, weil die meisten Leute ohnehin nicht
verstehen, was vor sich geht, machen wir Schritt für Schritt weiter,
bis es nicht mehr rückgängig zu machen ist.«

Wie die Atomlobby Brüssel regiert

Wie sich dabei hinter den Kulissen Spezialinteressen durchsetzen,
zeigt am besten das Beispiel der Atomwirtschaft. Sie hat sich eine
der mächtigsten Positionen in Brüssel gesichert. Obwohl die meisten EU-Mitgliedsstaaten die Kernenergie inzwischen kritisch bis ab-
lehnend betrachten, wird sie in der EU-Kommission und in Teilen
des Europaparlaments vehement verteidigt. Dahinter steht ein gut
organisiertes Beziehungsgeflecht.

Wer in Brüssel von der Atomlobby spricht, meint zuallererst
Frankreich. Denn der französische Energieriese Edf ist der größte
Nuklearanlagenbetreiber Europas. Zugleich besetzen französische
Beamte Schlüsselstellen in der Kommission – zum Beispiel François
Lamoureux, der atomfreundliche Generaldirektor für Energie und
Transport.

Der Einfluss der Atombranche reicht aber weiter. Im Europaparlament hält der SPD-Europaabgeordnete Rolf Linkohr die Stellung.
Er ist nicht nur der führende Energieexperte seiner Fraktion, sondern verficht auch offen die Interessen der Kernindustrie. Linkohr
tut das gegen die eigene Parteilinie, aber nicht gegen den eigenen

Vorteil. Als Beiratsmitglied der Energie Baden-Württemberg (EnBW) bezieht er jedes Jahr 5000 Euro. Übrigens ist EnBW eine Tochter von Edf.

Das fein gesponnene Lobbynetz sorgte dafür, dass Brüssel seine schützende Hand über die Milliardensubventionen hielt, von denen die Nuklearindustrie in Frankreich, aber auch in Deutschland jedes Jahr profitiert. Dabei hilft der 1957 geschlossene Euratom-Vertrag, der eine Sonderbehandlung der Kernenergie gegenüber Kohle, Wind oder Sonnenenergie legitimiert. Er verpflichtet die Mitgliedsstaaten bis heute, »die für die schnelle Bildung und Entwicklung von Kernindustrien erforderlichen Voraussetzungen zu schaffen«.

Hohe EU-Beamte nutzen diese antiquierten Bestimmungen und wehrten Versuche ab, gegen die verdeckten Subventionen für die Atombranche in Deutschland oder Frankreich vorzugehen. Zuwendungen für die Windkraft durfte Wettbewerbskommissar Monti derweil lange ungehemmt attackieren.

Das Schwarze-Peter-Prinzip

Die überkomplizierten Entscheidungsstrukturen der EU haben eine fatale Folge: Am Ende muss sich keiner verantworten, wenn etwas schief geht. In Demokratien müssen die Regierenden oft auch für Dinge geradestehen, auf die sie wenig Einfluss haben. In Brüssel regiert das Schwarze-Peter-Prinzip – immer sind die anderen schuld. Hat der deutsche Kanzler verschlafen, rechtzeitig Bedenken gegen einen Kommissionsvorschlag zu formulieren, schiebt er es auf die Brüsseler Beamten. Gerät die Kommission wegen der Flut ihrer Gesetzesentwürfe unter Druck, will sie in 90 Prozent der Fälle auf Wunsch der Mitgliedsstaaten und des Parlaments gehandelt haben – als ob die Behörde nicht zugleich eifersüchtig ihr exklusives Vorschlagsrecht verteidigt, das ihr allein die Verantwortung lässt.

Das gleiche Spiel wiederholt sich innerhalb der Kommission. Entscheidungen treffen die Kommissare kollektiv – jeder Einzelne kann sich hinter dem Kollegium verstecken. Auch unter den Beamten regiere eine »Kultur der kartellierten Verantwortung«, konstatierten Prüfer der Innenrevision der Kommission im November 2001. Jede Entscheidung wird möglichst vielen Funktionären zur Unterschrift vorgelegt. Keiner muss wirklich geradestehen, wenn eine Panne passiert und zum Beispiel EU-Gelder verloren gehen.

Selbst nach schwer wiegenden Skandalen werden die Verantwortlichen nur selten zur Rechenschaft gezogen. Das funktioniert, weil in Brüssel keiner fürchten muss, von den Wählern abgestraft zu werden, weil Parlament und Presse allzu oft stillhalten. Weil es »keine Kultur von Verantwortung und Sanktionen gibt«, könne das Brüsseler System seine Schwachstellen nicht identifizieren und sich »schwarzer Schafe« wie korrupter Beamte und schlechter Manager nicht entledigen, schreibt Franck Biancheri, Direktor bei den Pariser Thinktank Europe 2020.

Dabei sind Eurokraten nicht dümmer oder korrupter als deutsche Beamte. Doch der mangelnde Druck von außen führt dazu, dass sich Missstände fortschleppen – und Kritiker als Störenfriede erscheinen. Bestraft werden in Brüssel nicht diejenigen, die für Missmanagement, Unregelmäßigkeiten und Selbstbedienungsmentalität verantwortlich sind – sondern diejenigen, die auf die Probleme aufmerksam machen. Viele Brüsseler Skandale der vergangenen Jahre haben dieses immer gleiche Muster bestätigt.

Das berühmteste Opfer dieses Systems war der niederländische Assistenz-Wirtschaftsprüfer Paul van Buitenen. Er konnte es nicht mehr ertragen, dass seine Vorgesetzten alle Betrugsermittlungen verschleppten. Der Beamte informierte im Dezember 1998 das Parlament – und wurde dafür suspendiert und bestraft.

»Es wird schwierig, irgendeine Person zu finden, die sich auch nur im Geringsten verantwortlich fühlt«, schrieb das Komitee der Weisen, das im März 1999 den Sturz der Kommission um den damaligen Präsidenten Jacques Santer auslöste. Würde das Komitee heute seine Untersuchung wiederholen – das Ergebnis sähe nicht viel anders aus.

Keine Hilfe aus den Hauptstädten

Euroskeptiker, vor allem in Großbritannien, aber auch bei uns, präsentieren eine vermeintliche Patentlösung für den Brüsseler Kontrollmangel. »Stärkt die Rolle der Mitgliedsstaaten!«, sagen sie.

Doch dieser Ratschlag zeugt von wenig Sachkunde. Denn die Mitgliedsregierungen sind mit dem Kontrolljob nicht nur überfordert – sie sind an ihm gar nicht interessiert. Wo das Europaparlament wenigstens gelegentlich auf Probleme beim Management des Kommissionshaushalts hinweist, nickt der Ministerrat die Bücher der Brüsseler Behörde stets klaglos ab. Für jeden einzelnen Mitgliedsstaat ist es weitaus lohnender, den Kommissionsapparat zu Hinterzimmerdeals im eigenen Interesse zu nutzen – Generalkritik an der Administration wäre nur kontraproduktiv. Im Gegenteil: Je undurchsichtiger die Kommission operiert, desto einfacher kann es für gewiefte Taktiker in den Hauptstädten sein, ihre Interessen durchzusetzen.

Als sich Ende 1998 unter Santer die Affären und Skandale häuften, wehrte die Behörde arrogant alle Kritik aus dem Europaparlament ab. Deutsche Europaabgeordnete wie die Grüne Edith Müller oder der CSU-Mann Markus Ferber hielten dagegen – und mussten sich dafür Ermahnungen vom deutschen EU-Botschafter Dietrich von Kyaw anhören. Die Vorwürfe gegen die Kommission seien maßlos übertrieben, und die Kritik schade Europa. »Ich wollte kein Misstrauensvotum gegen die Kommission«, sagt der Diplomat heute noch. »Wenn man Dinge bereinigen kann, ohne großen öffentlichen Schaden für die EU, dann ziehe ich das vor.«

Santers Generalsekretär Carlo Trojan wurde von den Abgeordne-

ten seit 1998 für verschleppte Betrugsuntersuchungen verantwortlich gemacht. Trotzdem hielt ihn die Bundesregierung in Ehren –
sie hatte ihn sogar schon mit dem Bundesverdienstkreuz dekoriert,
weil er 1990 bei der Eingliederung der DDR in die EU große Hilfe
leistete. Als Prodi im Frühjahr 2000 den Niederländer auf Druck
des Europaparlaments schließlich versetzte, war der niederländische
Premier Wim Kok »unangenehm überrascht«, und deutsche Diplomaten vergossen heftige Tränen: »Deutschland hat in der Kommission einen Freund verloren«, wehklagte ein hoher deutscher Beamter. Dass unter Trojans Führung die Glaubwürdigkeit der
Kommissionsverwaltung Schaden nahm – was kümmerte es die
Diplomaten des Auswärtigen Amtes und die Regierenden in Den
Haag.

Manchen Mitgliedsstaaten passt es sogar gut in den Kram, wenn
die Autorität der Kommission ins Wanken gerät. In Paris oder London, aber immer öfter auch in Berlin, nimmt die Neigung zu, wichtige Fragen direkt zwischen den Hauptstädten abzusprechen. Im
Brüsseler Jargon nennt man das die »intergouvernementale Methode«. Seit dem Gipfel in Maastricht 1991 betreibt die EU so zwar größere Teile der Außen- und Justizpolitik gemeinsam – aber die
Regierungschefs sorgten dafür, dass Kommission und Europaparlament außen vor blieben. Über Fragen, die etwa das Polizeiamt
Europol betreffen, wird allein zwischen den europäischen Regierungen entschieden. Das Europaparlament hat bei den sensiblen Fragen
der inneren Sicherheit nichts zu sagen. So wandert die Entscheidungsfindung aus den Hauptstädten aus – kommt aber nie richtig in
Brüssel an. Demokratie und Transparenz bleiben auf der Strecke.

Seit 1999 hat die Union auch einen Quasi-Außenminister. Doch
dieser »Hohe Beauftragte« für Außenpolitik ist kein Politiker, sondern als Generalsekretär des Rates ein hoher Beamter. Javier Solana,
der frühere Nato-Generalsekretär, ist keinem Parlament dieser Erde
verantwortlich, sondern nur den Regierungen.

Solanas Stellvertreter, der französische Diplomat Pierre de
Boissieu, verficht offen seinen Plan, die Kommission als Motor der

Gemeinschaft durch den Rat zu ersetzen. Affären wie die, die zum Sturz von Jacques Santer führten, sind für ihn Vorboten eines heraufziehenden Regimewechsels. De Boissieu ist der Großneffe von Frankreichs legendärem Präsidenten Charles de Gaulle. Wie sein Großonkel denkt sich de Boissieu die EU als Vereinigung von Nationalstaaten, nicht als Gemeinschaft. Aber in Wahrheit wird in seinen Planspielen nur ein Apparat durch den anderen ersetzt – ein schwach legitimierter durch einen völlig unkontrollierbaren. Als ob die Gemeinschaft nicht heute schon unter dem Geburtsfehler leidet, in erster Linie eine Union der Staaten und Regierungsbürokratien zu sein – anstatt einer Union der Bürger.

System in der Krise

Es lässt sich nicht mehr verbergen – das Brüsseler System ist in einer tiefen Krise. In der Kommission streiten die Kommissare an der Spitze über den Kurs – und derweil verselbständigt sich die Bürokratie. Treffen die nationalen Minister zu ihren EU-Ratssitzungen zusammen, tun sie oft wenig mehr, als von ihren Beamten bereits ausgehandelte Kompromisse abzunicken. Und die Europaabgeordneten beschäftigen sich oft lieber mit politischen Hobbys als mit der Kontrolle von Kommission und Rat. Mit bald 25 und mehr Mitgliedern droht dem System der Kollaps. Der niederländische EU-Kommissar Frits Bolkestein hat es selbst ausgesprochen: »Wenn weitere Aufgaben und Mitgliedsstaaten hinzukommen, wird das Ergebnis eine bürokratische Monstrosität sein – oder Chaos.«

Wer führt die EU? Alle und keiner. »Stellen Sie sich ein großes Flugzeug vor. Sie gehen ins Cockpit, und niemand sitzt an den Instrumenten« – so beschreibt Portugals Premier José Duráo Barroso die Lage der Union im Sommer 2002.

Ein Staat im Werden?

Feierlich eröffnet der ehemalige französische Staatspräsident Valéry Giscard d'Estaing am 28. Februar 2002 den europäischen Verfassungskonvent. 105 Vertreter aus den Hauptstädten und dem Europaparlament sollen bis zum Sommer 2003 die EU vom Kopf auf die Füße stellen und – so der offizielle Auftrag – den »Mangel an Effizienz, Transparenz und Demokratie« beseitigen.

Der Konvent verspricht eine Revolution. Anders als die Staats- und Regierungschefs auf ihren Gipfeln beraten die Konventsmitglieder öffentlich – darin liege eine Chance, dass sich das bessere Argument durchsetze, hoffen die Teilnehmer. Viele von ihnen setzen sich für eine klare, demokratischere Struktur der EU ein.

Doch prompt melden sich die Bremser und Bedenkenträger – Kommissare wie Minister, Abgeordnete wie Diplomaten. Offensichtlich finden es viele in Brüssel durchaus bequemer, sich keinen Wahlen stellen zu müssen und dem Trommelfeuer einer kritischen Opposition zu entgehen. Es ist nicht allein die Kommission, die mit dem Brüsseler Regime nicht brechen will. Viele Europaabgeordnete haben es sich in ihrer Machtlosigkeit gemütlich gemacht. Stünden sie plötzlich im Rampenlicht, wäre es mit der Hobby- und Lobbypflege im Winkel vorbei. Gäbe es einen vom Parlament gewählten Kommissionspräsidenten, müssten auch all die Kanzler, Präsidenten und Premierminister zurückstecken, die heute auf europäischen Gipfeltreffen ihre nationalen Steckenpferde reiten.

Kein Wunder, dass die Kommandanten des Raumschiffs Brüssel lieber auf ihrer Umlaufbahn bleiben – nur in sicherem Abstand zur Erdoberfläche kann dieser merkwürdige Kosmos weiter gedeihen.

2 DER PROFESSOR MIT DEM PENDEL

»Die spinnen, die Römer.«
Der französische Präsident Jacques Chirac
nach einer Prodi-Rede

Ein Präsident ohne Plan. Wie sich Romano Prodi um Kopf und Kragen redet – die Entscheidungen treffen derweil andere. Wie ein Professor verspricht, in Brüssel aufzuräumen – aber dann in die Hand der alten Seilschaften gerät. Wie Prodi bei einer spiritistischen Sitzung einmal die Geister rief

Der 24. März 1999 ist ein windiger und kalter Tag in Berlin. An der Spree lässt der Frühling immer noch auf sich warten. Im Konferenzsaal des noblen Interconti-Hotels, nur einen kurzen Spaziergang vom Berliner Zoo entfernt, werden Kaffee und Tee serviert. Bundeskanzler Gerhard Schröder eröffnet gut gelaunt das Gipfeltreffen der EU-Staats- und -Regierungschefs. Der deutsche Gastgeber kommt schnell zur Sache. Es geht um eine Top-Personalie: Wer wird neuer Kommissionspräsident? Abgelöst werden soll der glücklose Jacques Santer. Der Luxemburger hatte nach zahllosen Affären in der Nacht zum 16. März das Handtuch geworfen. Schröder will unbedingt einen Erfolg erzwingen. Seit Anfang des Jahres ist der deutsche Kanzler für sechs Monate europäischer Ratspräsident. Ein schwieriger Job für den im internationalen Ränkespiel noch unerfahrenen Hannoveraner, der erst gut ein halbes Jahr zuvor die Bundestagswahl gewonnen hat. In Berlin müssen die EU-Regenten ein gigantisches Arbeitsprogramm abspulen. Die Kosovo-Krise hat sich gefährlich zugespitzt. Am Abend dieses 24. März 1999 gehen Nato-Kampfjets auf Angriffskurs und bombardieren jugoslawische Stellungen. Und irgendwann zwischendurch soll die Gemeinschaft auch noch über einen neuen Finanzrahmen bis zum Jahre 2006 entscheiden. Ein knallhartes Programm für Europa-Newcomer Schröder.

Doch in der Personalfrage geht alles unerwartet glatt. Gerade 40 Minuten dauert die erste Sitzung – noch nicht einmal so lange wie eine Schulstunde. Das ist ungewöhnlich für den Auftakt eines Gipfels. Schröder startet einen Überraschungscoup. Noch ehe sich die Chefeuropäer über Weizenpreise, Milchquoten und EU-Haushaltsmittel fetzen, lässt er durchblicken, dass er die Personalfrage voll im Griff hat.

Er habe einen Kandidaten, so Schröder lässig, gegen den sich zuvor nirgends in der EU Widerstand geregt habe. Sein Name: Romano Prodi. Der ehemalige italienische Premierminister solle Santer nachfolgen. Schröders Plan geht auf: zufriedenes Nicken beim französischen Staatspräsidenten Jacques Chirac. Großbritanniens Premier Tony Blair äußert sich geradezu enthusiastisch. »Ein Mann mit europäischen Visionen«, jubelt der smarte Brite.

Im plüschigen Zoopalast-Kino verkauft der Kanzler später den Journalisten einen »großartigen Erfolg« des Berliner Gipfels. Prodi erfülle in »idealer Weise« die Erwartungen der 15 Regierungen.

Weil sich alles hinter verschlossenen Türen abspielt, regiert bei europäischen Personalentscheidungen die Spekulation. Warum gerade Prodi? In Wahrheit standen ja lange Zeit noch andere prominente Namen auf der Kandidatenliste für den Brüsseler Chefposten – etwa der Spanier Javier Solana. Schließlich ist der als Nato-Generalsekretär erfolgreich – allerdings dort jetzt wegen des Kosovo-Krieges unabkömmlich. Gerhard Schröder selbst liebäugelt lange mit der Nominierung des niederländischen Premiers Wim Kok.

Warum also Prodi? Selbst waghalsig klingende Erklärungen werden von hohen Beamten unter dem Siegel der Verschwiegenheit verbreitet – auch die Geschichte über den Deal zwischen Gerhard Schröder und dem italienischen Regierungschef Massimo D'Alema.

Der Italiener kann sich in Berlin heimlich die Hände reiben – er ist mit Prodi einen seiner gefährlichsten innenpolitischen Gegner losgeworden. Anfang des Jahres hatte der Wirtschaftsexperte seine eigene Partei gegründet. D'Alema hegte berechtigte Angst vor einem neuen innenpolitischen Konkurrenten. Doch nun zieht Schröder für ihn die richtige Figur im diplomatischen Schachspiel.

Tat Schröder das ganz ohne Gegenleistung? Beteiligte versichern steif und fest: D'Alema zahlte einen Preis, und zwar in Euro – in Form eines höheren italienischen EU-Beitrages für das Gemeinschaftsbudget. Offiziell darf das natürlich nicht bestätigt werden. Aber warum sonst willigte D'Alema bei den zweitägigen Gipfelverhandlungen erstaunlich schnell in eine Beitragsreform ein, die die Finanzlast der Deutschen wenigstens etwas reduzierte? »Weil D'Alema gleich zu Beginn einen so schönen Erfolg vorweisen konnte, tat er sich schwerer, andere italienische Belange ebenso stark zu vertreten«, feixt man heute in Berlin.

Der deutsche Kanzler brauchte auf seinem ersten EU-Gipfel unbedingt eine Verringerung der deutschen EU-Zahlungen. Er suchte nach Mitspielern. Von den Franzosen und Briten ist nicht viel zu erwarten – sie beharren stur auf ihren Positionen. So ist man im Kanzleramt heilfroh, dass zumindest der Italiener nicht herumzickt und eine neue Berechnungsmethode für den EU-Haushalt schluckt, die Italien schadet – aber Deutschland nutzt.

Aber garantiert das, dass die Runde den richtigen Kommissionspräsidenten gefunden hat? Die Schwäche des Verfahrens ist überdeutlich. Der Präsident der mächtigsten supranationalen Behörde der Welt muss sich keinem Auswahlverfahren stellen. Er muss keinen monatelangen Wahlkampf bestehen, in dem sein Programm und seine Kommunikationsfähigkeit auf dem Prüfstand stehen. Er wird von niemandem getestet. Umso größer ist das Risiko eines Fehlgriffs.

Zaghafte Abgeordnete

Doch zunächst wird Romano Prodi in Brüssel fast wie ein Messias empfangen. Er hat den Ruf, Italien saniert und in die Euro-Zone geholt zu haben. Der rundliche Wirtschaftsprofessor mit dem jungenhaften, ja kindlichen Lächeln wirkt integer, bescheiden und bodenständig. Und er verkündet frohe Botschaften. Prodi will in Brüssel aufräumen. Die Kommission soll von Grund auf reformiert werden. Betrug und Fehlverhalten werde er mit »null Toleranz« ausrotten.

Abgeordnete und viele Journalisten applaudieren begeistert. Prodi startet aus einer Position der Stärke. Er hat alle Asse im Ärmel – denn auch die Staats- und Regierungschefs wissen, dass eine Reform des Brüsseler Apparats überfällig ist. Im März wird er nominiert. Bis er im September den Amtseid leistet, hat er sechs Monate Zeit zur Vorbereitung. Spielt er seine Trümpfe aus? Umgibt er sich mit einem Team fähiger Mitarbeiter? Arbeitet er an einem detaillierten Reformkonzept?

Prodis erste Entscheidungen passen schlecht zu den viel versprechenden Ankündigungen. Überrascht lernen die Europaabgeordneten, dass der künftige Präsident vier Kommissare aus der gescheiterten Truppe um den gestürzten Jacques Santer in sein Team aufnehmen will. Darunter ist ausgerechnet der ehemalige Kommissar für Personal und Verwaltung Erkki Liikanen. Der Finne trägt für die Misswirtschaft unter Santer die politische Verantwortung.

Müssten jetzt nicht die Abgeordneten protestieren? Nach dem Sturz von Jacques Santer fühlten sie sich so stark wie nie. Jetzt lassen sich die Parlamentarier fast widerstandslos den Kandidaten Prodi vorsetzen – noch bevor die Europawahlen überhaupt stattgefunden haben. Anschließend schluckt die aus den Wahlen hervorgegangene Mitte-Rechts-Mehrheit im Parlament fast ohne Murren die Mannschaft des Italieners – obwohl die mit ihrer von den Regierungen gewollten sozialdemokratischen Dominanz dem Wählerauftrag widerspricht. »Das Parlament hätte auf einer anderen Mann-

schaft bestehen können«, urteilt der französische Europaabgeordnete Alain Lamassoure. »Aber da gab es eine gewisse Zaghaftigkeit im
Parlament und eine gewisse Zaghaftigkeit bei Prodi.«

Im Bündnis mit einer klaren Mehrheit im Parlament hätte der
Italiener ein ungewöhnlich starker Kommissionspräsident werden
können – stattdessen lässt er sich von Anfang an von den Hauptstädten die Bedingungen diktieren. Widerwillig muss er akzeptieren,
dass Schröder keinen Kommissar aus der CDU nominiert. Nach anfänglichem Widerstreben schluckt der Italiener auch einen umstrittenen Pariser Personalvorschlag. Der altgediente Karrierebeamte
Pascal Lamy soll Handelskommissar werden, obwohl Europaabgeordnete vor nicht aufgeklärten Brüsseler Skandalen warnen, in die
der ehemalige Mitarbeiter von Jacques Delors verwickelt zu sein
scheint (später erweist er sich als gewiefter Handelskommissar, aber
eine alte Affäre belastet die ganze Komission).

Aus Spanien lässt sich Prodi eine Vertreterin aufdrängen, die
ebenfalls keine Unschuld vom Lande ist. Die konservative Loyola de
Palacio war in ihrer Heimat vor ihrem Wechsel nach Brüssel ständig
in den Schlagzeilen. Sie soll als spanische Landwirtschaftsministerin
in den Jahren 1996 bis 1999 einen Agrar-Subventionsskandal gedeckt haben. Verwandte von Top-Beamten des Madrider Agrar-
ministeriums waren in betrügerische Geschäfte mit Flachsanbau
verwickelt. Millionensubventionen aus Brüssel wanderten auf deren
Konten (die Spanierin entpuppt sich bald als eine der tatkräftigsten
Figuren der Prodi-Truppe, aber die nationalen Interessen hat sie immer fest im Blick).

Im Europaparlament geht jetzt, im September 1999, trotzdem alles glatt. Prodis neues Kommissionsteam übersteht reibungslos die
sehr schonungsvollen Befragungen in den Parlamentsausschüssen.
»Der Grill ist lauwarm«, spottet die belgische Zeitung »Le Soir«. Als
sich doch noch ein paar Zweifler bei den Christdemokraten trauen,
die Sache in Frage zu stellen, droht Prodi, alles hinzuschmeißen. Das
wirkt: Eine große Koalition von 404 gegen 153 Abgeordnete stimmt
am 15. September für Prodi und Co. Herbert Bösch, ein sozialdemo-

kratischer Europaabgeordneter aus Österreich, war einer der wenigen, die gegen die neue Kommission votierten: »Alle lagen sich in den Armen. Auch dem Parlament fehlte die Courage«, erinnert sich der Abgeordnete, der sich als mutiger Haushaltskontrolleur einen Namen gemacht hat.

Prodi, Pech und Pannen

Nur allzu rasch zeigt sich: Regierungschefs und Parlament haben einen schwer wiegenden Fehler gemacht. Prodi ist dem Job in Brüssel nicht gewachsen. Seit seiner Ankunft an der Spitze der EU-Administration rutscht seine Ansehenskurve steiler nach unten als der Euro an den Devisenmärkten. Prodi ist bald nicht nur Europas Präsident, sondern auch sein Spottopfer Nummer eins.

Was der Professor anfangs an Kredit genießt, verspielt er in kurzer Zeit. Eine Vorahnung liefert der designierte Präsident schon im Juni 1999, als er bei einer Videokonferenz in Mailand seinen italienischen Landsleuten ankündigt, sie müssten womöglich die Euro-Zone bald wieder verlassen. »Wenn wir weiterhin Kosten haben, die von anderen europäischen Ländern abweichen, dann wird es schwierig sein, den Euro zu behalten«, doziert il professore. Prompt sackt der Euro auf ein Rekordtief. Prodis Magenblatt »Financial Times« schilt die Äußerungen als »absolut naiv«.

Der Mann, der bisher nur die umgängliche italienische Presse gewohnt ist, macht nun Bekanntschaft mit einer für ihn neuen Tatsache: Seine Worte haben Gewicht in Europa. Sie werden weltweit beachtet. Also müsste er aufpassen, was er sagt. Gelernt hat der Mann aus Bologna aus dieser Episode jedoch nichts. Sie ist nur der Auftakt einer beispiellosen Serie von Schnitzern und Kommunikationspannen.

Im Januar 2000 bestätigt er öffentlich, dass er gerne Libyens Diktator Muammar Al Gaddafi nach Brüssel einladen würde – für den als Terrorpate geltenden arabischen Politiker wäre das eine beispiellose Aufwertung. In den EU-Hauptstädten herrscht Aufruhr – Prodi zieht zurück.

Angesichts von Prodis Schwäche malt die »Frankfurter Allgemeine Zeitung« im April 2000 in einer reißerischen Story einen drohenden »Königsmord« in Brüssel an die Wand. Die britischen Kommissare Neil Kinnock und Chris Patten wollten Prodi absetzen, raunt das Blatt, ohne irgendwelche Quellen zu nennen. Anstatt die FAZ energisch zu dementieren, beruft Prodi eine Krisensitzung der Kommission ein. Nun glauben alle, es müsse etwas Wahres dran sein.

Der Präsident versucht es mit einem Bauernopfer. Er versetzt den vom Parlament befehdeten Generalsekretär Carlo Trojan nach Genf und seinen italienischen Pressesprecher Ricardo Levi auf einen gut bezahlten Versorgungsposten in Brüssel. Levi spricht im Zweifel ohnehin lieber mit Prodi als mit den Journalisten. Aber diejenigen, die Levi folgen, wissen von Pressearbeit nicht viel mehr als ihr italienischer Vorgänger. Die Talfahrt geht weiter.

Ein Interview in der »Irish Times« im Juni 2001 gerät zum europaweiten Eklat. Gerade haben die Iren gegen den Nizza-Vertrag gestimmt – da verbreitet Prodi öffentlich die These, dass die geplante Erweiterung auch ohne das neue Vertragswerk zustande kommen könnte. Formaljuristisch mag das sogar richtig sein. Doch politisch ist das Interview eine Katastrophe: Der erste Mann in Brüssel stellt das mühsam ausgehandelte und von ihm bisher mitgetragene Vertragswerk infrage. Und er signalisiert den Iren: Stimmt ihr nur ab. Wir machen, was wir wollen.

Der Kommissionspräsident, so steht es geschrieben, ist der Hüter der Verträge. Professor Prodi empfindet das immer wieder als unangemessene Einschränkung seiner Gedankenfreiheit. Er verwechselt Hörsaal und Politbühne. Die intellektuellen Glasperlenspiele des Bolognesen sind immer dann besonders gefährlich, wenn der Stabilitätspakt für den Euro ins Spiel kommt. Der ist entscheidend für die

Glaubwürdigkeit der neuen Währung, und darum kämpft der kompetente Wirtschaftskommissar Pedro Solbes aus Spanien energisch für seine Einhaltung. Nicht so Prodi.

Im Oktober 2002 sendet der Präsident Schockwellen durch ganz Europa – und durch die eigene Behörde. Der Stabilitätspakt, der die Verschuldung im Euroland im Zaum halten soll, sei »dumm« und »starr«, nörgelt er in einem Interview mit »Le Monde«. Prompt stößt er auf lauten Widerspruch. Den Pakt infrage zu stellen sei »absurd«, wehrt Österreichs Kanzler Wolfgang Schüssel ab – im Einklang mit seinen Kollegen aus Spanien, Dänemark, Finnland und Luxemburg. Selbst Kommissarskollegen wie der Niederländer Frits Bolkestein schelten Prodis Worte öffentlich als »sehr unweise«.

Prodi macht seine Äußerungen unmittelbar nach dem Eingeständnis des deutschen Finanzministers, Berlin werde 2002 die Drei-Prozent-Verschuldungsbarriere des Maastricht-Vertrages reißen. Wenige Tage zuvor hatte Solbes versucht, neben Berlin auch Rom und Paris an die Kandare zu nehmen. Die von der französischen Regierung geplanten neuen Ausgabenprogramme – etwa für einen zweiten Flugzeugträger – führten das Land »gefährlich nahe« an das Maastrichter Ausgabenlimit heran. Jetzt können sich die Schuldenmacher in Berlin, Paris und Rom von Brüssel bestätigt fühlen. Ob der Italiener Prodi genau das wollte?

Die Pannen fallen schwer ins Gewicht, denn mit positiven Anstößen fällt der Präsident kaum mal auf. Die Debatte über eine Demokratisierung der EU stößt nicht der Italiener an, sondern der deutsche Außenminister Joschka Fischer. Die Idee für den Konvent, der eine europäische Verfassung ausarbeiten soll, kann der finnische Premier Paavo Lipponen für sich beanspruchen.

Der Autoritätsverfall des Kommissionspräsidenten ist mehr als nur ein Problem für Prodi – er schadet ganz Europa. Je rabiater die Staats- und Regierungschefs bei EU-Gipfeln ihre nationalen Egoismen vertreten, desto wichtiger wäre es, dass der Kommissionspräsident energisch und überzeugend das Gemeinschaftsinteresse verficht. Seinem Vorvorgänger Delors gelang das. Den Italiener benutzen Potentaten wie der Franzose Jacques Chirac bestenfalls als Blitzableiter für Anfälle schlechter Laune.

Weil sich die Portugiesen von der Kommission ungerecht behandelt fühlen, entzündet sich beim Gipfel in Nizza eine bizarre Debatte über die Milchquote für die entlegene Inselgruppe der Azoren. Für Chirac kommt die Gelegenheit gerade recht, Prodi zusammenzustauchen: Er habe Schuld am schlechten Handling der BSE-Krise. Prodis Generalsekretär David O'Sullivan betritt den Saal und bekommt auch gleich sein Fett weg. »Was will dieser Beamte hier?«, faucht Chirac.

Kann der Präsident überhaupt Wichtiges von weniger Wichtigem unterscheiden? Ausgerechnet mit dem belgischen Premier Guy Verhofstadt, einem der treuesten Verteidiger der Kommission, bricht er neun Monate später einen albernen Streit vom Zaun. Der EU-Gipfel im belgischen Gent ist zu Ende. Prodi wird zur traditionellen Abschlusskonferenz erwartet. Wer nicht kommt, ist Prodi. »Wo ist Romano?«, fragt Verhofstadt in die Runde. »Er schläft«, lästert Ratsgeneralsekretär Javier Solana. Versehentlich sind die Mikrophone angeschaltet, sodass der ganze Saal Zeuge des Dialogs wird.

Der Vorfall wäre längst vergessen, hätte ihn nicht Prodi in grotesker Weise zur Staatsaffäre aufgeblasen. Zwei Tage nach der prodifreien Pressekonferenz macht sein Sprecher Jonathan Faull im offiziellen Kommissionsbriefing ein kindisches diplomatisches Scharmützel publik: Prodi habe die Pressekonferenz bewusst boykottiert, weil er neben Verhofstadts langatmigen Ausführungen in Niederländisch, Französisch und manchmal Englisch nicht zu Wort komme. Sogar per Brief habe der Kommissionspräsident deswegen protestiert. Leider habe Verhofstadt bisher nicht geantwortet.

Briefe und Pressekonferenzen wegen einer Petitesse, die kaum die Gebühren eines Telefongesprächs wert wäre? Es klingt, als ob Faull seinen Chef bewusst der Lächerlichkeit preisgeben wollte. Aber nein, Prodi hat die Freigabe dieser ridikülen Details autorisiert. Wieder fegt eine Welle des Spotts über Prodi und seine Laienspieltruppe hinweg. Sieht der Präsident nun ein, dass er einen Fehler gemacht hat? Nein, er schilt lieber die Medien.

Die Angriffe seien »basati sul nulla« – sie beruhten auf nichts, versichert er. »Ist die Kommission etwa schwach, weil die Journalisten den Präsidenten nicht mögen?«, fragt er. Was immer passiert – Kritik ärgert Prodi, aber er nimmt sie nicht ernst.

Keiner mag Romano

Der Präsident hat den Kontakt zur Realität offenkundig verloren. Denn es sind nicht nur Zeitungen wie »Le Monde«, die warnen, Prodi könne eines Tages als »einer der Totengräber der Europäischen Gemeinschaft« erscheinen. Nein, die Prodi-Skepsis ist viel weiter verbreitet.

In der Kommission zirkulieren Spottschriften britischer EU-Funktionäre, die ihn als »talentloses, fettes Ding« verulken. Unter ihm agiere die Kommission nur »ängstlich«, notieren zwei der höchsten Beamten der EU-Administration, der Franzose François Lamoureux und der Spanier Eneko Landaburu im Mai 2001 in einem quasiöffentlichen Memorandum.

Die Regierungschefs im Rat drängt es rasch zur Toilette, wenn der Kommissionspräsident das Wort ergreift. »Die spinnen, die Römer«, entfährt es Jacques Chirac schon bei einer Prodi-Rede auf dem Kölner Gipfel im Juni 1999. Premier Göran Persson befindet beim Ratstreffen in Stockholm kurz und bündig: »Der alte Mann stört hier.«

Das Europäische Parlament hält ihm offiziell die Treue. Aber wenn sich die Europaabgeordneten mal öffentlich äußern, wird der Ton rasch verletzend: »Er kennt seine Akten nicht«, befindet der Co-Chef der CDU/CSU-Gruppe, Markus Ferber. Die Berliner SPD-Europaabgeordnete Dagmar Roth-Behrendt resümiert: »Ich halte ihn für diesen Job für völlig ungeeignet.«

Hat Prodi wenigstens Rückhalt unter seinen Kommissaren? Viele haben ihren Stab längst gebrochen. »Er ist mimosenhaft. Und Kritik an seiner Person lässt er sowieso nicht zu«, sagt ein Kommissar aus einem kleinen Mitgliedsland.

Gute Absichten – schlechte Arbeit

Dabei versteht es der Präsident zunächst sehr wohl, Sympathien zu mobilisieren. Zum Einstand erzählt er deutschen Journalisten in holprigem Deutsch die Geschichte, wie er als junger Mann 1958 im baden-württembergischen Seckach den Bürgersteig in einem Jugenddorf pflasterte. Bodyguards braucht er nicht und lässt sich und seinem Dauerbegleiter Ricardo Levi die Nudeln auch mal beim Brüsseler Einfachitaliener »La Rosticceria Fiorentina« servieren. Anschließend versucht er, bei Radtouren und gemächlichen Jogginggrunden im Brüsseler Jubelpark das Gewicht wieder in den Griff zu kriegen. Eigenhändig montiert er die Ikea-Möbel in seiner neuen Brüsseler Wohnung. Und auf seinem Handy programmiert er als Klingelmelodie Beethovens »Ode an die Freude« – das ist die europäische Hymne.

Jawohl, Prodis Pläne scheinen fast immer gut gemeint. Aber sie sind offenkundig nur selten gut gemacht. Immer mehr wird deutlich, woran seine Arbeit krankt – an der Unlust, sich in Akten zu vertiefen. Vorvorgänger Jacques Delors verband weit reichende Visionen mit Detailkenntnissen in der Sache. Prodi hat von vielen wichtigen Dossiers keine vertieften Kenntnisse. Gesprächspartner verlassen ihn immer wieder mit dem Gefühl, er nehme ihre Argumente ernst – doch hinterher passiert trotzdem das Gegenteil dessen, was sie erwarteten. Der Präsident scheint immer allen Recht zu geben – und damit niemandem.

Das fehlende Talent zur Kommunikation ist Prodis zweites großes Handicap. Seine langatmigen Reden liest er entweder vom Blatt

ab, oder sie verlieren sich in wirrem Gestammel. Immer wieder ver-
haspelt er sich, kommt nicht auf den Punkt und langweilt seine
Zuhörer in den Dämmerschlaf. »Wenn er nicht gerade fremdartige
gutturale Geräusche macht, murmelt er einsilbig«, notiert der Ko-
lumnist des Brüsseler Wochenblatts »European Voice«. In den Dolmetscherkabinen verlieren die eigenartigen Laute durch die Übersetzung aus dem Italienischen vollends an Ausdruck. Prodi, Europas
oberster Politiker, hat mit einem Handicap zu kämpfen, das noch
nicht einmal sein glückloser Vorgänger hatte und in dem ihm fast
jeder Abiturient zwischen Sizilien und Helsinki überlegen ist: Er
spricht weder gut Englisch noch Französisch.

Selbst Medienprofis, die von der EU-Kommission angeheuert
werden, um wenigstens die Fernsehtauglichkeit des EU-Präsidenten
zu verbessern, verzweifeln an der Beratungsresistenz ihres Chefs.
»Prodi ist Prodi«, zucken seine Mitarbeiter die Achseln. »Er ist eben
kein Kommunikator.« In »kleinen Gruppen« sei er besser, versichern
die Freunde des Präsidenten – dumm nur, dass ihr Mann für eine
Union mit rund 380 Millionen Bürgern verantwortlich ist.

Politik ohne Prioritäten

Doch stur verharrt er in seinem Glauben, er werde missverstanden –
so wie man ihn in Italien einst missverstanden habe. Man möge nur
warten. Die Ergebnisse seiner Arbeit würden die Kritiker schon ver-
stummen lassen. »Piano, piano – la vita è lunga« – nur langsam, das
Leben geht weiter, schärft er seinen Mitarbeitern ein.

Tatsächlich ist nichts peinlicher als das, worum Prodi immer wieder bittet: der Vergleich zwischen seinen Ankündigungen und den
mageren Ergebnissen. Andere Politiker haben Prioritäten, Prodi hat
jeden Monat eine neue. Von der Bekämpfung des Dopings über den
Wiederaufbau des Balkans bis zu einer besseren Flugkontrolle in

Europa hat er schon fast alles mal zur Schwerpunktaufgabe erklärt. Kein Wunder, dass viele Verheißungen auf dem Papier blieben. Was will der Präsident wirklich? Ein hoher Beamter zuckt nach zwei Jahren Prodi die Achseln: »Ich kann nicht sagen, was er will.«

Jeder seiner 19 Kommissarskollegen soll ein »großer Star« werden, verspricht der Präsident. Anders gesagt: Alle dürfen ihre Steckenpferde pflegen. Was umso mehr fehlt, ist die politische Führung. Als »Ansammlung von Persönlichkeiten« (»Le Monde«) produziert die Kommission keinen harmonischen Chorgesang, sondern Kakophonie. Auf Wunsch von Entwicklungskommissar Poul Nielson verlangt die EU-Behörde von den Mitgliedsstaaten, mehr Geld für Entwicklungshilfe auszugeben. Währungskommissar Pedro Solbes drängt zugleich auf Haushaltsdisziplin. Der Spanier mahnt die Deutschen, ihren Arbeitsmarkt von regulatorischen Fesseln zu befreien – derweil arbeitet Beschäftigungskommissarin Anna Diamantoupolou an neuen bürokratischen Vorschriften für Teilzeit- und Leiharbeit.

Weil jeder Kommissar und jede Kommissarin die neue Freiheit nutzen möchten, stapeln sich nach wenigen Monaten die neuen Gesetzesvorschläge. Schon sieben Monate nach Prodis Amtsantritt zählt sein Amtsvorgänger Jacques Delors 104 Entwürfe neuer Richtlinien. Das sei »viel zu viel«, konstatiert der Ex-Präsident vor dem französischen Senat. Prodi, der sich selbst als radikalen Dezentralisierer sieht, hat die Konsequenzen seines Tuns nicht bedacht. Aus dem Reformer wird ein Überregulierer.

Ein zögerlicher Demokratisierer

Anfang 2000 lässt sich der Präsident in den Zeitungen wochenlang für eine bald anstehende Revolution preisen. Ein so genanntes Weißbuch über »richtiges Regieren« werde den Weg zu einer »radikalen Dezentralisierung« der EU weisen und erstmals Genaues über eine bessere Kompetenzabgrenzung zwischen Gemeinschaft und Mitgliedsstaaten sagen. Prodi verspricht nicht weniger als die Auskunft, »welches Gesicht die europäischen Institutionen im 21. Jahrhundert haben sollen«.

Dann übergibt er die Aufgabe in die bewährten Hände eines altgedienten Kommissionsapparatschiks, des Franzosen Jérôme Vignon. Nach mehr als einem Jahr, im Juli 2001, liegt das fertige Papier vor. Es enthält kaum Aussagen zu Dezentralisierung oder Kompetenzabgrenzung, dafür aber jede Menge EU-Chinesisch. »Bei der Prioritätensetzung und den Bemühungen um mehr Kohärenz müssen sich die Institutionen vor Entscheidungen hüten, die, obwohl sie langfristige Herausforderungen betreffen, von kurzfristigen Überlegungen getragen sind«, erfährt der Leser. Aha.

Weil das Brüsseler Publikum vergesslich ist, erinnert keiner den Präsidenten an seine hochtrabenden Ankündigungen. Ohne großes Aufsehen verschwindet das Kauderwelsch in den Aktenschränken.

Wenig Gedanken verschwendet Prodi an die Frage, wie er der Kommission mehr demokratische Legitimät geben kann. Er schweigt lange zu der Idee, den Kommissionspräsidenten durch das Europaparlament wählen zu lassen. Denn er und die meisten seiner Kommissarskollegen fürchten, dass die EU-Administration durch eine Demokratisierung ihren privilegierten Status verlieren kann.

Schlimmer noch: Um Reformen abzuwehren, scheut sich Prodi nicht, ein europäisches Demokratiedefizit rundweg zu bestreiten. »Ich wundere mich immer wieder, wie sich der Glaube hartnäckig hält, dass die europäischen Institutionen an einem Mangel an Legitimation leiden«, erklärt er bei einer Rede in Paris. Im Dezember 2002 schaltet der Präsident plötzlich um – Pläne für einen mit der Kommission rivalisierenden Ratspräsidenten setzen Prodi unter Reformdruck. »Wir müssen die erste wirkliche supranationale Demokratie der Welt schaffen«, verkündet der Italiener nun in gewohnt unbescheidener Manier. Den Verfassungsentwurf für Europa, den er zugleich vorlegt, verheißt aber eher das Gegenteil. Er schwächt in wichtigen Punkten ausgerechnet das einzig direkt gewählte europäische Gremium, nämlich das Europaparlament. Für die Wahl des Kommissionspräsidenten verlangt Prodi künftig eine Zweidrittelmehrheit. Eine lähmende große Koalition würde damit zur verfassungsmäßigen Pflicht. Die Bürger hätten kaum die Möglichkeit, per Wahlen die Zusammensetzung der Kommission zu bestimmen – und sie bei Versagen wieder in die Wüste zu schicken. Selbst für den mit Prodi befreundeten Abgeordneten Elmar Brok kommt das »einer völligen Desavouierung« der Abgeordnetenkammer gleich. Als »Frechheit« empfindet Brok einen anderen Prodi-Vorschlag: Nicht nur das Parlament sollte künftig das Kommissarskollegium stürzen können, sondern auch der Rat der Regierungschefs. Logische Folge: Die Kommission könnte eine Schaukelpolitik zwischen Parlament und nationalen Regierungen betreiben – und sich umso mehr einer echten Kontrolle entziehen.

Apparat außer Kontrolle

Mehr als bescheiden schließlich ist Prodis Bilanz bei einem Projekt, das er bei Amtsantritt als Priorität Nummer eins angekündigt hat – der interne Umbau der Kommissionsverwaltung. Prodi verspricht, die aus dem Ruder gelaufene Bürokratie nach dem Sturz von Vorgänger Jacques Santer wieder unter Kontrolle zu bekommen. Die Kommission, bisher im Ruf endemischer Misswirtschaft und Korruption, solle ein »Modell der Hochleistung« werden und dies nicht nur in Europa, sondern »der ganzen Welt«.

Der Santer-Sturz war ein unerhörtes Ereignis, und darum hätte nun eigentlich eine Generalinventur angestanden. Welche Beamten sind belastet? Welche Skandale blieben unaufgeklärt? Wo sind die Schwachstellen der Kommissionsmaschinerie? Prodi hätte Prüfer von außen holen können, wie das der ehemalige Kommissar Leon

Brittan – vergeblich – schon kurz vor dem Sturz der Santer-Truppe vorschlug. Nichts dergleichen geschieht. Stattdessen macht sich unter der Aufsicht des britischen Kommissars und Labour-Politikers Neil Kinnock eine Task-Force an die Arbeit, die aus altgedienten Insidern besteht.

Schon im Sommer 1999 beschleicht Stefano Micossi eine böse Ahnung: »Ich fürchte, dass eine subtile Desinformation des Präsidenten bereits begonnen hat«, schreibt der gerade ausgeschiedene Generaldirektor, der die Brüsseler Tricks und Schliche sehr gut kennt. Prodi dürfe »die Widerstandsfähigkeit und Unbeweglichkeit der Strukturen nicht unterschätzen«, deren Vertreter nur ein Ziel hätten: »Alles soll so bleiben, wie es ist.«

Doch der Präsident hört nicht auf Micossi, sondern auf diejenigen, vor denen er gewarnt wird – Kommissionshierarchen, die glauben machen wollen, der Santer-Sturz sei nur ein Betriebsunfall gewesen. Keinesfalls seien Betrug und Vertuschung in der Kommission ein ernstes Problem, wird dem Präsidenten eingeflüstert. Und wer etwas anderes behaupte, der sei ein Scharlatan.

So ähnlich lautet zum Beispiel die Meinung von David O'Sullivan, den Prodi an die Spitze seines Mitarbeiterstabes – in Brüssel Kabinett genannt – holt. Der bebrillte Ire scheint ein unprätentiöser Manager – aber er spielte eine merkwürdige Rolle in dem Skandal um das EU-Bildungsprogramm Leonardo. Heute noch findet er, dass es dort nur um »Probleme des Finanzmanagements« ging – nicht um Betrug, wie die Prüfer unisono festgestellt hatten. Als Chef des Pressedienstes lässt sich Prodi den wortgewandten Briten Jonathan Faull empfehlen. Der Kommissionsveteran mit dem Groucho-Marx-Bart hat sich noch kurz vor Prodis Amtsantritt an einem dubiosen Manöver beteiligt. Zusammen mit vier anderen Beamten entlastet Faull im Juli 1999 in einem Disziplinarverfahren unter merkwürdigen Umständen den spanischen EU-Hierarchen Santiago Gomez-Reino von massiven Vorwürfen um gefälschte Verträge und verschwundene Millionen.

Prodi ist umgeben von Männern mit Vergangenheit. Weiß er das? Von Anfang an ziehen andere als der Präsident die Strippen. Im September 1999 erstellen seine persönlichen Mitarbeiter ein Tableau der künftigen Generaldirektoren – der Beamten der höchsten Hierarchiestufe. Franzosen und Briten sind exzellent vertreten, die Deutschen nicht ganz so gut. Plötzlich, nach einer gemeinsamen Helsinki-Reise der Kommissare, stehen zwei weitere Namen auf der Beförderungsliste: der Brite Adrian Fortescue und der Franzose François Lamoureux. Haben sich britische und französische Kommissare auf einen Deal geeinigt? Denn Lamoureux ist gut befreundet mit dem mächtigen Handelskommissar Pascal Lamy. Fortescue steht den britischen Konservativen von Chris Patten nahe.

Mit Lamoureux befördert der Präsident sogar einen Mann, der verdächtigt wird, persönlich in die Affären der Santer-Zeit verwickelt zu sein. Der Franzose war Kabinettschef der skandalumwitterten Kommissarin Edith Cresson. Und er leitete die ominöse »Cellule de Communication«, die millionenschwere PR-Aufträge vorbereitete, von denen einige hinterher unter dubiosen Umständen an eine Pariser Firma gingen.

Lamoureux bestreitet später, mit diesen Aufträgen zu tun gehabt zu haben. Möglich, dass er unschuldig ist. Aber Prodi geht dem Vorwurf zunächst gar nicht nach. Zweieinhalb Jahre später bringt ihn das in schwere Verlegenheit. Ende Februar 2002 werden neue detaillierte Vorwürfe des niederländischen EU-Funktionärs Paul van Buitenen bekannt – erhoben also von dem Mann, der den Sturz von Prodis Vorgänger mit auslöste. Und nun leitet Kinnock plötzlich doch Ermittlungen im Fall der »Cellule de Communication« ein. Hatte Prodi vorher keiner gewarnt?

Erst jetzt, im Frühjahr 2002, nach dem Wirbel um das neue Van-Buitenen-Dossier, beginnt sich Prodi für das Thema »Betrugsbekämpfung« wirklich zu interessieren. Jetzt trifft er erstmals Franz-Hermann Brüner, den Chef der EU-Betrugsbekämpfungsbehörde. Nachdem der aus Deutschland stammende Staatsanwalt zwei Jahre lang vergeblich auf eine Einladung des Präsidenten wartete, hat er nun selbst um diesen Termin gebeten. Aber wie viel will der aktenscheue Prodi überhaupt wissen?

Allen Ernstes preist Prodi seine Kommission als Muster an Transparenz. Die Behörde sei »offener als die Regierungen aller Mitgliedsstaaten«, die nordischen Staaten eingeschlossen. Doch tatsächlich schränkt er den Zugang zu Informationen ein, statt ihn auszuweiten. Europaabgeordnete aller Lager verlangen im Frühjahr 2000 die Aufklärung alter Betrugsfälle. Unter Druck gesetzt, rastet der Präsident aus. In einem Brief an Parlamentspräsidentin Nicole Fontaine wütet Prodi, es sei »jenseits« des Erträglichen, welchen Informationshunger der Haushaltskontrollausschuss bei der Aufklärung alter Skandale an den Tag lege. Manche Fragen würden sogar, o Schreck, öfters »wiederholt«. Mit Hilfe von Fontaine schiebt der Präsident allzu intensiver Betrugsaufklärung einen Riegel vor: Kommission und Parlamentsmehrheit einigen sich auf ein Abkommen, das dem Haushaltskontrollausschuss den Zugang zu Dokumenten deutlich erschwert.

Genauso stur stellt sich der Präsident im Umgang mit Journalisten. Immer wieder lassen Prodis Leute – besonders Reformkommissar Kinnock und die deutsche Haushaltskommissarin Michaele Schreyer – Fragen zu heiklen Themen ganz einfach unbeantwortet. Transparenz? »Da ist diese Kommission in keiner Weise besser als die alte, eher schlimmer«, sagt EU-Ombudsmann Jacob Söderman.

Gewiss, Prodi ist kein Polithallodri wie sein Landsmann, Italiens Regierungschef Silvio Berlusconi. Aber der Kommissionspräsident ist zu schwach und zu desinteressiert, um gegen den Brüsseler Klüngel ernsthafte Reformen durchzuboxen. Söderman hat für Prodis Arbeit nur sanfte Ironie übrig: »Prodi vertritt sehr löbliche Werte. Aber schaut man nach qualitativen Änderungen, ist nichts passiert.«

Es scheint so, als ob es in Prodis Dienstsitz Breydel zwei getrennte Welten gibt: die, die sich in den Reden des Präsidenten findet. Und dann die andere Realität des Apparats. Der setzt sich im Zweifel durch.

The Italian Boys

Energisch ficht Prodi selbst nur eine Sache durch: den Aufbau einer stärkeren italienischen Seilschaft. Nach einer kurzen Schamfrist (zunächst beruft Prodi den Iren David O'Sullivan, der dann vom Franzosen Michel Petite abgelöst wird) herrscht seit Mai 2001 wieder die alte Brüsseler Untugend – die engsten Mitarbeiter sind von derselben Nationalität. Prodi holt sich einen Landsmann als obersten Mitarbeiter und Kabinettschef an seine Seite. Stefano Manservisi kommt wie der Präsident aus Bologna. Immer dann, wenn auch anderswo in der Kommission ein Italiener Chancen zur Beförderung hat, versuchen Prodis Leute nun, Schützenhilfe zu geben – oft mit Erfolg.

Doch im Apparat werden die »italian boys« des Chefs misstrauisch beäugt. Sie spinnen die politischen Fäden, bereiten die wichtigsten Entscheidungen vor. Prodi versteht es nicht, die unterschiedlichen Kulturen der EU-Verwaltung zu sammeln und die besten Köpfe zu fördern. Das System Prodi mag in Rom oder Bologna funktioniert haben. Doch auf den langen Gängen der EU-Bürokratie, den kaum durchschaubaren Geflechten von nationalen Grüppchen und Klüngeln, den feinen Verästelungen des Apparats, ist ein solches kommunikatives Minimal-Konzept fast zwangsläufig zum Scheitern verurteilt.

Hinzu kommt: Keiner unter den Beamten glaubt mehr an Prodis Versprechen von Beförderung nach Leistung – anstatt nach Nationalität. Nichts ist eigentlich in großen internationalen Administrationen so wichtig wie das persönliche Beispiel des Manns oder der Frau an der Spitze, sagt John Hunt. Der Professor berät große multinationale Firmen und weiß aus Erfahrung: »In einer Organisation ohne dominante nationale Kultur braucht man ein Vorbild an der Spitze.«

Die Leitbilder, die Prodi und sein Chefreformer Neil Kinnock bieten, weisen von Anfang an in die falsche Richtung. Auffällig häufig

– so scheint es vielen Beamten – ergattern Italiener und Briten hohe Posten. Im Juli 2002 wird ein offenkundiger Fall italienischer Protektion sogar dem EU-Gerichtshof in Luxemburg zu bunt. Die Richter annullieren die Ernennung des Italieners Fabrizio Barbaso zum Vize-Generaldirektor in der GD Landwirtschaft. Der Mann habe die »sehr präzisen Befähigungsanforderungen« nicht erfüllt – trotzdem hatten Prodi und Kinnock ihn ausgewählt. Und nach kurzer Schamfrist – im November 2002 – bekommt Barbaso doch noch den Posten. Der niederländische EU-Beamte Alexander Tilgenkamp, der die Klage gegen Barbasos Ernennung gewonnen hatte und nun trotzdem leer ausgeht, ist geschockt: Der Italiener habe den Job offenbar nur »wegen seiner Nationalität« ergattert. Die Qualifikation des früher mit Balkanfragen befassten Barbaso habe sich in der Zwischenzeit erhöht, argumentiert die Kommission. Dass er die Chance zu dieser Weiterbildung nur auf irregulärem Weg erhielt – was kümmert es Prodis Personalplaner.

Autorität hat Prodi bei seinen Beamten so nicht erworben. Im Juli 2001 hat der Präsident nur einen kleinen Wunsch: Er möchte gerne eine Kommissionssitzung am 1. August abhalten. Doch das ist der erste Tag der traditionellen Kommissionsferien. Die Beamten sperren sich. Sie sind nicht bereit, die Betriebsferien einen Tag später zu starten – nur weil der Präsident das verlangt.

Ein Diesel im Leerlauf

Was bleibt vom System Prodi? Ist es mehr als aus dem Augenblick entstandene Gefälligkeiten kombiniert mit Hinterzimmerkungelei? Ist es mehr als kurzfristige Machtpolitik, die bei Bedarf mit wohlklingenden Phrasen angefüttert wird? Verdächtig oft redet der Kommissionspräsident über Dinge, auf die er wenig oder keinen Einfluss hat. Dann wehklagt er über die Nöte der Entwicklungsländer oder verliert sich in weitschweifigen Gedanken über die Probleme einer globalisierten Wirtschaft.

Ein bisschen katholische Soziallehre plus eine Portion Makroökonomie, das sind die beiden Zutaten für die rhetorische Welt des Mannes, der die französische Zeitung »Libération« ob seines Phänotyps »unvermeidlich an einen Bischof aus der Provinz« erinnert. Eher hilflos als visionär hat er sich in einem Interview einmal als »Dieselmotor« beschrieben. Wohin der Motor tuckern soll, bleibt freilich auch mehr als drei Jahre nach seinem Amtsantritt immer noch im Nebulösen. Das Ergebnis ist Leerlauf.

»Ich versuche immer, ich selbst zu sein«, sagt der Chef und meint es wohl auch so. Und als ob er nicht merken würde, was sein Gegenüber denkt, blickt er seine Gesprächspartner durch große Brillengläser treuherzig an.

Vielleicht sind es die sozialen Bezugspunkte, die Prodi immer noch eher an der Piazza Maggiore in Bologna hat als im betongrauen Brüssel. Überhaupt bietet das EU-Biotop nicht das, was der Südeuropäer Prodi wirklich liebt: am Samstag durch die Straßen schlendern und mit Bekannten Klatsch austauschen. Prodi ist ein Fremder geblieben in einer abweisenden Umgebung.

»Am Anfang ist man hier sehr einsam«, bekennt er nach einigen Monaten im Amt. Prodis Büroflucht im zwölften Stock des Brüsseler Breydel-Gebäudes ist von der Außenwelt sorgfältig abgeschirmt. Automatische Glastüren und unfreundlich dreinblickendes Wachpersonal schützen den Präsidenten vor Eindringlingen. Der blassrosa Teppichboden ist hier ein bisschen flauschiger als auf den anderen Etagen. Seinen Arbeitsraum hat Prodi so weit wie möglich italienisiert. Von der Galleria Nazionale d'Arte Antica in Rom ließ er 200 Jahre alte Möbel ausleihen. An der Wand hängt das Werk des Raffael-Nachfolgers Carlo Maratta – Putten vor blauem Himmel (»Putti e Ghirlande«).

In Brüssel gebe es »zu wenig Sonne«, klagt er. Und er findet es »völlig ungewöhnlich«, dass man mit Mitarbeitern klarkommen müsse, die man nie zuvor getroffen hat. »Wenn man hier anfängt zu arbeiten, weiß man nichts über die Leute, die man trifft.« Aber was hat er getan, um mehr über diese Leute herauszufinden?

Ärger mit den Regierungschefs

Prodi fremdelt nicht nur in Brüssel. Mit den Politikern in den Hauptstädten kommt er noch weniger zurecht. Traditionell sind die Regierungen in den Niederlanden, Belgien, Luxemburg und Deutschland besonders europafreundlich. Wäre der Kommissionspräsident klug gewesen, hätte er sich dort von Anfang an Verbündete gesucht. Tatsächlich überwirft sich Prodi gerade mit ihnen – mit Niederländern, Belgiern, Luxemburgern und vor allem mit den Deutschen.

Die Missverständnisse beginnen, kaum dass der Professor nominiert ist. Schröder glaubt, Prodi sei ihm nun zu Dank verpflichtet. Prodi hingegen erhofft sich von Schröder einen Dienst: Der Italiener will, dass Schröder der CDU einen der beiden deutschen Kommissarsposten zugesteht. Prodi hat auch schon einen Kandidaten: seinen besten deutschen Freund, den CDU-Europaabgeordneten Elmar Brok.

Elmar Brok ist eine Konstante im Brüsseler Politleben. Der ebenso schwergewichtige wie gewiefte Gütersloher kennt fast jeden in Brüssel und den anderen Hauptstädten – und nebenher ist er Europabeauftragter des Medienkonzerns Bertelsmann. Ein bisschen hat sein Einfluss gelitten, seit sein Mentor Helmut Kohl das Kanzleramt räumen musste. Aber immer noch hat er einen heißen Draht zu Leuten wie Luxemburgs Premier Jean-Claude Juncker oder Agrarkommissar Franz Fischler. Mit fast jedem in der EU-Arena hat Brok schon mal ein Bier getrunken oder einen Deal eingefädelt. Bis heute ist ihm Prodi dankbar, weil der Deutsche seinerzeit den Kontakt zu Kohl vermittelte, als Prodi im italienischen Wahlkampf Unterstützung von dem großmächtigen Übervater der europäischen Christdemokratie suchte – und am Ende bekam.

Jetzt, im Frühjahr 1999, will Prodi sich erkenntlich zeigen und Brok als seinen Mann für die Kommissionsreform durchboxen. Aber Schröder stellt sich quer. Wenn er einen CDU-Kommissar akzeptiert hätte, dann nur Kurt Biedenkopf, damals noch sächsischer Ministerpräsident. Für Brok will er weder seinen SPD-Kandidaten Günter Verheugen opfern noch den Koalitionsfrieden mit den Grünen riskieren – denen hatte Schröder im Koalitionsvertrag einen der beiden Brüsseler Spitzenposten versprochen. Beim Abendessen im Bonner Restaurant »Robichon« kommt es zum Eklat. Prodi malt Schröder die Probleme aus, die er mit dem Europaparlament bekommen werde, wenn er keinen CDU-Kommissar in seiner Mannschaft habe. Immerhin sind die deutschen Unionschristen die stärkste Parteigruppe in der Vielvölkerkammer. Aber Schröder bleibt stur. Prodi hätte jetzt sein Veto gegen die unerfahrene Grüne Michaele Schreyer oder gegen Verheugen einlegen können. Doch dazu fehlt ihm der Mut.

Immer wieder wird sich der Italiener später über den »strukturellen Fehler« beklagen, dass ihm ein deutscher Christdemokrat in seiner Mannschaft fehle und er nun ungeschützt die Kritik der leer ausgegangenen CDU/CSU-Europaabgeordneten ertragen müsse. Das Abendessen im »Robichon« markiert den Beginn einer Serie von Missverständnissen.

Prodi ist daran mit schuld. In seinen engsten Mitarbeiterstab – sein Kabinett – holt der frisch gebackene Präsident anders als seine Vorgänger Delors und Santer anfangs niemanden, der die deutsche Politik aus erster Hand kennt. Stattdessen engagiert er eine lang gediente Kommissionsbeamtin, die wenig Kontakte in Berlin hat.

Sukzessive nimmt unter Prodi der deutsche Einfluss in der Kommission ab. Jede seiner großen Rotationsrunden für hohe Beamte gleicht einer Reise nach Jerusalem: Stets fehlt hinterher ein Stuhl für einen Beamten aus der Bundesrepublik. Erst gehen ihnen die Generaldirektionen für Außenpolitik, Verbraucherschutz und Handel verloren, dann das Schlüsselressort Wettbewerb. Dessen Ex-Chef Alexander Schaub wird immerhin mit dem wichtigen Posten für die weitere Vollendung des Binnenmarktes abgefunden – hier wird über die künftige europäische Finanzmarktgesetzgebung entschieden. Daneben ragt unter den deutsch geführten Dienststellen nur die Generaldirektion für Wirtschaft und Währung heraus. Sie leitet Klaus Regling, der früher Abteilungsleiter im Bonner Finanzministerium und einer der Väter des Euro-Stabilitätspakts war.

Prompt häufen sich die Konflikte mit dem Bundeskanzler. Oft schilt die Kommission Berlin absolut zu Recht – etwa wenn Finanzminister Hans Eichel seinen Haushalt nicht in Ordnung gebracht hat. Aber offenkundig ist: Es gibt keinen kurzen Draht. Zwischen Berlin und Brüssel herrscht Sprachlosigkeit.

Blick nach Rom

Immer wenn Prodi Ärger mit dem Kanzler hat, nutzen seine Büchsenspanner das gleiche Argument: Die Unabhängigkeit der Kommission bringe es mit sich, dass sie nicht alle Wünsche der Mitgliedsstaaten erfüllen könne. Das Argument ist triftig. Allzu oft war die EU-Administration nur der Spielball mächtiger Mitgliedsstaaten. Aber hat sich das unter Prodi geändert? Der Augenschein spricht dagegen.

Einige Regierungschefs werden von Prodi durchaus gut bedient. Briten, Italiener und Franzosen dürfen die wichtigen Posten in der Kommission unter sich aufteilen. Und ungestraft kann die spanische Kommissarin Loyola de Palacio Lobbyarbeit für die heimischen Fischer machen. Laut Regierung in Madrid tut sie es auf »Anweisung« aus der Heimat – was nach dem EU-Vertrag für Kommissare verboten ist.

Eine Hauptstadt verliert Prodi sowieso nie aus den Augen: Rom. Spätestens 2005 muss er in die Heimat zurückkehren. Und dort hat Prodi noch ein paar Rechnungen offen. Bis heute hat er es nicht verdaut, dass sein Rivale Massimo d'Alema ihn vom Stuhl des Regierungschefs verdrängte. Dass jetzt sein alter Gegner Silvio Berlusconi regiert, muss ihm unerträglich sein. Prodi gilt als rachsüchtig. Einige seiner Fehlentscheidungen erklären sich besser, wenn man den politischen Hintergrund von il professore kennt. Seine hartnäckigen Versuche, den Stabilitätspakt aufzuweichen – sie lassen sich mühelos mit den Interessen eines römischen Regenten in spe erklären, der Sorge hat, ob Italien die strikte Haushaltsdisziplin wird wahren können.

Was immer der Kommissionspräsident in Brüssel unternimmt – es soll ihm eine künftige Karriere in Italien zumindest nicht erschweren. Und dort, in seiner Heimat, gilt er als alles andere als ein geborener Verlierer – auch wenn sie ihn zu Hause schon mal als »Mortadella mit menschlichem Antlitz« verspotten. Dort, in Italien, schaffte er es lange Zeit, sich aus den Mafia-Verstrickungen der führenden Christdemokraten herauszuhalten. Seine Anhänger attestieren ihm »Gespür für politischen Anstand und Moral« – und durchaus Mut. Das Image des Saubermanns ist später der Hauptgrund für seine Popularität als Regierungschef. Der politische Meister Propper ist freilich vor allem ein geschickter Taktiker zwischen den Fronten. Er bestätigt zwar seine Affinität zum linken Flügel der konservativen Democrazia Cristiana, weigert sich aber, Parteimitglied zu werden.

Zugleich gibt es vielerlei Hinweise, dass Prodis Weste nicht ganz so schneeweiß ist, wie er gerne glauben machen würde. 1978 spielt sich eine schier unglaubliche Geschichte ab: Prodi und seine Frau bezeugen bei der Polizei, mit zehn Freunden zum Zeitvertreib an einer spiritistischen Sitzung teilgenommen zu haben, die sich am Nachmittag des 2. April 1978 in der Nähe von Bologna abgespielt habe. Eine sich rasch bewegende Untertasse habe brisante Hinweise gegeben – auf den Ort, an dem Terroristen der Roten Brigaden den entführten christdemokratischen Politiker Aldo Moro versteckt hielten. Es sei der Name »Gradoli« gefallen, gibt Prodi bei der Polizei zu Protokoll.

Unglaublicher Zufall oder mehr? Genau in einer Straße mit diesem Namen hatten die Roten Brigaden eine konspirative Wohnung – aber das stellt sich erst später heraus. Zunächst suchen die

Ermittler aus unerklärlichen Gründen nicht in dieser Straße, die immerhin im selben Viertel liegt, in dem Moro entführt wurde – sondern anderswo, in einer Ortschaft namens Gradoli in der Nähe von Viterbo. Wochen später wird Moro tot aufgefunden, ermordet von den Terroristen.

Prodi gerät wegen der Geschichte unter Druck. Hat er vielleicht die spiritistische Sitzung nur vorgetäuscht, um die wahren Quellen zu vertuschen? Hätte Aldo Moro gerettet werden können, wenn der Professor besser mit der Polizei kooperiert hätte? Einige sind davon überzeugt. Er selbst bestreitet, die »Séance« erfunden zu haben. Selbst wenn Prodis Version stimmt – wer würde einem Politiker vertrauen, der allen Ernstes behauptet, bei spiritistischen Sitzungen den Stimmen von Verstorbenen zu lauschen?

Ende 1982 wird er Präsident der maroden italienischen Staatsholding IRI (Institut für Industriellen Wiederaufbau), ein Erbe des Diktators Mussolini. Prodi greift durch und profiliert sich als beinharter Sanierer. Doch später kommt es zu peinlichen Fragen: Es geht um die Mafia-Verstrickungen der IRI bei Bauaufträgen für die Eisenbahn-Hochgeschwindigkeitsstrecke Rom–Neapel. Der frühere Staatsanwalt Ferdinando Imposimato hat ein Buch darüber geschrieben. Der angesehene Mafia-Jäger berichtet von einem Gespräch mit Prodi im Jahre 1993: »Sobald ich zu sprechen anfing, schlug das Klima von Herzlichkeit und Höflichkeit plötzlich um.« Während Imposimato redete, will er gesehen haben, »wie ihm angst und bange wurde. In seinem Stuhl versunken und rot wie eine Paprikaschote sah mich Prodi an.« Er habe von ihm keine Antwort auf seine Fragen bekommen, versichert Imposimato. Prodi bestreitet, dass das Gespräch jemals stattgefunden habe.

Auch die Ermittler kommen zu keinem brauchbaren Ergebnis in Sachen Prodi. Die Recherchen gegen den ehemaligen IRI-Chef versanden. Prodi darf weiter als unschuldig gelten.

Nach einem geschickt angelegten Wahlkampf – Prodi tourt im umgebauten Omnibus durch Italien – avanciert er 1996 zum Regierungschef. Die Mitte-Links-Koalition, die unter dem Symbol des

Olivenbaums antritt, hat vor allem mit dem miserablen Image Italiens als Wirtschaftsstandort zu kämpfen. Zusammen mit seinem Finanzminister Carlo Ciampi gelingt Prodi ein bemerkenswertes Reformprogramm. Italien kann sich 1998 sogar für den Euro qualifizieren. Der Wechselkurs der chronisch schwachen Lira stabilisiert sich. Die Inflation sinkt. Das EWG-Gründungsmitglied findet den Anschluss an das moderne Europa.

Auf diese glorreichen zwei Jahre verweisen Prodis Verteidiger. Was sie gerne verschweigen: Das italienische Reformwunder kam erst zustande, als der Bologneser keinerlei anderen Ausweg mehr sah. Weil er Italien als nicht reif für die Währungsunion befand, wollte Prodi den Euro-Start zunächst entweder um ein Jahr verschieben – oder die Kriterien so aufweichen, dass sein Land sie erfüllen kann. Auf der Suche nach Verbündeten besuchte er kurz nach Amtsantritt im September 1996 den spanischen Premier José María Aznar in Valencia. Doch der verwarf Prodis Plan in Bausch und Bogen.

Am nächsten Morgen beim Frühstück gestanden sich Prodi und sein Finanzminister Ciampi ein, in Europa isoliert zu sein. Nun gab es zu Reformen keine Alternative mehr.

Ciao Prodi?

Bleibt er oder geht er? Schon nach wenigen Monaten weint sich der von der Presse gebeutelte Präsident bei Parlamentspräsidentin Nicole Fontaine aus, so schildert sie es in einem Buch: »Was, wenn ich nach Hause zurückkehren würde! Dort erwartet man mich. Ich wäre der König.«

Offiziell beteuert er stets, sein Durchhaltevermögen sei ungebrochen. Natürlich werde er bis zum Ende seines Mandats im November 2004 amtieren. Spätestens seit dem Wahlsieg seines Erzfeindes

Berlusconi im Sommer 2001 hat er allerdings auch kaum noch eine Wahl. Solange Berlusconi regiert, ist Rom für Prodi kein viel versprechendes Pflaster.

Zugleich kann ihn in Brüssel keiner wirklich aus seinem Amt vertreiben – Kommissionspräsidenten und Kommissare haben dank des EU-Vertrages einen bombensicheren Job. »Es gibt keinen Mechanismus, ihn auszuwechseln«, sagt ein hoher Berliner Beamter. Hinzu kommt: Ein schwacher Kommissionspräsident ist für einige in den Hauptstädten ganz bequem.

Einzig und allein das Europaparlament könnte einen Wechsel an der Spitze durchsetzen. Aber die Hürden sind hoch: Zwei Drittel der 626 Europaabgeordneten müssten zustimmen. So viel Konfliktbereitschaft ist von den handzahmen Parlamentariern nicht zu erwarten.

Also wurstelt Prodi weiter. Und sollte er den Wagen gegen die Wand fahren – er nähme es mit Fatalismus. Auf die Frage nach einem Scheitern seiner Reformpläne erzählt er selbst die Geschichte von dem Schrankenwärter, der zwei Züge aufeinander zurasen sieht. Der befiehlt erst einem Signalwärter, die Signale auf Rot zu stellen – aber die Lichter funktionieren nicht. Darauf schickt er Männer mit roten Flaggen, die die Lokführer warnen sollen – aber es ist zu neblig. Also befiehlt der Kontrolleur Feuerwerk – aber das zündet nicht, weil es regnet. Der Wärter resigniert, rennt ins Haus und holt seine Frau nach draußen: »Komm schnell! Schau dir diesen spektakulären Zusammenstoß an!«

3 DIE EU-KOMMISSION: MODERNISIERUNGS-MASCHINE ODER DINOSAURIER?

»Das ist ein grausamer Ort.«
Ein Beamter zu der Anthropologin Maryon McDonald
über die EU-Kommission

Warum Kommissare manchmal sogar mächtiger sind als Minister.
Wie die Beamten in der Kommission oft noch mächtiger sind als
ihre Kommissare. Warum Missmanagement so weit verbreitet ist.
Wie man als Eurokrat gut verdient – wenn man die undurchsich-
tigen Einstellungsprozeduren überwindet

Jeden Mittwochmorgen herrscht hektische Betriebsamkeit vor dem
Breydel-Gebäude, einem unscheinbaren Bürokomplex im Brüsseler
Europaviertel. Um Punkt neun Uhr beginnt die Kommissionssit-
zung. Beflissen dreinblickende Wachleute winken die schweren
Dienstlimousinen in die Haupteinfahrt – die meisten vom Typ 7er
BMW oder der S-Klasse von Mercedes. Die Damen und Herren
Kommissare kommen standesgemäß aus ihren Dienstsitzen ange-
reist. Brüssel ist schon längst nicht mehr ein EU-Regierungsviertel
der kurzen Wege. Einige Generaldirektionen – vergleichbar deutschen Ministerien – mussten in Neubauten außerhalb des Zentrums
ausweichen. Doch im Breydel soll zumindest einmal pro Woche
Teamwork geübt werden. Oben, im zwölften Stock, wartet Gastgeber Prodi. Die Kommissare nehmen an einem raumfüllenden Tisch

aus schwerem Mahagoni Platz. In drei verglasten Kabinen links des Eingangs harren die Dolmetscher, die die Diskussionen in die Arbeitssprachen Englisch, Französisch und Deutsch übersetzen. Für die Kommissare stehen Kaffee, Tee und Kekse bereit. Dann geht alles nach einem festen Ritual: Prodi bimmelt zu Beginn mit einer kleinen Glocke, dann liest der Verwaltungschef der Brüsseler Behörde, David O'Sullivan, die Tagesordnung vor. Zunächst werden die so genannten A-Punkte durchgewinkt – bereits am Montag zuvor von den Kabinettschefs der Kommissare abgesegnete Entscheidungen, die ohne Debatte verabschiedet werden. Dann kommen die kontroversen Themen an die Reihe. Spätestens nach zwei Stunden langweilen sich die Ersten, vor allem wenn die Spanierin Loyola de Palacio zu einem ihrer berüchtigten Monologe ansetzt. Um die zu stoppen, hat sich die Prodi-Truppe etwas einfallen lassen: Seit Anfang 2002 sind Debattenbeiträge jedes Kommissars auf drei Minuten beschränkt. Und Prodi hat eine neue Aufgabe: Er betätigt vor seinem Platz eine elektronische Stoppuhr, deren Digitalanzeige an der Wand für jeden zu sehen ist. Überschreiten die Kommissare die Redezeit, läutet er seine Glocke. Das macht ihm richtig Spaß.

Unter seinen Kollegen sind die Meinungen über den Unterhaltungswert der Sitzungen geteilt. Der britische Kommissar Chris Patten kommentierte einmal eine Kommissionssitzung als »eine der langweiligsten Stunden« seines Lebens. Nach einiger Zeit habe er nicht mehr zugehört, sondern stattdessen ausgerechnet, wie viele Stunden er noch zu leben habe, wenn er mit 76 Jahren sterbe. Dabei sei er auf 175 200 Stunden gekommen.

Pattens Überdruss ist verständlich. Wenn das Kollegium über »Statistiken zum Abfallmanagement«, Änderungen der Marktordnung für Reis oder über Griechenlands Bitte berät, »auf Teilen seines Territoriums schweres Heizöl mit bis zu drei Prozent Schwefel zuzulassen«, bringt das mehr als einen Kommissar zum Gähnen.

Wenn die Kommission andererseits die neue Gruppenfreistellungsverordnung für den Autohandel beschließt, klingt das nur wie staubige Bürokratenmaterie. Tatsächlich üben Prodi und Co. ganz direkte Macht aus: Mit der GVO krempelten die Kommissare im Juli 2002 den europäischen Autohandel komplett um – und mussten weder auf Parlament noch auf Mitgliedsstaaten hören. »In manchen Bereichen«, so staunt Günter Verheugen nach zehn Monaten im Amt eines EU-Kommissars, sei die EU-Verwaltung »viel autonomer und in der Machtausübung viel direkter als eine nationale Regierung.«

Verheugen und Co. führen die größte und bei weitem mächtigste supranationale Behörde dieses Planeten. Helmut Kohl nannte sie einen »Moloch«. Wie viele Beschäftigte hier genau arbeiten, weiß nicht mal EU-Personalkommissar Neil Kinnock. Mal spricht er von »22 000 Beschäftigten«, mal nennen seine Mitarbeiter die Zahl von 24 000. Budgetkommissarin Schreyer beziffert in einer offiziellen Tabelle die »Humanressourcen« der Kommission auf 28 600. Im Haushaltsplan klar ausgewiesen sind aber nur 17 900 Stellen. Die anderen Beschäftigten hat man im Budget gut versteckt.

Gewiss, die EU-Bürokratie kann nicht immer so selbständig agieren wie eine nationale Regierung. Immer wieder muss sie Rücksicht nehmen auf die Vorrechte, die die Mitgliedsstaaten eifersüchtig hüten. Andererseits genießt sie Privilegien wie keine Exekutive dieser Erde. Sie hat in den meisten Politikbereichen das exklusive Recht, neue EU-Gesetze vorzuschlagen – unvorstellbar, dass sie jemals Vorschläge machen wird, die Gehälter ihrer Beamten zu reduzieren. Sie kann über Firmenfusionen ganz allein entscheiden. Gleichzeitig ist die Kommission, wie es im Brüsseler Jargon heißt, »Hüterin der Verträge«. Sie befindet über die Einleitung von Vertragsverletzungsverfahren gegen Mitgliedsstaaten, wenn diese EU-Recht verletzen – oder wenn sie glaubt, dass das der Fall sei. Und die Kommission verwaltet den jährlich 100 Milliarden Euro betragenden EU-Haushalt – und zwar schlecht. Über 40 Jahre nach ihrer Gründung hat die Behörde nicht einmal ein funktionierendes Buchführungssystem.

In der Gemeinschaft der Sechs saßen neun Kommissare um den Tisch. Das Spektrum der behandelten Themen war begrenzt auf Fragen von Zollunion oder Agrarpolitik. Heute reichen die Kompetenzen der Kommission von der Außen- bis zur Einwanderungspolitik, und es versammeln sich 20 Männer und Frauen zur wöchentlichen Sitzung. Das Problem wird sich nach der EU-Erweiterung noch weiter verschärfen. Dann wird das Gremium sage und schreibe 25 gleichberechtigte Kommissare umfassen – darunter drei baltische Vertreter für die Kleinstaaten Estland, Lettland und Litauen, aber nur je ein Franzose, ein Brite und ein Deutscher. Dabei hat der Präsident bis heute keine echte Richtlinienkompetenz. Alle Entscheidungen fallen mit Mehrheit und im Kollektiv. Das heißt im Umkehrschluss auch: Keiner ist so richtig verantwortlich.

Die EU-Führung behauptet, über jedem Parteienstreit zu stehen. An ihrer Spitze treffen sich sowohl linke als auch rechte Politiker. Hier arbeiten politische Profis wie der Brite Patten oder der aus Österreich kommende Agrarkommissar Franz Fischler, aber auch Leichtgewichte wie die Deutsche Michaele Schreyer oder der Belgier Philippe Busquin.

Die Kommissare haben sich verpflichtet, ihre politischen Querelen außen vor zu lassen. Das wird vom EU-Vertrag vorgegeben und machte in der Gründungsphase der Europäischen Wirtschaftsgemeinschaft auch Sinn. Damals ging es darum, die europäische Einigung über die Klippen der schwierigen Anfangsphase zu bringen. Doch die Praxis hat das Ideal einer alle politischen Grenzen überspannenden Super-Behörde längst überholt.

Auch wenn sich viele in der Behörde oft noch sosehr um die beste Lösung mühen – es ist eben nicht von vornherein klar, ob das europäische Gemeinwohl es erzwingt, die Fangquoten für Kabeljau herunterzusetzen und den Gebietsschutz für Autohändler im Jahr 2004 oder aber 2005 aufzuheben. Je länger die Prodi-Kommission amtiert, desto schärfer wird darum der Ton unter den Männern und Frauen am Tisch. »Nur weil man Manager bei Fiat war, ist man noch nicht automatisch Autoexperte«, giftet der französische Kommissar Pascal Lamy über seinen Kollegen Mario Monti, weil dessen Reform des Autohandels dem Franzosen nicht schmeckt. Die Spanierin de Palacio reibt sich an der Fischereipolitik von Agrarkommissar Fischler – sie findet es »brutal«, dass die spanischen Fischer ein paar Einschnitte hinnehmen sollen. Währungskommissar Solbes plädiert für flexiblere Arbeitsmärkte, aber Arbeitskommissarin Diamantopoulou findet es »zu simplistisch«, davon mehr Beschäftigung zu erwarten. Zerstritten sind die Kommissare sogar über so essenzielle Fragen wie den Euro-Stabilitätspakt. Prodi findet ihn »dumm«, der Franzose Lamy verunglimpft ihn öffentlich als »mittelalterlich« – und der zuständige Kommissar Solbes muss sich in sarkastische Kommentare über den französischen Kollegen retten, der sich halt »viel besser« in der Handelspolitik auskenne. So oder so: Die Idee einer Kommission, die unpolitisch und rein nach sachlichen Kriterien entscheidet, hat sich längst als Illusion erwiesen. Aber nach welchen Kriterien entscheidet sie dann?

»Um in Brüssel zu überleben, muss man die Klaviatur des Bargaining beherrschen. Sie brauchen viele Bündnispartner, um eigene Ideen durchzusetzen. Mit der Brechstange funktioniert gar nichts«, sagt die aus Luxemburg kommende Bildungskommissarin Viviane Reding. Allzu oft sind die Beschlüsse der Kommission folglich das Ergebnis eines Tauziehens, das vorher hinter verschlossenen Türen stattgefunden hat.

Eine Anthropologin im Brüsseler Dschungel

Doch was passiert da hinter diesen Türen? Glaubt man dem Präsidenten, wandern lauter Erleuchtete durch die oft schäbigen Flure. Die Kommission, so jubiliert Prodi, sei die Inkarnation Europas. Sie repräsentiere die »wahre und eigentliche Union«.

Wahrscheinlich hat er nie den Forschungsbericht gelesen, den die britische Anthropologin Maryon McDonald Ende 1998 abfasste – und zwar im Auftrag der Kommission. Als sei die Europaadministration ein bizarrer Volksstamm in Polynesien, so erkundete die Cambridger Forscherin zweimal monatelang das Brüsseler Unterholz. Sie saß in Sitzungen mit dabei, trank Kaffee mit den Beamten und ging am Wochenende mit ihnen wandern. Ihr Befund liest sich wie eine Reportage aus dem wilden Eurokratistan. »Es ist ein grausamer Platz«, hörte sie von einem Kommissionsbeamten. Ein regelrechter Nord-Süd-Konflikt, so entdeckte die Forscherin, wird auf den Fluren der Bürokratie ausgetragen. Ein Klima des Misstrauens herrsche zwischen den verschiedenen Kulturen. Die Nordlichter »fühlen sich unwohler«, leiden darunter, dass die Kommission nicht einmal ein »gemeinsames Archivierungsprinzip« habe, wohl aber »unberechenbare Protokolle« produziere, sie klagten über »Chaos« und »Desorganisation« der Kommission. Wo »diejenigen aus dem Süden Loyalität, Ehre und Stolz erkennen, sehen die Vertreter des Nordens Unmoral und Korruption« am Werk. Fazit der Feldforscherin: Es entstehe »der Eindruck der Anarchie«.

Rue de la Loi 200 – das ist die Postadresse der Kommission. Aber obwohl die Behörde in der »Straße des Gesetzes« residiert, zweifeln selbst die Insassen, ob die Arbeit hier auf der Herrschaft des Rechts basiert – oder auf dem Gesetz des Dschungels. Es herrsche eine »Kultur der Zweideutigkeit«, analysiert der hohe britische EU-Beamte Philip Lowe die Lage Ende 1998 in einem vertraulichen Papier. In den Augen von Kommissionsbeamten sei keineswegs klar, »ob die geltenden Regeln wirklich angewendet werden sollten«, wer für ihre Anwendung »verantwortlich« sei und »wer am Ende geradestehen muss, wenn die Regeln missachtet werden«.

Tatsächlich überschritten Kommissionsbeamte »viel zu oft« ihre Kompetenzen und setzten sich selbst als »oberste Schiedsrichter bei der Verwendung öffentlicher Gelder« ein. Die eigenen Vorgesetzten nähmen EU-Beamte in solchen Fällen genauso wenig ernst wie die Kommissare: »Sie werden oft als eine Quelle unzulässiger politischer Einmischung gesehen.«

Die Barone der Kommission

Wer kontrolliert die Kommission? Sicher nicht Präsident Prodi und seine Kollegen. Rein theoretisch steht das Kollegium zwar gemeinsam der Behörde vor – aber weil die Beamten damit 20 Chefs haben, haben sie in Wahrheit keinen. Weder laufen die Fäden beim Kommissionspräsidenten wirklich zusammen, noch sind die Kommissare Chefs ihrer jeweiligen Ressorts. Das gibt dem Beamtenapparat enorme Freiheit.

Als höchste Beamte der EU-Verwaltung stehen Generaldirektoren an der Spitze jeder der über 30 Dienststellen – vergleichbar deutschen Staatssekretären. Doch während in Deutschland bei Regierungswechseln Staatssekretäre und sogar Abteilungsleiter ausgewechselt werden, überstehen die Brüsseler Generaldirektoren immer wieder alle Machtwechsel an der Spitze. Und nur sie haben die direkte Hoheit über die Dienststellen.

»Mir ist jetzt klar, wem die Kommission gehört. Es sind nicht unbedingt die Kommissare, sondern vielmehr die hohen Beamten«, staunt der dänische Ex-Minister Poul Nielson nur wenige Monate nach seiner Ernennung zum Kommissar. Wo man nicht »sanktionieren« könne, müsse man als Kommissar »überzeugen«, klagt die deutsche Kommissarin Monika Wulf-Mathies nach ihrer Amtszeit 1999.

Die Generaldirektoren sind die Barone der Eurokratie. Sie kennen den Brüsseler Mikrokosmos und alle Tricks und Schliche. Beamter schlägt Kommissar – die Beispiele sind Legion. Da wollte einst der deutsche Kommissar Peter Schmidhuber der französischen Firma Fléchard nicht so helfen, wie das der französische Generaldirektor Guy Legras wollte. Legras setzte nicht nur seinen Willen durch, sondern gab auch noch Beleidigendes über den störrischen Kommissar zu den Akten: »Herr Schmidhuber ist ganz schön frech.« Überflüssig, zu sagen, dass Schmidhuber längst in Rente ist, Legras dagegen Anfang 2003 immer noch im Amt.

Dass Prodi und Co. keine direkte Durchgriffsgewalt auf ihre Verwaltung haben, ist einer der wichtigsten Gründe für die Verselbständigungstendenzen der Brüsseler Bürokratie. Eigentlich müsste die Macht eindeutig bei den Kommissaren liegen, denn die haben größere demokratische Legitimation als die Beamten und sind gegenüber dem Europaparlament verantwortlich. Doch die jetzige Struktur macht es den Abgeordneten schwer, die Kommissare für Fehlentscheidungen haftbar zu machen. Im Frühjahr 2001 gerät Verheugen unter Beschuss, weil seine Dienststelle es drei Wochen lang versäumte, das Betrugsbekämpfungsamt »Olaf« von einem möglichen Betrugsfall mit EU-Millionen in der Slowakei zu informieren. Verheugen schiebt daraufhin die Schuld öffentlich auf seinen Generaldirektor Eneko Landáburu – der habe alles entschieden und ihn, Verheugen, sogar einen Tag später informiert als die Betrugsbekämpfer.

Solange die Kommissare nicht »volle Kontrolle« über ihre Dienststellen hätten, sei die Verantwortung vor dem Parlament »rein theoretisch«, kritisiert der ehemalige Kommissar Leon Brittan. Auch seine Nachfolger haben nicht das Recht, alleine über die Ernennung der ihnen unterstehenden Generaldirektoren zu entscheiden. Der Personalkommissar und der Präsident reden immer mit. Darum sind diese hohen Beamten keinem einzelnen Vorgesetzten wirklich unterstellt. »Die Loyalität funktioniert hier nicht«, hat der frühere EU-Balkankoordinator und heutige Geschäftsführer des WAZ-Medienkonzerns Bodo Hombach in seinen gut zwei Jahren in Brüssel festgestellt. »Es kann sein, dass der Generaldirektor eines Kommissars von seiner Regierung gelobt wird, wenn er nicht tut, was der Kommissar will. Und die Regierung sagt ihm: Wenn du so weitermachst, wirst du befördert.«

Und welcher Brüsseler Kommissarsneuling begreift schon auf Anhieb die labyrinthischen Wege der europäischen Politik? Wohl dem, dem seine Beamten alles richtig erklären. Welche deutschen Politiker beherrschen die dominierenden Arbeitssprachen Englisch und Französisch aus dem Effeff? Böse Brüsseler Zungen sagen, manche Kommissare könnten sich ohne Dolmetscher gar nicht miteinander verständigen.

Mächtige Strippenzieher sind auch die Kabinettschefs der Kommissare. Sie leiten deren Mitarbeiterstäbe. Sie entscheiden, welche Akten der Kommissar zu sehen bekommt. Sie können im Namen der Kommissare unterschreiben. Und sie entscheiden in ihrer wöchentlichen Sitzung am Montagnachmittag vorab über viele Punkte, mit denen sich die Kommissare in ihrer Mittwochssitzung nicht belasten wollen oder sollen. Im Juni 2001 beerdigte die Runde so in aller Stille einen lang vorbereiteten Plan von Umweltkommissarin Margot Wallström, Batterien mit dem giftigen Nickel-Cadmium bis 2008 ganz zu verbieten – der französische Batteriehersteller Saft hatte mit aggressivem Lobbying die schwedische Politikerin in der Behörde isoliert.

Von den Entscheidungen, die die Kommission in den ersten sechs Monaten des Jahres 2002 traf, fielen nur ganze 79 bei der Kollegiumssitzung am Mittwoch. 1090 Beschlüsse ergingen per Umlaufverfahren oder im Kreis der Kabinettschefs. Prodi zitiert diese Zahlen als Beleg für die Effizienz des Apparats – aber sie beweisen ebenso dessen bürokratische Eigendynamik.

Die Kommissare sind Politiker unter Einfluss. Was die Beamten in Brüssel aufsetzen, wird durch die Generaldirektoren und Kabinette mehrfach gefiltert. Die Kommissare müssen sich auf das Urteil und die Ehrlichkeit ihrer Beamten verlassen – und begeben sich damit in ihre Hände. So kann es passieren, dass die Kommissarin Schreyer gar nicht mitbekommt, wenn ihre Beamten in einem Reformpapier eine klitzekleine Änderung vornehmen – und den Grundsatz der »null Toleranz« bei Betrug streichen.

Paradoxerweise sind die Kommissare gerade deshalb besonders abhängig von ihrem Apparat, weil sie unter keinem nennenswerten Druck des Parlaments stehen. Minister in Deutschland müssen Pannen und Skandale persönlich vor dem Parlament verantworten. Sie sind davon abhängig, dass dort die Mehrheit der Abgeordneten hinter ihnen steht. Kommissare in Brüssel haben von den Europaabge-

81

ordneten wenig zu befürchten, verdanken ihre Posten der Heimatregierung und sind in der Theorie völlig unabhängig. In der politischen Realität gibt es jedoch kein Vakuum. Wo der Druck nicht aus dem Parlament kommt, kommt er eben von woanders – aus den Mitgliedsstaaten, von Lobbys oder aus der Bürokratie.

Die Macht der Seilschaften

Kommissionsbeamte werden umworben von allen Seiten. Die Regierungszentralen in den Hauptstädten versuchen, eigene Landsleute in der Behörde für die Interessen ihres Heimatlandes einzuspannen. Und natürlich versuchen Privatfirmen, sich Kommissionsfunktionäre gewogen zu machen. Der französische Anwalt Michel Jacquot, selbst lange Direktor in der Generaldirektion Agrar, beschrieb 1999 einem » Le Monde«-Reporter, wie der Umgang mit den Beamten funktioniert: »Man weiß, wer leicht zugänglich ist. Das heißt nicht, dass diese Beamten einen Briefumschlag akzeptieren. Eine Einladung zum Mittagessen ist schließlich keine Reise auf die Malediven: Ich habe es oft erlebt, dass interne Dokumente nach draußen gingen. Aber bedeutet das, dass die dafür verantwortlichen Beamten sich bezahlen ließen? Ich schließe das nicht aus – ohne es sicher zu wissen. Es stimmt, manchmal ist man versucht, die Bedeutung eines Beamten am Ausmaß der Geschenke zu messen, die er am Jahresende bekommt. Das reicht vom Kalender bis zu Kisten Wein oder Champagner, manchmal darüber hinaus …«

Wo die formellen Hierarchien nicht klar etabliert sind, herrscht umso mehr Spielraum für informelle Netzwerke. Keiner zählt die Seilschaften, die im Kommissionsdschungel um Macht und Einfluss kämpfen. Aber nicht immer ist es einfach, Legende und Wirklichkeit zu trennen, wenn EU-Beamte beim Bier ihre Theorien ausbreiten. Da ist die europäische Statistikbehörde Eurostat (oder wahlweise die ganze Kommission) angeblich in den Händen der Freimaurer. Außerordentlich einflussreich sei der rechtskatholische Orden Opus Dei, wispern andere. Manche schwören, der französische Auslandsgeheimdienst DGSE sei stark präsent – und natürlich die italienische Mafia.

Der britische Anthropologe Cris Short zitiert einen Generaldirektor mit einer lebendigen Beschreibung der Brüsseler Netzwerkkultur: »Ja, es gibt eine französische Mafia in der Kommission. Aber es gibt ebenso eine englische Mafia. Wir haben überall Mafiosi, aber es sind verschiedene Sorten von Mafiosi. Da ist die schwule Mafia, die Mafia der Freimaurer, eine Opus-Dei-Mafia, eine sozialistische und eine kommunistische Mafia. Das Wichtige ist, dass sie sich gegenseitig neutralisieren – das war mein Ziel, als ich für Personalfragen verantwortlich war.« Freilich müsse man erst mal wissen, »welche Mafia es gibt und wer zu ihr gehört«.

Jeder kann einmal im Monat die deutschsprachigen Beamten der Generaldirektion Agrar sich in Hedwig Ellerkamps Kneipe »Bierfass« in der Rue Stévin versammeln sehen, um Erfahrungen und Tipps auszutauschen. Dort treffen sich auch die Deutschen aus der Dienststelle für Umweltschutz. Doch lange galten die Teutonen als lausige Netzwerker – verfügten sie doch über wenig mehr als die Vereine der FDP-, SPD- und CDU/CSU-Beamten. Letztere bekriegten sich zeitweise schwerpunktmäßig mit der Brüsseler Ortsgruppe der CDU/CSU – deutsche Christdemokraten wie sie, aber nicht bei der Kommission beschäftigt.

Briten oder Spanier machen vor, wie es anders geht. Sie arbeiten im Zweifel auch über Parteigrenzen zusammen, halten engen Kontakt mit der Hauptstadt und scheuen sich nicht, nationale Interessen zu verfechten. Vor allem aber ist der Einfluss französischer Netzwerke unübersehbar. Da gibt es den von dem Generaldirektor Jean-Paul Mingasson geführten Club der Absolventen der französischen Elitehochschule ENA (Ecole Nationale d'Administration). Es sei einfach ungerecht, beschweren sich Nicht-Franzosen, dass ENA-Praktikanten außerhalb der Quote eingestellt und bei Mingasson gleich direkt vorgelassen würden.

Als Mingasson 1989 Chef der mächtigen Generaldirektion Haushalt wird, heißt der Kommissionspräsident Jacques Delors. Mingasson gilt als ein wichtiges Mitglied der »Delors-Mafia«, wie ihre Gegner sie bis heute nennen. Sie gilt als die Mutter aller Brüsseler Seilschaften und wird von vielen gefürchtet.

Delors gab der EU-Administration Ende der 80er, Anfang der 90er Jahre neue Dynamik und neues Selbstbewusstsein. Doch seine Mitarbeiter benutzten Methoden, die der Delors-Biograph Charles Grant als »oft unorthodox, manchmal dubios und gelegentlich missbräuchlich« charakterisiert. Unter Delors wurde die Regelbeugung zum Kavaliersdelikt – oft exekutiert von seinem Kabinettschef, dem heutigen EU-Kommissar Pascal Lamy.

Der französische Sozialist, Korvettenkapitän der Reserve und Marathonläufer wirkt mit seinem beinahe kahl geschorenen Kopf wie der Anführer einer Brigade von Fallschirmjägern. Er ist hochintelligent, nicht zimperlich und gilt als Delors' Mann fürs Grobe. Lamy platziert Vertraute in Schlüsselpositionen, manövriert unwillige Beamte einfach aus – und greift auch mal zu kleinen Tricks. Wenn Delors heikle Abstimmungen im Kommissarskollegium verliert, habe Lamy das Sitzungsprotokoll so lange zugunsten seines Präsidenten bearbeitet, bis aus einer Niederlage ein Sieg wurde, zitiert Grant Lamy-Kritiker – und es kostete die Kommissare Kraft, um die Darstellung wenigstens teilweise zu korrigieren. Betrugsvorwürfe gegen die Kommission sind für Lamy noch 1999 nur ein Mentalitätsproblem – eines der Kritiker. Bemühungen von Europaabgeordneten um mehr Transparenz seien »eher nordisch« und »ein kleines bisschen protestantisch« motiviert.

Wer Mitglied der Delors-Seilschaft werden wollte, musste möglichst zwei Kriterien erfüllen: französische Nationalität und sozialistische Neigung. Die hohen Beamten, die so Karriere machten, sitzen noch im Jahr 2002 auf Schlüsselposten – Mingasson als Budget-Chef, Yves Franchet als oberster EU-Statistikboss, François Lamoureux als Generaldirektor für Energie und Verkehr. Ihre Namen tauchen immer wieder im Zusammenhang mit den großen Skandalen auf, die die Kommission erschüttern – aber stets überstehen sie alle Vorwürfe unbeschadet. 2001 verfasst Lamoureux zusammen mit dem Spanier Landáburu ein Papier, in dem sie der Prodi-Kommission vorwerfen, »ängstlich« zu agieren. In jeder nationalen Regierung wäre ein Beamter danach in hohem Bogen rausgeflogen. In der Kommission kann man sich vieles erlauben, wenn man die richtigen Freunde hat.

Fakten über den Durchschnitts-Eurokraten

Wer ist der Eurokrat, der uns regiert? Er ist männlich (im höheren Dienst zu 80 Prozent), eher etwas ältlich (im Schnitt an die 50 Jahre) und eher Franzose (15 Prozent) als Deutscher (13 Prozent). Seine Dienstreisen unternimmt er vorzugsweise nach Luxemburg (dort sitzen allerlei EU-Institutionen) oder Paris (dort gibt es keine einzige EU-Institution). Der Normal-Beamte sitzt in einem eher unahnsehnlichen Büro, ist hochgebildet und gut gekleidet. Neuigkeiten, Klatsch und Tratsch bezieht er von »Radio Couloir« (zu Deutsch: dem Flurfunk). »Gerüchte, inoffizielle Briefings, Falschinformationen, Indiskretionen« sind in der Kommission oft gängigere Informationskanäle als die offiziellen Wege – so schreibt es im März 1999 der so genannte Rat der Weisen.

Zuverlässig informiert »Radio Couloir« oft Monate im Voraus über das Ergebnis angeblich völlig offener Ausschreibungsverfahren für hohe Karriereposten. Viele Beamte sind überzeugt, dass die Protektion durch die richtige Seilschaft das entscheidende Kriterium für den Aufstieg in der Kommissionshierarchie ist. Verwaltungskommissar Kinnock beharrt trotzdem darauf, es sei allein das Kriterium des »Verdienstes«, das entscheide.

Nichts interessiert die Beamten so sehr wie die Frage: Wer wird was? Die Karriere ist wichtig in den oberen Rängen der Kommission. Böse Zungen behaupten, sie sei mangels gemeinsamer Werte das Einzige, das zähle. So verkörpert der Apparat eine Klassengesellschaft par excellence. Wer nicht zu den höheren Beamten der A-Kategorie gehört, gilt vielen als minderwertig. »Ich bin ja nur B3«, sagen Beamte von sich selbst. »Warum sollte ich als A3-Beamter einem B5-Beamten den Koffer tragen?«, fragte ein Kommissionsmann, der nicht auf Mission mit einem Kollegen gehen wollte. Die Anthropologin McDonald zitiert einen Beamten mit der frustrierten Bemerkung: »So ist die Kommission: Welchen Dienstgrad man hat, ist immer noch wichtiger als alles andere.« Denn wer es in diesem Verwaltungsdickicht geschafft hat, sich Stufe um Stufe nach oben zu hangeln, ist stolz auf diese Errungenschaft – so stolz, dass er gerne auf die anderen herunterschaut.

Doch oft sind Eurokraten besser als ihr Ruf. Häufig haben sie Humor, sind kreativer und mobiler als ihre Kollegen in den deutschen Amtsstuben. »Man kann hier politisch etwas bewegen«, sagt der CDU-Bundestagsabgeordnete Peter Altmaier, selbst ehemaliger Insasse der Brüsseler Behörde: »Als normaler Kommissionsbeamter hat man Gestaltungsmöglichkeiten wie sonst nirgends.«

Manche französische Beamte sprechen selbst Englisch nur mit Mühe, andere Insassen der EU-Administration sind fließend mehrsprachig und vielseitig interessiert. Die Kommission, beobachtete Charles Grant, sei so etwas wie ein »Baisodrome« – der französische Ausdruck für ein Haus, in dem wechselnde sexuelle Kontakte nicht selten sind. Grant über die EU-Beamten: »Viele von ihnen leben mit Ehegatten oder Liebhaber einer anderen Nationalität zusammen – oder beides.«

Liebe und Leid liegen nah beisammen in der Kommission. Es sei »eine diabolische Welt«, sagt ein französischer Insasse. »Die Leute versuchen, einen bloßzustellen, einen reinzulegen«, jammert ein deutscher Spitzenbeamter. »Ich kenne vier Kollegen, die Selbstmord begangen haben«, ruft eine Beamtin während einer Personalversammlung. Es ist einer dieser graugelben EU-Sitzungssäle, in denen es keine Fenster zur Außenwelt gibt, sondern nur die Scheiben der

Dolmetscherkabinen. 200 Beamte sind gekommen, um gegen Prodis Reformpläne zu protestieren. Die meisten schimpfen auf Französisch mit starkem italienischen Akzent gegen Überlegungen, als faul geltende Beamte in Frührente zu schicken – und gegen den Vormarsch der englischen Sprache. Ein Beamter spricht englisch – prompt greifen viele um ihn herum zum Kopfhörer.

Die Behörde der Fabelgehälter

Dabei genießen die Brüsseler Funktionäre durchaus Privilegien. Sie haben Streikrecht und diplomatische Immunität. In eigenen mehrsprachigen Europaschulen wird für jeden kleinen Junioreurokraten zehnmal mehr ausgegeben als etwa für einen normalen deutschen Schüler – so sagen es jedenfalls Berechnungen der Bundesregierung. Das weckt Missgunst. Autos, an denen das spezielle europablaue Nummernschild montiert ist, werden von schlechter gestellten Brüsseler Mitbürgern gern demoliert. Mit sechs vom Steuerzahler finanzierten Viagra-Pillen pro Monat können sich die EU-Beamten schadlos halten – nachgewiesene Bedürftigkeit wird natürlich vorausgesetzt.

Vor allem aber profitieren EU-Beamte von Gehältern, die ihnen den Neid breiter Schichten der Bevölkerung sichern. Generaldirektoren kassieren monatlich bis zu 15 000 Euro brutto und damit mehr als in Deutschland der Bundeskanzler. Referatsleiter im mittleren Management bekommen bis zu 12 500 und Jungbeamte mindestens 4000 Euro. Schon Sekretärinnen verdienen mit mindestens netto 30 000 Euro jährlich so viel wie deutsche Ingenieure. Akademiker können nach Abzügen auf ein Anfangsgehalt von 43 000 Euro zählen. Ein höherer Beamter der zweituntersten Gehaltsstufe A6 verdient netto mehr als in Deutschland ein Bundestagsabgeordneter.

Die hohen Gehälter lassen sich durchaus rechtfertigen. Wohl nur so kann man begabte junge Leute aus Deutschland und den anderen mittel- und nordeuropäischen Staaten nach Brüssel locken. Denn die EU-Institutionen konkurrieren beim Headhunting mit vielen Multis und anderen internationalen Organisationen.

Doch große Teile der Nettogehälter resultieren aus einem Wirrwarr von Sonderzulagen, über die die Behörde nur ungern Auskunft gibt. In der Summe sind sie – für verheiratete Durchschnittsbeamte mit Kind – so hoch wie die Steuern, die hinterher wieder abgehen. Da gibt es eine fünfprozentige Haushaltszulage für Beamte, die Kinder und oder einen schlecht verdienenden Ehepartner haben. Hinzu kommt ein monatliches Erziehungsgeld. Die Summe wurde bisher auch dann gezahlt, wenn der Beamtensprössling die für EU-Angehörige kostenfreie Europaschule besucht.

Obendrauf kommt eine Auslandszulage in Höhe von 16 Prozent – auch nach Jahrzehnten Dienst in Brüssel. Und die jährliche Zulage für die Reise an den Ursprungsort des Beamten wird gezahlt, egal ob er diese Reise antritt oder nicht. Für Griechen sind das jährlich über 700 Euro zusätzlich.

Ist das alles? Aber nein! Es gibt noch einen weiteren Trick, das Gehalt weiter zu steigern. Beamte können reklamieren, einen Teil des Geldes in ein anderes EU-Land überweisen zu lassen – etwa für dort wohnende Kinder oder um Hypotheken abzuzahlen. Das geschieht unter Anwendung eines großzügig berechneten Korrekturkoeffizienten. Im Jahr 2002 führte der bei Transfers nach Großbritannien zu einem Aufschlag von stolzen 64 Prozent. In Dänemark waren es immer noch 33 Prozent.

Der Koeffizient soll eigentlich höhere Kosten für Lebenshaltung und Währungsschwankungen abdecken – wurde aber bisher auf Basis des Standards in den Hauptstädten errechnet, was ihn künstlich nach oben treibt. Von pensionierten EU-Beamten wird er schon mal zur Manipulation genutzt. Es gebe bei den Ruheständlern »eine Tendenz, sich in Ländern mit günstigen Koeffizienten anzusiedeln«, hielt der Personaldirektor des Europaparlaments (EP) in einem internen Brief fest. Der EP-Finanzkontrolleur deckte den Fall einer griechischstämmigen Pensionärin auf, die Reisekosten in Höhe von 25 000 Mark für den Umzug von Brüssel nach Athen beantragte – und zugleich einen Wohnsitz in London anmeldete. Das verschaffte ihr eine Rente von etwa 4000 Euro. In Athen hätte sie nur gut die Hälfte kassiert. Die Verwaltung schluckte das Manöver: Es gebe ja »keine rechtliche Verpflichtung, dass ein Beamter bei seinen Möbeln wohnt«.

Wie schwer es ist, Eurokrat zu werden

Angesichts der großzügigen Gehälter ist es kein Wunder, dass sich viele zum Eurokraten berufen fühlen. 30 000 melden sich 1998 zum »Concours« (Französisch für Wettbewerb) genannten Einstellungstest. Europaweit richtet die Kommission in Gymnasien, Hangaren und Ausstellungssälen 38 Zentren für die Vorauswahl ein. 650 Beamte werden zwecks Überwachung aus Brüssel entsandt. Sieben Tonnen Material und Papier schickt man auf die Reise. Gigantismus pur – und all das für die Besetzung von gerade mal 475 Stellen.

Über eine Million Euro gehen für das Verfahren drauf – und am Ende muss es wegen mehrerer Unregelmäßigkeiten für ungültig erklärt werden. In Mailand werden mehr als tausend Bewerber an eine falsche Adresse eingeladen. In Brüssel lassen sich Teilnehmer vom Klo aus über Handy die Antworten zuflüstern. Schließlich kommt heraus, dass italienische Teilnehmer bereits die Prüfungsantworten kannten. Im Brüsseler Übersetzungsdienst hatte jemand geheime Informationen weitergegeben.

Das EU-Einstellungsverfahren hat viele Hürden, es ist kompliziert und gerät darum immer wieder unter den Verdacht der Manipulation. Denn Missbrauch war lange deshalb Tür und Tor geöffnet, weil die Auswahlprozeduren mit größtmöglicher Geheimhaltung abliefen. Kandidaten erfuhren bis vor kurzem nicht einmal die Namen der Jurymitglieder, die über sie entschieden.

Dubios schien ein Concours für Wirtschaftsprüfer und Revisoren, der 1997 stattfand. 4999 EU-Bürger bewarben sich, darunter stolze 1351 Belgier (27 Prozent) und bescheidene 312 Deutsche (6,2 Prozent). Schlimm genug, doch auf der Liste der ausgewählten Kandidaten hatte sich dieses Ungleichgewicht nicht etwa ausgeglichen, sondern dramatisch zugespitzt: Auf die 148-köpfige Einstellungsliste schafften es 48 Belgier (32,4 Prozent) und lediglich zwei Deutsche – also 1,4 Prozent. Merkwürdigerweise kamen beide Deutsche aus Münster in Westfalen – »reiner Zufall«, lässt die Kommission erklären, der nach eigenen Angaben »keinerlei Hinweise auf irgendeine Manipulation« dieses Einstellungswettbewerbs vorliegen. Ein Fall aus dunkler Vergangenheit? Nein, die Einstellungsliste blieb bis 2001 in Gebrauch.

Vier Hürden müssen Möchtegern-Eurokraten überwinden. In Stufe eins müssen die Prüflinge einen Multiple-Choice-Test bestehen: »Wie viele Stimmen sind im Ministerrat erforderlich, um die qualifizierte Mehrheit zu erreichen? Wer war der Erfinder der Damenstrümpfe?« Wer besteht, wird nach Brüssel eingeladen, um ein Essay zu Europaproblemen zu schreiben. Etwa 1000 Teilnehmer gehen daraus siegreich hervor. Sie müssen nun mündliche Interviews mit der Jury bestehen.

Aber selbst wer hier die Nase vorn hat, hat noch nicht gewonnen. Jetzt steht sein Name lediglich auf der Einstellungsliste. Um nun auch einen Job zu finden, muss der Bewerber in der Behörde Klinken putzen. Zwei volle Jahre kann es dauern von der ersten Prüfung bis zur Einstellung. Zwischendurch verlieren viele die Geduld und suchen sich einen Job in der freien Wirtschaft. Logisch, dass das Warten für ortsansässige Belgier leichter ist. Und natürlich ist es hilfreich, wenn man Freunde oder Verwandte in der Behörde hat. Von dem britischen Anthropologen Cris Short interviewte Bewerber bekannten übereinstimmend, dass das System »Strippenziehen und Patronage« begünstige. »Alle Kandidaten sollten die Bedeutung des Wortes Piston kennen«, riet ein britischer Regierungsbeamter seinen Landsleuten. Der französische Begriff »Piston« heißt so viel wie »Vitamin B«.

Regelmäßig bestehen Männer das Auswahlverfahren besser als Frauen. Das Verfahren begünstigt bestimmte Nationalitäten, denn es ist nach französisch-italienischem Vorbild entworfen. Außerdem verlangt die Behörde lediglich »zufrieden stellende Kenntnisse« einer einzigen Fremdsprache. Das hilft den oft wenig sprachbegabten Franzosen und Briten.

Die Nationalitätenverteilung, die dabei herauskommt, spricht Bände. Deutlich mehr Franzosen und Belgier als Deutsche tummeln sich in den besonders wichtigen Rängen der mit Studienabschluss versehenen so genannten A-Beamten – vergleichbar mit dem deutschen höheren Dienst.

Schon Ende 1998 forderte eine hausinterne Prüfkommission eine grundlegende Reform der Prozeduren und zumindest zwei Fremdsprachen als Einstellungsvoraussetzung. Der Bericht landete in der Schublade. Ach ja, und noch was: Sommerjobs reservierte die EU-Administration bis vor wenigen Jahren ausschließlich für die Kinder von Kommissionsbeamten. Begründung: Die seien billiger.

Schlechte Traditionen

Die Kommission ist dann in ihrem Element, wenn es um die Formulierung neuer Gesetzesvorschläge oder die Regulierung des europäischen Wirtschaftsgeschehens geht. Die Dienststellen, die sich mit Wettbewerbskontrolle beschäftigen oder für die gesamte EU Handelsabkommen mit dem Rest der Welt aushandeln, haben traditionell einen guten Ruf. Der »Druck von außen« sorge für Qualität, sagt Philip Lowe, inzwischen selbst Chef der Wettbewerbsabteilung. Mutige Wettbewerbskommissare wie Karel van Miert oder Mario Monti gingen von Brüssel aus gegen die Filzokratie der deutschen Landesbanken vor, sie deckten Kartelle auf und schützten den Wettbewerb.

Dort zeigt die Kommission, dass multinationale Effizienz sehr wohl möglich ist. »Wenn wir die Fähigkeiten bündeln, sind die Europäer von den Japanern und den Amerikanern nicht zu schlagen«, sagt der deutsche Generaldirektor Alexander Schaub. »Wir können italienischen Charme, deutsche Zielstrebigkeit, skandinavische Nüchternheit und spanischen Stolz zusammenbringen.«

Doch in über 40 Jahren Geschichte hat sich in vielen anderen Teilen der Brüsseler Bürokratie eine Kultur des Schlendrians etabliert, die ihresgleichen sucht. Wenn Dokumente verschwinden, gilt das in der Berliner Politik als Skandal – in der Kommission regt es keinen auf. »Nicht dass wir Unterlagen verlieren, ist erstaunlich, sondern dass wir so viele finden«, spottet ein hoher Kommissionsmann. Beamte, die ihren Job innerhalb der Behörde wechseln, expedieren ihre Unterlagen oft einfach in den Müllcontainer und löschen ihre E-Mails – der Nachfolger findet ein leeres Büro.

Bis heute hat die Kommission kein klares Archivierungssystem, sie kennt keine Aktenzeichen und keinen einheitlichen Eingangsstempel. Das erlaubt Schluderei, und es ermöglicht auch Manipulationen, zum Beispiel bei dem Aussieben von Förderanträgen aller Art. 1999 startete das Wettrennen um 15 Milliarden Euro aus dem Fünften Forschungsrahmenprogramm – und es war schlechter organisiert als die Karnickelschau in Bullerbü. Papiere mit Förderanträgen für Biotech, IT-Technologie und Umweltforschung lagen offen herum. Nicht einmal die Eingangsdaten von Projektvorschlägen notierten die von einer Privatfirma angeheuerten Mitarbeiter korrekt. »Wenn Anträge entgegengenommen wurden, öffnete man die Umschläge und warf sie anschließend weg«, schreiben später interne Prüfer. Anschließend bearbeiteten manche Kommissionsleute alle Anträge – »egal welches Empfangsdatum registriert war«. Pure Willkür, denn zugleich wurden andere Vorhaben als verspätet zurückgewiesen.

Die Evaluationsprozedur war so jämmerlich organisiert, dass sogar Stühle fehlten, auf denen die Experten hätten Platz nehmen können. »Kommissionsbeamte kauften aus eigener Tasche Tische und

Stühle bei Ikea, um dafür zu sorgen, dass die externen Antragsprüfer etwas zum Sitzen hatten«, notierten Kontrolleure hinterher.

Die Kommission hat bis heute den Rollenwandel nicht verkraftet, den ihr Präsident Delors Ende der 80er und Anfang der 90er Jahre verordnete. Nun sollte sie nicht mehr nur Thinktank, Gesetzgebungsmaschinerie und Kontrollinstanz sein. Jetzt zog sie außerdem das Management immer neuer milliardenschwerer Subventions- und Hilfsprogramme in der Außen- oder Bildungspolitik an sich. Doch weil sie dafür weder das qualifizierte Personal noch die nötige Erfahrung hatte, versanken viel zu viele Programme in einem Sumpf aus Missmanagement und – manchmal – Betrug.

Immer noch ist es kein Hinderungsgrund für eine brillante Karriere im Brüsseler Apparat, wenn man als Organisator versagt oder Missbrauch toleriert. »Hier ist derjenige ein toller Beamter, der große Politikpapiere geschrieben hat – nicht der, der Geld gut verwaltet«, klagt ein ehemaliger Kommissar. Vielen Beamten, gerade aus den südlichen Mitgliedsländern, gelte der pure Begriff des Managements als suspekt und Inkarnation eines angeblich antieuropäischen Thatcherismus, fand die Anthropologin McDonald heraus.

Die Kommission kombiniere die Nachteile des französischen Verwaltungssystems mit den Kehrseiten der deutschen Verwaltungstradition, konstatierten die beiden britischen Sozialforscher Anne und Handley Stevens. Wo die Franzosen übertrieben steile Hierarchien und allzu rigide Vorschriften beisteuerten, brächten die Deutschen eine ausufernde Kultur der Mitbestimmung mit. In den vielen internen Verwaltungskomitees haben die Gewerkschaften meist die Hälfte der Sitze. Das reicht von den Jurys, die neue Beamte auswählen, bis zu den Disziplinarräten, die Sünder abmahnen oder entlassen – was nur selten geschieht. Die Gewerkschaftsarbeit wird übrigens von den europäischen Steuerzahlern finanziert – mit 21 festen Stellen.

Die Kommission, das sei die Kombination aus »deutscher Armee, französischer Verwaltung und italienischer Mafia«, hörte McDonald von einem ehemaligen Personaldirektor der Kommission. Hier trifft mediterrane Arbeitsmoral auf überzüchtete Pariser Aktenkultur –

»aber die der 50er Jahre«, klagen Kritiker. Und über alles legt sich ein Film von belgischem Laisser-faire. Denn die örtliche Klüngelwirtschaft hat die Verwaltungskultur der Kommission stark beeinflusst.

Versuche keiner, zwischen 13 und 15 Uhr einen Kommissionsmenschen zu erreichen – »heure de table«. Selbst im Büro von Prodis Chefsprecher Jonathan Faull klingeln die Telefone gelegentlich stundenlang ins Leere, da kann in der Welt passieren, was will. Für ein »Call Center«, in dem auch während der Essenszeit die Hörer abgenommen werden, »haben wir nicht genug Leute«, behauptet Faull.

Es ist eines der beliebtesten Brüsseler Argumente. Immer wenn in der Kommission etwas falsch läuft, sind nach offizieller Lesart keineswegs die Beamten schuld. Nein, die Schuldigen sitzen in den Hauptstädten der Mitgliedsstaaten. In diesem speziellen Fall bewilligten sie der bedauernswerten EU-Verwaltung einfach nicht genug Personal.

Wahr ist: Nach den eigenen internen Berechnungen der Kommission wächst die Zahl ihrer Beschäftigten jedes Jahr um durchschnittlich 360 bis 400 Personen. Das wahre Problem ist die Desorganisation der Brüsseler Behörde. »Feudale Strukturen« beklagte im März 1999 der Rat der Weisen, der Santer zu Fall brachte. Sie verhinderten es, dass Personal in die Abteilungen versetzt wird, in denen es am dringendsten gebraucht wird. Am meisten leidet darunter die Wettbewerbsbehörde. Sie sei schwächer mit Stellen ausgestattet als selbst ihr kanadisches Gegenstück, klagte der ehemalige Wettbewerbsboss Alexander Schaub bei seinem Abschied. So kommt es, dass in der Wettbewerbsabteilung nur etwa 500 Beamte arbeiten. Das sind gerade mal so viel wie in der Generaldirektion für Bildung und Kultur – ein Feld, auf dem die Kommission nur wenig Kompetenzen hat. Was der Kommission fehlt, ist nicht Personal, sondern Personalführung. »Keiner interessiert sich hier für das, was du machst – oder nicht machst«, klagt eine italienische Kommissionsbeamtin.

Hinzu kommt, dass die Behörde den bewilligten Stellenplan überhaupt nicht ausnutzt. Im Jahr 2000 sind sage und schreibe 1800 Posten unbesetzt. Zwei Jahre später sind es immer noch 800. Normal wären (so im November 1998 die offizielle Schätzung des ehemaligen Generalsekretärs David Williamson) 300 bis 400 Vakanzen. Weil die Kommission ihre Einstellungsverfahren nicht in den Griff bekommt, fehlt es an Leuten, um offene Stellen zu besetzen – keineswegs an den Stellen selbst.

Viel zu viel Zeit verschwenden die Beamten überdies mit grotesk komplizierten Verwaltungsprozeduren. Regelmäßig beschwerte sich Prodi bei seinen Vertrauten: Er bekomme Vermerke mit »zehn Unterschriften«. Wer von den zehn habe das Papier eigentlich gelesen?

In der Kommission herrsche eine Kultur der »verwischten Verantwortung« und der Neigung zum »Management im Konsens«, schreibt Jules Muis, der Chefauditor der Kommission, im März 2001 in einem internen Papier. Ihren Ursprung hat diese Kultur angeblich im multinationalen Charakter der Behörde – je mehr Personen einbezogen sind, desto geringer sei das Risiko nationaler Einzelaktionen. Andererseits trauen sich Beamte oft nicht, Kollegen anderer Nationalität zu kritisieren. Ein Deutscher gegen einen Franzosen – das werde sofort durch die nationale Brille interpretiert, klagt ein hoher Funktionär. Die Fähigkeit, Kritik zu äußern und zu ertragen, ist daher in der EU-Administration unterentwickelt. Je mehr Beamte eine Entscheidung vorbereitet oder zumindest stillschweigend gebilligt haben, desto einfacher ist es hinterher für den Einzelnen, die Verantwortung für Fehler und Versagen von sich zu schieben. Wenn etwas schief geht, ist meist keiner schuld. Doch diese »kartellierte Verantwortung«, von der Muis' Prüfer sprechen, geht auf Kosten der Effizienz. Denn wer Defizite nicht eingesteht, kann sie auch nicht beheben.

Wenige Monate nach seinem Wechsel aus dem Bonner Auswärtigen Amt nach Brüssel zog der deutsche Kommissar Verheugen ein bitteres Fazit. Was er vorfinde, sei ein »stark überreguliertes, sich selbst genügendes System ohne erkennbaren politischen Output«. Verheugen versäumte nicht hinzuzufügen: »Bei gleichzeitig hoher Qualität des Beamtenpersonals.«

Wie reformfähig ist die Kommission?

Als Romano Prodi im September 1999 die Führung der Behörde übernimmt, verspricht er einen kompletten Neuanfang, einen »echten Big Bang«. Nach dem Sturz von Vorgänger Jacques Santer soll die Behörde generalüberholt werden. Doch was Prodi liefert, sind Reförmchen, kosmetische Änderungen, die auf keinen Widerstand stoßen. Die Kommissare sollen wie Minister in ihren jeweiligen Dienststellen arbeiten, nicht mehr am Zentralsitz der Kommission im so genannten Breydel-Gebäude. Die Mitarbeiterstäbe der Kommissare müssen etwas multinationaler werden. Schließlich beauftragt Prodi den britischen Kommissar Neil Kinnock mit allerlei Änderungen an den Verwaltungsprozeduren – mit den Ursachen für die Krise der Kommission haben viele überhaupt nichts zu tun.

Den redseligen und umtriebigen Kinnock haben sie schon zu Hause als »walisischen Windbeutel« verspottet. Jetzt träumt der rothaarige Brite von einem Sitz im Oberhaus und der Beförderung zum »Lord Neil«. Auf dem Weg dorthin geht er in Brüssel den Weg des geringsten Widerstands – manche behaupten, er bereite den Boden für seinen Parteichef Tony Blair vor. Dem werden Ambitionen auf die Prodi-Nachfolge unterstellt.

Kein Wunder, dass Kinnock den Eindruck erweckt, eher die Information über den Betrug zu bekämpfen statt den Betrug selbst. Statt die zentrale Finanzkontrolle zu verbessern, wird sie von ihm und Haushaltskommissarin Michaele Schreyer kurzerhand abgeschafft. Künftig sollen die Generaldirektoren selbst nach dem Rechten sehen. Außerdem rufen Kinnock und Schreyer eine Innenrevision mit wenig Kompetenzen und wenig Personal ins Leben – deren Fachleute beklagen rasch die »neuen Kontrolllücken«.

Kinnock predigt den Beamten mehr Verantwortung. Aber im Alltag macht er klar, dass auch unter ihm Fehlverhalten keine Konsequenzen haben wird. Hohe Beamte bleiben im Amt, obwohl sie in Skandale verwickelt waren. Immerhin sollen die mächtigen Generaldirektoren nun alle paar Jahre ihre Stühle vertauschen. Aber Prodi und Kinnock wagen es nicht, die hohen Posten automatisch auch für Außenseiter auszuschreiben. Dabei hätte man nach dem Santer-Sturz nichts mehr erwartet als dies – frischen Wind von draußen. Das Gegenteil geschieht. Ängstlich igelt sich die Behörde ein.

Was Kinnock überdies kaum antastet, sind die Privilegien der EU-Beamten – der härteste Beton, den Brüssel jemals angerührt hat. Abschaffung der Regelbeförderung nach Dienstalter? Weitgehend gescheitert. Möglichkeit des Rausschmisses von Faulpelzen und Nieten? Kaum Fortschritt. Prodi ist eingeknickt, vor allem vor den mächtigen Beamten-Gewerkschaften. Sie haben sich zahlreiche Hintertürchen offen gehalten.

Um den Beamtengewerkschaften die wenigen Umstellungen schmackhaft zu machen, verspricht Kinnock ihnen von Anfang an, die hohen Funktionärsgehälter zu verteidigen – und den eingebürgerten Mechanismus, nach dem automatisch jedes Jahr die Bezüge steigen. Damit die Gehaltssumme trotzdem nicht zu stark aufgebläht wird, will der Kommissar still und heimlich die Einstiegslöhne für Jungbeamte um etwa 1000 Euro absenken. Heimlicher Hintergedanke: Die können sich ja nicht wehren.

Der Dinosaurier

45 Jahre nach Gründung der Gemeinschaft ist klar, dass der Fehler nicht bei einigen unfähigen Beamten liegt, sondern im System. Das wurde von dem Franzosen Jean Monnet erdacht. Er kam zwischen den Weltkriegen als Vize-Generalsekretär des Völkerbundes zu dem Schluss, dass internationale Organisationen zur Lähmung verurteilt sind, wenn sie keine supranationalen Institutionen haben, die über den Mitgliedsstaaten stehen.

Im Mittelpunkt von Monnets Bauplan für Europa stand nicht das

Parlament, sondern eine Behörde. Sie bekam den Auftrag, unabhängig von den Hauptstädten die sachlich besten Vorschläge zu machen – so wie es die Kommission bis heute für sich in Anspruch nimmt. Bei ihrem Experiment übersahen die Gründerväter eine gravierende Schwäche. Eine angeblich unabhängige Behörde ist ja umso mehr ihrer bürokratischen Eigendynamik ausgeliefert. Die Kommission von heute, das ist schlicht eine Verwaltung, die man zu lange sich selbst überlassen hat – und die mangels klarer demokratischer Kontrolle umso leichter zum Spielball nationaler Lobbys wird.

Das Wuchern von Seilschaften, der Schlendrian und die kollektive Verantwortungsverweigerung – es sind nur Symptome. Solange die Behörde nicht wirklich politisch geführt wird und nicht ernsthaft unter das Trommelfeuer einer parlamentarischen Opposition und einer kritischen Presse kommt, werden die Übel weiterwuchern. Reformen des Beamtenstatus à la Kinnock ähneln dem viel zitierten Neuarrangieren der Liegestühle auf der »Titanic«.

Die Verteidiger des Status quo haben sich Standardantworten auf alle Vorwürfe zurechtgelegt. Die Ursache für viele Funktionsmängel sei der multinationale Charakter, heißt es oft entschuldigend. Aber warum gelingt es dann multinationalen Firmen, verschiedene Kulturen unter einen Hut zu bekommen?

Die EU-Verwaltung sei 45 Jahre nach ihrer Gründung »noch ein recht junges Pflänzchen«, argumentieren Beschöniger wie der frühere EU-Beamte Dieter Rogalla. Die Wahrheit ist: Die Mängel der Kommission haben sich so festgefressen, dass mit Prodi bereits der zweite Präsident mit ihrer Reform scheitert.

Ombudsmann Söderman hat ein plastisches Bild für das, woran die Behörde krankt: »In der Kommission lebt ein Dinosaurier. Ich habe Herrn Dinosaurier nie getroffen. Aber es gibt ihn.« Nur zeitweise, nach dem Santer-Sturz, »war der Dinosaurier geschwächt«, glaubt der Finne. »Aber das ist vorbei.«

4 DAS SCHLECHTESTE PARLAMENT EUROPAS?

»Hier steht man ganz rasch als Nestbeschmutzer da.«
Gabriele Stauner, CSU-Europaabgeordnete und
Haushaltskontrolleurin

Wie Provinzpolitiker ihren zweiten Frühling erleben – oder einfach ihre Hobbys pflegen. Wie ein Parlament arbeitet, das kein richtiges Budgetrecht hat – und nicht einmal über die Kompetenz verfügt, Gesetzesvorschläge einzubringen. Wie gewählte Abgeordnete vor Beamten kuschen – und sich lieber selbst von Informationen abschneiden, als ernsthaft die Kommission zu kontrollieren

Das Europaparlament ist die einzige demokratisch legitimierte Institution der EU. Eine Schande, dass es so wenig Einfluss hat in der Eurokratie.

So denken die meisten europäischen Bürger. Wer nicht so denkt, das sind viele der Europaabgeordneten selbst. Mehr Macht? Um Himmels willen, nicht für uns! Mehr Kontrolle des Brüsseler Beamtenregimes? Bloß nicht!

Kein Witz, so ähnlich lautet die Devise des mächtigsten unter den 626 Europaabgeordneten. Er kommt aus Osnabrück, heißt Hans-Gert Pöttering und ist als deutscher Christdemokrat Chef der größten Fraktion im EP, derer der Europäischen Volkspartei (EVP). In ihr sitzen CDU-Abgeordnete neben Silvio Berlusconis Forza-Italia-Leuten und britischen Konservativen. Zugegeben, Pöttering ist nicht prinzipiell gegen jeden Kompetenzzuwachs. Er will durchaus, dass das Parlament künftig über alle neuen Gesetze mitbestimmen kann. Aber auf andere zentrale Befugnisse will er gerne weiter verzichten. Es stört ihn nicht im Geringsten, dass die Abgeordnetenkammer keinerlei Recht hat, neue Gesetze einzubringen. Eigentlich ist das ein Unikum in der demokratischen Welt. Doch der Niedersachse, der 232 Parlamentarier vertritt, will einstweilen lieber, »dass es so bleibt, wie es ist«. Das Initiativmonopol könne bei den Beamten der Kommission bleiben, versichert der gläubige Katholik in seinem großräumigen Büro, in dem die EU-Gründerväter Adenauer, Monnet und de Gasperi von der Wand lächeln und ein Foto von Pötterings Papstaudienz das Regal schmückt.

Pöttering und Co. folgen einer Logik, die für Außenstehende nur schwer zu verstehen ist, unter der Brüsseler Käseglocke aber weite Verbreitung hat: Greife das Parlament nach dem Initiativrecht, werde man es auch nicht den im Rat vertretenen Mitgliedsstaaten verweigern können – ganz so wie in Deutschland Bundestag und Bundesrat dieses Recht zusteht. Nur: In Brüssel gefährde ein solcher Schritt die Stellung der Kommission. »Solange sie nicht die starke gefestigte Position einer Art Regierung hat, möchte ich die Kommission damit nicht schwächen«, argumentiert Pöttering.

Der Christdemokrat ist jemand, der selten laut wird. Stets wahrt er die Umgangsformen. Aber mit seinem sanften Auftreten bedient er politische Interessen. Als Kommissionspräsident Romano Prodi im Mai 2002 weitreichende neue Befugnisse für die Kommission fordert, ohne ein Wort über die bessere demokratische Legitimierung der EU-Administration zu verlieren, da gibt es von Pöttering nur Lob. Nur als Prodi im Oktober 2002 den Euro-Stabilitätspakt in Frage stellt, wagt auch der EVP-Fraktionschef lautstarke Kritik – ganz gegen seine eigentliche Überzeugung. Angriffe auf den Kommissionspräsidenten sieht der Osnabrücker eigentlich nicht gerne, denn die laufen in seinen Augen »letztlich auf eine Schwächung der

Kommission als Institution hinaus«. Das verbreitet der Niedersachse allen Ernstes.

Die Rechte des Parlaments stehen da nur an zweiter Stelle. Ohne große Bedenken stimmte der Osnabrücker und mit ihm die Mehrheit des Parlaments im Jahr 2000 einem so genannten Rahmenabkommen mit der Kommission zu, das den Abgeordneten im Haushaltskontrollausschuss den Zugang zu vertraulichen Dokumenten auf absurde Weise beschränkt. Warum? Krittelei am Kommissionshaushalt unterminiere die Autorität der EU-Administration, lautet das im Parlament weitverbreitete Argument. Fielen auf dem Umweg über die Abgeordneten den Journalisten allerlei geheime Prüfberichte in die Hand, profitierten davon nur die EU-Skeptiker und die Regierenden in den Mitgliedsstaaten.

Das ist reichlich kurz gedacht – denn in Wahrheit wird die Kommission durch den mangelnden Reformdruck ja eher geschwächt. Überdies entwürdigt sich das Europaparlament selbst. Die Abgeordneten nehmen ein Verfahren hin, das an Schikane grenzt. Selbst wenn sie vertrauliche Dokumente im Geheimschutzbüro einsehen dürfen, seien die unter Umständen »auf Französisch abgefasst, was ich nicht verstehe«, klagt der dänische Abgeordnete und Haushaltsexperte Freddy Blak. Der ehemalige Gewerkschafter darf weder sprachkundige Mitarbeiter mitnehmen noch Kopien machen. Im Geheimschutzraum sind Kopierer, Telefon und Fax untersagt. Selbst wenn Blak bestimmte Geheimdokumente zu sehen bekommt, kann es sein, dass er hinterher mit anderen Abgeordneten nicht darüber reden darf. Das Rahmenabkommen beschränkt den Kreis der Eingeweihten strikt.

Die Selbstentmachtung der Europaparlamentarier ist umso erstaunlicher, als sie selbst damit eines der wenigen Rechte beschneiden, das sie weitgehend alleine in der Hand haben. Niemand außer ihnen (und in zweiter Linie der Ministerrat) ist laut Vertrag dafür da, das Finanzmanagement der Kommission zu kontrollieren. Der Behörde die Haushaltsentlastung zu verweigern ist eines der nicht eben vielen Machtmittel, die die Parlamentarier in der Hand haben.

Zweimal nur haben die Abgeordneten diesen Schritt gewagt. Als es Ende 1998 das zweite Mal geschah, trat die Kommission von Präsident Jacques Santer wenige Monate später zurück. Selbst das passierte erst, nachdem ein von Parlament und Kommission gemeinsam eingesetzter Rat der Weisen viele Vorwürfe noch einmal bestätigt hatte, die die zuständigen Abgeordneten im hauseigenen Haushaltskontrollausschuss längst dokumentiert hatten.

Aber auch nach dem Santer-Sturz kümmerten sich die Abgeordneten lieber intensiv »um Außenpolitik, Frauenrechte und Bergziegen in den Alpen«, aber nicht genug um die Finanzkontrolle bei Kommission und Co., klagte der ehemalige Präsident des Europäischen Rechnungshofes, der Schwede Jan Karlsson. Dem Haushaltskontrollausschuss traut die Mehrheit im Parlament nicht über den Weg. Dessen Mitglieder gelten als übertrieben kritisch. Es gebe da »einige Kollegen, die wie Inquisitoren oder politische Kommissare agieren«, polemisierte nach dem Santer-Sturz Pötterings sozialdemokratischer Kollege Enrique Baron Crespo. Die grüne Abgeordnete Heide Rühle stellte es ganz nüchtern fest: Eine »gewisse Entmachtung« des Kontrollausschusses sei von der Parlamentsmehrheit offenbar gewollt.

Duckmäusertum als Leitkultur?

Schlechte Erfahrungen machte auch die CSU-Abgeordnete Gabriele Stauner. Als sie 1999 ins Europaparlament gewählt wird, geht die temperamentvolle Juristin in den Kontrollausschuss und weist dort immer wieder pflichtgemäß auf nicht aufgeklärte Betrugsfälle hin. Doch statt Unterstützung bekommt sie rasch Druck – auch aus der eigenen Fraktion. Die damalige Parlamentspräsidentin Nicole Fontaine zitiert Stauner in ihr Büro. Stauner praktiziere eine »Hexenjagd«, wirft Fontaine ihr vor – weil die Frau aus Bayern hartnäckig die Fléchard-Affäre um den französischen Kommissar Pascal Lamy verfolgte. Der ist zwar Sozialist, während Fontaine und Stauner beide Christdemokratinnen sind. Aber die Präsidentin sorgte sich, so schreibt sie später, die Sozialisten könnten nun ihrerseits konservative Kommissare angreifen. Der Konflikt drohe zum Dauerzustand zu werden. Fontaines Horrorszenario: »Die Spirale geriete außer Kontrolle.«

Fontaine praktiziert damit keinen persönlichen Spleen. Ihr Amtsnachfolger als Parlamentspräsident, der Ire Pat Cox, betätigt sich im Zweifel ebenfalls eher als Ombudsmann der Kommission statt als Repräsentant für Abgeordnete und Bürger. Im Juni 2002 findet Stauner heraus, dass sich einige der 20 Kommissare dank eines so genannten Korrekturkoeffizienten dubiose Gehaltsaufschläge auszahlen ließen. Gegenüber dem Parlament hatte die Kommission jahrelang eine Verordnung angeführt, in der diese Zahlungen aber nirgends erwähnt sind. Stauner klagt die Manipulation offen an – und erntet einen Protestbrief von Haushaltskommissarin Michaele Schreyer an Parlamentspräsident Cox. Stauners Vorwürfe seien »diffamierend und grundlos«, beschwert sich die grüne Politikerin. Was tut Cox? Weder verteidigt er Stauner gegen die Angriffe, noch hört er seine Abgeordnetenkollegin überhaupt an. Stattdessen lässt er öffentlich verbreiten, er finde Schreyers Brief sehr gut begründet.

Parlamentarische Kontrolle als Trauerspiel – das bewahrheitet sich auch, als die Abgeordneten mit Vorwürfen der von Schreyer gefeuerten Chefbuchhalterin Marta Andreasen konfrontiert sind. Die Spanierin bescheinigt der Kommission im Mai 2002, ihre Buchführung sei unzuverlässig und betrugsanfällig. Ähnlich lautende Vorwürfe hatte der Europäische Rechnungshof jahrelang immer wieder erhoben, aber weder Kommission noch Abgeordnete hatten sich besonders darum gekümmert. Als jetzt Andreasen den parlamentarischen Petitionsausschuss anruft (ein im EU-Vertrag verbrieftes Recht), reicht der den Fall zur Bearbeitung an den Haushaltskontrollausschuss weiter. Doch dort fasst man die Sache mit spitzen Fingern an. Nur unter vielen Auflagen wollen die Abgeordneten die kritische Beamtin anhören. Mit der Mehrheit von Sozialdemokraten, Liberalen und Grünen beschließen die Fraktionschefs in der so genannten Konferenz der Präsidenten schließlich, Andreasen kurzerhand auszuladen. Vertraglich garantiertes Petitionsrecht hin, parlamentarische Kontrollpflicht her. Christdemokrat Pöttering – immerhin – plädiert dafür, Andreasen anzuhören. Doch auf der anderen Seite verlangt der frühere Revoluzzer und heutige Grüne Daniel Cohn-Bendit Rücksicht auf die Kommission. Für Stauner ist das »eine Schande«.

»Dass man sofort als Nestbeschmutzer dasteht«, wenn man als Abgeordneter zu viele dumme Fragen stellt, das war für Gabriele Stauner die traurige Lehre ihrer ersten Schritte im Europaparlament. Wahr ist: Die Abgeordneten sitzen mit im warmen europäischen Nest. Denn die Europäische Kommission, die bei ihren Anhängern im Parlament so viel Verehrung genießt, ist in Wahrheit eine seit 45 Jahren regierende übergroße Koalition. Weil die meisten großen europäischen Parteien im Kollegium der Kommissare durch einen Mann oder eine Frau vertreten sind, haben fast alle Europaabgeordneten einen Grund, die EU-Exekutive zu beschützen. Wie alle derartigen Elefantenbündnisse erstickt die große europäische Koalition jede echte Debatte, sie behindert Kontrolle und Transparenz.

Aber das ist nicht der einzige Grund für die höfliche Zurückhaltung der EU-Parlamentarier. Selbst manche deutsche Christdemokraten, die keinen CDU-Kommissar zu verteidigen haben, lassen auf die EU-Administration nichts kommen. So zum Beispiel Bernd Posselt. Der CSU-Abgeordnete und Chef der Sudetendeutschen Landsmannschaft spielt in Deutschland den Berufsvertriebenen. In Brüssel gibt er den Aufpasser für die EU-Verwaltung. Als seine Parteifreundin Stauner mit Schreyer über die Kommissarsgehälter aneinander gerät, mahnt Posselt in interner Runde zur Vorsicht. Sei das denn der richtige Zeitpunkt, die Kommission anzugreifen?

Einige Abgeordnete haben handfeste Gründe für diese duckmäuserische Leitkultur. Sie erhoffen sich aus dem üppigen Kommissionsbudget Geld für den Wahlkreis oder ein Lieblingsprojekt. Viele langjährige Abgeordnete betreiben einen oder sogar mehrere Vereine, die der europäischen Sache dienen sollen – und sind folglich für Kommissionsförderung dankbar.

Die Kommission scheut im Zweifel nicht davor zurück, die Schwäche der Volksvertretung auszunutzen. Prodi verspricht zwar anfangs maximale Kooperation – aber im Alltag sind diese Beteuerungen schnell vergessen. Immer wieder boxt die Behörde ihre Vorhaben auch gegen das Parlament durch – etwa die Liberalisierung des Autohandels.

Wie das Wahlsystem die Deutschen benachteiligt

Das Europäische Parlament wird so wohl als das einzige Parlament in die Geschichte eingehen, dessen Kompetenzen wuchsen, ohne dass die Abgeordneten selbst ernsthaft darum kämpften. Einige Erfolge auf dem Weg zu mehr europäischer Demokratie gab es ja. 1979 führten der deutsche Bundeskanzler Helmut Schmidt und der französische Staatspräsident Valéry Giscard d'Estaing die Direktwahl der Abgeordneten ein – seitdem werden die Bürger in ganz Europa zu Europawahlen an die Urnen gerufen. Vorher schickten die nationalen Parlamente einfach einige ihrer Mitglieder nach Straßburg – die EU-Kammer war ein Feierabendparlament.

Dank der Europawahlen besitzt das Europaparlament eine vergleichsweise hohe demokratische Legitimität – wenigstens wenn man es an Kommission und Ministerrat misst. Doch bis heute spottet der Wahlmodus zu der Volksvertretung allen demokratischen Regeln. Denn wegen des bizarren Verteilungsschlüssels haben die 80 Millionen Deutschen mit 99 Abgeordneten ebenso viele Vertreter wie Luxemburg, Irland, Dänemark, Finnland, Österreich und Griechenland zusammen – deren gesammelte Einwohnerzahl liegt aber bei etwa 33 Millionen.

Ein deutscher Abgeordneter vertritt über 800 000 Bürger, ein Luxemburger nur 70 000. Luxemburg hat sechs Abgeordnete, das etwas bevölkerungsreichere Bremen – einen einzigen. Ginge es gerecht zu, brauchte Deutschland eigentlich 137 Mandate, Luxemburg hätte mit Mühe einen einzigen Abgeordneten. Natürlich wäre das für die Bürger des Großherzogtums nicht akzeptabel, und natürlich ist verständlich, dass auch kleine Länder mehrere Vertreter entsenden wollen – doch da die Kleinen im Ministerrat und in der Kommission noch weit stärker überrepräsentiert sind, sollten sie eigentlich mehr Demokratie zumindest im Europaparlament akzeptieren.

Bis heute halten Regierungen wie Kommission die Abgeordneten gerne in Abhängigkeit. Sie werden nicht gefragt und müssen nicht ratifizieren, wenn die Regierungen den EU-Vertrag ändern – obwohl das die Verfassung der Gemeinschaft und damit die Parlamentsrechte direkt betrifft. Über etwa drei Viertel der Gesetze entscheiden die Parlamentarier heute schon mit, immer gemeinsam mit den im Rat vertretenen Ministern der Mitgliedsstaaten. Doch anders als der Bundestag in vielen Bereichen gegenüber dem Bundesrat hat das Europaparlament gegenüber dem Rat nie das letzte Wort. Umgekehrt bleiben den Abgeordneten ganze Domänen wie die Agrarpolitik vollkommen entzogen. Wenn die Abgeordneten – wie im November 2001 geschehen – die Abschaffung der Exportbeihilfen für Lebendvieh fordern, können Kommission und Ministerrat das unbehelligt ignorieren.

Das Parlament befindet zusammen mit den Ministern zwar über den Haushalt – aber auch hier ist der 45 Milliarden Euro fette Agrartopf für die Abgeordneten tabu. Außerdem haben sie praktisch keinerlei Einfluss auf die Besetzung der Kommission. Deren Präsident und die Kommissare werden nach wie vor von den Regierungen ausgewählt. Die Abgeordneten haben keine Wahl: Sie können die Kandidaten zwar ins Parlament zitieren und anhören – aber dann nur bestätigen oder ablehnen. Letzteres haben sie noch nie gewagt. Der Parlamentsvogel frisst – und die Demokratie stirbt.

Angesichts solcher Zahnlosigkeit ist es kein Wunder, dass die

Wahlbeteiligung bei Europawahlen von Mal zu Mal sinkt. Denn egal ob die Wähler sozial- oder christdemokratisch wählen, ob sie grün oder liberal stimmen – auf die Besetzung der Kommission hat das bis heute keinerlei Einfluss.

Sattelschlepper-Demokratie

Nicht einmal über ihre eigenen Sitze können die Abgeordneten selbst entscheiden. Und darum gibt es einmal pro Monat ein bizarres Spektakel. Sechs Sattelschlepper und vier weitere LKWs voll gepackt mit Akten aus Brüssel und Luxemburg rollen im Morgengrauen vor das Straßburger Parlamentsgebäude. Arbeiter laden 3200 blaue und graue Blechkisten aus, bestimmt für die Plenarsitzung des Europaparlaments. Am Donnerstagabend haben die Abgeordneten Straßburg wieder verlassen. Dann tuckert die Diesel-Armada retour – einmal jeden Monat, zwölfmal im Jahr.

Es ist der Wahnsinn auf Rädern: Gemessen am Europäischen Parlament, ist der Wanderzirkus Sarrasani eine bodenständige Einrichtung. Denn die EU-Volksvertretung hat nicht etwa einen einzigen Sitz wie der Bundestag – es gibt davon gleich drei. Offiziell residieren die 626 Abgeordneten in Straßburg – da sind sie aber nur 48 Tage im Jahr. Den Rest der Zeit arbeiten sie in Brüssel, wo sich auch die beiden anderen großen EU-Institutionen befinden – die Kommission und der Rat der Minister. Anders die Verwaltung des Europaparlaments – über 2000 ihrer Beamten sitzen in Luxemburg.

Immer mehr Abgeordnete würden das gerne ändern. Etwa 270 EU-Volksvertreter haben seit der jüngsten Europawahl zwei Resolutionen gegen das Straßburg-Diktat unterschrieben. Doch das Europaparlament hat nicht das Recht, selbst über seinen Sitz zu befinden. Die Regierungen in Paris und Luxemburg bestehen ultimativ auf dem Drei-Städte-Prinzip – als würde Bayern den Bundestag zwingen, einmal im Monat in München zu tagen. Über 300 Millionen Euro – fast ein Drittel des Ein-Milliarden-Euro-Parlamentshaushalts – gingen für die Dreiteilung drauf, schätzt der italienische Abgeordnete Gianfranco Dell'Alba. Auf immerhin 169 Millionen Euro jährlich beziffert die Parlamentsverwaltung selbst die Kosten der Nomadisierung. Nach der Erweiterung – mit dann 732 pendelnden Abgeordneten, zusätzlichen Assistenten und Beamten – wird diese Summe auf 203 Millionen klettern.

Die Pendelkosten sind in zahlreichen Haushaltstiteln versteckt. Nicht nur Akten und Abgeordnete, sondern auch Hunderte von Assistenten und Fraktionsmitarbeitern plus 1400 Parlamentsbeamte reisen zu jeder Plenarwoche aus Luxemburg und Brüssel nach Straßburg. Viele haben Büros in allen drei Städten und erhalten für jeden Tag am Nicht-Dienstort ein Tagegeld von 130 Euro.

Für Findige lässt sich aus der Reiserei leicht Kapital schlagen – das System biete Schlupflöcher für »Fälscher und Betrüger«, glaubt die Grünen-Abgeordnete Heide Rühle. Und das nicht nur, weil Abgeordnete und Beamte in den Anfangsjahren die Aktenkisten missbrauchten, um darin Elsässer Wein, Gänsestopfleber und Schinken zollfrei aus Frankreich herauszuschmuggeln – damals gab es noch Zölle in der Gemeinschaft. Bis heute geraten immer wieder Beamte in den Verdacht, dass sie sich nur zum Schein nach Luxemburg versetzen lassen, um hinterher für ihre Arbeit in Brüssel dicke Zulagen kassieren zu können.

Das sind fast schon Kinkerlitzchen, gemessen an dem, was noch alles für das Drei-Städte-Problem draufgeht. Nicht nur die Abgeordneten haben alles doppelt, vom Computer bis zur Kaffeemaschine. Es gibt auch drei europäische Plenarsäle – und mindestens zwei davon stehen immer leer. In Straßburg ließ Frankreich 1999 auf Kosten der europäischen Steuerzahler für gut 500 Millionen Euro einen neuen prunkvollen Palast fertig stellen. In dessen weitläufigen Hallen passiert an vierzig Wochen im Jahr so gut wie nichts. In den 1133 Büros verlieren sich die meiste Zeit über ganze 40 Beamte.

Weitere zum Leerstand bestimmte Büropaläste sind schon in Planung – man bereitet die EU-Osterweiterung vor und das an allen drei Standorten. Hunderte zusätzlicher Büros in Brüssel, Straßburg und Luxemburg sind geplant. Dabei wird der Wanderzirkus zunehmend absurder, seitdem die EU-Volksvertretung mehr Macht hat. Denn um vor dem Parlament Rechenschaft abzulegen, müssen nun auch die EU-Kommissare und ihre Beamten viel öfter aus Brüssel anreisen.

Doch das Schlimmste für die Abgeordneten sind der »Zeitverlust« und die »Schwierigkeit, aus dem Wahlkreis nach Straßburg zu kommen«, sagt der Italiener Dell'Alba. Denn während Brüssel vergleichsweise gute Flugverbindungen bietet, müssen viele Euro-Parlamentarier mehrfach umsteigen, um den Kleinstadt-Flughafen in Straßburg-Entzheim zu erreichen. Abgeordnete aus Rom oder Thessaloniki, Lissabon oder Belfast haben Flugzeiten wie über den Atlantik – und dann kommt es vor, dass die Air France überraschend den letzten Zubringer streicht.

Sind Parlamentarier, Beamte und Journalisten glücklich in der Fachwerkmetropole angekommen, stehen sie vor dem nächsten Problem: Auf Taxis warten sie am Bahnhof locker eine halbe Stunde, Hotels sind Wochen vorher ausgebucht. Es sei denn, man macht es wie lange Zeit ein Europaabgeordneter, von dem der ehemalige Straßburger Protokollchef Maurice Mestat berichtet: Er schlug in jeder Sitzungswoche sein Zelt auf einem Campingplatz nahe der elsässischen Metropole auf. Jeden Morgen holte ihn ein Dienstmercedes mit CD-Schild und Chauffeur am Steuer ab – und am Ende lud ihn der Fahrdienst wieder auf dem Zeltplatz ab.

Der Campingplatz kommt vielleicht bald zu neuen Ehren. Denn dem 60 000-Einwohner-Städtchen ist der Parlamentsbetrieb weit über den Kopf gewachsen. »Drei Wochen ist in Straßburg nichts los – und eine Woche Chaos«, klagt die holländische Abgeordnete Lousewies van der Laan. Einmal musste der Europarat extra eine Sitzungswoche verschieben, um nicht gleichzeitig mit dem Europaparlament zu tagen – sonst wäre die Stadt endgültig verstopft gewesen.

Straßburg ist zu klein für beide auf einmal – trotzdem haben Europaparlament und Europarat in Straßburg beide ihren eigenen Plenarsaal.

Der ehrwürdige britische »Economist« rief die Europaabgeordneten schon mal zur Rebellion gegen das Straßburg-Dikat auf. Warum akzeptierten die Abgeordneten diese Nonsens-Regelung? Warum boykottierten sie nicht ganz einfach die Reise in die elsässische Provinzstadt? Warum seien sie so »schüchtern«?

Tatsächlich halten die meisten Deutschen im Europaparlament genauso eisern an der Elsass-Kapitale fest wie ihre französischen Nachbarn. »Wir waren immer schon für Straßburg«, sagt die CDU-Abgeordnete Doris Pack. Begründung: Straßburg sei das Symbol der deutsch-französischen Versöhnung.

Aber wird der Symbolwert der Stadt nicht schon durch Europarat, Europäischen Menschenrechtsgerichtshof und Eurocorps unterstrichen? Nein, »Frankreich wäre ins Mark getroffen, wenn wir abziehen würden«, verteidigt Parlamentsvizepräsident Ingo Friedrich (CSU) das Votum für Straßburg. Aber er hat auch einen Hintergedanken: Weil das Parlament offiziell nicht in Brüssel sitze, werde es nicht in einen Topf mit der verrufenen EU-Kommission geworfen. Friedrich: »Die Bürger identifizieren das Parlament mit Straßburg und die Bürokraten mit Brüssel.«

Europaabgeordnete sind mächtiger als Bundestagsabgeordnete – manchmal

Gemeinsam sind sie schwach – das gilt nur allzu oft, wenn die Europaparlamentarier energisch die Interessen der Demokratie und damit die ihrer Wähler verteidigen. Weil sie keine Regierung stützen oder stürzen müssen, gibt es keinen strengen Fraktionszwang, der zur Disziplin zwingt. Es regiert der Grüppchengeist. Fast ebenso wichtig wie die Parteizugehörigkeit ist für viele Abgeordnete in vitalen Fragen die Nationalität. Spanier aller Lager kämpfen für möglichst hohe Fischereisubventionen, Deutsche aller Parteien haben ein offenes Ohr für die Autoindustrie. Auch beim Misstrauensvotum gegen Santer war Nationalität wichtiger als Parteizugehörigkeit. Fast alle Deutschen stimmten für den Kommissionssturz, alle Spanier bis auf einen votierten dagegen. Und besonders häufig gehen britische Abgeordnete auf patriotische Extratouren.

Aber der Mangel an Disziplin hat für die einzelnen Abgeordneten durchaus Charme. Sie haben in Brüssel-Straßburg oft viel mehr Einfluss als ihre Kollegen in nationalen Volksvertretungen. In Berlin entscheidet am Ende eine kleine Clique um den Bundeskanzler und die Fraktionschefs, wie die Abgeordneten abzustimmen haben. In Europa wird jedes wichtige Votum von einem Berichterstatter vorbereitet, der im Namen des gesamten Parlaments einen Vorschlag für den Gesetzestext vorbereitet. Obwohl das Plenum mit Mehrheit jederzeit Änderungsanträge durchsetzen kann, sind die Berichterstatter durchaus einflussreich.

Wenn Deutsche-Bahn-Chef Hartmut Mehdorn in Brüssel und Straßburg etwas auf die Schiene bringen will, besucht er darum nicht die Fraktionschefs, sondern lädt die beiden Fachabgeordneten Hannes Swoboda (SPÖ) und Georg Jarzembowski (CDU) zum Essen ein – denn die entscheiden am Ende, welchen Text sie den Abgeordnetenkollegen vorlegen. Hier ist es kein Problem für einen CSU-Mann wie Markus Ferber, sich die Mehrheit für seinen Haushaltsentwurf mit den Stimmen der Post-Kommunisten zu verschaffen. Der CDU-Mann Armin Laschet war bis 1999 Bundestagsabgeordneter und ist froh, nicht mehr als Stimmvieh für eine Regierung missbraucht werden zu können. Im Europaparlament muss er keine Koalition stützen und ist »freier in der Arbeit«. Laschet begeistert: »Hier werden Mehrheiten um Sachthemen gebildet.« Hier kann er als einzelner Abgeordneter sogar Änderungsanträge einbringen – in Berlin ist dies das Privileg der Fraktionen.

Viele Abgeordnete nutzen den Spielraum und arbeiten hart. Ge-

rade die Deutschen haben einen Ruf als fleißige Arbeiter und durch-
setzungsstarke Verhandler. Die selbstbewusste Berliner Sozialdemokratin Dagmar Roth-Behrendt setzte als Umweltsprecherin der europäischen Sozialdemokraten die Kennzeichnung von Gen-Food
und das Verbot von Tierversuchen für Kosmetika durch. Die Christdemokratin Diemut Theato kämpft als Vorsitzende des Haushalts-
kontrollausschusses seit Jahren dafür, dass das Parlament seine Prüf-
pflicht ernst nimmt.

Viele Abgeordnete belegen Kurse in Englisch, Französisch,
Deutsch, um sich im multikulturellen Politalltag besser zu behaupten. Manche Abgeordnete kommen aber auch ohne vertiefte Sprachkenntnisse aus. So behinderte es den Aufstieg von Nicole Fontaine
zur Präsidentin keineswegs, dass sie Englisch nicht einmal passiv
versteht. In 19 Jahren im Europaparlament schlug sie sich tapfer mit
ihrer französischen Muttersprache durch. Was »Financial Times«
oder »Frankfurter Allgemeine Zeitung« schrieben, erfuhr Madame
la Présidente nur, wenn ihre Beamten entschieden, es für sie übersetzen zu lassen – manchmal in drei verschiedenen Versionen, um
keine Nuancen zu verpassen.

Die Greek Connection

Europaabgeordnete haben ein großes Problem: Mangels institutio-
nalisierten Streits zwischen Regierung und Opposition erregt das
Europaparlament normalerweise kein Aufsehen. Die alltägliche Ge-
setzgebungsarbeit ist nicht schlagzeilenträchtig. Zu Hause im
Wahlkreis kümmert sich kaum einer darum, was die EU-Deputierten den ganzen Tag tun. Einer der ersten direkt gewählten Europaabgeordneten, der Sozialdemokrat Erdmann Linde, ließ darum sein
Mandat schon nach zwei Jahren wieder sausen. »Ohne Anteilnahme der Gruppen, für die man im Parlament streitet«, schrieb er an

die Genossen zu Hause, »muss Politik verkommen zum Machertum.«

Die Macht der EU-Volksvertretung hat seit Lindes Zeiten beträchtlich zugenommen, das Interesse der Bürger nicht. Und darum ist die Versuchung für viele Europaabgeordneten nur allzu groß, sich ganz auf das zu konzentrieren, was am lohnendsten erscheint oder am meisten Spaß macht – die Pflege der eigenen Polithobbys.

Da ist zum Beispiel Mechtild Rothe, die sich als echte Europäerin fühlen kann. Sie wohnt im westfälischen Bad Lippspringe, unterhält aber auch ein Häuschen auf der griechischen Insel Skiathos. Weil sie außerdem SPD-Europaabgeordnete ist, half ihr ab und zu der Steuerzahler, die 3000 Kilometer Luftlinie zwischen beiden Wohnsitzen kostengünstig zu überbrücken.

Dienstlich kämpft Rothe für einen möglichst raschen EU-Beitritt von Griechisch-Zypern. Wenn sie im Parlamentsauftrag auf dem geteilten Eiland war, nutzte sie das schon mal zu einem privaten Abstecher nach Skiathos – die Zusatzkosten sagt sie, habe sie selber getragen. Die reiselustige Abgeordnete gilt als inoffizielle Anführerin einer Greek Connection in der SPD-Gruppe im Europaparlament. Wenn Roths Freunde von sich reden machen, dann oft eher durch Pleiten, Pech und Pro-Griechentum als durch die engagierte Vertretung deutscher oder gesamteuropäischer Interessen. Etwa der griechischstämmige Münchner Abgeordnete Jannis Sakellariou: Er ist Chefaußenpolitiker der Sozialistischen Fraktion und kämpfte mit Rothe dafür, den Hauptsitz der Kosovo-Wiederaufbauagentur nicht etwa in Pristina/Kosovo anzusiedeln, sondern im griechischen Saloniki. Für SPD-Haushaltsexperten wie den früheren Abgeordneten Detlev Samland war das »der große Wahnsinn« – Sakellariou und Rothe sahen es dagegen als Frage der Gerechtigkeit. »Die Griechen hatten in besonderer Weise unter dem Kosovo-Krieg zu leiden«, erklärt Rothe.

Zweimal trafen sich auf Rothes Initiative deutsche und griechische Abgeordnete zu mehrtägigen Klausuren – einmal im September 1997 in Athen, dann im Juli 1998 in München. Mit den ver-

gleichsweise wichtigeren Franzosen oder Briten gab es solche Zu-
sammenkünfte jahrelang nicht – erst nachdem ein Journalist Ende
1999 nachfragte, organisierten die deutschen Sozis in aller Eile ein
Treffen mit ihren Genossen von der Labour Party in London.

Solche Auswüchse sind möglich, weil sich keiner so genau für die
Arbeit der Europaabgeordneten interessiert. Bürgerferne ist
Trumpf. Die EU-Diätenregelung ist an diesem Missstand übrigens
mit schuld. In der Theorie ist die Amtsentschädigung der Europaabgeordneten genauso bemessen wie die der nationalen Parlamentarier – im deutschen Fall also so hoch wie die 7009 Euro starken
Bezüge der Bundestagsmitglieder. Doch anders als im Berliner Parlament gibt es in Europa für jeden absolvierten Sitzungstag 251
Euro obendrauf. Diese Summe winkt an jedem Tag, an dem der oder
die Abgeordnete in Brüssel oder Straßburg arbeitet. Im Bundestag
funktioniert das System genau umgekehrt: Für Schwänzen gibt es
Abzug.

Die Tagegeldregelung sowie ein schlau ausgetüfteltes System der
Überkompensation von Reisekosten haben einen perversen Effekt:
Europaabgeordnete sind versucht, möglichst viel Zeit in Brüssel oder
Straßburg zu verbringen statt bei ihren Wählern. Bürgerferne wird
im Europaparlament systematisch honoriert.

Wie die Abgeordneten im Alltag Macht verspielen

Anfang 2000 machen die SPD-Abgeordneten Gerhard Schmid, Martin Schulz und Jannis Sakellariou gemeinsam richtig Wirbel. Die
drei quasseln während der Plenarsitzung und verpassen bei der Abstimmung über die Neuregelung des Altautorecyclings einen Ände-
rungsantrag, der der deutschen Autoindustrie Milliarden hätte sparen können. Der Antrag rasselt durch, Schulz ist es hinterher
»peinlich«, aber seine Parteifreunde sind nicht nachtragend. Sie

wählen den zerstreuten Rheinländer kurz darauf trotzdem zum Chef der SPD-Gruppe.

Immer wieder kommt es vor, dass EU-Parlamentarier bei den rasend schnellen Abstimmungsprozeduren den Anschluss verpassen und auf den falschen Knopf drücken – denn im Europaparlament wird anders als im Bundestag elektronisch abgestimmt. Von den Hilfsgeldern für den Kosovo bis zur Schokolade und ihren Inhaltsstoffen[1] – »nach zehn Minuten sind die Neulinge verloren«, klagt der französische Trotzkist Alain Krivine. Mal müssen sich die Abgeordneten der österreichischen Rechtspartei FPÖ verspotten lassen, sie hätten im Tran für einen Anti-FPÖ-Antrag gestimmt. Mal votiert das Europaparlament in einer verwirrenden Folge von Abstimmungen sowohl für wie gegen das therapeutische Klonen.

»Hier sitzen 626 Fachidioten mit großen Möglichkeiten, aber wenig Verantwortung«, schimpft ein frustrierter Abgeordneter. Zunehmend etabliert sich zwar ein Links-Rechts-Konflikt in der Kammer. Doch weil stets eine ganze Menge Abgeordnete zu Hause bleiben oder aber eher nach nationalen oder persönlichen Kriterien abstimmen, bringen beide großen Fraktionen selten ihr volles Gewicht in die Waagschale – es entsteht ein permanenter Zwang zur großen Koalition. Ergebnis ist allzu oft eine undurchsichtige Gemengelage. Folge: Das Parlament ist für die Bürger undurchschaubar.

Praktisch nie kommt es zu großen Debatten wie im Bundestag bei der Haushaltsberatung. Offenkundig haben sich die Abgeordneten noch nicht an ihre Macht gewöhnt. Weil das hohe europäische Haus lange als Nebenkriegsschauplatz galt, zog es überdies nicht immer die brillantesten Geister an. Die Parteien aller Mitgliedsstaaten schieben gerne Versorgungsfälle ab. »Hast du einen Opa, schick ihn nach Europa!«, lautete jahrelang das Motto deutscher Parteistrategen. Auffällig viele Abgeordneten kamen direkt aus der Kommunal-

---

1 Dank der neuen EU-Richtlinie sind bis zu fünf Palmöle und andere tropische Pflanzenfette erlaubt – nicht mehr nur die hochwertige Kakaobutter.

politik nach Brüssel und Straßburg. Und für viele ist es die Endstation ihrer Karriere: Landtags- oder Bundestagsabgeordnete haben allerlei Aufstiegsmöglichkeiten, sie können zum Staatssekretär oder Minister avancieren. In Brüssel ist die Zahl solcher Jobs arg begrenzt. Nur einmal alle fünf Jahre werden ganze 20 Kommissarsposten vergeben – und die wenigsten gehen an ehemalige Europaabgeordnete.

Beamter schlägt Abgeordneten

Kein Wunder, dass die Abgeordneten oft schon von ihren eigenen Verwaltungsbeamten nicht ernst genommen werden. Lange galt das Europaparlament als Einrichtung, die ohne Parlamentarier viel besser funktionieren würde. Die gut 4000 Beschäftigten von Parlament und Fraktionen fühlen sich jedenfalls allzu häufig nicht als Diener der Abgeordneten – sondern eher als ihre Vormünder.

Schockiert lernt die frisch gebackene Parlamentspräsidentin Fontaine im September 1999, dass sie selbst Briefe ihrer Abgeordnetenkollegen nicht zu Gesicht bekommt – die Verwaltungsbeamten beantworten die Schreiben gleich selbst. »Das haben wir immer so gemacht!«, entschuldigen sich die Bürokraten bei der Präsidentin.

Ohne die Beamten läuft nix. In den Ausschüssen thronen die Ausschussassistenten über den normalen Abgeordneten auf der Präsidiumsbank neben den gewählten Vorsitzenden. Mit beleidigten Grimassen machen sie schon mal klar, wenn ihnen die kritische Frage eines Parlamentariers nicht gefällt. Selbst das politische Alltagsgeschäft erledigen in Brüssel und Straßburg Funktionäre – nämlich die Generalsekretäre der Fraktionen. Sie organisieren nicht nur deren Fraktionsapparat, sie handeln auch Themen und Redezeiten für die Plenardebatten aus. Im Bundestag machen das gewählte Abgeordnete.

»Hier kommt erst die Verwaltung, danach die Abgeordneten«, folgert CSU-Mann Markus Ferber. »Wir sind die Deppen, die alle paar Jahre ausgewechselt werden« – während die Beamten bleiben. Dass die Verwaltung des Europaparlaments weit mächtiger ist als die Administration des Bundestages, hat auch strukturelle Gründe. Erstens ist es die Sprachenvielfalt. Kenntnisse zumindest in den verbreitetsten Arbeitsidiomen Französisch und Englisch bringen Beamte eher mit als Volksvertreter, von denen keiner vertiefte Sprachkenntnisse verlangen kann. Zweitens haben sich die Abgeordneten selbst ein Bein gestellt. Aus Gründen des Parteien- und Nationenproporzes schufen sie ein Rotationssystem für alle wichtigen Ämter, das eine wirksame Kontrolle der Administration vollkommen ausschließt. Der Parlamentspräsident wechselt alle zweieinhalb Jahre. Wenn er oder sie sich eingearbeitet hat, ist es schon wieder höchste Zeit, sich um einen angemessenen neuen Posten zu bemühen.

Hohes Haus der Misswirtschaft

Gemessen an der Misswirtschaft in der Kommission, hat die Parlamentsverwaltung wenig Grund, sich großzutun – zum Glück sind in der Abgeordnetenkammer nur die Summen etwas kleiner. Etwa eine Milliarde Euro beträgt der Haushalt der Volksvertretung, und Jahr für Jahr machte der gewissenhafte Finanzkontrolleur des Parlaments, Eoghan O'Hannrachin, eine betrübliche Feststellung: Etwa jeder zehnte Zahlungsvorgang war fehlerhaft und musste korrigiert werden.

Da genehmigten sich Beamte trotz des Einspruchs hausinterner Kontrolleure eine Dienstreise nach Washington oder Beihilfen für unterhaltsberechtigte Kinder. Oder man versuchte, einen Übersetzungsauftrag an eine externe Firma zu vergeben – obwohl die Dokumente zuvor bereits durch den hausinternen Übersetzungsdienst

gegangen waren. Die »Qualität der parlamentsinternen Übersetzung sei unzureichend« gewesen, begründeten die Verantwortlichen
den Plan, einen Arbeitsvorgang doppelt erledigen und vom Steuerzahler zweimal bezahlen zu lassen.

Viel Energie verwenden die Parlamentsbeamten auf ihre Karrie-
replanung. So boxten die Beamten immer wieder Personalentscheidungen durch, die der Europäische Gerichtshof hinterher für unzulässig erklärte – der Steuerzahler hatte allein in einem Fall 75 000
Euro Schadensersatz für den unterlegenen Bewerber zu tragen.

Selbst zwei Urteile des Europäischen Gerichtshofs wurden von
der Parlamentsverwaltung einfach ignoriert – in den Augen des Finanzkontrolleurs ein Bruch des EU-Vertrages. Das Parlament selbst
konstatierte in einer offiziell angenommenen Entschließung zur
Personalpolitik der eigenen Verwaltungsbeamten, »dass diese Fälle
den bleibenden Eindruck hinterlassen haben, die Vetternwirtschaft
sei ein wesentlicher Faktor bei Ernennungen für hochrangige Stellen innerhalb der Parlamentsverwaltung.«

Parlament der Diebe

Anfang 2000 beklagt O'Hannrachin sogar endemischen Diebstahl in
der Parlamentsverwaltung. Sage und schreibe 11 887 Gegenstände –
meist Computer – im Wert von 5 224 847 Euro sind verschwunden.
Der Kontrolleur diagnostiziert »schwer wiegende Fehlfunktionen
bei der Verwaltung des Sicherheitsdienstes« des Parlaments. »In vielen Fällen« würden die Diebstähle erst so spät gemeldet, dass kein
Versicherungsanspruch mehr bestehe.

Im Mai 2000 legt Generalsekretär Julian Priestley einen neuen
Inventurbericht vor. Jetzt fehlen sogar 16 616 Gegenstände mit einem Inventarwert von gut 18 Millionen Euro – 9,2 Prozent des Wer-
tes »des beweglichen Eigentums der Institution«.

Soll man sich freuen, dass gut 90 Prozent des beweglichen Parlamentseigentums zumindest für einige Jahre an ihrem Platz bleiben? Oder sollte man sich eher wundern über die möglichen Täter? Es sind Wachleute der vom Parlament angeheuerten Firma »Group 4«, denen 1997 vorgeworfen wird, Silberbesteck aus den Räumen des Parlamentspräsidenten gestohlen zu haben. Man muss es sich auf der Zunge zergehen lassen: Als Diebe verdächtigt werden die Wachleute, deren Job es eigentlich ist, Diebe zu fangen.

Ob es etwas damit zu tun hat, dass die Wachschutzfirmen ihre Aufträge gelegentlich bekommen, ohne dass die Prozeduren ordentlich beachtet werden? Unter dubiosen Umständen schanzt die Parlamtsverwaltung unter Priestley der Wachschutzfirma Securitas im Jahr 2000 einen über fünf Jahre laufenden 55-Millionen-Mark-Auftrag für die Bewachung des EP-Gebäudes in Straßburg zu. In einem internen Bericht kritisierte der Finanzkontrolleur, das Ausschreibungsverfahren habe möglichen Bewerbern nicht erlaubt, »unter gleichen Bedingungen« mit dem Vertragsinhaber Securitas »zu konkurrieren«.

Das Brüsseler EP-Gebäude lässt Priestley seit Januar 2000 wieder von der Wachschutzfirma »Group 4« bewachen – trotz der Diebstahlsvorwürfe. Dass der erneute Zuschlag für »Group 4« vielleicht keine so gute Wahl war, zeigt sich im Mai 2002: Da überfällt eine Diebesbande die deutsche Christdemokratin Christa Klaß und ihre Assistentin direkt vor dem Parlamentseingang. Die Überwachungskameras nehmen auf, wie die Gauner eine Handtasche entführen. Doch die Sicherheitsleute schauen ungerührt zu. Klaß muss sich selbst auf die Jagd nach den Verbrechern machen. Hinterher kommt eine Untersuchung zu dem Ergebnis, dass der Wachschutz des Parlaments völlig richtig gehandelt habe – der Fehler liege bei der belgischen Polizei.

Der pingelige Finanzkontrolleur O'Hannrachin ist übrigens inzwischem im Ruhestand. Sein Posten wurde wegen angeblicher Ineffizienz abgeschafft – als Teil der Reform des EU-Finanzmanagements, die Haushaltskommissarin Schreyer durchgesetzt hat.

Wie das Europaparlament mit EU-Recht umgeht

Das beste Mittel gegen Korruption ist Transparenz – und um die zu garantieren, schreibt eine EU-Richtlinie seit 1992 bei allen größeren öffentlichen Aufträgen offene Ausschreibungen vor. Wenn deutsche Behörden dies nicht befolgen, setzt die EU-Kommission schon mal ihre ganze Maschinerie in Kraft und leitet ein Vertragsverletzungsverfahren ein.

Wer die Richtlinie hingegen ungestraft umgehen kann, ist das Europaparlament. Ob es um Möbel für das Straßburger Parlamentsgebäude geht, um den Auftrag für Abgeordnetentaxis in Brüssel oder den Betrieb des Pressezentrums in Straßburg – immer wieder vermurksen die Beamten die Ausschreibung und vergeben den Auftrag dann hinterher auf dem Verhandlungsweg. 1998 wurden weniger als die Hälfte der Aufträge auf der Grundlage von Ausschreibungen vergeben. 1999 hatte sich der Anteil nur leicht auf 51,5 Prozent des Gesamtwerts erhöht.

Ohne ordnungsgemäße Ausschreibung ließ das Parlament unter Priestley sogar der Düsseldorfer Bank WestLB einen Kreditauftrag für die Finanzierung eines fast 700 Millionen Euro teuren Parlamentsgebäudes zuschanzen – unter Einschaltung eines belgischen Bankenkonsortiums, das selbst hinterher von dem WestLB-Auftrag profitierte. Das Parlament mogelte sich um einen offenen Wettbewerb herum, indem es die Bankenauswahl dem Bauträger des Gebäudes, der S. A. Forum Léopold (SAFL), und der Unternehmensberatung Arthur Andersen übertrug. Dennoch steuerte das Parlament die Prozedur im Detail. Es genüge, die EU-Ausschreibungsregeln »so weit wie möglich« zu achten, schrieb Parlamentsgeneral Julian Priestley am 28. 1. 98 an die Baufirma. Priestley formulierte die Kriterien für die Vorauswahl der Banken und erstellte eine Liste von 25 Instituten, die eingeladen wurden, innerhalb von 25 Tagen Angebote zu präsentieren. Die EU-Richtlinie verlangt eigentlich 40 Tage.

Die WestLB bekam den Zuschlag, weil sie es geschafft hatte, innerhalb der Frist das »insgesamt günstigste« Angebot einzureichen. Nur sechs Banken gelang es überhaupt, fristgerecht zu antworten – darunter die Banken Bacob und Société Générale, denen es vielleicht nicht zufällig geglückt war, trotz der knappen Frist ein ausgearbeitetes Angebot vorzulegen. Beide Banken waren nämlich Anteilseigner der Bauträgergesellschaft SAFL, die den Wettbewerb organisiert hatte. Hätte Bacob den Zuschlag bekommen, »hätte es Fragen gegeben«, räumt Priestley hinterher ein. Die Wahl der WestLB gab dem Verfahren folglich einen seriösen Anstrich. Gut für die belgischen Banken, dass die Düsseldorfer anschließend trotzdem Bacob und eine weitere SAFL-Aktionärin – Artesia – in ihr Konsortium aufnahmen.

Die Europaabgeordnete Heide Rühle (Grüne) fragte sich darum, »ob die WestLB von Insiderwissen profitierte« – sei es durch Bacob, sei es über die SPD-Schiene. Denn Chef des Haushaltsausschusses war damals der spätere SPD-Bezirkschef Niederrhein, Detlev Samland – er will aber »nichts gewusst haben«. Generalsekretär Priestley, der das Verfahren steuerte, vedankt seinen Posten dem NRW-Sozialdemokraten und Ex-Parlamentspräsidenten Klaus Hänsch. Priestley will aber im Fall WestLB nur dem Rat der Experten gefolgt sein. Magdalene Hoff, SPD-Abgeordnete aus dem westfälischen Hagen, enthielt sich nach eigener Erinnerung der Stimme, als sie im Parlamentspräsidium über das Prozedere der Bankenauswahl zu befinden hatte. Anders ihr Kollege Guido Podesta (Forza Italia): Er gab am 18. Januar 1998 im Präsidium zu Protokoll, es sei eine »irreguläre Praxis, den Bauträger mit der Finanzierung zu beauftragen«.

Die WestLB ihrerseits wies alle Vorwürfe zurück – man habe die Gesetze beachtet.

Gewissen der Welt?

Gerne sehen sich die Europaabgeordneten als Gewissen der Welt. Echte oder vermeintliche Menschenrechtsverletzungen von Tschetschenien bis Österreich beantwortet die Abgeordnetenkammer zuverlässig mit kraftvollen Resolutionen. Weniger entschlossen gehen die Parlamentarier gegen Missetäter in ihren eigenen Reihen vor.

Da gibt es zum Beispiel den Stuttgarter SPD-Europaabgeordneten Rolf Linkohr. Er ist mitverantwortlich für verschwundene Steuermillionen und die Vertuschung von Betrug und Misswirtschaft – und obwohl seine Parteifreunde und Kollegen das alles wissen, halten sie zu ihm wie Pech und Schwefel.

Linkohr war jahrelang stolzer Präsident des EU-geförderten Instituts Irela mit Sitz in Madrid. Als dessen Geschäftsführer amtierte der frühere ARD-Korrespondent in Buenos Aires, Wolf Grabendorff. Geschäftszweck war die Förderung der Beziehungen zwischen Europa und Lateinamerika. Jahr über Jahr wurde Irela von der EU-Kommission mit um die zwei Millionen Euro unterstützt – doch seit 1997 mehrten sich die Zweifel der Rechnungsprüfer. Sie entdeckten immer wieder Hinweise auf Misswirtschaft, überhöhte Förderung ohne entsprechende Gegenleistung und außerdem Fälle, in denen Irela-Mitarbeiter Gelder zweckentfremdet und privat eingesackt hatten. So ließen sich Irela-Mitarbeiter aus der Institutskasse auch Gelder für private Zwecke wie Taxi, Bügeln, Videos, Blumen, Geschenke, Wein und »Ersatz für gestohlenes Geld« begleichen, heißt es in Prüfberichten der Kommission. Grabendorff bekam als Direktor der 30-köpfigen Irela-Verwaltung monatlich 11 500 Euro steuerfrei, außerdem insgesamt fast 100 000 Euro als Zuschuss für seine private Miete. In Grabendorffs Arbeitsvertrag war diese Beihilfe nirgends vorgesehen.

Spätestens seit 1997 war Linkohr im Detail über Vorwürfe gegen Irela informiert, stritt aber immer wieder ab, dass sich irgendjemand persönlich bereichert haben könnte. Wegen des »Verdachts des Betrugs« in mehreren Fällen ermittelte schließlich sogar die EU-Anti-korruptionseinheit Olaf. An Linkohr persönlich schickte Außenkommissar Chris Patten im Sommer 2001 eine gesalzene Rechnung: 3,5 Millionen Euro zu Unrecht eingesackter Steuergelder möge Irela bitte zurückerstatten – aber der Schwabe stellte sich bockig. Dem Steuerzahler sei überhaupt »kein Schaden entstanden«, beteuerte er hartnäckig – es handele sich »offenbar um ein schlichtes Buchungsproblem«. Warum er das Geld darum nicht einfach umbuchte und zurücküberwies, erklärte der Sozialdemokrat nicht. Nur so viel: Die Kommission wisse, »dass sie kein Geld erwarten kann«. In der Tat: Das Institut ist inzwischen zahlungsunfähig.

Man stelle sich einen Bundestagsabgeordneten vor, der für das Verschwinden von 3,5 Millionen Euro Steuergeldern mitverantwortlich ist – seine Karriere wäre längst am Ende. Im Europaparlament sind derartige Anschuldigungen nicht ehrenrührig. Dort ist Linkohr weiter hoch angesehen.

Gegen den Journalisten, der die Vorwürfe aufdeckte, mobilisierte er erfolgreich Unterschriften all seiner SPD-Kollegen im Parlament. Als Patten wegen der Mauscheleien die Förderung von Irela stoppte, bestellte Parlamentspräsidentin Nicole Fontaine ein Komitee, das mit der Kommission über die Zukunft von Irela verhandeln sollte. Als Mitglied nominierte Fontaine – ausgerechnet Linkohr. Der Abgeordnete sollte im Namen der Steuerzahler über die Zukunft eines von ihnen finanzierten, aber von Linkohr persönlich präsidierten Instituts mit befinden.

Aber vielleicht hat sich Fontaine ihren Schritt auch gut überlegt, denn Irela war nicht allein das Privatvergnügen des Stuttgarter Sozialdemokraten. Neben ihm saß eine Reihe weiterer Europaabgeordneter fast aller Parteien im Irela-Exekutivkomitee. Das verschaffte ihnen immer wieder Einladungen zu Sitzungen und Konferenzen dies- und jenseits des Atlantiks. Prompt kam es laut Kommission zu Problemen bei der Erstattung von »Reisekosten für Europaabgeordnete«. Der Rechnungshof warf Irela vor, den Parlamentariern Reisekosten bezahlt zu haben, ohne auf der Vorlage der Originaltickets bestanden und ohne nachgeprüft zu haben, ob die Spesen nicht gleichzeitig auch »von anderen Institutionen« getragen wurden – etwa vom Europaparlament.

Linkohr dient übrigens nebenbei auch der Atomwirtschaft. Er zögert nicht, seine befürwortende Position zur Kernspaltung im Parlament »auch positiv zum Ausdruck« zu bringen. Das ist nicht zu seinem finanziellen Schaden. Die süddeutsche AKW-Betreibergesellschaft EnBW überweist ihm nämlich jedes Jahr 5000 Euro. Warum? Linkohr ist Mitglied des EnBW-Beirats.

Abgeordneter oder Lobbyist?

Bezahlte Lobbytätigkeit von Europaabgeordneten ist kein Einzelfall. Gab es doch auch den CDU-Mann Christoph Konrad, der zwei Funktionen kombinierte, die vollkommen unvereinbar sind. Er handelt als Geschäftsführer der Bochumer Konrad-Nutzfahrzeuge GmbH mit Autotransportern. Zugleich war er Berichterstatter des EU-Parlaments für die geplante Liberalisierung des Auto- und Transporterhandels. Die Adresse des Fiat-Shops firmierte sogar lange als Anschrift seines Europabüros. Der 45-jährige Christdemokrat verstieß damit gegen geltende Vorschriften, denn er gab den Fiat-Job, den er seit März 2001 hat, im Mai 2001 nicht im offiziellen Register der finanziellen Interessen der Europaabgeordneten an. Wenig überraschend, dass der Bochumer die Pläne von EU-Wettbewerbskommissar Mario Monti für eine Liberalisierung des Kfz-Handels nur lauwarm verteidigte: Sie gingen zwar »in die richtige Richtung«, eine »Verlängerung« des Gebietsschutzes für Autohändler sollte aber »noch einmal überdacht werden«.

Konrad hatte sich sogar eine Rechtfertigung für den offenen Regelbruch überlegt: Erstens sei der Fiat-Shop ja nur ein »Lädchen«, das wenige Autos pro Monat verkaufe. Zweitens beziehe er dort kein Gehalt und habe darum »kein unmittelbares finanzielles Interesse«. Tatsächlich wird der CDU-Mann als Manager der Mutterfirma Konrad-Spedition sehr wohl entlohnt – und in dieser Eigenschaft handelt der Bochumer nach eigenen Angaben schon seit Jahren mit Fiat-Transportern.

Der »stern« machte den Fall öffentlich. Konsequenzen für den Regelverstoß wären eigentlich zwingend gewesen. Doch es geschah – nichts. Seine Ausschussvorsitzende Christa Randzio-Plath von der SPD erbat eine Erklärung von ihm. Konrad erklärte, er sehe keinen Interessenkonflikt. Randzio-Plath und alle ihre Kollegen waren zufrieden.

Er sei ja nicht der Einzige, der gegen die Vorschriften verstoße, hieß es im Parlament hinter vorgehaltener Hand. Überraschend viele Europaabgeordnete füllt ihr Mandat als Volksvertreter so wenig aus, dass sie sich nach Nebentätigkeiten umsehen.

Immerhin: Seit 1996 gilt eine Regelung, wonach die Abgeordneten Geschenke und Nebenjobs deklarieren müssen. Das komplette Register ist – anders als im Bundestag – öffentlich einsehbar. Das gilt zumindest für denjenigen, der dafür nach Brüssel reist und die in elf verschiedenen Sprachen ausgefüllten Formulare entziffern kann. Seit einiger Zeit sollen die Abgeordneten ihre Erklärung auch ins Internet stellen. Aber kürzlich enthüllte die Zeitschrift »Impulse«: Viele deutsche Parlamentarier tun es nicht, von der Christdemokratin Doris Pack bis zur Sozialdemokratin Karin Junker.

Im Internet fehlt eine Information vollständig: Angaben über die Finanzquellen der Intergruppen – einer ominösen Spezialität des EU-Parlaments. In den Intergruppen finden sich Abgeordnete mehrerer Fraktionen und Nationen alle paar Wochen mit Kommissionsbeamten, Experten und Interessenvertretern in trauter Runde zusammen – in den Augen von Ex-Parlamentspräsident Klaus Hänsch (SPD) ein »Schleichweg der Lobbyisten«.

Intergruppen sind bizarre Zwitterkomitees, halb Demokratie,

halb Business. Tagungssäle und Dolmetscher zahlen in der Regel die Parlamentsfraktionen – also der Steuerzahler. Das Sekretariat findet sich jedoch häufig im Büro eines privaten Lobbyverbands. Begründung der Abgeordneten: Die monatliche Mitarbeiterpauschale von 12 000 Euro reiche gerade für die Bestallung der eigenen Assistenten.

Da gibt es die »IG Weinbau«, die gerne über die Qualität von Käse und Stopfleber diskutiert und sich edle Tropfen zwecks Degustation auch schon mal vom Agrarlobbyverband Copa-Cogeca kredenzen lässt. Die Intergruppe Jagd hatte lange den CSU-Abgeordneten Otto von Habsburg dabei – und zählt bis heute auf die Unterstützung des europäischen Jägerverbands FACE.

Eigentlich sind diese Lobbyvereine verpflichtet, in einem öffentlich einsehbaren Register jährlich die Subventionen offen zu legen, die sie von Firmen und Verbänden kassieren. Aber die wenigsten erfüllen diese Pflicht wie gefordert regelmäßig – auch nicht die »IG Sky and Space«, die mit Rolf Linkohr (SPD), Ulrich Stockmann (SPD), Godelieve Quisthoudt-Rowohl (CDU) und Konrad Schwaiger (CDU) besonders viele deutsche Mitglieder hat. Zweck der IG, logo: »Gemeinsame Sichtweisen zwischen Europaabgeordneten, Organisationen und Industrien des Luft- und Raumfahrtsektors« zu schaffen.

Trickreich zur höheren Diät

Im Europaparlament – so scheint es manchmal – ist die Mauschelei nicht die Ausnahme, sondern die Regel. Bis heute können die Abgeordneten ihre Mitarbeiterpauschale von 12 000 Euro en bloc an einen »selbst eintretenden Dritten« überweisen lassen. Es gibt keine echte Kontrolle, ob das Geld wirklich für Assistenten und Sekretäre ausgegeben wird – oder vielleicht in die Privatschatulle des Abgeordneten fließt. Bis heute weigert sich das Parlamentspräsidium überdies, die Liste aller Assistenten der Abgeordneten publik zu machen. Angeblich verstößt das gegen den Datenschutz.

Würden die Namen veröffentlicht, käme eine peinliche Praxis ans Licht: Viele Abgeordnete beschäftigen Ehefrau, Mann oder Kinder. Die Ex-Parlamentspräsidentin Fontaine etwa wurde dabei ertappt, ihre Tochter zu bezahlen. Viele ihrer französischen und britischen Kollegen finden nichts dabei. Im Bundestag ist diese Selbstbedienungspolitik verboten; genauso halten es die deutschen Europaabgeordneten. Doch Fontaine verteidigte diese Praxis offen: »Warum soll ich einem Abgeordneten verbieten, seine Frau als Assistentin einzustellen? Was ist, wenn ein Abgeordneter sich in seine Mitarbeiterin verliebt und sie heiratet? Soll er sie dann entlassen?« Der Einwand, dass der Bundestag genau das verlangt, überzeugt die Französin nicht: »Also heiraten sie nicht und leben trotzdem zusammen. Das ist doch heuchlerisch!«

Normale Praxis ist auch der ganz alltägliche Schmu mit den Reisekosten. Diejenigen Volksvertreter, die ein bisschen weiter weg wohnen, kassieren nicht nur die Kosten für Flugticket und Transfer, sondern zusätzlich einen pauschalen Aufschlag. Er beträgt zwischen 107 und 535 Euro pro Hin- und Rückreise für alle Abgeordneten, die mehr als 500 Kilometer von Brüssel oder Straßburg entfernt ihren Wohnsitz haben. So merkte die finnische Grünen-Abgeordnete Heidi Hautala schnell, dass sie »ganz legal« an die 10 000 Euro pro Jahr »für sich behalten kann«.

Diese Pauschale rechtfertigt das Parlament ganz offiziell als heimlichen Diätenzuschuss. Die geltende Entschädigungsregelung sei nämlich ungerecht: Alle Abgeordneten erhalten jeweils so viel wie ihre Kollegen im nationalen Parlament. Da sitzen im Ausschuss Seite an Seite der deutsche Sozialdemokrat Helmut Kuhne mit 7009 Euro und sein portugiesischer Genosse Paulo Casaca mit 4000 Euro – und beide machen die gleiche Arbeit.

Weil viele der Schlechterverdiener als Skandinavier oder Südländer an der Peripherie der EU leben, lässt sich die Reisepauschale als gerechter Ausgleich verkaufen.»Man hatte ein sehr ausgefeiltes System für die Reisekosten entwickelt, um vor allem den Abgeordneten aus dem Süden zu helfen«, sagt Fontaine.

Dieses System, das bis heute in Kraft ist, hat in Wahrheit vor allem mit Selbstbedienung zu tun. Denn die Entfernungspauschale fließt ganz unabhängig von der Höhe der Diät. Die Italiener haben nicht nur – nach dem Vorbild der nationalen Abgeordneten in Rom – die höchsten Diäten aller EU-Deputierten. Viele von ihnen kassieren außerdem mit die höchsten Summen aus der Entfernungspauschale. Ein Glück für den Steuerzahler, dass italienische Europaparlamentarier zugleich diejenigen sind, die Sitzungen besonders häufig schwänzen – so fallen wenigstens nicht allzu viele Reisekosten an.

Kaum einer regt sich in Brüssel oder Straßburg über solche offiziellen Mogeleien auf – Ärger gab es allerdings einmal mit zwei euroskeptischen Briten. Die hatten die überzähligen Reisezuschüsse nicht – wie es sich gehört – privat einkassiert, sondern in eine Anti-EU-Kampagne gesteckt.

Dubios ist die Trickfinanzierung auch deshalb, weil der Gesetzgeber ausdrücklich festgelegt hat, dass das Europaparlament – anders als der Bundestag – nicht das Recht hat, Diäten in eigener Machtvollkommenheit festzusetzen. Die Mitgliedsstaaten haben im Ministerrat ein Wort mitzureden. Seit Jahren liefern sich Parlament und Rat ein Tauziehen um die einheitliche europäische Diät. Eine Einigung scheiterte bisher ebenso sehr an der nationalen Eigenbrötelei der skandinavischen Staaten wie an den unmäßigen Forderungen der Europaabgeordneten. Die zeigten sich nicht etwa zunehmend kompromissbereit, sondern immer anspruchsvoller. Ihre Forderungen korrigierten die Abgeordneten so immer weiter nach oben – auf zuletzt 8500 Euro, mehr als die Entschädigung eines Bundestagsabgeordneten und heute nur von den Rekorddiäten der Italiener übertroffen. Manche argwöhnen, dass deutsche Abgeordnete die Summe bewusst immer weiter nach oben schraubten – weil ein Scheitern der Verhandlungen mit dem Rat den Deutschen auf alle Fälle ein vergleichsweise fürstliches Einkommen sichert. Eine Einigung dagegen bringt nur böse Schlagzeilen über höhere Diäten.

Unrechtsbewusstsein ist eine im Europaparlament extrem rare Tugend. Das zeigt sich auch bei der offen irregulären Parteienfinanzierung aus dem Parlamentshaushalt. Alle europäischen Dachorganisationen der großen Parteien finanzieren sich mehr oder minder ungehemmt über Parlamentsgelder. Das Parlamentspräsidium gab dieser fragwürdigen Praxis per Beschluss vom 2. Oktober 2000 seinen offiziellen Segen. Bis zu zehn Prozent ihres Personals dürfen die Fraktionen demnach für die Partei zweckentfremden – und bis zu fünf Prozent ihres Haushalts. 1998 umfassten die – ohne jede Rechtsgrundlage getätigten – Zuschüsse an die Parteien stolze 1,4 Millionen Euro. Allein 1999 spendierte die EVP-Fraktion 440 000 Euro und trug damit über ein Drittel des EVP-Parteibudgets von 1,4 Millionen Euro.

Der Europäische Rechnungshof kritisierte diese Praxis im Jahr 2000 in aller Form. Die Prüfer ließen keine Zweifel zu: Parteien dürften »nicht aus Mitteln finanziert werden«, die für die Parlamentsfraktionen bestimmt sind. Doch ein Einspruch vom Rechnungshof ist noch lange kein Grund für EU-Politiker, kalte Füße zu bekommen. Wenige Monate nachdem die Rechnungsprüfer einen vernichtenden Bericht über die verdeckte Parteienfinanzierung veröffentlich hatten, ließ sich die christdemokratische EVP für ihren Parteitag in Berlin sowohl den Saal im Hotel Interconti als auch den Dolmetscherdienst vom Parlament bezahlen. Motto der Tagung, bei der CDU-Parteivorsitzende Angela Merkel zur Begrüßung sprach: »Eine Union der Werte«.

Unrechtsbewusstsein? Auch hier keine Spur. Der CSU-Abgeordnete und EVP-Schatzmeister Ingo Friedrich hielt die Umwegpraktiken für »absolut legal« und vom Parlamentspräsidium gebilligt – grundlegende Änderungen könne es erst geben, wenn ein geplanter EU-Topf von jährlich sieben Millionen Euro für die Parteienfinanzierung geschaffen sei. Europäische Sozialdemokraten, Liberale und

Grüne verfahren ganz genauso und zweckentfremden bis heute Parlamentsgelder für ihre Parteiarbeit.

Die Moral: Europäische Politiker sind durchaus bereit, auf zweifelhafte Finanzierungspraktiken zu verzichten – vorausgesetzt, es ist sichergestellt, dass die Legalisierung zu keinerlei finanziellen Einbußen führt.

5 DIE RÄTEREPUBLIK

»Dieser Typ, er redet, er redet, er redet.«
Belgiens Premier Guy Verhofstadt
über Frankreichs Präsident Jacques Chirac

Wie Regierungschefs sich auf EU-Gipfeln als Staatsmänner feiern lassen – und in Wahrheit über italienischen Prosciutto und schwedische Models palavern. Wie Beamte und Minister hinter verschlossenen Türen Gesetze fabrizieren, von denen hinterher keiner mehr etwas wissen will. Wie mysteriöse Komitees im Verborgenen über BSE oder Sportboote entscheiden.

Silvio Berlusconi gerät völlig außer sich. Laut schreiend attackiert der italienische Regierungschef seinen Amtskollegen Paavo Lipponen aus Finnland. »Die Finnen wissen nicht einmal, was Prosciutto ist«, wütet Berlusconi unter den Augen seiner Kollegen. Genauer gesagt: den Staats- und Regierungschefs der EU plus Kommissionspräsident Romano Prodi, die sich im Dezember 2001 in den königlichen Glashäusern von Laeken bei Brüssel zum EU-Gipfel versammelt haben.

Was Berlusconi so sehr aufwühlt, ist keine Überlebensfrage des Kontinents. Es ist nicht einmal für Italien wirklich wichtig und eine Petitesse für die große Mehrheit der 380 Millionen EU-Bürger. Der Streit dreht sich um die Frage, wo die Europäische Lebensmittelbehörde mit ihren etwa 300 Mitarbeitern angesiedelt werden soll. In der finnischen Hauptstadt Helsinki? Oder im norditalienischen Parma, der Heimat von Parmesan und Schinken (italienisch: prosciutto)? Fast alle am Tisch sind für Helsinki – ist doch Finnland neben Schweden das einzige Land ohne jede EU-Institution. Doch für Berlusconi – dessen Land bereits um die tausend EU-Beschäftigte beherbergt und dem gerade zwei weitere EU-Agenturen angeboten wurden – ist das eine Provokation. Wie könne man! Finnland! Wo doch dort die Einheimischen »mariniertes Rentier« für gute Küche hielten! Lauthals macht er klar: »Mein endgültiges Wort ist Nein!«

Schröder versucht, Berlusconi zur Ordnung zu rufen: »Wenn Sie hier so schreien, erreichen Sie gar nichts.« Es wäre die einzig angemessene Reaktion gewesen: den Hitzkopf in die Ecke zu stellen. Aber das Gegenteil geschieht. Der Wüterich bekommt Unterstützung von Frankreichs Präsident Jacques Chirac. Der ist ebenfalls nicht zufrieden mit dem offiziellen Vorschlag, der immerhin vier neue Agenturen für Frankreich vorsieht. Nein, für Chirac zählt allein das neue Europäische Amt für Meeressicherheit. Doch das soll nach dem Vorschlag der gastgebenden belgischen Regierung in der portugiesischen Hauptstadt Lissabon angesiedelt werden. »Wie um Herrgotts willen kann man Lissabon als geeigneten Ort ansehen?«, pestet Chirac. Und dann drückt er die Debatte endgültig auf Stammtischniveau: »Wie wäre es, wenn Schweden eine Agentur für die Ausbildung von Mannequins bekäme?«, fragt er maliziös Schwedens Premier Göran Persson. »Mit all den schönen Frauen, die es bei Ihnen gibt!«

Entnervt bricht der Tagungspräsident, Belgiens Premierminister Guy Verhofstadt, die Beratungen ab. Zu belastend für den Ruf der EU hätte die Sitzung sonst werden können, fürchtet er. Denn was da in Gebrüll und Gezote endet, ist ja kein Männerabend im Bierdunst, sondern eine der vierteljährlichen Tagungen des Europäischen Rates. Der – umgangssprachlich EU-Gipfel genannt – gilt vielen als die eigentliche Regierung der Europäischen Union. Doch nie wurde so deutlich wie an diesem Dezemberabend in Laeken, dass die Gemeinschaft in Wahrheit führungslos ist.

Ein gigantischer Wanderzirkus

Der Aufwand ist beträchtlich für diese Treffen, bei denen sich die Regierungschefs der Mitgliedsstaaten plus die Präsidenten Frankreichs, Finnlands und der EU-Kommission um einen Tisch versammeln. Als Jean Monnet Anfang der 70er Jahre für Frankreichs damaligen Präsidenten Valéry Giscard d'Estaing die Blaupausen für den Europäischen Rat entwarf, bezeichnete er ihn als »provisorische europäische Regierung«. Hier, so sehen es zumindest die Teilnehmer selbst, ist das eigentliche Machtzentrum der Union.

Im Saal sind die mächtigsten Männer Europas (nur aus Finnland kommt mit Präsidentin Halonen eine Frau) darum fast unter sich. Die Außenminister dürfen immerhin zuhören, außerdem ganz wenige Beamte und natürlich die Dolmetscher in ihren Kabinen.

Die EU sieht sich gerne in der Tradition des mittelalterlichen Kaiserreichs von Karl dem Großen. Und so wie der Franke keinen festen Regierungssitz hatte, sondern von Pfalz zu Pfalz zog, so trafen sich auch die Fürsten der Europäischen Union bisher alle drei Monate an einem anderen Ort, bei Bedarf auch öfter.

Seit Anfang 2002 gilt ein neues Reglement. Jetzt finden die Gipfel häufiger in Brüssel statt – der Aufwand wurde einfach zu groß. Ab zehn Millionen Euro aufwärts kostet jedes dieser Treffen, denn ein gigantischer Wanderzirkus will organisiert sein: Die Regierungschefs selbst, plus 500 Minister und Beamte, außerdem um die 2500 Journalisten machen sich jedes Mal auf die Reise. Für zwei, drei Tage entstehen riesige Zeltstädte. Die Polizei sperrt im weiten Umkreis die Straßen ab, damit Demonstranten und Attentäter nicht zu nahe herankommen – zum Verdruss der Anwohner, denen Europa doch auf diesem Weg angeblich nahe gebracht werden soll.

Nichts geht ohne die Antici

Die Gipfel sind eine einmalige Konstruktion. Giscard und der damalige deutsche Kanzler Helmut Schmidt sahen sie anfangs als informelle Arbeitsessen im kleinsten Kreis der damals neun Staats- und Regierungschefs. Um die Sitzungen nicht zum bloßen Palaver verkommen zu lassen, erdachte der italienische Diplomat Paolo Antici 1975 ein weltweit einmaliges System der zeitversetzten Kommunikation. Drei EU-Beamte aus dem Ratssekretariat schreiben abwechselnd in Französisch und Englisch die Redebeiträge der Regenten mit. Alle 15 Minuten verlässt einer der Protokollanten den Saal und eilt in die so genannte rote Zone vor dem Tagungssaal. Dort diktiert er 15 Diplomaten der Mitgliedsstaaten, was sich gerade in der Gipfelrunde zugetragen hat. Die 15 – sie heißen nach ihrem Erfinder bis heute Antici – notieren das in Blöcke oder hämmern es in ihren Laptop. Obwohl sie die Mitschriften gleich danach an die jeweiligen Delegationsbüros mailen und faxen, entsteht ein echter Zeitsprung. Die Beamten der Regierungszentralen, die in der so genannten blauen, äußeren Zone warten, erfahren erst mit etwa 40 Minuten Verspätung, was sich im Allerheiligsten der Ratstagung zuträgt.

Der Vorteil ist klar: Die großen Chefs können Kompromisse finden, ohne dass ihre Beamten überall ihre Fußnoten und Bedenken anbringen können. Das Verfahren hat aber auch eine Menge Nachteile – zum Beispiel eine fast völlige Ausschaltung öffentlicher Kontrolle. Auf den einsamen Gipfelhöhen können sich die Regierungschefs auf Dinge einigen, die hinterher mit ihrer ganzen Autorität versehen sind. Die nationalen Parlamente müssen die Entscheidungen abnicken, komme, was wolle.

Regierungschefs als Risikogruppe

Gipfel bieten viel Auslauf für Europas eitle Politstars. Chirac lässt zu jeder Tagung Tisch und Pult einfliegen, um seinen provisorischen Pressesaal zu möblieren. Seine Tochter Claude, die zugleich seine mit Steuergeldern bezahlte Medienberaterin ist, überwacht stets persönlich den Aufbau des Mobiliars und der ebenfalls aus Paris herbeigeschafften Beleuchtungsmaschinerie. Kurz vor der Pressekonferenz stellt sie Papa gerne ein Glas Wasser auf den Tisch. So viel persönliche Fürsorge kann den Exzentriker Chirac nur in seinen Marotten bestärken. Er ist berühmt-berüchtigt für zweideutige Witze. »Il faut pas enculer des mouches!« (Wollen wir jetzt hier Fliegen ficken?), empörte er sich, als die Briten mit kleinlichen Argumenten auf ausgedehnter Mitsprache in der Eurozone bestanden. Ein andermal belauschte ihn ein deutscher Diplomat in der Gipfeltoilette. Per Handy beriet Chirac hinter verschlossener Klotür mit Vertrauten über Frankreichs weitere Verhandlungsstrategie.

Mit jeder neuen Erweiterungsrunde hat sich der Teilnehmerkreis der Ratssitzungen vergrößert – und damit wächst offenkundig auch das Pannenrisiko. Da beschließen die Staats- und Regierungschefs im Dezember 2001 in Laeken die Einsetzung des europäischen Verfassungskonvents – ein nach vorne weisender Schritt (siehe Kapitel 13). Doch die ebenfalls in Laeken verabredeten Regularien werden in der niederländischen Originalfassung anders formuliert als in den übrigen zehn Amtssprachen. Nach der Urfassung hat Italien neben dem ihm zugesprochenen Vizepräsidenten kein Recht auf einen weiteren Regierungsvertreter – nach der Übersetzung sehr wohl. Später werden die Italiener ihre Interpretation durchsetzen.

Denn die Regierungschefs wissen selbst nicht immer, worüber sie eigentlich beraten. Am Vorabend des Brüsseler Gipfels im Oktober 2002 treffen sich Schröder und Chirac im vornehmen Brüsseler Hotel Konrad und einigen sich auf die künftige Finanzierung der EU-Agrarpolitik – zumindest glauben sie, sich geeinigt zu haben. Doch am darauf folgenden Tag zanken sie sich vor allen Kollegen im Gipfelsaal, worin der Kompromiss genau bestanden habe. Kanzler und Präsident hatten ihren Deal – der sich um Milliardenzahlungen bis ins Jahr 2013 dreht – leichtsinnigerweise nicht schriftlich fixiert. Schröder schiebt es hinterher auf Sprachprobleme: »Wenn man mit Dolmetschern spricht, mag das zu Schwierigkeiten führen.«

Als sich die Staats- und Regierungschefs elf Jahre zuvor beim Maastrichter Gipfel am 11. Dezember 1991 spätnachts über einige Details der EU-Forschungspolitik ins Gehege kommen, fühlt sich der Londoner Premier John Major so wenig sattelfest, dass er immer wieder seinen Brüsseler Botschafter John Kerr in den Saal ruft. Der klein gewachsene Mann kauert sich schließlich unter den Tisch und souffliert seinem Chef. Etwas hilflos ist er nur, als der niederländische Tagungspräsident Ruud Lubbers in seiner Muttersprache das Wort ergreift – unter dem Tisch gibt es ja keine Simultanübersetzung.

Warum machten die anderen Potentaten das Manöver mit? Der Franzose François Mitterrand sei »bereits eingeschlafen« gewesen, behauptet ein Teilnehmer der Sitzung. Und Helmut Kohl ließ Major angeblich alles durchgehen – er war froh, dass dessen gefürchtete Vorgängerin Margaret Thatcher nicht mehr die Briten vertrat.

Es ist eine alte organisationstheoretische Erkenntnis: Je größer eine Runde, desto weniger muss sich ein einzelner Teilnehmer für das Ergebnis verantwortlich fühlen. Im Sommer 2002 beim Gipfel im spanischen Sevilla schwänzen Schröder und sein Außenminister Fischer die Sitzung – und schauen stattdessen das WM-Spiel Deutschland gegen USA. Drei Monate vor der Bundestagswahl hat sich Schröder diese Entscheidung sicher gut überlegt: In den deutschen Medien kommt er als jubelnder Fußballfan am besten rüber.

Nationaler Egoismus triumphiert

Weil sich die Oberhäupter Europas so selten versammeln, müssten sie sich eigentlich auf die großen Zukunftsfragen konzentrieren. Aber weit gefehlt. Sogar die »Öffnung von Alpentunneln« habe man in Laeken auf Wiener Wunsch diskutieren müssen, beschwert sich der Kanzler später über seinen österreichischen Amtskollegen Wolfgang Schüssel. Er hatte wohl vergessen, dass er Ende 1998 einen Gipfel in Wien mit ähnlichem Kleinkram beschwerte. Gemeinsam mit seinen Kollegen aus Paris und London hielt er die Beratungen eine Stunde lang auf, weil er die Abschaffung der Duty-free-Dampfer innerhalb der EU-Grenzen verhindern wollte – der Vorstoß blieb vergebens.

Die europäische Gruppendynamik führt dazu, dass Streitpunkte rasch zu Fragen des nationalen Prestiges hochgespielt werden. Champions dieser Sportart sind Franzosen und Spanier – wobei Italiens Berlusconi aufholt. Der spanische Premier José María Aznar war nach den Haushaltsberatungen auf dem Gipfel in Berlin stolz darauf, noch spät in der Nacht jeden Kompromiss abgelehnt zu haben. Bis sechs Uhr früh zog er an seiner Havanna und sagte nein zu jedem Kompromiss – bis Tagungsleiter Gerhard Schröder immer weitere Millionen drauflegte.

Europäer in der Minderheit

Die Chiracs, Aznars und Berlusconis machen Schule. Trotzdem ist es müßig, moralinsaure Betrachtungen über die mangelnde europäische Gesinnung der Regierungschefs anzustellen. Das Problem liegt in der Struktur des Europäischen Rates: Die Teilnehmer entscheiden stets einstimmig – jeder Einzelne kann folglich alle anderen zur Geisel nehmen. Zudem sind die Staats- und Regierungschefs ihren jeweiligen nationalen Wählern verantwortlich – nicht dem europäischen Gemeinwohl. Nur der Kommissionspräsident ist von Amts wegen dafür zuständig, das Gemeinschaftsinteresse zu verteidigen. Als einziger Europäer von Amts wegen bildet er in der Runde folglich eine verschwindende Minderheit.

Unter dem schwachen Präsidenten Prodi ist das deutlich wie nie – aber es war auch schon mal anders. Dem früheren Kommissionspräsidenten Jacques Delors gelang es mit einer meisterhaften Kombination von Sachkunde und Verhandlungsgeschick immer wieder, die Gipfelberatungen entscheidend zu beeinflussen. »Delors wusste oft mehr als jeder andere am Tisch«, schreibt der Brüsseler Europachronist Peter Ludlow. Es genügte, dass Helmut Kohl ihn anstieß: »Was denkst du, Jacques?« Delors dachte nach – und lieferte einen Vorschlag.

Damals war eine Troika am Werk, die Europa energisch nach vorne zog. Delors konnte sich darauf verlassen, dass er im Europäischen Rat zwei mächtige Verbündete hatte, Kohl und den französischen Staatspräsidenten François Mitterrand.

Doch das ist einige Jahre her. Das oft schwer verständliche Gemurmel von Delors' Nachnachfolger Prodi nimmt rund um den Gipfeltisch kaum einer ernst. Zunehmend, so scheint es, verrohen derweil die Sitten im Sitzungssaal – und das keineswegs vorrangig, weil Kanzler Schröder dort die Luft mit seinen Zigarren verpestet. Neuerdings vergeht keine Europäische Ratstagung ohne Straßenschlachten zwischen Polizei und Globalisierungsgegnern. Trotzdem findet der für Europa gefährlichere Vandalismus im gut beschützten Sitzungssaal der Staatsführer statt. Und ohne jeden Zweifel ist Chirac der ungehemmteste Nahkämpfer im Namen des Patriotismus.

Das Debakel von Nizza

»Cocorico!«, rufen Franzosen, wenn sie sich über den eigenen Nationalismus lustig machen wollen. Beim Gipfel im Dezember 2000 in Nizza ertönt der gallische Hahnenschrei unüberhörbar. Europas Regierende sind mit ehrgeizigen Absichten an die Côte d'Azur gereist. Sie wollen das in die Jahre gekommene EU-Gebäude grundlegend umbauen. Das gemeinsame Haus Europa soll bis zu zwölf neue Parteien aufnehmen – die EU-Hausordnung muss grundlegend geändert werden, wenn die Gemeinschaft bald bis zu 27 Staaten umfasst. Doch schlampige Vorbereitung und nationale Egotrips führen in Nizza zu einem veritablen Desaster.

Der Hauptschuldige ist Jacques Chirac. Der französische Präsident müsste als amtierender Ratspräsident das gemeinsame Wohl vor Augen haben, verfolgt aber fast ausschließlich ein spezielles französisches Interesse. Auf Teufel komm raus will der Präsident eine Neugewichtung des Einflusses im Ministerrat verhindern, die Deutschland auch nur eine Stimme mehr als Frankreich gegeben hätte – und dies, obwohl die Bundesrepublik seit der Vereinigung 22 Millionen Einwohner mehr hat als das Nachbarland im Westen. Bei der Gründung der Gemeinschaft hätten sich Deutsche und Franzosen ewige Gleichheit geschworen, behaupten die Pariser Regenten ohne nähere Beweisführung. Strikt lehnen sie ein Modell ab, das von der Mehrheit am Gipfeltisch befürwortet wird: eine so genannte doppelte Mehrheit, bei der sich hinter jeder Entscheidung sowohl eine Mehrheit der Staaten wie auch eine Mehrheit der Einwohner finden müsste.

Chirac legt stattdessen eine Liste vor, die jedem Staat eine spezifische Zahl von Stimmen zuweist: 30 für Deutschland und für die anderen großen drei – Frankreich, Großbritannien, Italien. 28 für Spanien. 12 für die Niederlande. 10 für Belgien. Den Vertretern der Kleinstaaten fällt sofort auf, wo der Vorschlag einen Haken hat. Während die Franzosen für die absolute Gleichbehandlung von

139

Frankreich und Deutschland plädieren, wollen sie entsprechend der Einwohnerzahl eine Ungleichbehandlung der anderen Nationen durchsetzen – und bringen damit alle gegen sich auf. Im Namen der französischen Grandeur blockt Paris jede Einigung auf ein für alle verbindliches gemeinsames Prinzip ab. Für die Kleinen gilt die Einwohnerzahl, für die Großen absolute Gleichheit mit Deutschland. Das Ergebnis sind Streit und Hass am Gipfeltisch.

Erst zwei, dann drei, dann vier Tage dauert das Gezerre in dem Sitzungssaal ohne Tageslicht im Kongresszentrum von Nizza. »Dieser Typ, er redet, er redet, er redet!«, schimpft Belgiens Premier Guy Verhofstadt über Chirac, als er wähnt, die Kameras seien aus. »Aber glaubst du, er hat ein Wort davon verstanden, was wir am Verhandlungstisch gesagt haben?«, fragt der Belgier seinen dänischen Kollegen Poul Rasmussen. »Er hört nicht zu!«

Weil Belgien künftig im Rat weniger Stimmen als die Niederlande erhalten soll, blockt Verhofstadt eine Einigung bis tief in die Nacht des vierten Verhandlungstages hinein ab. »Die großen Länder sind alle gleich, und die kleinen und mittleren sind alle ungleich«, das sei ein unmögliches Prinzip, schimpft der Flame.

Es ist nicht die einzige Ungereimtheit. Um wenigstens die Spanier als Verbündete zu gewinnen, bietet Chirac ihnen fast ebenso viele Stimmen an wie den großen vier – Deutschland, Frankreich, Großbritannien, Italien. Das genau gleich große Polen soll hingegen mit zwei Stimmen weniger auskommen – »ein Tippfehler«, entschuldigt sich Chirac später allen Ernstes. Ungarn und Tschechien werden mit weniger Parlamentssitzen abgespeist als Belgien und Portugal – bei ebenfalls gleicher Bevölkerungsstärke. Altmitglieder hätten halt größere Rechte, »weil sie viel zur europäischen Integration« beigetragen hätten, findet der französische Präsident.

Er müsse akzeptieren, »22 Millionen Menschen zu vergessen und sie ihrer Stimme zu berauben«, beklagt sich Gerhard Schröder in der Gipfelrunde laut Sitzungsprotokoll. Die Chuzpe der Franzosen empört alle rund um den Tisch – aber nach und nach gibt einer nach dem andern klein bei. In der vierten Nacht gegen fünf Uhr schlucken die 14 anderen ihren Ärger schließlich herunter und beugen sich dem Druck der Franzosen.

Alle geben vor, das Ergebnis sei besser als nichts – immerhin sei der Gipfel nicht rundweg gescheitert und das Ansehen der Gemeinschaft einigermaßen gerettet. Schröder handelt Chirac eine Latte von Gegenleistungen für die Beibehaltung des Stimmengleichgewichts ab: eine bessere deutsche Vertretung im Europaparlament sowie ein so genanntes »Sicherheitsnetz«, wonach zumindest 62 Prozent der Bevölkerung hinter jeder Ratsentscheidung stehen müssen.

Das hilft dem deutschen Kanzler, sein Gesicht zu wahren. Doch der gravierendste Nachteil der Nizza-Beschlüsse wird damit eher verschärft: Das Abstimmungssystem im Rat ist künftig überkompliziert und lässt viel zu viele Blockademöglichkeiten. Die Staats- und Regierungschefs setzen die Schwellen für eine qualifizierte Mehrheitsentscheidung so hoch an, dass es trotz der angeblichen Reform in einer erweiterten EU viel Glück und guten Willen braucht, um ein neues Gesetz durch den Ministerrat zu bugsieren. Nizza bringt mehr Blockademöglichkeiten für alle. Sowohl die wirtschaftsschwachen, subventionsabhängigen Beitrittsländer können künftig eine Blockademinorität bilden – aber auch die größten Nettozahler wie Deutschland, die Niederlande und Schweden. Sowohl der so genannte »Olivengürtel« aus Italien, Spanien, Portugal und Griechenland kann alles aufhalten als auch eine Koalition aus Deutschland, Frankreich und einem kleineren Staat.

Außerdem haben wieder mal einige verpasst, was sie am Gipfeltisch alles beschlossen haben. Chirac hatte den Belgier Verhofstadt mit einem Köder gelockt. Mittelfristig solle jedes zweite Ratstreffen der Staats- und Regierungschefs in Brüssel stattfinden, langfristig sogar jeder Gipfel. Schweden, Spanier und Finnen schwören hinterher Stein und Bein, davon sei am Ratstisch in Nizza nicht die Rede gewesen – aber auch sie hatten die schriftlichen Schlussfolgerungen abgenickt, in denen genau dies festgehalten wurde. Außenminister Joschka Fischer mag hinterher Kritik an den chaotischen Gipfelberatungen trotzdem nicht gelten lassen. »Das sind auch gewisse Rituale. Es gehören auch offensichtlich Erschöpfungsstrategien dazu. Wenn man die Verhandlungen immer zu zivilen Zeiten beendet hätte, säßen wir heute noch in Nizza«, verteidigt sich der Grünen-Politiker einen Monat nach dem Gipfel.

Aber kann es sein, dass bis heute zentrale Zukunftsfragen der EU von einem Club übermüdeter älterer Herren entschieden werden?

Die Spur der Beamten

Denn die Staats- und Regierungschefs sind die Herren der EU – zumindest lieben sie es selbst, diesen Glauben zu pflegen. Trotzdem gilt die eherne EU-Regel: Je undurchschaubarer das Geschehen, desto größer die Macht der Beamten, die hinter den Kulissen die Strippen ziehen. Funktionäre der Kommission wie der Regierungen in den Hauptstädten bereiten die Gipfelentscheidungen wochen- und monatelang vor. Sie feilen an den seitenlangen Texten, die die Gipfelteilnehmer später in wenigen Sekunden abnicken. In den offiziellen Schlussfolgerungen eines Gipfels fänden sich hinterher »überall Fingerabdrücke der Kommission«, schreibt EU-Forscher Peter Ludlow – und das gelte selbst bei einem so schwachen Kommissionspräsidenten wie Romano Prodi. Die Kommission produziert die meisten der Dokumente, über die in den Sitzungen beraten wird, und sie ist laut Ludlow »besonders begabt«, sich auf Gipfeln Mandate für diese oder jene neue Aufgabe zu verschaffen. Hinterher – das gehört in Brüssel zum Alltag – wird die Kommission unter all der Arbeitslast laut und vernehmlich stöhnen. Der Rat halse ihr mehr auf, als sie mit ihren jetzigen Ressourcen bewältigen könne – sie brauche zusätzliches Personal. Was sie mit einiger Zeitverzögerung dann auch bekommt.

So sind selbst die Regierungschefs nur Teil eines unüberschaubaren Orchesters, Dirigenten und Dirigierte zugleich. »Wie kann man erwarten, dass 60 Millionen Franzosen einen 30-Seiten-Text verstehen, wenn nicht einmal die Staatschefs ihn verstehen?«, philosophierte der ehemalige französische Botschafter bei der EU, Pierre de Boissieu. Er ist heute Vize-Generalsekretär im Brüsseler Ratssekretariat. Soll heißen, er steht dem 2700-köpfigen Beamtenapparat vor, der die Ratssitzungen organisiert.

De Boissieu möchte seine Behörde zu einem machtvollen Gegenspieler der EU-Kommission ummodeln. Dabei stört ihn die Tatsache, dass die Präsidentschaft im Rat alle sechs Monate wechselt. Das beschere der EU-Politik viel zu viele abrupte Kurswechsel: »Man kann nicht einfach von der Priorität Nordpol zur Priorität Afrika und dann zur Priorität Mittelmeer wechseln.«

Das Räteregime

Doch genau das geschieht. Alle sechs Monate übernimmt ein anderer Mitgliedsstaat nach einer präzise festgelegten Reihenfolge das, was die Präsidentschaft des Rates genannt wird. Der EU-Kommissionspräsident ist nicht der einzige EU-Präsident – der jeweilige Ratspräsident macht ihm diese höchste Ehre streitig. Die Ratspräsidentschaft führt die Geschäfte, bestimmt die Tagesordnung der Sitzungen und repräsentiert die EU nach außen. Vor allem die Vertreter kleiner Länder genießen es, im Namen der großen EU nach Washington reisen und den US-Präsidenten besuchen zu dürfen. Der erfährt womöglich erst bei dieser Gelegenheit von der Existenz solch unprominenter Staaten wie Belgien oder Finnland.

Als Dänemark im Juli 2002 die Präsidentschaft übernahm, wurde den Beamten in Kopenhagen der Urlaub gestrichen, und das Parlament passte seinen Tagesrhythmus den EU-Ratssitzungen an. Premierminister Anders Fogh Rasmussen kündigte an, er werde »etwa 80 Prozent« seiner Zeit EU-Fragen widmen.

Denn die Ratspräsidentschaft hat mehr zu tun, als nur die Gipfel zu organisieren. Die sind nur die Galaversion des europäischen Räteregimes. Kaum ein Bürger macht sich von dessen Ausmaß einen Begriff. Unter dem Vorsitz des jeweiligen Fachministers des Präsidentschaftslandes versammeln sich über 100 Mal im Jahr die Minister der Mitgliedsstaaten in den verschiedensten Konfigurationen – mal die Außenminister im Rat für Allgemeine Angelegenheiten, mal die Finanzminister im Rat für Wirtschaft und Finanzen (abgekürzt Ecofin), mal die Landwirtschaftsminister im Agrarrat. Bis vor wenigen Jahren tagte sogar ein Tourismusrat.

Die Räte gelten vielen als die eigentlichen Machthaber der EU. In Wahrheit sind sie dafür viel zu schlecht organisiert. Zwischen den verschiedenen Ratsformationen – etwa der für Umwelt und der für Wirtschaft – herrscht bestenfalls Funkstille und häufig Rivalität. Da kann es passieren, dass der deutsche Umweltminister Jürgen Trittin im Umweltrat ein Vorhaben verteidigt, das der deutsche Wirtschaftsminister in einer anderen Ratstagung bekämpft.

Die Aufteilung in Fachräte führt dazu, dass sich leicht Partikularinteressen durchsetzen. Einflussgruppen haben immer dort leichtes Spiel, wo hinter verschlossenen Türen entschieden wird – und genau das geschieht im Rat ohne Unterlass. Bis heute sind es allein die Minister (oder ihre Vertreter) im Rat, die bei vielen EU-Gesetzen das letzte Wort haben. In 75 Prozent der Fälle müssen sie sich dieses Vorrecht zwar mit dem Europaparlament teilen; doch während die Abgeordneten in offener Sitzung beraten, sind die Pforten des Rates fast immer verschlossen. Kanzler Schröder und Briten-Premier Tony Blair versuchten beim Gipfel in Sevilla im Juni 2002, mehr Offenheit durchzusetzen, stießen aber auf Widerstand. Frankreichs Präsident Chirac und der Luxemburger Regierungschef Jean-Claude Juncker setzten ein Minimalmodell durch: Auf ihren Druck hin werden auch künftig nur das Votum selbst und die »Erklärung der Ratsmitglieder zur Stimmabgabe« öffentlich übertragen. Selbst die Regierungschefs der zu Hause auf Transparenz verpflichteten nordischen Länder Dänemark, Finnland und Schweden seien damit zufrieden gewesen, recherchierte der Gipfelchronist Peter Ludlow. Das erleichtert es den Ministern, windschiefe Kompromisse auszutüfteln, die alle Interessen halbwegs wahren, für die hinterher aber keiner richtig geradestehen muss.

Selbst wo laut Vertrag mit Mehrheit entschieden werden könnte, suchen die Minister lieber nach einem Konsens – und das manchmal über Jahre und Jahrzehnte. »Wenn jemand sagt, er habe ein echtes nationales Problem, überstimmt man ihn nicht«, weiß der österreichische EU-Botschafter Gregor Woschnagg aus eigener Erfahrung. Häufig spielen sachfremde Argumente eine zentrale Rolle. Mit einem absurden Streit um die Rolle der britischen Kronkolonie Gibraltar blockierten London und Madrid jahrelang eine Fülle von Entscheidungen.

Ein Sonderfall im Ratszirkus ist die so genannte Eurogruppe der zwölf Finanzminister der Eurozone. Hier tagen Hans Eichel und seine Kollegen im ganz kleinen Kreis. Alle sprechen Englisch und kommen darum ohne Dolmetscher aus. Doch selbst unter den Repräsentanten des Eurolandes, die sich für eine gemeinsame Währung gemeinsam verantwortlich fühlen sollten, hapert es oft am nötigen Zusammengehörigkeitsgefühl. Jahr für Jahr weigert sich der irische Finanzminister, seinen Kollegen den Haushaltsentwurf seines Landes vorzustellen, bevor ihn das Parlament in Dublin gesehen hat – als ob dann noch große Einsprüche möglich wären.

»Man muss doch erst mit den Kumpels reden!«, kritisiert ein französischer Diplomat diese Eigenbrötelei. Doch gerade Paris tut immer wieder so, als seien in Brüssel abgegebene Versprechen nur blumige Deklarationen ohne verbindlichen Wert. Da verpflichtet sich Präsident Chirac im März 2002 beim Gipfel in Barcelona zu einer konsequenten Sparpolitik. Frankreich werde bis 2004 einen ausgeglichenen Haushalt erreichen. Wenige Wochen später überlegt er es sich anders: Diese Zusage sei »nicht bindend« und habe »keinerlei juristischen Wert«.

Der Rat der Außenminister, der gemäß dem Lehrbuch die anderen Räte koordinieren soll, zieht wegen seiner Ineffizienz nur noch

Hohn auf sich. »Die können sich doch nicht mal auf die Uhrzeit für die Kaffeepause einigen«, witzelt ein hoher Kommissionsbeamter. Die Sitzungen sind veritable Großveranstaltungen. Auf dem Platz neben dem Minister sitzt der jeweilige Botschafter bei der EU, dahinter stehen für jedes Land Stühle für Fachbeamte, bei denen es »ein ständiges Kommen und Gehen gibt«, klagt der Ex-Außenminister von Luxemburg, Jacques Poos, aus eigener Erfahrung. Über 100 Personen drängeln sich im Saal. Zugleich ist die Themenpalette längst viel zu breit und sind die Streitfragen viel zu wichtig, als dass die Außenminister neben ihrem Hauptjob mühelos über sie entscheiden könnten. Folglich enden ihre Ratstagungen häufig in wuchtigen Deklarationen zur Außenpolitik – und in sonst nichts.

»Zu oft werden die heikelsten und aktuellsten Themen nur beim Mittagessen behandelt«, sagt der Ex-Außenminister Poos. Er findet es unerhört, »dass die europäischen Angelegenheiten von einem Rat behandelt werden, der einmal im Monat zusammentritt«, bei dem »einige der zuständigen Minister lediglich während einiger Stunden anwesend sind«, die rasch eine Pressekonferenz einberufen, »während die Kollegen noch beraten«. Schließlich fliegen sie in ihre Hauptstädte zurück und delegieren alles »an die Ständigen Vertreter«.

Beamte spielen Minister

Denn auch wenn die Minister abwesend sind, tuckert die Ministerratsmaschinerie unermüdlich weiter. Statt Fischer übernimmt dann der deutsche Botschafter die Vertretung der Bundesrepublik. Was das heißt? Jetzt machen Beamte die Gesetze. Weil der Rat der Außenminister nur noch wenig entscheidet, wandert die Macht zunehmend in zwei Richtungen ab: nach oben und nach unten. Immer mehr Fragen werden heute entweder von den Staats- und Regierungschefs auf ihren dreimonatlichen Gipfeln entschieden (und sei es zu Schröders Verdruss die Öffnung von Alpentunneln) – oder aber vom Ausschuss der Ständigen Vertreter, dem so genannten ASV. Viele nennen ihn einfach »Coreper« – für Comité des Réprésentants Permanents.

Gäbe es einen Guinness-Rekord für heimliche Machtausübung, gebührte er diesem Gremium. Im Schnitt zweimal pro Woche treffen sich dort die so genannten Ständigen Vertreter (Botschafter) der Mitgliedsstaaten bei der EU. 80 bis 85 Prozent der Beschlüsse und Gesetzestexte, die die Minister formell absegnen, werden im Coreper oder einer seiner zahlreichen Unterarbeitsgruppen getroffen – aber kein Bürger hat die Teilnehmer je gewählt. Und keiner kann sie abwählen, wenn sie ihren Job schlecht machen.

»Die Verhandlungsspielräume der Brüsseler EU-Botschafter sind größer als die eines jeden deutschen Staatssekretärs«, sagt Jochen Grünhage, jahrelang deutscher Vize-Botschafter bei der EU. Eigentlich gehöre ein Minister mit Kabinettsrang auf seinen Stuhl, bekennt der deutsche Ständige Vertreter Wilhelm Schönfelder. Als zur Geldwäschebekämpfung die Schweigepflicht der Rechtsanwälte eingeschränkt wurde, verhandelten die Botschafter den endgültigen Kompromisstext. Sie gaben auch den Startschuss für das milliardenteure Satellitenprogramm Galileo.

»Wir entscheiden, ob wir es unbedingt den Ministern geben«, sagt der österreichische Botschafter Woschnagg selbstbewusst. Natürlich arbeiten die 15 Repräsentanten, die sich im fünften Stock des rotgranitenen Protzbaus des EU-Ratssekretariats an der Rue de la Loi versammeln, nicht im luftleeren Raum. Oft haben die Staats- und Regierungschefs ihr Okay für ein Vorhaben gegeben. Immer wieder stehen die Botschafter auf und gehen vor die Tür des Sitzungssaals, um ihre Hauptstädte anzurufen – entweder um über den Verhandlungsstand zu informieren oder um Instruktionen abzuholen. Aber der Coreper ist weit mehr als nur eine wöchentliche Verhandlungsrunde, in der 15 nationale Interessen abgeglichen werden und am Ende der kleinste gemeinsame Nenner beschlossen wird.

Tatsächlich trifft die Runde nicht nur »de facto« eigene Entscheidungen – sie beeinflusst auch die Positionsfindung der Mitgliedsstaaten. So bilanziert es der Sozialforscher Jeffrey Lewis in einem Papier
für das Kölner Max-Planck-Institut für Gesellschaftsforschung. »Ich
habe ein Janusgesicht«, hörte Lewis von einem der Botschafter. Er sei
einerseits nationaler Vertreter im Coreper. Andererseits müsse er
Brüsseler Entscheidungen und Kompromisse zu Hause verkaufen.
Noch drastischer formulierte es der ehemalige deutsche Botschafter
Dietrich von Kyaw. Er gelte bei der Bundesregierung nicht als »Ständiger Vertreter«, sondern als »Ständiger Verräter« – weil er Dinge
absegnete, die die Bundesregierung angeblich gar nicht wollte.

Naive Europabegeisterte beklagen gerne, in Brüssel läge alle
Macht bei den Mitgliedsstaaten. Tatsächlich folgt mit dem Coreper
selbst das wichtigste Ratsgremium seiner eigenen Brüsseler Logik.
Die Teilnehmer haben neben ihren nationalen Interessen immer
auch ein gemeinsames Ziel vor Augen: kollektiv zu Entscheidungen
zu kommen. »Ich agiere in beide Richtungen«, sagt Woschnagg. »Ich
muss sehen, dass die Maschinerie des Coreper funktioniert.«

Das hat durchaus einiges für sich. Im Coreper zählt auch mal das
bessere Argument. Und es kommt vor, dass Botschafter sich aus guten Gründen von den Instruktionen distanzieren, die sie von zu
Hause empfangen haben: »Herr Vorsitzender, ich würde Ihnen gerne etwas vorlesen, was ich selbst nicht verstehe.« Damit signalisiert
der Diplomat seinen Kollegen: Liefert mir Argumente, mit denen ich
meine Hauptstadt überzeugen kann, ihren Widerstand aufzugeben.

Doch damit ist ein Regime entstanden, das die Tendenz habe, »der
nationalen Kontrolle zu entweichen«, resümiert Ex-Außenminister
Poos seine Erfahrungen. Was da im Brüsseler Coreper im Entstehen
sei, sei »eine bürokratische Aristokratie, weit weg von den nationalen Realitäten«.

»Das Ganze ist so ein bisschen Club-Atmosphäre, weil man regelmäßig aufeinander angewiesen ist, mal auf den, mal auf den«, sagt
ein Mitglied. Die Teilnehmer reden sich auf Englisch mit Vornamen
an und duzen sich auf Französisch und Deutsch. Nur diese drei Ar-

beitssprachen benutzt der Ausschuss bei seinen Verhandlungen – zum ständigen Verdruss des spanischen Botschafters.

Der belgische Botschafter schlug schon mal Latein als einzige Arbeitssprache vor. Er selbst hätte damit sehr gut leben können – denn gelegentlich vertieft er sich am Sitzungstisch in lateinische Lektüre. Kaum irgendwo anders haben vermeintlich steife Diplomaten so viel Gelegenheiten, ihre Ticks zu pflegen.

Der Ausschuss folgt seinen eigenen ungeschriebenen Regeln. Ein ehernes Prinzip lautet, sich nur zu Wort zu melden, wenn man eine abweichende Meinung hat. Neulinge im Club müssen dieses Prinzip immer erst begreifen. Nach dem Beitritt Österreichs 1995 hielt der Wiener Botschafter immer wieder ausführliche Reden, in denen er seine Zustimmung formulierte – bis eines Tages dem belgischen Botschafter der Kragen platzte. Kaum hatte der Österreicher das Wort abgegeben, legte der Belgier die »Financial Times« auf den Tisch, in die er bis dahin demonstrativ vertieft war, und erklärte: »Bisher war ich für diesen Vorschlag. Aber jetzt, wo ich höre, warum die Österreicher dafür sind, bin ich dagegen.« Nie wieder – so die Legende – hielt der Austriake eine befürwortende Rede.

Mit der Macht des exklusiven Zirkels hat auch der Stress für die Teilnehmer zugenommen. Früher wurde der Whisky angeblich schon um acht Uhr abends serviert, dann wurde es 22 Uhr, heute sind harte Alkoholika verpönt. Die Sandwiches, die am späten Abend serviert werden, sind der Sage nach mit Bedacht besonders trocken. Der Grund: Fühlen sich die Unterhändler zu wohl, dauert es umso länger, bis eine Einigung gefunden wird.

»Ich sehe meine Kollegen öfter als meine Frau«, bekennt Botschafter Woschnagg. 119 Tage pro Jahr tagt die Runde in ihren verschiedenen Formationen. Längst ist die Arbeitslast ihrer Mitglieder so groß, dass jeder seinen eigenen Sherpa hat. Es sind – hier schließt sich der Kreis – die Antici. Die Beamten, die bei Gipfeln die Protokolle erstellen, schreiben auch im Ausschuss der Ständigen Vertreter mit. Und nicht nur das: Sie treffen sich einen Tag vor jeder Sitzung und klären ab, was auf ihrer Ebene vorab entschieden werden kann.

Schon vor Jahren hat der ehemalige Kommissionspräsident Jacques Delors einen interessanten Reformvorschlag gemacht. Von jedem Regierungschef entsandte Europaminister sollten sich alle ein oder zwei Wochen zur Sitzung in Brüssel treffen, verhandeln und die Entscheidungen fällen. Damit wäre die europäische Gesetzgebung wieder stärker in der Hand gewählter Politiker und raus aus den Hinterzimmern. Doch bisher fand sich für diese Idee nie ein Konsens zwischen den Mitgliedsstaaten – nicht zuletzt das deutsche Außenministerium empfindet das als Kompetenzbeschneidung für das eigene Haus und befehdet das Projekt heftig.

Die Herrschaft der Ausschüsse

Aber selbst die Ständigen Vertreter sind nicht in der Lage, alle EU-Gesetzgebungsaktivitäten zu überblicken. Mit den Zuwachsraten an Kommissionsbeamten und –vorlagen halten die Diplomaten kaum mit. Der Coreper hat darum Hunderte Unterarbeitsgruppen, besetzt mit minderen Beamten und Diplomaten, die die Treffen der Botschafter vorbereiten, damit die die Treffen der Minister vorbereiten können, damit die die Gipfel der Staats- und Regierungschefs vorbereiten können. Und die Grundregel ist einfach: Je tiefer in der Hierarchie die EU-Gremien stehen, desto höher ist die Sachkunde ihrer Mitglieder – aber desto größer ist auch der Mangel an Transparenz und Kontrolle.

Da gibt es die Ratsgruppe H.12 »Trockenfutter«. Logisch, sie bemüht sich um die Definition der Mindesttrockenheit des Trockenfutters. Die Ratsgruppe H.28c »Seidenraupen« bringt uns in Erinnerung, dass die Haltung von Seidenraupen von der EU subventioniert wird. Die Gruppe H.3d »Ägäische Inseln« kümmert sich um die Landwirtschaft auf den griechischen Eilanden. Gruppe H.37s fungiert als »Task-Force Fruchtsäfte«.

Nicht beim Rat, sondern bei der Kommission ist ein Satelliten-schwarm weiterer interner Ausschüsse angesiedelt. Meist unter dem Vorsitz Brüsseler Beamter beraten dort Vertreter aus den Haupt-städten neue Gesetzesvorhaben oder helfen der Kommission bei Managemententscheidungen. Das Spektrum reicht vom »Ausschuss für die gemeinsame Regelung der Einfuhr von Textilwaren aus be-stimmten Drittländern« über den »Ständigen Ausschuss für die An-gleichung der Rechtsvorschriften der Mitgliedsstaaten über Sport-boote«, den »Verwaltungsausschuss« für die Marktorganisation von »lebenden Pflanzen und Waren des Blumenhandels« bis zum »Bera-tenden Ausschuss für die Harmonisierung der Kostenrechnung der Eisenbahnunternehmen«.

Das mächtigste und geheimnisumwittertste Brüsseler Komitee ist ohne jeden Zweifel der so genannte Wirtschafts- und Finanzaus-schuss (WFA). Je zwei Repräsentanten aus jedem Mitgliedsstaat so-wie Vertreter von Kommission und Europäischer Zentralbank berei-ten hier jede Sitzung der Finanzminister im Ecofin-Rat vor. Meist ist es der Vize-Finanzminister oder sein Staatssekretär (in Deutschland Cajo Koch-Weser) plus einem Vize der Zentralbank (aus Deutsch-land Jürgen Stark). Als die EU-Kommission Deutschland Anfang 2002 wegen galoppierender Verschuldung einen blauen Brief schi-cken wollte, versuchte Koch-Weser hier, Verbündete gegen dieses Vorhaben zu versammeln. Doch als der Staatssekretär in der Runde ankündigte, Berlin werde den ausgeglichenen Staatshaushalt erst im Jahr 2006 erreichen, nicht wie versprochen 2004, schockte das alle Partner. »Dann machen wir es auch nicht bis 2004«, schimpfte Koch-Wesers französischer Kollege Jean-Pierre Jouyet. Am Ende stand es 14 zu eins gegen den Deutschen. Als Minister Eichel wenige Tage später seine Ministerkollegen traf, blieb ihm nichts anderes übrig, als zum Rückzug zu blasen: Deutschland stehe zum Zieldatum 2004.

Komitees wie der Wirtschafts- und Währungsausschuss bieten bis heute das, was in den großen Ratstagungen wegen der großen Teil-nehmerzahl längst verloren gegangen ist: Intimität. Ziemlich ge-drängt, was die persönliche Kontaktaufnahme erleichtert, sitzen die

WFA-Mitglieder um den Tisch eines Tagungssaals im dritten Stock des schäbigen Borschette-Gebäudes der Kommission an der Brüsseler Place Jourdan.

Oft beginnen die Mitglieder ihre Sitzung abends über ein paar Sandwiches. Sie finden es sehr »nützlich«, sagt einer aus der Runde, »wenn wir nicht allzu sehr im Blickpunkt der Öffentlichkeit stehen«. Bis 1988 veröffentlichte der Ausschuss immerhin jährlich einen Bericht über seine Aktivitäten. Der Ausschusssekretär, ein hoher Kommissionsbeamter, schaffte das ab. Begründung: Man habe »nicht genug Personal«.

Um die 250 solcher Ausschüsse sind bei der Kommission angesiedelt, besetzt mit Beamten der Brüsseler Behörde und Bürokraten aus den Ministerien der Mitgliedsstaaten. 26 000 nationale Beamte sind an dem Beratungstourismus beteiligt, schätzen Fachleute. Jährlich fänden »etwa 360 000 Reisen nach Brüssel von in Europa-Angelegenheiten tätigen nationalen Beamten und Sachverständigen statt«, hat der Passauer Sozialforscher Maurizio Bach errechnet. Nationale und Brüsseler Behörden verbünden sich zu einer Megabürokratie. Was abhanden kommt, sind Transparenz und Kontrolle.

Denn jede von Beamten vorbereitete Entscheidung kleidet sich in den Mantel des Sachzwangs – welcher Minister, welcher nationale oder europäische Abgeordnete kann diese komplexen Entscheidungsgänge noch nachvollziehen? Das Europaparlament ist fast immer außen vor, wenn in Brüssel die so genannte Komitologie regiert. So bleibt oft im Dunkeln, wer da im Einzelnen entscheidet und warum.

Auf dem Umweg über Brüssel können nationale Beamte eigene Lieblingsprojekte durchsetzen. Nur selten wird publik, wer warum die Strippen zieht – so im Fall des Skandals um das milliardenschwere EU-Beschäftigungsprogramm »Equal«. Für ein EU-Verwaltungskomitee, in dem »Equal« vorbereitet wurde, nominierte ein Beamter im Bundesarbeitsministerium in Bonn eine Bonner Unternehmerin, die ihm sympathisch war – so sympathisch, dass der Beamte ihr anschließend auch gegen jedes Vergaberecht drei Managementaufträge über 33 Millionen Euro zuschanzte. Der Fall fiel dem zuständigen

Minister Walter Riester lange Zeit gar nicht auf – in seiner Behörde waren alle froh, dass einer freiwillig die komplizierte EU-Materie betreute.

Manchmal sind es keine Beamten, sondern Wissenschaftler, die in Komitees weitreichende Beschlüsse vorbereiten – demokratischer ist auch das nicht. Britisches Rindfleisch wieder auf dem Kontinent zuzulassen – diese Entscheidung traf ein »Wissenschaftlicher Lenkungsausschuss«, beraten von einem BSE-Komitee. Im BSE-Komitee saßen zehn Fachleute, und deren Meinung war geteilt. Der Münchner Mediziner Hans Kretzschmar plädierte für die harte Linie und gegen die Aufhebung des Embargos. Viel zu wenig sei bekannt über Ansteckungswege und Ausbreitungsrisiko, warnte der Münchner. Gegen seinen Widerspruch und den zweier weiterer Experten entschied sich das Komitee im Oktober 1999 dennoch, das Embargo aufzuheben – bestimmte Sicherheitsprozeduren vorausgesetzt.

Dieser Expertenstreit im Hinterzimmer blieb zunächst verborgen, denn der Öffentlichkeit präsentierte die EU-Kommission nur die Entscheidung des Wissenschaftlichen Lenkungsausschusses – eine Stufe höher in der Gremienhierarchie, aber nicht auf die Rinderseuche spezialisiert. Diese Runde war einstimmig der Meinung, Britenbeef sei unbedenklich. Von den Bedenken im BSE-Komitee hatte man diesen Ausschuss offenbar nur unvollständig informiert. Der deutsche Ökotoxikologe Werner Klein bekennt rückblickend: »Neben den Sachargumenten gab es ein halb psychologisches: Die Engländer haben so viel getan, um BSE in den Griff zu bekommen, die müssen irgendwie belohnt werden. Zumindest hörte man das in der Zigarettenpause auf dem Flur.«

6 DEUTSCHE UND ANDERE MINDERHEITEN

»Eine Kuh, die man so kräftig melkt und die gute Milch
gibt, muss man gelegentlich auch mal streicheln.«
Kanzler Schröder über seine Erwartungen an die
EU-Kommission in Brüssel

*Wie sich nationale Lobbys überall einmischen. Wie Deutschland
mit seiner unkoordinierten Europapolitik Einfluss verspielt. Wie
die deutsche Sprache in den Brüsseler Institutionen an Boden
verliert*

Eines Abends im April 2001 hat Kanzler Gerhard Schröder wichtigen Besuch in seiner Dienstwohnung in der Berliner Pücklerstraße.
Zehn Manager großer Firmen sitzen um den Tisch und tafeln mit
dem Kanzler und seinem Wirtschaftsminister Werner Müller. Die
Unternehmensführer haben einiges auf der Seele – sie sind stink-
sauer auf die EU-Kommission in Brüssel. BASF-Chef Jürgen Stru-
be, einer der Gäste, hat eine ganze Liste von Beschwerdepunkten:
Umweltkommissarin Margot Wallström verteure mit ihrer Chemi-
kalienpolitik die Produktion, beklagt sich der Ludwigshafener. Är-
gernis Nummer zwei liefere Binnenmarktkommissar Frits Bolkestein. Dessen Übernahmerichtlinie setze deutsche Firmen einem
erhöhten Risiko aus, aufgekauft zu werden – denn Bolkestein wolle
Schutzregeln nicht antasten, mit denen französische, britische oder

schwedische Firmen sich gegen die Übernahme wehren könnten. In Deutschland seien diese Klauseln jedoch längst illegal – deutsche Firmen würden damit Beuteräubern wehrlos ausgeliefert.

Das Abendessen ist der Auftakt einer bisher beispiellosen Konfrontation zwischen Berlin und Brüssel. Denn bei Schröder fallen die Beschwerden auf fruchtbaren Boden. Er hat die feindliche Übernahme von Mannesmann durch Vodafone noch frisch in Erinnerung. Weitere Fälle, in denen deutsche Arbeiter wegen drohender Entlassung durch neue ausländische Bosse zittern – mitten im kommenden Wahlkampf? Bloß nicht, denkt sich der Kanzler.

Schröder beauftragt seinen Wirtschaftsberater Bernd Pfaffenbach, den Klagen der Bosse nachzugehen. Pfaffenbach kommt zu einem erstaunlichen Ergebnis. Wallströms Chemieweißbuch ist in Jürgen Trittins Umweltministerium sehr wohl bekannt – und die Beamten finden, das sei doch eine gute Sache. Auch die Übernahmerichtlinie ist kein Brüsseler Geheimplan. Doch keiner hat die Folgen für die Industrie richtig geprüft. »Das Frühwarnsystem funktionierte nicht«, bekennt ein Schröder-Mann.

Jetzt versucht der Kanzler, in letzter Minute das Ruder herumzureißen. Schröder entdeckt, dass er Verbündete im Europaparlament hat. »Die französische Alcatel könnte eher Siemens übernehmen als Siemens Alcatel«, klagt der CDU-Europaabgeordnete Klaus-Heiner Lehne dort schon länger. Weil fast alle deutschen Abgeordneten dagegen stimmen, wird die Übernahmerichtlinie im letzten Moment im Europaparlament gestoppt – wenn auch nur haarscharf: Bei der Abstimmung gibt es ein Patt.

Schröder sieht sich schon als Sieger. Doch er hat sich Feinde in Brüssel gemacht – und die schlagen rasch zurück. Kommissar Bolkestein hat neue Pläne: Er will einen neuen Entwurf der Take-over-Richtlinie erarbeiten und nun auch das so genannte VW-Gesetz unter die Lupe nehmen, das dem Land Niedersachsen die Möglichkeit gibt, den Wolfsburger Autogiganten vor feindlichen Aufkaufversuchen zu schützen. Die rechtliche Prüfung läuft noch – da nimmt Bolkestein das Ergebnis bereits vorweg und verkündet öffentlich, dass das VW-Gesetz mit seiner »Vision« des europäischen Finanzmarktes »nicht vereinbar« sei.

Ausgerechnet Volkswagen, des Kanzlers liebstes Unternehmen! Bolkestein weiß, dass Schröder dies als Provokation auffassen wird. »Dieser unselige Mensch!«, grollt Schröder über den Niederländer. Bei einem Gespräch mit über 100 Journalisten am Rande des EU-Gipfels in Barcelona startet der Niedersachse eine eineinhalbstündige Generalabrechnung mit der Kommission. Die EU-Administration sei den Deutschen feindlich gesinnt, unorganisiert und industriefeindlich, beklagt sich Schröder. Umweltkommissarin Wallström, die mit schärferen Auflagen für die Chemieindustrie droht, tituliert er als »diese Dame aus Schweden« – einem Land, das nach des Kanzlers Analyse bereits weitgehend deindustrialisiert ist und es sich darum leisten kann, dem Umweltschutz Priorität einzuräumen.

Die freche Schwedin, der unselige Holländer und der desorganisierte Präsident Prodi erfahren rasch alle Details des Schröder-Auftritts im Polo-Club von Barcelona. Denn der Kanzler hat zwar zum Hintergrundgespräch gebeten – Journalisten dürfen folglich eigentlich nicht zitieren. Aber die Berliner Gastgeber haben übersehen, dass im Saal ein Kommissionsbeamter sitzt, der die Attacken penibel protokolliert und Prodis Chefsprecher Jonathan Faull noch in der Nacht informiert.

Jetzt droht der Krieg zwischen Berlin und Brüssel zu eskalieren. Bei einem Abendessen im Restaurant »De Bijgaarden« bei Brüssel versuchen Schröder und Prodi, die Streitfragen beizulegen. Der Kommissionspräsident hat einige seiner Kommissare mitgebracht, der Kanzler ist umgeben von einem Kranz hoher Beamter. Wieder versucht Schröder, Bolkestein zu überzeugen, die Übernahmerichtlinie fallen zu lassen. Die bereite nur das Feld für räuberische US-Firmen – während europäische Unternehmen in den USA auf viel mehr Hürden stießen. Schröders Berater haben den Eindruck, dass das Argument bei dem Kommissar Wirkung gezeigt hat.

Doch Bolkestein ist stur – Ende Juni hat er seinen neuen Entwurf fertig und will damit an die Öffentlichkeit. Dabei hat sein Vorschlag nun fast größere Schlagseite als zuvor. So will der Kommissar in Schweden, Frankreich und Südeuropa übliche Übernahmebarrieren entgegen dem Rat von Experten unangetastet lassen. Deutsche Anti-Übernahmeregeln will er dagegen abschaffen. Jetzt intervenieren die Berliner direkt bei Prodi – und der stoppt seinen Kommissar. Er will im deutschen Wahlkampf erst mal Ruhe im Streit mit Berlin. Doch nach dem deutschen Urnengang wartet Bolkestein nur wenige Tage – und boxt sein Gesetzesvorhaben durch die Kommission.

Dass sie sich nicht so einfach einschüchtern lässt, hat die EU-Behörde den Deutschen schon zuvor gezeigt. Da folgt sie einem Vorschlag von Wettbewerbskommissar Monti und brummt der Deutschen Post AG eine Rekordstrafe auf: 572 Millionen Euro soll das Staatsunternehmen zurückzahlen – zum Ausgleich für Gewinne, die die Post aus ihrem Monopol bei der Briefbeförderung erzielt und gegen die Konkurrenz eingesetzt habe. Kurz zuvor hatten die Wettbewerbshüter neun Milliarden Staatsbeihilfen durchgewinkt, die die Regierung in Rom der italienischen Post gewährte – die Bedingungen seien anders, behaupten die Wettbewerbshüter. Doch Post-Chef Klaus Zumwinkel ist sich sicher: Die 572-Millionen-Buße – das sei die Rache für Schröders Attacken gegen Brüssel.

Schröders neuer Stil

Schröders Stil im Umgang mit Brüssel ist einmalig in der deutschen Nachkriegsgeschichte. Nie zuvor zoffte sich ein deutscher Kanzler so lautstark mit den Brüsseler Machthabern. Jahrzehntelang galten die Deutschen stattdessen als Mustereuropäer. Nach dem Krieg waren sie froh, als gleichberechtigtes Mitglied in der neu gegründeten EWG akzeptiert zu sein – auch wenn die Franzosen in Brüssel von Anfang an dominierten. Die deutsche Industrie gewann ja einen großen Exportmarkt – das deutsche Wirtschaftswunder verdankt sich auch Europa. In der Vergangenheit hatte das große Deutschland allzu oft das Misstrauen der Nachbarn erregt – und dies sehr häufig zu Recht. Jetzt war Berlin mit den Nachbarn befreundet und verbündet.

Doch wie sollten die Deutschen in dieser Gemeinschaft auftreten? So wie Helmut Kohl, der sich nach eigenen Worten stets »dreimal vor der französischen Flagge verbeugte«? Der CDU-Chefaußenpolitiker Karl Lamers beschreibt im Frühjahr 1998 seinen Fraktionskollegen, wie er sich Deutschlands Rolle in Europa vorstellt. »Wir müssen führen, aber ohne dass es jemand merkt.« Hinter ihm auf der Vorstandsbank hört er Kanzler Kohl schnaufen: »Das kann man wohl sagen.«

Binnenmarkt und Währungsunion wären ohne den Pfälzer nie zustande gekommen – und zwar in vieler Hinsicht zu deutschen Bedingungen. Erfolgreich setzte er sich für mehr Rechte für das Europaparlament ein. Und immer wieder löste er Blockaden unter den EU-Regenten durch neue Finanzzusagen auf. Für seine Verdienste um die europäische Einigung verleihen ihm die EU-Staats- und Regierungschefs in Wien im Dezember 1998 den Titel »Ehrenbürger Europas«. So dekoriert wurde vorher nur Gründervater Jean Monnet.

Doch schon in den letzten Amtsjahren des großen Europäers häufen sich die Streitigkeiten zwischen Bonn und Brüssel. Der Kanzler ärgert sich, dass Wettbewerbskommissar Karel van Miert Fusionsprojekte des Medienzars Leo Kirch durchkreuzt. Er empört sich über das gegen die Deutschen beschlossene Tabakwerbeverbot und die europäische Naturschutzrichtlinie – obwohl die von seinem Minister Klaus Töpfer mit entwickelt wurde.

Die Kommission in Brüssel sei »zu mächtig«, wachse unablässig und bedrohe die »nationalen Identitäten«, wettert der Kanzler der späten Jahre. Sein Jugendtraum von Europa ist greifbare Realität geworden – und er muss feststellen, dass die nicht immer seinen Vorstellungen entspricht.

Ungeschickte Deutsche

Gerhard Schröder erbt diese Probleme – und will sie auf seine Weise lösen. Wenn es um Europa geht, hat er nicht »diese riesige Emotionalität«, so sagt er es selbst. Was er verspricht, ist eine nüchterne, an den deutschen Interessen orientierte Europapolitik. Viel erfolgreicher als sein Amtsvorgänger ist er dabei nicht. Denn der Mann aus Hannover benutzt einen eigenartigen Stil. Bei Gipfeln, im Kreis der Regierungschefs, gewinnt er zwar rasch Respekt, meist trifft er dort den richtigen Ton. »Weniger nationalistisch als andere« trete er auf, attestiert ihm Kommissionspräsident Prodi nach dem Nizza-Gipfel Ende 2000. Doch öffentlich leistet er sich immer wieder poltrige Auftritte gegen das Brüsseler Establishment. Das schafft ihm dort neue Feinde – und währenddessen leidet die diplomatische Kleinarbeit.

Mal schimpft er: Die Altautorichtlinie, die die Hersteller zur Rücknahme ihrer Karossen zwingt und ihnen hohe Kosten aufbürdet, sei »eine klare Kiste gegen Deutschland«. Mal heischt er öffentlich um Sympathie: »Eine Kuh, die man so kräftig melkt und die gute Milch gibt, muss man gelegentlich auch mal streicheln.« Gelegentlich entwickeln Schröders Berater sogar brisante Gedankenspiele. Was wäre, wenn man die hohen deutschen Überweisungen nach Brüssel im Wahlkampf ausbeuten würde? Mögliches Motto: »Die nützen uns aus«. Ein Kanzlermitarbeiter ist sich sicher: »Das brächte Stimmen.«

Tatsächlich macht es sich Schröder mit seiner Pauschalkritik zu einfach. Denn er selbst verspielt immer wieder leichtfertig Einflussmöglichkeiten. Gleich zu Amtsbeginn hat er die Chance, unter deutscher Präsidentschaft den neuen Sieben-Jahres-Haushaltsrahmen der EU – die so genannte Agenda 2000 – beschließen zu lassen. Im März 1999 fällt auf dem Berliner Gipfel nach stundenlangem Tauziehen die Entscheidung nachts um sechs. Chirac erkämpft sich zusätzliche Mutterkuhprämien, Spaniens Aznar weiter hohe Strukturfondsmilliarden. Durch dilettantische Verhandlungsmanöver im Vorfeld hatte sich Schröders unerfahrene Equipe immer wieder selbst ausgetrickst.

Da zog Schröders Kanzleramtsminister Bodo Hombach Wochen vor dem Gipfel das bis dato von Bonn bevorzugte Reformmodell für den EU-Agrarhaushalt zurück: Die so genannte Kofinanzierung, nach der die Mitgliedsstaaten die Subventionen für ihre Bauern zum Teil aus eigener Kasse hätten bezahlen müssen, habe »kaum« noch Chancen, verkündete Hombach so nebenbei nach einem Gespräch von Schröder mit den deutschen Ministerpräsidenten.

Hombach und Schröder standen unter dem Eindruck eines Trommelfeuers der Franzosen. Der französische Botschafter in Bonn, François Scheer, hatte Gift und Galle gespuckt: Schröder und sein Finanzminister Oskar Lafontaine müssten eben lernen, dass es schwieriger sei, die Bundesrepublik zu regieren als Bundesländer wie Niedersachsen oder das Saarland. »Man kann ja auch einen Luxemburger Premier nicht von heute auf morgen zum US-Präsidenten machen«, höhnte der Mann aus Paris.

Der massive Druck verfing. Nachdem Chirac den Deutschen unerwartet früh den Abschied von der schönen Kofinanzierungsidee abgerungen hatte, konnte er sich in Berlin darauf konzentrieren, weitere Teile des von der Kommission vorgeschlagenen Reformpakets herauszusprengen. Stolz erinnert sich Frankreichs ehemaliger Europaminister Pierre Moscovici heute noch, wie man in einer »heftigen Schlacht« nicht nur die Agrarsubventionen verteidigte, sondern auch noch um 50 Prozent erhöhte Subventionen für die französischen Überseeterritorien herausholte.

Wo Franzosen und auch Briten in Brüssel mit geschickten Manövern hinter den Kulissen ihre Positionen durchsetzen, agieren die Deutschen auch unter Schröder viel zu häufig unter ihren Möglichkeiten. Zu lange behandelt der Kanzler die Brüsseler Personalpolitik als nebenrangig. Mit Günter Verheugen und Michaele Schreyer schickt er zwei Kommissare nach Brüssel, die aus der zweiten oder dritten Reihe der deutschen Politik kommen. Die Grüne weiß selbst,

dass sie ihren Posten nur einem grünen Hahnenkampf verdankt.
Weil mit dem Realo Joschka Fischer und dem Linken Jürgen Trittin
1998 zwei grüne Männer unbedingt Minister werden mussten und
die Ökos daneben nur ein Ressort mit einer Frau besetzen konnten,
war die Frauenquote in Gefahr. Unter dem Druck der feministischen
Lobby lässt sich Fischer per Koalitionsvertrag zum Ausgleich einen
Kommissarsposten zusagen. Deutsche EU-Politik verkommt zum
Wurmfortsatz der innergrünen Quotenwirtschaft.

Verheugen verwaltet mit der EU-Erweiterung immerhin eins der
wichtigsten Portfolios und das durchaus mit Erfolg. Doch außerhalb
seines Ressorts hat auch er nur wenig Einfluss. Vor allem Schreyer
gilt ihren Kollegen als Einzelgängerin. Prinzipiell lehnt sie es ab, mit
anderen Kommissaren zwecks Stimmungsverbesserung essen zu
gehen. Die Kombination aus Arbeit und Vergnügen, das liege ihr
einfach nicht.

Die anderen Hauptstädte waren von Anfang an klüger. In London
nominierte Tony Blair mit Chris Patten und Neil Kinnock zwei
Männer, die beide schon Parteichefs waren und sogar als Premierminister gehandelt wurden. Die Franzosen nominierten Pascal Lamy,
der als ehemaliger Kabinettschef von Jacques Delors auf ein weit ge-
spanntes Kontaktnetz in der Kommission zurückgreifen kann.

Die gute anglo-französische Personalpolitik hat in Brüssel Tradition, die schlechte deutsche auch. Raymond Barre war EU-Kommissar und wurde danach französischer Premierminister. Abel Matutes
avancierte von seinem Brüsseler Posten zum spanischen Außenminister. Von deutschen Kommissaren, die hinterher Karriere zu Hause machten, hat man nie etwas gehört.

Personalprobleme

Gerne erregt sich Schröder über die geringe Zahl deutscher Kommissionsbeamter: »Verglichen mit dem, was wir leisten, sind wir absolut unterrepräsentiert.« Doch oft verpassen die Deutschen unnötig Karrierechancen. Zwar kümmere sich die rot-grüne Regierung energischer um Brüsseler Personalpolitik als ihre Vorgänger, bescheinigt ihr der von den Arbeitgeberverbänden getragene »Tönissteiner Kreis« – aber nach wie vor seien Frankreich und Großbritannien aktiver.

Franz-Hermann Brüner, der Chef des EU-Betrugsbekämpfungsamtes Olaf, kann davon ein Lied singen. Hat er neue Stellen zu besetzen, kann der französische Botschafter rasch drei Bewerber mit Lebenslauf präsentieren.

London fördert schon seit Jahren britische Bewerber für Kommissionsjobs und schult sie für die schwierigen Aufnahmewettbewerbe. Erst Außenminister Joschka Fischer startet ähnliche Programme in Deutschland – und das mit großem Erfolg. Seit das Außenministerium deutsche Teilnehmer regelrecht für die Auswahlverfahren trainiert, stieg die Zahl der erfolgreichen Absolventen von vorher 10,1 auf 19,1 Prozent. »Erstmals«, so das Außenamt, liegen die Deutschen damit sogar vor Belgiern und Franzosen. Die Zeit drängt: Mit der EU-Erweiterung werden neue Stellen vor allem mit Kandidaten aus den Beitrittsländern besetzt. Gleichzeitig verlassen überdurchschnittlich viele deutsche Beamte die Kommission Richtung Pensionierung – die Unterrepräsentierung wird sich noch verschärfen.

Schon Kohl schimpfte gerne über die deutschen Kommissionsbeamten, die nach Überschreiten der belgischen Grenze bei Aachen-Lichtenbusch »ihre deutsche Jacke ausziehen«. Aber auch der Altkanzler tat wenig, um die Ursachen dieses Phänomens zu bekämpfen. Und die sind seit langem bekannt: Deutsche Beamte in der Kommission sind nahezu verurteilt, in der EU-Administration zu versauern. Anders als in Frankreich können sie nicht automatisch in den nationalen Beamtenapparat übernommen werden. Und selbst zeitweise in die Kommission entsandte deutsche Ministerialbeamte werden für diese Mobilität nicht belohnt. »Wer es wagt, zur Kommission zu gehen, wird hinterher in die Besenkammer verbannt«, ärgert sich der Ex-Abgeordnete und Lobbyist Detlev Samland.

So wird in Deutschland Weltläufigkeit bestraft und Provinzialität zur Tugend. Franzosen und Briten lassen Spitzenkräfte zwischen Brüssel und ihren Hauptstädten systematisch hin und her pendeln. Regierungsleute übernehmen Spitzenjobs in der Kommission. Ehemalige Kommissionskräfte machen anschließend in Paris und London Karriere. Der Franzose Jean-Louis Dewost verteidigt als Chef des Juristischen Dienstes der Kommission schon auch mal französische Interessen. Nach seinem Ausscheiden aus der Kommission im Jahr 2001 ergattert er einen hohen Posten im Pariser Conseil d'Etat – das ist das Gegenstück zu unserem Verfassungsgericht.

Weil die Deutschen in der Kommission schwach vertreten sind, tragen Kommissionsprojekte oft eher den Stempel anderer Nationalinteressen. Die Kommission mache immer wieder Vorschläge »ohne Kenntnis deutscher Gegebenheiten«, klagt der CDU-Abgeordnete Karl-Heinz Florenz. Mal präsentiert Justizkommissar Antonio Vitorino Richtlinienentwürfe, die so nebenbei den Asylkompromiss aushebeln würden, mit dem CDU/CSU, FDP und SPD 1993 die Zuwanderung reduzierten. Mal lässt Umweltkommissarin Margot Wallström ein Modell des Handels mit Luftverschmutzungszertifikaten entwickeln, das zumindest anfangs besser zur britischen Gesetzgebung als zur deutschen Ökosteuer passt.

Hohe Berliner Beamte glauben gar allen Ernstes, in der Kommission herrsche ein antideutscher »Sportsgeist«. Es reize die Eurokraten, gerade mit dem größten Mitgliedsstaat den Konflikt zu suchen. Doch tatsächlich ist es nicht immer einfach Brüsseler Bosheit, die hinter vermeintlich antideutschen Vorstößen steckt. Mindestens ebenso viel trägt die Desorganisation der Deutschen bei. Jedes Ministerium verfolgt in Brüssel seine eigene Politik. Und alle 16 Bundesländer bis hin zum Mini-Staat Bremen unterhalten in Brüssel eigene Vertretungen.

Innerdeutsche Streitigkeiten führen oft dazu, dass Berlin erst in letzter Minute eine einheitliche Linie zu neuen Brüsseler Vorhaben findet – dann, wenn die Kommission bereits einen Gesetzesentwurf beschlossen hat. Um jetzt noch deutsche Positionen durchzusetzen, müssen Berliner Politiker viel mehr Druck ausüben. Deutsche Lobbyisten und Politiker agierten »zu plump, zu spät und auf zu hohem Niveau«, resümieren Beate Neuss und Wolfram Hilz in einer Studie für die Konrad-Adenauer-Stiftung.

»Ein vorausschauendes Lobbying ist bei anderen Mitgliedsstaaten ausgeprägter als bei den Deutschen«, stellt der deutsche EU-Generaldirektor Reichenbach fest: »Es herrscht immer noch die Vorstellung vor, wenn die Dinge kommen, können wir sie mit unserem großen Gewicht immer noch beeinflussen, da wird uns schon keiner überstimmen. Das hat sich häufig als trügerisch herausgestellt.«

Die Beispiele häufen sich gerade unter Schröders Regentschaft. Beim Thema Emissionshandel ist Umweltminister Jürgen Trittin für Wallströms Vorschlag, Wirtschaftsminister Werner Müller aber dagegen. Nachdem die Kommission im Sommer 2001 ihren neuen Vorschlag für ein Tabakwerbeverbot vorgelegt hat, streiten die Ministerien in Berlin geschlagene vier Monate. Gesundheits- und Verbraucherministerium plädieren für den Brüsseler Vorschlag, Wirtschaftsressort und Kanzleramt dagegen.

Eigentlich soll in Berlin ein Staatssekretärsausschuss unter dem Staatsminister für Europafragen die EU-Politik der Bundesregierung koordinieren. Doch der tagt nur unregelmäßig. Ein Jahr nach Schröders Amtsantritt will sein Kanzleramtschef Frank Steinmeier den Koordinierungsausschuss stärken. Die Ministerien sollen verpflichtet werden, über laufende EU-Gesetzesvorhaben an den Ausschuss zu berichten. Die Runde soll überdies Streitigkeiten für alle Ressorts bindend schlichten. Das Vorhaben scheitert – keiner nimmt den Ausschuss ernst. Das Auswärtige Amt werde als Schiedsrichter einfach »nicht akzeptiert«, klagt man im Kanzleramt.

Franzosen und Briten machen vor, wie es besser geht. Sie koordinieren Europapolitik nicht im Außenamt, sondern im Amtssitz des Regierungschefs. Dem Hôtel Matignon, also dem Sitz des Premierministers, ist bei den Franzosen sogar die Ständige Vertretung in Brüssel unterstellt. Kohärente Interessenvertretung ist auf diese Weise viel einfacher.

Immerhin: Diese Schwäche haben Schröder wie Stoiber erkannt. Beide kündigen vor der Bundestagswahl die Ernennung eines Europaministers an, der im Kanzleramt angesiedelt sein soll. Doch schon in der Vergangenheit sind solche Ideen stets am Widerstand der kleinen Koalitionspartner FDP bzw. Grüne gescheitert. Auch nach der Bundestagswahl im September 2002 sorgt der grüne Außenminister erfolgreich dafür, dass die EU-Politik in seinem Ressort verbleibt – Parteiräson geht vor politische Vernunft.

Dabei ist das Auswärtige Amt längst nicht mehr in der Lage, erfolgreich die Brüsseler Politik zu betreiben. Schon lange geht es in Brüssel um europäische Innenpolitik und vertrackte Details der Wirtschafts- oder Umweltpolitik – nicht mehr schlicht um die Frage von Krieg oder Frieden.

Oft genug geht es um ganz schlichte Interessenvertretung – und die Partner kämpfen darum mit harten Bandagen. Die Spanier haben keine Hemmungen, Kreditprogramme für Osteuropa so lange zu blockieren, bis die EU dafür sorgt, dass Südafrika keine Weine unter dem Namen »Sherry« mehr nach Europa ausführt. Auch die Franzosen sind immer wieder zu beinharten Blockaden bereit – »mit der Gefahr, dass es kein Ergebnis gibt«, schaudert es einen deutschen Unterhändler.

Die deutschen Emissäre in Brüssel sind unermüdlich konstruktiv – und werden trotzdem besonders oft im Rat überstimmt. Nach einer Statistik des Brüsseler Ratssekretariats passierte das von 1996 bis 1999 35 Mal. Die Franzosen stimmten nur in neun Fällen mit »Nein«, die angeblich so euroskeptischen Briten in 16.

Franzosen, Briten oder Spanier stellten »sich oft auch klüger und früher auf die Interessen der anderen ein und schmieden Koalitionen, um ihre eigenen Anliegen so weit wie möglich durchzusetzen, statt sich überstimmen zu lassen«, sagt Jochen Grünhage, jahrelang der zweite Mann an der deutschen Ständigen Vertretung in Brüssel. Die deutsche Diplomatie in Brüssel – sie läuft einfach nicht rund.

Europa ohne Europäer

Europa existiert, kein Zweifel. Aber gibt es auch Europäer? Der europäische Gründervater Jean Monnet sah in den Beamten der jungen europäischen Institutionen einen »europäischen Geist« erwachen. Doch die Schaffung des Europäers – sie gilt in Brüssel allgemein als gescheitert. Mentalitätsunterschiede, kulturelle Konflikte, nationale Klischees – all das besteht fort. Brüssel ist ein großer Nationalitätenzoo. Und nirgends in Europa trifft man so viele passionierte Zoologen wie in Brüssel – die Stadt ist eine Brutstätte der Völkerpsychologie.

Hier eine unvollständige Liste: Dänen gelten in Europäerkreisen als schlecht angezogen, Holländer als geizig und Briten als leicht schwafelig. Sie erkennt man angeblich außerdem an ihrer gehemmten Körpersprache (ein Beamter: »Die wurden alle im Internat geprügelt«). Hat dagegen jemand im grauen Brüsseler November seine Sonnenbrille in einem Kommissionsbüro liegen gelassen, schließt die Beamtin messerscharf: »Die muss einem Italiener gehören.« Spanier sind wegen ihres ungebremsten Nationalismus verrufen und Franzosen ob ihrer Arroganz.

Nicht wenige Nicht-Deutsche finden die Deutschen reichlich plump. Italiener gebrauchen dafür ein speziell Teutonen zugedachtes Schimpfwort: Die Deutschen, das sind die »crucchi« (Einzahl: »il crucco«). Außerdem wirft man uns unsere Humorlosigkeit vor. Die Sprachlehrerin Bénédicte Lapeyre, die Kommissionsbeamte in Französisch unterrichtet, mag letzteren Vorwurf jedoch nicht mehr uneingeschränkt aufrechterhalten: »Das war vor der europäischen Integration«, sagt sie über den Mangel an germanischem Esprit. »Seitdem machen sie Fortschritte.«

Lapeyre hat ein ganzes Buch über die Charakteristika der 15 EU-Nationalitäten geschrieben. Sie schwört, sie könne »in 60 Prozent der Fälle« einen Finnen von einem Italiener oder Engländer unterscheiden. Und zwar ohne dass die Beteiligten den Mund öffnen müssen. Obwohl das Sprechen die Klassifikation nach Lapeyres Erfahrung erleichtert: »Einen Italiener zum Schweigen zu bringen ist fast genauso schwierig, wie einen Finnen zum Reden zu bewegen.« Die Stereotype werden selbst von denen verwendet, die von ihnen betroffen sind. Ein Parlamentsmitarbeiter mit belgisch-niederländischer Doppelstaatsangehörigkeit spöttelt: »Wenn ich mich schwer von Begriff stellen will, sage ich, ich sei Belgier. Und wenn ich jemanden nicht zum Essen einladen möchte, deklariere ich mich als Niederländer.« Denn dann sei der Geiz für alle verständlich.

Dem deutschen Sozialdemokraten Bodo Hombach fiel in seinen zwei Brüsseler Jahren als Balkanbeauftragter etwas Merkwürdiges auf: Man streite sich in dieser Stadt nicht öffentlich zwischen Deutschen und Franzosen, Italienern und Briten. Eine »Chimäre der supranationalen Harmonie« decke die Konflikte zu. Da ist etwas dran – doch unter der Oberfläche brodelt es heftig. Da flüstert einem eine britische Kommissionsmitarbeiterin auf der Samstagabendparty zu: »Du musst zugeben: Die Franzosen sind einfach Schlangen!« Oder es beschwert sich ein Ostbelgier bei einem französischen Beamten der EU-Betrugsbekämpfungsbehörde Olaf über getürkte Ausschreibungen und bekommt als Antwort: »Sie haben aber eine scheißdeutsche Mentalität!« (»Vous avez vraiment une mentalité de chleuh!«)

In der Kommissionsdienststelle für Verkehr geben britische Beamte sogar eine Satirezeitung heraus, die vor fremden Nationalitäten keinen Halt macht. Unter dem Titel »Fighting the Frog« kündigen die Kommissionssatiriker einen fiktiven Weiterbildungskurs an: »Lernen Sie, in einem französischsprachigen Umfeld zu überleben. Eingeschlossen sind Lektionen über das ›Auskommen mit Kollegen, die nie eine Dusche nehmen‹, ›101 Knoblauchrezepte‹ und ›berühmte französische Loser – von Jeanne d'Arc bis Marschall Pétain.‹«

Die Anthropologin Maryon McDonald, die monatelang die Eurokraten im Alltag beobachtete, sammelte viele Beispiele multikultureller Zusammenstöße. Selbst die Pausenkultur von Nord- und Süd-Beamten sei unterschiedlich, fand die Wissenschaftlerin heraus: Die Nordics bevorzugten Kaffee- und Teepausen – nicht die langen Mittagsmahle.

Wer aus dem Norden kommt, findet sich um acht Uhr im EU-Büro ein – »ausgeruht, frisch und arbeitsfähig«, schreibt Lapeyre. Schweden, Finnen und Dänen wollen dann aber auch ab 17 Uhr nach Hause. Südländer kommen erst um neun, bleiben aber gerne abends länger. Erfahrene Kommissionshasen wissen: Man kann den Teilnehmerkreis und damit den Ausgang einer Sitzung manipulieren, indem man den Beginn entweder auf acht oder 18 Uhr festsetzt.

»Europäer zu sein führt hier mit Sicherheit zum Scheitern«, hörte Anthropologin McDonald von einem hohen Kommissionsmann. Je größer die Behörde wurde und mit jedem neuen Mitgliedsland wurde der Ausgleich der nationalen Interessen in der Kommission wichtiger. Die EU, so sagt es Kommissionschef Romano Prodi, ist eine »Union der Minderheiten«. Keine Nationalität kann die anderen auf Dauer dominieren – doch alle fühlen sich stets von der Paranoia verfolgt, von den Partnern übervorteilt zu werden.

Der nackte Kampf der Egoismen war im Europa der Gründerväter eigentlich nicht vorgesehen. In Monnets Augen sollten die europäischen Institutionen von gemeinsamen Interessen getragen sein – nicht vom Gezerre um den kleinsten gemeinsamen Nenner. Doch heute kommt nur eine Volksgruppe in Brüssel dem Leitbild des Post-Patriotismus einigermaßen nahe: Es seien die deutschen Beamten, die »ein idealistischeres Europabild« hegten als die anderen, konstatiert der Deutsche Horst Reichenbach, der als Generaldirektor in der Kommission für Personal und Verwaltung zuständig ist. »Viele deutsche Kollegen gehen offenbar immer noch davon aus, dass die Vertretung deutscher Interessen etwas anrüchig ist.«

Eines Tages hat Sprachlehrerin Bénédicte Lapeyre einen deutschen EU-Beamten namens Jürgen in ihrer Klasse. Doch er will im
Unterricht nur noch »Emile« genannt werden. Ein »Traum«, findet
die Lehrerin. Aber ein bisschen macht ihr die übergroße Anpas-
sungsbereitschaft auch Angst. Sieht der deutsche Michel in den
Brüsseler Institutionen Ärger aufkommen, zieht er gerne seine Zip-
felmütze über die Augen und verhält sich still. Wo sich EU-Beamte
anderer Nationalität über Unregelmäßigkeiten in der Kommission
empören, schauen manche deutsche Beamte lieber ängstlich weg.
Bloß nicht den Oberlehrer spielen! Mit ihrer vorbildlich proeuro-
päischen Haltung überließen die Bundesbürger so jahrzehntelang
den anderen das Feld in den EU-Institutionen – denjenigen, die weniger Hemmungen hatten, ihre Ellenbogen zu benutzen.

Das Europa der Franzosen, Briten und Spanier

Kein Land hat die EU traditionell so sehr als nationalen Besitz betrachtet wie Frankreich. War die Gemeinschaft nicht im Ursprung
eine französische Erfindung? Konventspräsident Valéry Giscard
d'Estaing ruft das Anfang 2001 in einer Rede im französischen Parlament in Erinnerung: »Vergessen wir nicht, dass Frankreich ein
Gründungsmitglied, ja sogar DAS GRÜNDUNGSMITGLIED der
EU ist.« Was heißt das konkret? Giscard fordert mehr Stimmen für
Frankreich – und beschwert sich über angeblich zu viele deutsche
Sitze im Europaparlament.

Für Frankreich war die Europäische Gemeinschaft niemals nur ein
von purem Goodwill getragenes Projekt. In Paris wollte man sich
mit der Montanunion – dem 1952 gegründeten Nukleus der Gemeinschaft – zunächst den Zugriff auf die Kokskohle von der Ruhr
sichern. Schließlich wollten die linksrheinischen Nachbarn auf dem
Umweg über Brüssel ganz generell die Deutschen unter Aufsicht

halten – nach zwei von Deutschland entfesselten Kriegen ein verständlicher Wunsch.

Ohne Frankreich und französische Politiker wie Jean Monnet, Robert Schuman und Jacques Delors wäre die Gemeinschaft heute nicht dort, wo sie ist – das gilt im Guten wie im Schlechten. Doch die Weisheit von Männern wie Schuman und Monnet bestand nach dem Krieg darin, die Deutschen als gleichberechtigte Partner zu akzeptieren. Beiden war klar, dass sie nicht den Fehler wiederholen durften, wie nach dem Ersten Weltkrieg den deutschen Revanchismus anzustacheln. Es galt, sowohl die französische Angst vor einem unkontrollierten Deutschland zu stillen – und trotzdem zu vermeiden, dass sich Deutschland durch französische Kontrolle gedemütigt fühlte. Die europäische Einigung war die Lösung.

Tatsächlich ist das deutsch-französische Duo seit Schumans Tagen die treibende Kraft der europäischen Integration. Nicht, weil sich beide besonders gut verstehen würden – im Gegenteil. Eine alte Brüsseler Weisheit sagt: Gerade weil beide Völker so verschiedene Mentalitäten und Interessen haben, ist ein Kompromiss zwischen beiden häufig auch für alle anderen tragbar. Was zwischen den lange proamerikanischen Deutschen und den traditionell US-kritischen Franzosen, zwischen den Agrarinteressen links und den Industrielobbys rechts des Rheins vereinbart wird, liegt oft genau im Schnittpunkt der europäischen Interessen. Spätestens freilich seit dem Amtsantritt von Jacques Chirac radeln Deutsche und Franzosen nicht mehr automatisch im Tandem. Die Pariser Politik gebärdet sich zunehmend unberechenbar. Und Kanzler Schröder fehlt die fast schon religiöse Bindung an den deutsch-französischen Ausgleich, die seinen Vorgänger Helmut Kohl auszeichnete.

Immer schon ist Frankreich versucht, sich ganz spezielle Freiheiten herauszunehmen. Das Land ist einer der Champions des EU-Rechtsbruchs. Nur gegen Italien musste die EU-Kommission bisher noch mehr Verfahren wegen Vertragsverletzung einleiten. Egal, ob die Gallier weiter die Einfuhr von Rindfleisch aus Großbritannien blockieren oder die Jagd auf Singvögel gegen eindeutige EU-Richtlinien fortsetzen – da sie nun mal die Erfinder Europas sind, billigen sich unsere Nachbarn gerne ein paar Extratouren zu.

Zugleich hat Frankreich die EU geprägt wie kein anderes Land, daran besteht kein Zweifel. Bis heute schämt sich der französische Präsident nicht, allein gegen den Widerstand aller anderen anmaßende Forderungen zu stellen – egal ob es um den Chefposten der Europäischen Zentralbank geht oder um den Erhalt der Überrepräsentation Frankreichs im Rat.

Die Brüsseler Bürokratie wurde nach Pariser Modell errichtet. Noch bis vor 15 Jahren entstanden etwa 80 Prozent aller Kommissionsdokumente in der Sprache Voltaires. Zwischen Brüsseler Kommission und Regierungsapparat in Paris liegen dank des (französischen) Schnellzugs Thalys sowieso nur 85 Zugminuten.

Doch die französische Macht schwindet – langsam, aber Zug um Zug. Am Sitz des Außenministers am Pariser Quai d'Orsay herrsche »Misstrauen gegenüber einem Europa, das nicht – mehr – à la française funktioniert«, schrieb der Ex-Europaminister Pierre Moscovici im vergangenen Jahr. Mit der Osterweiterung verschiebt sich der Mittelpunkt der Gemeinschaft nach Deutschland. Und in Brüssel machen sich immer mehr die Briten breit.

Einem Angelsachsen, der 1999 die Kommission verließ, kam die Behörde noch vor »wie eine hundertprozentige Filiale der französischen Regierung«. Doch zunehmend rivalisieren Netzwerker im Dienste ihrer britischen Majestät mit dem Einfluss der Franzosen.

Dank eines vom Sitz des Premierministers in der Downing Street überwachten Personalmanagements steuern sie den Aufstieg ihrer Leute ganz gezielt. Jedes Jahr empfangen Blair-Mitarbeiter britische Kommissionsbeamte zum Gespräch – und britischen EU-Kontaktbeamten wird es erlaubt, das im Intranet der Kommission anzukündigen.

Im Windschatten der Briten heimsen auch die ebenfalls englischsprachigen Iren mehr und mehr Posten ein – seit der Ire O'Sullivan Vorsitzender des Personalkomitees ist, sicherten sich prompt zwei weitere Iren den Sprung auf einen der begehrten Chefsessel. Vier der gut 30 Generaldirektoren der Kommission sind heute Iren – ginge es rein nach der Bevölkerungsstärke, hätten die Insulaner nur Anrecht auf einen Generaldirektor von 100. Es könne ja »keine Obergrenze« den Aufstieg fähiger Beamter behindern, argumentieren die Beamten von Personalkommissar Kinnock. Andererseits verabschiedete der Brite einen dänischen Generaldirektor exakt mit der Begründung einer solchen Obergrenze: Es gebe ja einen weiteren dänischen Spitzenmann. Freilich stand der von Kinnock geschasste Däne unter Druck – und zwar vonseiten der spanischen Politik, die ihm mangelnde Rücksicht auf iberische Fischereiinteressen vorwarf.

Wenn es um ebenso rücksichtslose wie erfolgreiche Interessenvertretung geht, reicht den Spaniern niemand das Wasser. Erst 1986 sind sie beigetreten. Bis heute sind sie die mit Abstand größten Nettoempfänger der Brüsseler Subventionsmilliarden – 2001 waren es 7,7 Milliarden, etwa genau so viel, wie die Deutschen netto einzahlten. Zugleich stehen fast überall in den europäischen Institutionen Spanier an der Spitze. Der Präsident des Europäischen Gerichtshofs ist Iberer und ebenso der Präsident des Europäischen Rechnungshofs. Die Spanier stellen mit Javier Solana den Generalsekretär des Ministerrates und EU-Chefaußenpolitiker – und außerdem mit Loyola de Palacio eine der zwei Vizepräsidenten der Kommission (der andere ist Neil Kinnock – ein Brite).

Der spanische Botschafter in Brüssel lädt die spanischen Europaabgeordneten regelmäßig zum Abendessen ein, erklärt ihnen die spanische Position – »und dann entscheiden die Abgeordneten, was sie tun«, strahlt der Botschafter über beide Backen. Seine Diplomaten sitzen sogar in den Parlamentsausschüssen auf den Besucherbänken und geben den Abgeordneten schon mal deutliche Hinweise, wie sie votieren sollten.

Spanische Abgeordnete stimmen im Parlament im Zweifel so ab, dass es den eigenen finanziellen Interessen nicht schadet. Korruptionsbekämpfung ist für sie oft keine Priorität. Fast alle Hispanier votierten gegen den Sturz der affärenbelasteten Kommission Santer – fast alle Deutschen stimmten gegen Santer.

Wenn Spanier in der EU etwas wollen, bekommen sie es auch – meistens jedenfalls. Wünscht sich Premier José María Aznar die Gründung einer milliardenteuren EU-Bank für den Mittelmeerraum (anvisierter Sitz: irgendwo in Spanien), arbeitet Prodis Kommission sogleich einen entsprechenden Vorschlag aus. Protestiert Madrid gegen einen Reformplan des österreichischen Kommissars Fischler, der den Fischfang etwas einschränken und die Bestände sichern soll, wird der Tagesordnungspunkt von Prodi rasch verschoben.

Merke: Nationale Ruchlosigkeit zahlt sich in Brüssel durchaus aus.

Man spricht (kein) Deutsch

Anfang Juli 1999 wird die EU von einem schweren deutsch-finnischen Konflikt erschüttert. Die Nordeuropäer haben gerade die sechsmonatige Präsidentschaft im Ministerrat übernommen – und die Bundesregierung in Bonn ist in heller Aufregung. Der Grund: Bei einigen Ministertreffen wollen die Gastgeber nur ins Finnische, Englische und Französische dolmetschen lassen, nicht aber ins Deutsche. Sofort schreibt Gerhard Schröder eine geharnischte Protestnote an seinen Amtskollegen Paavo Lipponen.

Doch die Finnen bleiben hart – und in der Folge boykottieren Wirtschaftsminister Werner Müller und Kulturminister Michael Naumann genauso wie ihre österreichischen Kollegen mehrere informelle Ratstreffen.

Kein anderes Thema ist in der Gemeinschaft so heftig umstritten und so emotional besetzt wie die Sprachenfrage. Das ist kein Wunder, denn die Sprachenfrage ist mit der Machtfrage eng verbunden. Wer sich in der eigenen Muttersprache ausdrücken kann, hat es leichter als derjenige, der sich einer Fremdsprache bedienen muss.

Und weil das Sprachenregime der EU bis heute nicht abschließend geregelt ist, brechen die Streitigkeiten immer wieder von neuem auf.

Nur auf den ersten Blick ist alles ganz einfach. Offiziell hat die Union elf Amtssprachen – die Amtssprachen aller 15 Mitgliedsstaaten. Irland fühlte sich mit Englisch hinreichend repräsentiert und bestand nicht auf Gälisch. Genauso verzichteten die Luxemburger auf EU-Ebene auf die Verwendung ihrer erst in den 70er Jahren offizialisierten Landessprache Letzeburgisch – die anderen beiden Nationalsprachen Deutsch und Französisch reichen dem Großherzogtum bis heute aus.

Die EU ist die einzige internationale Organisation mit einer solch großen Zahl offizieller Idiome. Anders als bei UNO oder Nato sind die Gesetze und Rechtsakte der Gemeinschaft ja auch unmittelbar geltendes Recht in allen Mitgliedsstaaten. Alle Verträge, Gesetze und Verordnungen werden darum in alle elf Sprachen übersetzt – genauso alle Entscheidungen des Europäischen Gerichtshofs.

Auch bei formellen Ministertreffen und Gipfeln der Staats- und Regierungschefs wird in alle elf Sprachen gedolmetscht. Doch schon eine Ebene drunter wird es kompliziert. So tagt der Ausschuss der Ständigen Vertreter, in dem die Botschafter der Mitgliedsländer 85 Prozent der Gesetzgebung verabschieden, nur in drei Sprachen – Englisch, Französisch und Deutsch. Doch diese Regel ist nirgends schriftlich fixiert und reines Gewohnheitsrecht – weshalb der spanische Botschafter in regelmäßigen Abständen gegen diese »Provokation« protestiert.

Wieder anders ist die Praxis im Europaparlament. Als Vertretung gewählter Politiker arbeitet die Kammer in allen elf Sprachen. Freilich sind Englisch und Französisch im Alltag privilegiert.

Vor drei Jahren schlug ausgerechnet der türkischstämmige deutsche Europaabgeordnete Özan Ceyhun Krach: Den Umgang mit der deutschen Sprache im Europaparlament fand er schlicht »beschämend«. Parlamentsvorlagen seien fast immer erst nur in Französisch und Englisch vorrätig. In deutschen Übersetzungen von Protokollen fänden sich öfters Fehler. Ceyhun war davon direkt betroffen, denn als er 1999 in das Parlament gewählt wurde, konnte er neben Türkisch nur Deutsch. Er dachte, das sei gut genug: »Immerhin ist Deutsch die Sprache von 90 Millionen EU-Europäern – aber im Parlament sind wir oft in der Rolle des Bittstellers.«

Der Ex-Grüne, der inzwischen in die SPD wechselte, ist Realo genug, um mit Englisch-Sommerkursen seine Sprachkenntnisse zu erweitern. In offiziellen Sitzungen gebe es zwar Dolmetscher, sagt der Parlamentarier, »aber wenn ich Deals machen will, muss ich fit in Englisch sein. Für den Teppichhandel braucht man eine gemeinsame Sprache – damit ich nicht am Ende statt des Teppichs Kühlschränke geliefert bekomme«.

In der EU-Kommission sind Englisch, Französisch und Deutsch die offiziellen Arbeitssprachen. »Zumindest« in diesen drei Sprachen müssen dem Kollegium laut schriftlicher Hausregel alle Dokumente für die mittwöchliche Sitzung des Kommissarskollegiums vorliegen. In diesen drei Sprachen wird die Sitzung überdies gedolmetscht.

Doch im Arbeitsalltag wird nur ein Bruchteil der Dokumente in Deutsch produziert – gerade mal ein Prozent. Den Rest teilen sich Französisch und Englisch. Dies seien eben die Idiome, die die meisten in Brüssel verstünden, heißt es. Man könnte auch sagen: Es liegt daran, dass die Franzosen in Brüssel jahrzehntelang unnachgiebig darauf bestanden, dass man ihre Sprache beherrschen müsse. Bis heute gibt es andererseits hohe und höchste französische Beamte, die nur mühsam in Englisch kommunizieren.

»Die deutsche Sprache ist hier leider ein Stiefkind«, sagt der deutsche Generaldirektor Horst Reichenbach. Er verschickte seine E-Mail-Mitteilungen an das Personal erstmals auch auf Deutsch – und bekam prompt Protestmails. Im Europäischen Patentamt in München müssen alle 5000 Beschäftigten außer Englisch und Französisch auch Deutsch beherrschen. In Brüssel sind die Gehälter höher und die Anforderungen niedriger: Hier reicht die Kenntnis einer einzigen Fremdsprache zur Einstellung völlig aus. Zeitweilig amtierte als Leiter des Deutschland-Referats für Regionalförderung ein Italiener, der kein Deutsch beherrschte. Ein Skandal, fand die damalige Chefin der Berliner Landesvertretung, Maria-Luise Löper. »Von den ostdeutschen Kollegen kann man doch nicht erwarten, dass sie zum Hörer greifen und französisch sprechen.«

Die Franzosen in der Kommission verteidigten mit Zähnen und Klauen ihre Sprache, konstatierte die EU-Anthropologin Maryon McDonald. Die Deutschen dagegen hätten es einfach hingenommen, dass ihre Sprache zunehmend an Einfluss verlor. Der Chef des EU-Betrugsbekämpfungsamtes Franz-Hermann Brüner schreibt sogar anderen deutschen EU-Amtsträgern gelegentlich auf Französisch – was er selbst kaum spricht. Auch wenn die deutsche Kommissarin Michaele Schreyer der deutschen Europaabgeordneten Gabriele Stauner antwortet, tut sie das schon mal auf Englisch. Das ist nicht nur grob unhöflich, sondern auch ein Bruch von EU-Recht. Das bestimmt seit 1958 glasklar: Bürgern muss in ihrer eigenen Sprache geantwortet werden.

Noch 1967 entstand etwa ein Viertel der Kommissionspapiere in Deutsch, der Rest auf Französisch, erinnert sich der ehemalige deutsche Kommissar Karl-Heinz Narjes. In den Anfangsjahren arbeiteten ganze Generaldirektionen zu großen Teilen auf Deutsch – doch dem machte der Einzug der Briten in die Gemeinschaft 1973 ein Ende. Denn sie sprachen im Zweifel neben Englisch nur Französisch. Und eine Fremdsprache reichte ihnen dank der laxen EU-Einstellungsregeln aus.

Nun drängt das Englische das Französische immer mehr zurück. Nicht nur der Beitritt der Skandinavier spielt da eine Rolle. Auch junge Italiener oder Griechen bevorzugen heute oft eher Englisch als Französisch. Die Franzosen hatten ihr Sprachregime jahrzehntelang unnachgiebig durchgesetzt – jetzt schlägt ihnen unter den Beamten vielfach Häme entgegen. Viele könnten ein Gefühl des Triumphs nicht unterdrücken, schrieb ein Brite an die Hauszeitung »Commission en direct«. Ohne französischen Schwulst, nicht wahr, sei »die Welt besser und ehrlicher«.

Heute schon arbeiten Europol und Europäische Zentralbank ausschließlich in der Sprache von Shakespeare und Spice Girls – obwohl die im Euroland nur vom Viermillionenvolk der Iren verwendet wird. Der Zug zum Englischen ist unaufhaltsam. Es ist die einzige Sprache mit dem Potenzial, allen Europäern als Zweitidiom zu dienen. Die Deutschen tun darum gut daran, den Fremdsprachenunterricht in der Schule massiv auszubauen. Allzu lange haben die Bildungspolitiker das vernachlässigt.

Aber wie weit kann die anglophone Dominanz gehen? Immer öfter schreiben selbst EU-bezuschusste Organisationen Stellen ausschließlich für englische Muttersprachler aus. Und Franzosen und Deutsche rücken bereits enger zusammen – die Außenministerien beider Länder haben sich verbündet, in der EU die Sprache des jeweils anderen Landes zu verteidigen.

Der Umgang mit der neuen Einheitssprache ist nicht immer einfach. Der Übersetzungsdienst der Kommission hat bereits eine eigene Abteilung eröffnet, die von nicht anglophonen Beamten verfasste Englisch-Texte in richtiges Englisch überträgt. Anders würde man die Elaborate gar nicht verstehen.

Das Heer der Linguisten

Ohne die 4000 Dolmetscher und Übersetzer der EU – etwa ein Zehntel ihrer Gesamtbelegschaft – wäre der Betrieb in Brüssel schon lange zusammengebrochen: etwa ohne Dolmetscherinnen wie Maren Cantos-Siemers. Die Frau aus Bremerhaven sitzt in der Kabine hinter der Rauchglasscheibe, wenn Joschka Fischer im Ministerrat redet, Agrarkommissar Fischler den spanischen Landwirtschaftsminister in Madrid von den Segnungen geplanter Reformen unterrichtet – oder auch wenn Prodi im Pressesaal der Kommission auftritt. »Manchmal darf man sich die Verantwortung gar nicht bewusst machen«, sagt die Dolmetscherin. »Am nächsten Tag steht das ja alles in der Zeitung.«

Cantos-Siemers übersetzt aus dem Spanischen, Portugiesischen, Englischen und Französischen ins Deutsche – und wenn es sein muss, auch ins Spanische. So begleitete sie die spanische Verkehrskommissarin Loyola de Palacio beim Berlin-Besuch von morgens um 7.30 Uhr bis abends um 20 Uhr. Frühstück mit CDU-Chefin Angela Merkel, Treffen mit dem Verkehrsminister und dann dem Wirtschaftsminister, anschließend Pressekonferenz. Wenn die Kommissarin zu Mittag speist, dolmetscht Cantos-Siemers weiter. »Die anderen essen, ich nicht. Ich habe Vitamintabletten geschluckt.«

Normalerweise bis zu zehn Stunden am Tag volle Konzentration – es ist der wohl härteste Job, der in Brüssel zu vergeben ist. Cantos-Siemers sieht es als »mentalen Sport«.

An die 800 Millionen Euro verschlingen die Sprachendienste pro Jahr. Etwa 1,3 Millionen übertragene Seiten zum Stückpreis von 175 Euro produzieren allein die Dienste der Kommission jedes Jahr. Die Zahl steigt ständig – und spiegelt damit nicht nur die wachsende Bedeutung von Brüssel, sondern auch den Schreibeschwall vieler Beamter wider. Vor einiger Zeit wurde ihnen auferlegt, nicht mehr 80, sondern maximal 20 Seiten pro Dokument zu verfassen. Jetzt schicken die Funktionäre in der Tat immer öfter 20 Seiten – aber beigefügt sind drei Annexe mit je 20 Seiten. »Und die sollen wir dann ebenfalls mit Priorität übersetzen«, stöhnt ein Brüsseler Linguist.

Mit der Erweiterung kommen neun bis zwölf weitere Sprachen hinzu – von Polnisch über Ungarisch und Maltesisch bis Estnisch. Das Ausmaß dieser Erweiterung übersteige »alles bisher Dagewesene«, bekennt Brian McCluskey, der Ex-Chefübersetzer der Kommission. Die Zahl der möglichen Sprachkombinationen wird schon 2004 auf 462 klettern – man denke an Litauisch–Portugiesisch oder Dänisch–Slowenisch. Die Kosten werden um 235 Millionen Euro auf über eine Milliarde anwachsen, das Personal auf 6000 bis 7000.

Wie genügend Übersetzer und Dolmetscher für alle neuen EU-Idiome gefunden werden sollen, ist völlig rätselhaft. Für viele gibt es bisher fast gar keine professionellen Linguisten auf dem Arbeitsmarkt. Die baltischen Sprachen hatten bis Anfang der 90er Jahre den Status sowjetischer Regionalsprachen, Vergleichbares galt für Slowenisch in Jugoslawien. Nur eine Million Menschen haben Estnisch als Muttersprache – von denen müssen jetzt Abertausende nicht nur als Übersetzer und Dolmetscher, sondern auch als Diplomaten, Journalisten, Lobbyisten die Brüsseler Arbeitssprachen Englisch, Französisch und womöglich auch Deutsch beherrschen. Vollkommen aussichtslos scheint es, genügend Sprachpersonal für das vom Arabischen abstammende Inselidiom Maltesisch zu finden. 80 Dolmetscher werden nun aber auch für diese Kleinstsprache gebraucht – im Sommer 2002 haben die Headhunter der Kommission nur einen einzigen ausfindig gemacht. Angeblich lebt er auf Sardinien.

Denn obwohl von den 400 000 Maltesen jeder auch die Sprache der ehemaligen britischen Kolonialmacht spricht, bestanden die Unterhändler aus La Valetta auf ihrer Sprache – und die große EU fügte sich. Die Rechnung zahlen die Steuerzahler – nicht nur für das zusätzliche Personal. Parlament und Kommission brauchen außerdem neue Säle mit bis zu 22 Dolmetscherkabinen. Die Brüsseler Baulobby reibt sich die Hände.

Jetzt schon ist klar, dass die Qualität der Sprachendienste unter der Erweiterung leiden wird. Heute schon haben die EU-Institutionen nicht genügend Dolmetscher und Übersetzer für Sprachen wie Finnisch oder Griechisch. Was Politiker aus Suomi im Parlament von sich geben, ist oft selbst in der Übersetzung kaum zu verstehen. Der ehemalige finnische Sozialminister Osmo Soininvaara ließ darum bei Brüsseler Ratssitzungen eigene Mitarbeiter kontrollieren, wie seine finnischen Beiträge in andere Sprachen übersetzt wurden. Wenn die Beamten Fehler entdeckten, mussten sie ihrem Minister Notizzettel zuschieben, damit er die Falschübersetzungen korrigieren konnte. Ähnlich sieht es mit Griechisch aus: Spricht Sozialkommissarin Anna Diamantopoulou vom EU-Binnenmarkt, machen die Parlamentsdolmetscher daraus schon mal einen »Außenmarkt« – also das glatte Gegenteil. Legendär die Fälle, in denen die Dolmetscher im Parlament den »frozen semen« (gefrorenen Samen) einer

Gentechnikdebatte als »erfrorene Seemänner« übertrugen – oder aus den drei Weisen (»trois sages«) die drei Affen (»trois singes«) machten.

Um die Erweiterung zu bewältigen, wollen sich Parlament und Kommission nun mit Tricks behelfen, die bisher verpönt waren. Dolmetscher und Übersetzer sollen stärker über »Relais« arbeiten: Zuerst wird etwa vom Maltesischen ins Englische und dann von dort weiter in die anderen Sprachen übertragen. Dass dabei Fehlerquellen nach dem Prinzip der »stillen Post« entstehen, liegt auf der Hand.

Besonders dramatisch sind die Auswirkungen beim Europäischen Gerichtshof (EuGH). Schon in der Vergangenheit verzögerten sich dort Urteilsverkündungen immer wieder wegen Übersetzungsstaus. Zeitweise waren die Linguisten mit 140 000 Seiten im Rückstand. Wird der Gerichtshof mit einer Verdoppelung der Sprachenzahl klarkommen? Der deutschen EuGH-Richterin Ninon Colneric macht das Sorgen. Es werde dann nicht mehr möglich sein, »jede Sprachkombination ohne Umweg über eine dritte Sprache sicherzustellen«. Zwangsläufige Folge, so Colneric: Qualitätsverlust und längere Verfahren.

7 GELDAUTOMAT EU

»Finanzielle Fragen sind nicht so wichtig.«
Nicole Fontaine, ehemalige Präsidentin
des Europaparlaments

Wie die Brüsseler Subventionitis (nicht) funktioniert. Über den Unsinn von Agrarpolitik und Strukturfonds. Wie die Kommission nach Santers Sturz eine bessere Kontrolle der Finanzströme versprach. Wie es nun plötzlich weniger Finanzkontrolle gibt. Wie sich der oberste EU-Betrugsbekämpfer ausbremsen lässt

Ende Mai 2002 erschüttert ein Skandal Brüssel. Knall auf Fall lässt Haushaltskommissarin Michaele Schreyer die oberste Rechnungsführerin der Kommission ihres Postens entheben. Das Vertrauensverhältnis zwischen ihr und der spanischstämmigen Beamtin Marta Andreasen sei gestört, verkündet Schreyer. Vor aller Öffentlichkeit kritisiert sie ihre eigene Mitarbeiterin. »Diese Person« habe nur böses Blut in der Dienststelle geschaffen, aber ihre eigentliche Arbeit »nicht gemacht«.

Die geschasste Person war nicht irgendwer. Als oberste Buchhalterin der EU hatte die 48-jährige Andreasen die Aufsicht über den gesamten 100-Milliarden-Euro-Haushalt der Union mit seinen jährlich 1,2 Millionen Transaktionen. Erst fünf Monate zuvor hatte die erfahrene Wirtschaftsprüferin ihren Job in Brüssel angetreten.

Schreyer persönlich hatte sie gegen den Rat hoher Beamter der Kommission ausgewählt.

Andreasen ist zierlich gebaut und spricht leise, aber sie hat klare Vorstellungen, was sie will. Und was die Tochter eines Dänen und einer Französin im Januar 2002 in der Kommission vorfindet, übertrifft ihre schlimmsten Erwartungen. Das elektronische Buchführungssystem Sincom, das jede Woche Zahlungsvorgänge in Höhe von zwei Milliarden Euro registriert, bietet viel Spielraum für Manipulationen. Sowohl die Höhe als auch der Name und das Konto des Empfängers lassen sich anscheinend ändern, ohne dass diese Änderungen dokumentiert werden. Überdies haben deutlich zu viele Personen Zugang zu dem System.

Andreasen selbst muss sich nun rasch entscheiden, wie sie sich verhält, denn der ihr vorgesetzte Generaldirektor Jean-Paul Mingasson verlangt von ihr, die Haushaltsbücher des Jahres 2001 abzuzeichnen. Die Rechnungsführerin überlegt – und weigert sich. Laut EU-Vorschrift hätte sie mit ihrer Unterschrift die Richtigkeit der Angaben garantiert. Doch an denen hat die gelernte Wirtschaftsprüferin inzwischen schwere Zweifel.

Später wird sie die Zustände mit einigen jüngsten Fällen von Bilanzfälschung in großen US-Firmen vergleichen – nur sei die Lage in der Kommission schlimmer: »Anders als bei Enron oder Worldcom, wo man Transaktionen zumindest nachprüfen kann, ist es in der Kommission nicht möglich, Änderungen nachzuverfolgen«, konstatiert die Rechnungsführerin.

Sie wendet sich an Mingasson und Schreyer. Doch die weisen Andreasens Kritik zurück. Die Rechnungsführerin bittet, ihr die Verantwortung für Sincom zu übertragen. Auch das lehnt Schreyer ab. Andreasen schreibt schließlich an Präsident Prodi, dann an den Europäischen Rechnungshof und das Europaparlament. In dem Moment, in dem die Kritik in die Zeitungen zu gelangen droht, schlägt die Kommission zu. Auf Schreyers Antrag lässt das Kommissarskollegium die Beamtin von ihrem Posten entheben. Kurz darauf folgt ein Disziplinarverfahren. Später räumt Schreyer ein, dass es in

ihrem Buchführungssystem in der Tat »gravierende Widersprüch-
lichkeiten« gebe – aber angeblich nur »in relativ seltenen Aus-
nahmefällen«. In einem Fall führte die Kommission Hilfsgelder für
Osteuropa in Höhe von 492,7 Millionen Euro in ihrem Zentral-
system – während sich auf den Bankkonten nur 327,5 Millionen
befanden. »Der Hof erhielt dafür keine Erklärung von den Kommis-
sionsdiensten«, klagen die Prüfer des Rechnungshofs.

Stattdessen versuchen Schreyer und Kinnock, die Kritikerin persönlich zu diskreditieren. Schon ihr früherer Arbeitgeber, die OECD
in Paris, habe die Spanierin wegen Fehlverhaltens suspendiert, verbreitet die Kommission. Die OECD selbst hält sich bedeckt. Aber
Andreasen selbst bestreitet den Vorwurf nicht. Sie hatte auch dort
auf die Schwächen des Rechnungssystems hingewiesen – und dass
dies auch bei der OECD archaisch und wenig transparent ist, bestätigen externe Gutachter.

In Brüssel wiederholt Andreasen im Detail das, was Prüfer des
Rechnungshofs seit Jahren vergebens an Sincom bemängeln: Mani-
pulationsanfälligkeit, Unzuverlässigkeit und Nichtberücksichtigung
»allgemein akzeptierter Buchführungsstandards«. Es gebe keine
»verlässlichen Angaben über die Beträge, die an Dritte gezahlt wurden«, schreiben Beamte des Rechnungshofs noch im Februar 2002.
Es sei sogar »unmöglich«, vorgenommene Änderungen an den Daten »zu rekonstruieren«. Andreasens Vorgänger habe durch »Mangel an Interesse« geglänzt.

Auch Jules Muis, der Chefauditor der Kommission, stärkt der gefeuerten Beamtin den Rücken. Jeder kenne die Schwächen von Sincom, bekennt er im Parlament. Wenn man wie Andreasen neu im
Amt sei und verantwortlich für ein anfälliges System – dann sei
man halt »geneigt, ein bisschen nervös zu werden«.

Muis kommt im Frühjahr 2001 von der Weltbank zur Kommission. Auch der Niederländer wundert sich rasch über die »strukturellen Schwächen der Buchführungs- und Kontrollsysteme« der
Kommission. Die seien deutlich »unter« dem Niveau, das man bei
einer derartigen Organisation erwarten würde.

Wer will sinkende Ausgaben?

In Berlin war die Grünen-Politikerin Michaele Schreyer kurzzeitig Umweltsenatorin und lange Jahre Oppositionsabgeordnete im lokalen Haushaltsausschuss. Jetzt in Brüssel wächst der nur in der Landespolitik ausgewiesenen 51-Jährigen die Verantwortung für die Milliarden der Gemeinschaft erkennbar über den Kopf. Drei Jahre nach ihrer Bestallung zur Haushaltskommissarin ist sie den frischen Blick ihrer ersten Monate endgültig los.

Kurz nach Amtsantritt im September 1999 konnte sich die studierte Ökonomin noch gar nicht genug wundern über die eigenartige Mentalität der Haushälter in Brüssel. Als Budgetexpertin im überschuldeten Berlin hatte Schreyer ein klares Erfolgskriterium – »Erfolg ist, wenn die Ausgaben sinken«. In Brüssel werde das »umgekehrt gespielt«, lernt sie staunend. »Ich will viel weniger Geld, als das Parlament mir geben will.«

Es ist eine verkehrte Welt. Während in den Hauptstädten vieler Mitgliedsstaaten aufgrund der Euro-Stabilitätskriterien die Budgets zunehmend knapp bemessen sind, gelten vielen in Brüssel steigende Ausgaben der EU als Erfolgsbeweis. Europa finanziert, also existiert es. Die Abgeordneten und Beamten in Brüssel wissen: Was sie ausgeben, ist nicht ihr Geld – denn das Budget wird aus Beiträgen der Mitgliedsstaaten finanziert. Die Haushaltskommissarin darf keine eigenen Steuern erheben. Und auch jegliche Kreditaufnahme ist ihr anders als dem deutschen Finanzminister verwehrt. Die Kehrseite dieser Regelung: Viele in Brüssel fühlen sich für solides Finanzmanagement nicht wirklich verantwortlich.

Will die Kommission die Schulmilchförderung (jawohl, die gibt es) um die Hälfte streichen, droht sofort Aufruhr unter der Agrarlobby im Europaparlament – das Programm sollte zu drei Vierteln erhalten bleiben und auch auf Joghurt ausgedehnt werden, finden die Parlamentarier. »Finanzielle Fragen«, bekannte die ehemalige

Parlamentspräsidentin Nicole Fontaine einmal in schöner Offenheit, »sind nicht so wichtig.«

Hat irgendeine Lobby in Brüssel oder den Mitgliedsstaaten einen passenden Budgettitel im Haushaltsplan untergebracht, fließen EU-Gelder für alles und das Gegenteil: Sowohl für den Tabakanbau wie für die Krebs-Prävention, für Anti-Doping-Projekte und die Atomforschung. Die EU subventioniert den Autobahnbau und die Wiederheimischmachung von Wolf, Bär und Luchs. Für den Vertrieb französischer Erfolgsfilme wie »Amélie« und »Asterix und Obelix bei Kleopatra« in Deutschland oder Spanien gibt es ebenso Subsidien wie für Kampagnen zur Popularisierung des Olivenöls in Finnland.

Werden deutsche Gelder verbraten?

»Mehr als die Hälfte der Beiträge, die in Europa verbraten werden, zahlen die Deutschen«, wetterte der frisch gewählte Kanzler Schröder im Dezember 1998. Doch da hatte der Niedersachse brutto und netto verwechselt. Brutto trägt Deutschland etwa ein Viertel des EU-Haushalts, Tendenz sinkend. Das entspricht in etwa dem Anteil der – im Vergleich schrumpfenden – deutschen Wirtschaftsleistung. Was Schröder meinte: Deutschland zahlt 50 Prozent des Nettosaldos – also des Geldes, das innerhalb der Gemeinschaft umverteilt wird. Wahr ist: Von dem Geld, das Deutschland nach Brüssel überweist, kommt einfach zu wenig in die Bundesrepublik zurück.

Netto schießen so die deutschen Steuerzahler jedes Jahr viele Milliarden Euro zu – wenn auch mit sinkender Tendenz. 1995 beträgt der deutsche Nettobeitrag noch elf Milliarden, im Jahr 2000 sind es 8,3 und ein Jahr später nur noch sieben Milliarden. Nur Schweden und Niederländer werden pro Kopf ähnlich hoch belastet. Zugleich tragen die ähnlich wohlhabenden Franzosen im Jahr 2001 mit zwei

Milliarden netto nur einen Bruchteil der deutschen Nettosumme
bei. Jeder fragt sich: Wie kann das sein?

Schuld ist die bizarre Ausgabenpolitik der EU. Sie führt dazu, dass
sogar Dänemark und Irland Nettoempfänger sind – obwohl sie im
EU-Vergleich die Plätze des zweit- und des drittreichsten Landes
belegen. Dänemark profitiert von den EU-Agrarsubventionen – die
auch reichlich in die französischen Kassen fließen und damit den für
Paris günstigen Nettosaldo verursachen. Irland kassiert überdurchschnittlich hohe Beihilfen für seine Landwirtschaft und zusätzlich
große Summen aus dem so genannten Strukturfonds – ein Erbe der
Zeit, in der Irland ebenfalls einen Platz am unteren Ende der Wohlstandsskala belegte.

So kommt es, dass im Jahr 2000 Irland als drittreichstes Land mit
691 Euro pro Kopf die zweithöchste Fördersumme erzielt, Deutschland mit 126 Euro dagegen abgeschlagen auf dem letzten Platz landet. Nur ein Land kassiert pro Kopf sogar noch dreimal mehr als Irland. Das ist – kein Scherz – der mit weitem Abstand allerreichste
Staat der Union. Die Rede ist von Luxemburg. Das Großherzogtum
profitiert von dem schlichten Fakt, dass viele EU-Einrichtungen hier
ihren Sitz haben.

Gewiss, das Exportland Deutschland zieht hohen Nutzen aus dem
großen gemeinsamen Markt. Doch das tun andere Mitgliedsstaaten
auch.

Von Butterkarussellen, Eiscremesubventionen und einer wundersamen Käseverwandlung

Mit über 40 Milliarden Euro im Jahr beansprucht der Agrarhaushalt
bis heute fast die Hälfte des EU-Budgets. Die Verteidiger dieses Zu-
stands argumentieren, es sei ja auch der einzige völlig vergemein-
schaftete Politikbereich. Die Fundamente des megalomanen Sub-

ventionssystems legte man Ende der 50er, Anfang der 60er Jahre, als nach dem Krieg die Angst vor neuen Hungerwintern umging. Die Angst vor dem Hunger ist längst gebannt, die Fördermaschine läuft auf Hochtouren weiter.

Die EU-Landwirte bekommen Geld dafür, dass sie produzieren – und Ausgleichszahlungen, wenn sie freundlicherweise nichts mehr herstellen. Da winken Mutterkuhprämien, Quoten für Milch und Festpreise für Getreide, Exportsubventionen für Rindfleisch und Edamer Käse, Beihilfen für Seidenraupen, Honigbienen und Hartweizen – nicht zu vergessen Ausgleichszahlungen für Leinsamen und Anbauhilfen für Flachs. Die Aussetzung von Junglachsen in Schweden ist ebenso unterstützungswürdig wie das Whiskeybrennen in Großbritannien. Subventioniert wird zudem die Verwendung von Butter für Croissants und Speiseeis.

Für die Lebensmittel im Laden muss man hinterher allerdings noch mal extra bezahlen. Und selbst diese Preise seien in der EU 15 bis 20 Prozent höher als nötig, schätzt die OECD. Ein Liter Milch könnte etwa fünf Cent billiger sein, gäbe es nicht die EU-Milchquote, rechnet man beim Europäischen Rechnungshof vor.

Bis heute gewährt Brüssel den europäischen Bauern deutlich höhere Subventionen als selbst die eindeutig reichere USA. Die von US-Präsident George Bush angekündigte so genannte »Farm Bill« mit neuen teuren Subventionen ändere daran nichts Wesentliches, bilanziert man bei der OECD. Von den in der EU im Jahr 2002 insgesamt gezahlten Subventionen von 118 Milliarden Euro gingen 104 Milliarden direkt an die Produzenten. 35 Cent pro verdienten Euro zahlt den europäischen Bauern der Steuerzahler – US-Farmer bekommen nur 21 Cent pro Dollar. Das Geld wäre gut angelegt, wenn die Bauern sich zum Ausgleich als Landschaftspfleger und -schützer nützlich machen würden. Doch davon ist bei der so genannten Gemeinsamen Agrarpolitik nicht die Rede. Der EU-geförderte Intensivanbau von Olivenbäumen in Spanien und anderen Mittelmeerländern etwa fördert dort sogar die Bodenerosion. Gewiss, auch die kaum subventionierte Schweinezucht belastet mit ihrer Gülle das

Grundwasser. Doch warum kann man dann nicht wenigstens von den mit viel Steuergeld gepäppelten Agrariern verlangen, dass sie als Gegenleistung umweltschonende oder ökologische Landwirtschaft betreiben?

Tatsächlich jagt seit Jahren ein Lebensmittelskandal den nächsten. Wenn dann wegen BSE, Dioxins oder Nitrofens die Ware wieder mal unverkäuflich im Kühlregal liegen bleibt – gibt die EU einfach neue Hilfsgelder frei. Brüssel zahle erst Rinderprämien, und wenn die überschüssigen Tiere keiner kaufen will »Exportsubventionen, um die produzierten Tiere loszuwerden«, konstatiert selbst Agrarkommissar Franz Fischler. Im Jahr 2002 fördert die Gemeinschaft den Weinbau mit 440 Millionen Euro. Um den Überschuss zu Benzinersatz zu destillieren, fließen weitere 350 Millionen. Dieses Produkt wird anschließend exportiert – unterstützt mit 257 Millionen Euro. Haushaltskommissarin Schreyer findet das zum Weinen.

Allein die europäische Marktordnung für Zucker kostet die Steuerzahler und Verbraucher jährlich etwa 6,5 Milliarden Euro, belastet laut Rechnungshof die Umwelt, sie treibt den Zuckerpreis in der EU auf das Zwei- bis Dreifache des Weltmarktniveaus, schädigt außerdem die Zucker verarbeitende Industrie – und nützt vor allem einem kleinen Kartell von Zuckerfabrikanten wie dem deutschen und europäischen Marktführer »Südzucker«. Doch noch der bis Anfang 2001 amtierende deutsche Landwirtschaftsminister Karl-Heinz Funke stemmte sich heftig gegen jede Reform. Begründung: »Die Zuckermarktordnung hat sich bewährt.«

Die Bauern Europas werden bezahlt, um das angeblich so menschenfreundliche »europäische Modell« der Landwirtschaft zu praktizieren. Doch in Wahrheit basiert das System auf nacktem Gruppenegoismus. Die hohen Brüsseler Betriebsbeihilfen begünstigen Überschussproduktion und Preisdumping. Leidtragende sind die Farmer in der Dritten Welt, denen die EU einen ruinösen Preiswettbewerb aufzwingt. Vor allem Zucker und Milchpulver drückt Brüssel mittels hoher Exportsubventionen in die Märkte armer Länder – während sich die Union mit hohen Zöllen von Importen abschottet.

So avancierte die EU mit ihrer teuren Produktion von Zuckerrüben zum zweitgrößten Zuckerexporteur der Welt nach Brasilien – »ohne international wettbewerbsfähig zu sein«, kritisiert der Hannoveraner Professor Erich Schmidt. Fünf Millionen Tonnen Zucker wirft die EU jährlich zu Dumpingpreisen auf den Weltmarkt – vor allem in den Nahen Osten und in Nordafrika, aber auch im Afrika südlich der Sahara. Diese Märkte könnten lokale Rohzuckeranbieter eigentlich viel effizienter bedienen – würden nicht die subventionierten europäischen Rübenbauern die Preise verderben.

Die EU schadet sich mit ihrem Agrarregime aber auch selbst. Das Geld, das für überhöhte Lebensmittelpreise und Subventionsmilliarden aufgebracht werden muss, fehlt Verbrauchern und Steuerzahlern anderswo. Den Landwirten der EU sei es gelungen, »Ressourcen von effizienten Industriesektoren abzuziehen«, schreiben die Ökonomen Brent Borrell und Lionel Hubbard. Das führe zu »geringerer Wettbewerbsfähigkeit der Industrie, weniger Produktionsausstoß und Exporten, weniger Wirtschaftswachstum und höherer Arbeitslosigkeit«. Insgesamt koste die EU-Agrarpolitik eine Million Arbeitsplätze in der europäischen produzierenden Industrie, schätzen Borrell und Hubbard.

Paradox, aber wahr – sogar die EU-Agrarwirtschaft selbst gehört zu den Leidtragenden. Denn den heimischen Landwirten fehlen wegen des Subventionssegens die Anreize, effizienter und marktgerechter zu wirtschaften. In einigen Bereichen – gerade beim hoch subventionierten Getreide – hätten EU-Produzenten sogar »durchaus Chancen, sich auch zu Weltmarktpreisen als Nettoexporteur zu behaupten«, mahnte der Wissenschaftliche Beirat des Bundeslandwirtschaftsministeriums schon im September 1998. Die Wissenschaftler erinnerten an einen simplen marktwirtschaftlichen Lehrsatz: »Wettbewerbsfähig wird man, wenn man sich dem Wettbewerb aussetzt.«

Die Förderstruktur des EU-Agrartopfs folgt keiner wie immer gearteten Logik, sondern ist das Ergebnis jahrzehntelanger Kuhhändel im Agrarministerrat. Der entscheidet hinter verschlossenen Türen, auf Vorschlag der Kommission, aber unter Ausschluss des Europaparlaments. Die Agrarier sind ungestört, wenn sie das Geld der Steuerzahler unter sich verteilen. Da kann es passieren, dass die Minister in ein und derselben Sitzung die spanischen Anbauer mit einer Verlängerung der Olivenölregimes erfreuen, deutsche Produzenten mit fortgesetzter Hopfensubventionierung bedenken und außerdem auf Wunsch Frankreichs 19 Millionen Euro zusätzlich in den Pott werfen, um überschüssigen Tafelwein zu Industriealkohol zu destillieren – mit einer doppelt so hohen Subvention wie selbst von der Kommission vorgeschlagen.

Nirgends in Brüssel sitzen so viele skrupellose Geldvernichter wie im Agrarrat. »Wenn Sie mit Agrarministern zusammensitzen, können Sie noch so gute Argumente haben – sobald wirtschaftliche Interessen im Spiel sind, heben die ihre Hand nicht mehr«, sagt die grüne Agrarministerin Renate Künast.

Die Agrarlobby hat es leicht, sich Gehör zu verschaffen. Die Kopfstelle ihrer Brüsseler Dachorganisation »Copa« gilt mit fast 50 Beschäftigten als das größte Verbandsbüro der EU-Kapitale. Der europäische Bauernverband leistet sich für seine Sitzungen sogar Simultanübersetzungen in fünf Sprachen.

Was dabei herauskommt, gefällt den europäischen Agrarbaronen – aber für alle anderen wirkt es wie die Ausgeburt eines vom Rinderwahnsinn befallenen Hirnes. Denn dieses »völlig verknotete System« (Künast) fördert nicht vorrangig den Kleinbauern im Nachbardorf, sondern durchrationalisierte Agrarfabriken, die ihre Produkte weltweit vermarkten. Zu den Nutznießern gehören Großkonzerne wie »Rheinbraun« und die niederländische Königin Beatrix. Ersterer bekommt Beihilfen für rekultivierte Tagebauflächen, Letztere kassiert für ihre Olivenhaine im italienischen Porto Ercole.

Nur 20 Prozent der Landwirte vereinigen auf sich sage und schreibe 80 Prozent der Subventionen – wer hat, dem wird gegeben. Von den Direktzahlungen – die den Löwenanteil der Subventionen ausmachen – geht die Hälfte an gerade mal fünf Prozent der Bauern. Die meisten – nämlich 54 Prozent der Landwirte – kassieren dagegen weniger als 1250 Euro jährlich. In Deutschland flossen im Jahr 2000 fast zehn Prozent der EU-Direktzahlungen an knapp 47 000 sehr große Betriebe. Sie stellen nur 0,13 Prozent aller Empfänger – die deutschen Agrarbarone also.

Schlimm genug – aber am Ende stützt die EU-Agrarpolitik ohnehin nicht so sehr die Agrarwirtschaft als vielmehr die Grundbesitzer. Denn die Transfers müssen die Bauern über höhere Pacht und Grundstückskosten großenteils direkt an die Landbesitzer weiterreichen. Die sind oft keineswegs mit den Landwirten identisch. 40 Prozent der Beihilfen gehen überdies in den Ackerbau – doch der ist besonders stark mechanisiert und bietet darum kaum Arbeitsplätze. Stark gefördert werden Rindfleisch und Weizen – weit weniger Schweinefleisch, Kartoffeln und Roggen. Gar nicht gefördert wird das Grünland, also Weideflächen, auf denen glückliche Kühe grasen und das Auge erfreuen. Kurz: Die Regeln schädigen die Umwelt. Und sie begünstigen Frankreich.

Im Frühjahr 2001 machten die Beamten von Joschka Fischer ihrem Außenminister eine erschreckende Rechnung auf. Französische Bauern kassierten im Schnitt »rund dreimal so viel Prämien pro Kilo Rindfleisch« wie ihre deutschen Kollegen. »Bestimmte Rinderprämien (Mutterkuhprämie, Extensivierungszuschläge)« bevorteilten systematisch »die in Frankreich stärker verbreiteten Produktionsweisen«. Insgesamt stecke Paris pro Jahr netto 2,6 Milliarden Euro an EU-Agrarhilfen ein. Bei den Deutschen sei es umgekehrt. Sie butterten unter dem Strich 4,3 Milliarden zu. »Man fragt sich, warum unser Landwirtschaftsministerium das in all den Jahren zugelassen hat«, wundert sich ein Diplomat.

»Die Interessen der Bauern sind die Interessen Frankreichs«, lautet das Motto von Präsident Chirac. Als ehemaliger Landwirtschaftsminister hat er die Agrarpolitik von der Pike auf gelernt. Heute gilt er selbst deutschen Bauern als ihr Schutzpatron. Die deutschen Agrarier machten immer tapfer mit, wenn ihre französischen Kollegen die EU-Agrarwirtschaft gegen alle Vernunft verteidigten. An dem reich gedeckten Tisch blieb auch für sie immer etwas übrig –

wenn auch auf Kosten der deutschen Steuerzahler. Immer dann, wenn die Kommission einige zaghafte Reformschritte versuchte, stand sie so einer geschlossenen Front der Landwirtelobby aus Deutschland und Frankreich gegenüber.

Konserviert wurde ein System, das die Verschwendung systematisch fördert. Anders als jeder andere Unternehmer gilt der Bauer als nicht verantwortlich für Krisen und Geschäftseinbrüche. Alle Profite darf er behalten, die Risiken federt Brüssel ab. Wenden sich – wie während der BSE-Krise – die Verbraucher vom europäischen Rindfleisch ab, setzt Agrarkommissar Fischler flugs ein Millionenprogramm zum Aufkauf und zur Vernichtung unverkäuflicher so genannter »Altrinder« durch.

Von der Verschwendung zur Entwendung ist es oft nur ein kleiner Schritt. »Bestimmte gemeinsame Politiken« seien Betrügereien regelrecht »förderlich«, stellte der Haushaltskontrollausschuss des Europaparlaments im Frühjahr 2000 fest. Als besonders anfällig gelten die Exporterstattungen, die die EU für die Ausfuhr von »Milcherzeugnissen, Zucker, Getreide und Rindfleisch« gewährt – pro Jahr immerhin fünf Milliarden Euro.

Weil die Beihilfen je nach Produkt und Bestimmungsland unterschiedlich hoch sind, werden findige Geschäftemacher zu Manipulationen geradezu eingeladen. Wer es schafft, Steppenkäse in Edamer umzudeklarieren, kassiert prompt einen Aufschlag. Wer Käse in die USA expediert – statt nach Kanada –, gewinnt. Denn bei der Ausfuhr in die USA gibt es höhere Exportsubventionen. Tatsächlich führen die Kanadier laut ihrer Einfuhrstatistik deutlich höhere Mengen an Käse aus der EU ein, als die nach ihren Büchern nach Kanada ausführt. Hat sich die Käsemenge während der Überfahrt auf dem Atlantik geheimnisvoll vermehrt? Oder kassieren Geschäftemacher Subventionen für US-Exporte – und leiten die Transporte dann einfach um?

Immer wieder fliegen so genannte Karussellgeschäfte auf – Produkte werden subventioniert ausgeführt und landen dann doch auf dem heimischen Markt. Der Europäische Rechnungshof enthüllte

im November 2001 die mögliche Existenz eines estnischen Butter-
karussells. Überraschend hohe, von der EU subventionierte Butter-
ausfuhren in das baltische Land gingen einher mit bedeutenden –
zollfreien – Einfuhren aus Estland in die EU.

Die Mitgliedsstaaten, die die Beihilfen auszahlen, gehen oft nur
lax gegen Subventionsbetrüger vor. Manche Betrugsfälle ziehen
Kreise bis in die höchste Politik. Da gingen in Spanien reihenweise
Lagerhallen mit subventioniertem Flachs in Flammen auf. Sollte die
tatsächliche Menge der Fasern verschleiert werden? In einem internen Bericht an den obersten EU-Betrugsbekämpfer Franz Hermann
Brüner vom 19. Dezember 2000 bestätigt die spanische Staatsan-
waltschaft die Existenz von »weitverbreitetem Betrug«. Eine Firma
in Kastilien verarbeitete im Landwirtschaftsjahr 98/99 so viel Flachs,
dass die Verarbeitungsmaschine an 195 Tagen jeweils »mehr als 24
Stunden« lang unter optimalen Bedingungen gelaufen sein muss,
um der »Menge an Rohflachs« Herr zu werden. Spanische Nächte,
jeder weiß es, sind lang.

Erst der Markt, dann der Verbraucher

Die europäische Gesetzgebung ist auf maximale Produktivität zuge-
schnitten. Die Lebensmittelqualität kommt bis heute oft erst an
zweiter Stelle. Im Gegenteil: Viele in Brüssel sahen lange Zeit jede
Erwähnung von Gesundheitsrisiken als Gefahr für die gut geölte
Subventionsmaschine. »Nach meiner Erfahrung verursacht jede
Diskussion über BSE zwangsläufig schwere Störungen des Fleischmarktes«, schrieb der für Landwirtschaft verantwortliche EU-Generaldirektor Guy Legras am 1. März 1993 an einen Kollegen. Man
möge auf alle Fälle »eine Diskussion der wissenschaftlichen Ausschüsse vermeiden«, mahnte der Franzose. Das Europäische Parlament setzte später einen Untersuchungsausschuss ein, und der kam

1997 zu einem vernichtenden Ergebnis: Die Kommission habe der Rettung des Fleischmarktes »Vorrang« vor Gesundheitsrisiken gegeben.

Legras überstand die Vorwürfe trotzdem unbeschadet. Er war Anfang 2003 noch immer hoch bezahlter Generaldirektor bei der Kommission. Einige Lehren zog die Brüsseler Administration trotzdem: Eine eigene Generaldirektion für Gesundheit und Verbraucherschutz bemüht sich seitdem darum, den Agrariern im eigenen Haus etwas entgegenzusetzen. Doch allzu häufig setzt sich bis heute die Landwirtschaftslobby durch.

Als im Sommer 2000 ein Skandal um bis zu 100 000 Tonnen gepanschter Butter aus Camorra-Betrieben in Süditalien aufflog, tat Brüssel einiges, um den Fall herunterzuspielen. Die Pampe sei komplett beschlagnahmt, behauptete das Betrugsbekämpfungsamt Olaf – später gab ein Sprecher zu, dass das die Unwahrheit war. Die Experten »schließen jedes unmittelbare Gesundheitsrisiko aus«, ließ Verbraucherkommissar David Byrne verbreiten. In Wahrheit hatten die italienischen Behörden sehr wohl vor solchen Gefahren gewarnt. Später mussten Byrnes Leute sogar einräumen, dass das Mixprodukt aus Butter, Chemikalien und Rindertalg möglicherweise BSE verbreiten könnte. Egal – ein ungestörtes Buttergeschäft war der Kommission offenbar wichtiger.

Teure Reformen

Die Geschichte der EU-Agrarpolitik ist die Geschichte ihrer Reformen – und die haben das System bisher eher noch verteuert. Um die Überproduktion einzudämmen, beschloss die Union Anfang der 90er Jahre drastische Preissenkungen für Produkte wie etwa Getreide. Zugleich erhielten die Bauern als Kompensation Direktzahlungen. Ganz erfolglos blieb das nicht. Die Überproduktion wurde gedrosselt, Milchseen, Butterberge und Rindfleischüberschüsse abgebaut.

Doch Brüssel hatte mehr versprochen: Nun würden auch die Verbraucherpreise sinken. Die Hoffnung trog. Tatsächlich wurde etwa bei Brot »kein bedeutender Rückgang der vom Endverbraucher zu zahlenden Preise festgestellt«, beklagte der Rechnungshof. Die Steuerzahler berappten höhere Subventionen, doch ohne besondere Vorteile für die Verbraucher. Am Ende kassierten die Bauern sogar 8,5 Milliarden Euro mehr an Kompensation, als sie durch die Preiskürzung verloren hatten, rechnen Volker Angres, Claus-Peter Hutter und Lutz Ribbe in ihrem lesenswerten Buch »Bananen für Brüssel« vor.

Im Sommer 2002 startete Agrarkommissar Fischler einen neuen Reformversuch. Der Österreicher will erstmals in der Geschichte der Brüsseler Landwirtschaftspolitik Produktion und Subvention entkoppeln. Weizen- und Rindfleischbauern sollten nicht mehr nach abgelieferter Menge bezahlt werden – sondern ihre gewohnten Beihilfen erhalten, ohne zugleich Produktionsrekorde erringen zu müssen. Ökologisches Wirtschaften soll nun besonders belohnt werden. Jetzt, so Fischler, wolle man Bauern »nicht für Überproduktion bezahlen, sondern für das, was die Gesellschaft von ihnen will«.

Doch auch dieser Reformvorschlag hat eine gravierende Schwäche. Beihilfen sollen weiter vor allem an die fließen, die schon bisher Anrecht auf Subventionen hatten – also vorrangig die großen Weizen- und Rindfleischproduzenten. Ökologisch orientierte Grünlandbauern bleiben weiter außen vor. Sie bekommen nach der Reform so viel wie vorher – nämlich nichts. In den Augen von Agrarkritiker Lutz Ribbe »pervertiert« das die ansonsten sinnvolle Reform.

Selbst dieser maßvolle Umbauplan stieß übrigens von Anfang an auf erbitterten Widerstand in Frankreich und bei der Agrarlobby. Dabei wollte Fischler die Gesamthöhe der Subventionssumme überhaupt nicht verringern. Damit bleibt die wichtigste Frage ungelöst:

Wer bezahlt für die Übertragung des EU-Agrarsystems auf die neuen Mitgliedsländer?

Die Frage ist hochexplosiv, denn die verschiedenen Forschungsinstitute kommen alle zu ähnlichen Ergebnissen: Auf um die zehn Milliarden Euro werden die Zusatzkosten für die gemeinsame Agrarpolitik bei einer um zehn osteuropäische Länder erweiterten EU geschätzt. Ein Viertel müssten die deutschen Steuerzahler berappen. Und kommt es zu keiner grundlegenden Reform, dann droht die Übertragung der EU-Landwirtschaftspolitik zu absurden Ergebnissen zu führen. Das zeigen Berechnungen des in Halle ansässigen Instituts für Agrarentwicklung in Mittel- und Osteuropa (IAMO). So können die zehn osteuropäischen Neumitglieder mit Rindfleischprämien in Höhe von jährlich etwa 600 Millionen Euro rechnen. Das lässt dort die Beef-Produktion um etwa 20 Prozent wachsen – doch zugleich wird der Verbrauch um 33 Prozent sinken, weil die Preise wegen der Subventionierung steigen. Zugleich wird Schweinefleisch für Osteuropäer nach dem Beitritt billiger. Wahrscheinliche Folge: Polen, Ungarn und Tschechen produzieren mehr Rindfleisch – aber essen weniger davon. Und die EU wird den Export des überschüssigen Rindfleischs mit etwa 400 Millionen Euro fördern müssen.

EU-Geld für unnütze Flughäfen und deutsche Anwälte

Mit jährlich über 30 Milliarden Euro zweitgrößter Posten im EU-Haushalt ist die so genannte Strukturpolitik. Das ist eine unübersichtliche Ansammlung von Programmen mit ebenso wohlklingenden wie nichts sagenden Namen: Leader, Feder, Urban, Interreg, Equal oder Adapt heißen die Überschriften, unter denen vom Straßenbau über die Stadtsanierung bis zum Arbeitslosenprojekt so gut wie alles gefördert werden kann.

Die Strukturfonds wurden wichtig, als 1981 und 1986 mit Griechenland, Portugal und Spanien drei deutlich ärmere Länder der Gemeinschaft beitraten. Dafür, dass sie ihre Märkte für Industrieprodukte aus dem reichen Norden öffneten, half Brüssel ihnen, ihre Infrastruktur auf Vordermann zu bringen – unbestreitbar war das sinnvoll. Doch wie immer, wenn große Summen im Spiel sind, geht vieles davon daneben. Für die Mitgliedsstaaten ist die Überweisung aus Brüssel geschenktes Geld – Hauptsache eingesackt, lautet allzu oft die Parole.

Da wurde auf Sardinien eine Kläranlage mit Strukturmitteln gefördert, deren Bau wegen einer Fehlplanung seit 1996 stillsteht. Auf der Kanareninsel Gomera bezuschusste Brüssel den Bau eines Flughafens – doch weil die Landebahn für große Chartermaschinen zu kurz ist, wurde aus dem erwarteten Passagierstrom nur ein kleines Rinnsal.

Experten fragen sich, was die Subventionsdroge wirklich gebracht hat. Zwar haben die vier ursprünglich wirtschaftlich Schwächsten – Spanien, Portugal, Griechenland und Irland – innerhalb von zehn Jahren den Abstand zum Durchschnitt der EU um zehn Prozentpunkte verringern können. Ob dies allerdings ausschließlich den Brüsseler Hilfen zu verdanken ist, erscheint fraglich. Mindestens ebenso wichtig waren der offene Binnenmarkt und eine Wirtschaftspolitik, die es den südeuropäischen Ländern erlaubte, ihre Standortvorteile zu nutzen. Bernhard Friedmann, der ehemalige Präsident des Europäischen Rechnungshofs, ließ die Strukturprogramme »unter beschäftigungspolitischen Ansätzen« prüfen und kam zu dem Schluss, »dass keine eindeutigen Verbesserungen auszumachen sind«.

Doch die Empfänger von Subventionen wehren sich erfolgreich selbst dann gegen den Entzug, wenn der Grund dafür längst weggefallen ist. Irland hat Deutschland in der EU-Wohlstandstabelle längst überholt und bekommt trotzdem noch im Jahr 2000 über 800 Millionen Euro Aufbauhilfe. Bis 2006 sollen diese Zahlungen nur geringfügig sinken. Das hatte sich Irland bei den Haushaltsverhandlungen auf dem Berliner EU-Gipfel im März 1999 zusichern lassen. Günstig für die Iren, dass die Kommission ihren Wohlstand damals auf relativ antiquierten Daten berechnete – denen von 1994 bis 1996, als Irland noch ärmer als der EU-Durchschnitt war.

Noch nebulöser sind die Erfolgskriterien beim so genannten Europäischen Sozialfonds (ESF), der unter der Ägide von Sozialkommissarin Anna Diamantopoulou verwaltet wird. Alle paar Jahre legt die Generaldirektion Beschäftigung ein neues Milliardenprogramm auf, das solche vagen Ziele wie »Unternehmergeist« oder »Anpassungsfähigkeit« anpeilt. Regelmäßig kritisiert der Rechnungshof die vage Zielbeschreibung der Förderkataloge – darum sei es fast unmöglich, den Erfolg der Milliardenflüsse seriös zu beurteilen. Zwischen 1994 und 1999 gingen so fünf Milliarden Euro zur Förderung der »lokalen Beschäftigung« an Projekte in den Mitgliedsstaaten – doch was mit lokaler Beschäftigung gemeint sei, habe die Kommission nirgends definiert, klagte der Rechnungshof im Oktober 2002.

Genutzt werden die Programme in erster Linie von erfahrenen Vereinen und Organisationen, die sich mit dem EU-Förderdschungel auskennen. »Die EU-Förderprogramme haben gute Ergebnisse gebracht, die aber ganz selten in der Fläche umgesetzt wurden«, fasst Michael Gericke Erfahrungen mit dem EU-Programm Adapt zusammen, das Gericke für die Bundesanstalt für Arbeit bis 2001 verwaltete. »Wir erhalten ja über den ESF sehr viel Geld aus Brüssel zurück«, bekennt Gericke. Doch »im Grunde weiß keiner, was damit genau passiert«.

Bei den drei Adapt-Nachfolgeprogrammen »Equal«, »Xenos« und »Social Capital«, die Ende 2001 anliefen, kam es in Deutschland sogar zu massiven Unregelmäßigkeiten. Weil das Bundesarbeitsministerium sich beim Management überfordert fühlte, vergab es die Organisation aller drei Programme an die Bonner Privatfirma Efp. Aufträge im Wert von 33 Millionen Euro gingen dabei per Federstrich über den Tisch – doch ohne dass Efp die gesetzlich vorgeschriebene Ausschreibung bestanden hätte.

Die kleine Bonner Firma bekam mit der so genannten »Technischen Hilfe« für die Beschäftigungsprogramme sogar das Recht, die Vorauswahl der später zu fördernden Projekte zu organisieren. Das Unternehmen hätte damit allein bei Equal Einfluss auf die Vergabe von 514 Millionen Euro EU-Gelder gehabt – und auf weitere Hunderte von Millionen aus der nationalen Kasse.

Im Oktober 2001 kam es wegen Sibylle Honnefs Auswahlmethoden zum Krach. Gleich mehrere Teilnehmer einer Sitzung des so genannten Equal-Begleitausschusses warfen Efp und dem Arbeitsministerium »mangelnde Transparenz im Hinblick auf die Bewertung und Auswahl der Anträge sowie die Gewichtung der Bewertungskriterien« vor. Wie sei die Auswahl zustande gekommen?

Monatelang nahm der damalige Arbeitsminister Walter Riester (SPD) Kritik der Kommission, der Presse und der Opposition an der Auswahl und der Arbeit von Efp nicht ernst – bis er Ende 2001 drei verantwortliche Beamte suspendieren ließ und ein Disziplinarverfahren gegen den Referatsleiter Kurt Brüss einleitete. Der Beamte hatte offenbar jahrelang unbehelligt und weitgehend selbständig über die Umsetzung der Sozialfondsprogramme in Deutschland befunden. Unter seiner Verantwortung verwendete das Arbeitsministerium das Geld aus den Beschäftigungsprogrammen sogar, um Prozesskosten zu bezahlen, die wegen der unrechtmäßigen Vergabe des Auftrags an Efp entstanden waren – das geschah »zu Unrecht«, stellte der Bundesrechnungshof später fest.

Minister Riester musste sich deswegen gegen Rücktrittsforderungen von CDU und FDP wehren – doch die Masse der EU-Gelder war aus seiner Sicht nie gefährdet. Wahr ist: Schummeleien mit EU-Strukturgeldern sind ein pures Kavaliersdelikt. Kommt ein Fall ans Licht, streicht die Kommission zwar die Förderung – doch der Empfängerstaat kann das Geld sogleich in ein anderes Projekt umleiten.

Seit Jahren kritisiert der Europäische Rechnungshof, dass die Finanzkontrolle der Strukturfonds lückenhaft ist. Schuld daran sind zunächst die Mitgliedsstaaten. Sie verschleppen Prüfungen und übermitteln wichtige Daten nicht nach Brüssel. Die Kommission wiederum nimmt das allzu häufig hin. Ende 2001 schlug der Rech-

nungshof Alarm: »Wiederholt« sei die Kommission darauf hingewiesen worden, dass bei den Struktursubventionen ihre Vor-Ort-
Kontrollen »unzulänglich« seien. Jetzt – seit einer Reform – habe
ihre Zahl in einigen Bereichen sogar noch weiter abgenommen.

Die CSU-Europaabgeordnete Gabriele Stauner hält die Zahl der
offiziell gemeldeten Betrügereien nur für die »Spitze eines Eis-
bergs«. In der Tat ist auffällig, dass etwa im Jahr 1999 der Hauptprofiteur Spanien nur einen einzigen Betrugsfall nach Brüssel melde-
te – Deutschland hingegen 25 und Italien 39.

Die komplizierten bürokratischen Verfahren schrecken die Mitgliedsstaaten trotzdem zunehmend ab, Strukturgelder überhaupt
abzurufen – zumal die Projekte aus der nationalen Kasse mit bezu-
schusst (EU-Deutsch: kofinanziert) werden müssen. Seit der Euro-
Stabilitätspakt zum Sparen zwingt, gibt es dafür nicht mehr viel
Spielraum.

Auf fast 83 Milliarden Euro belief sich der Rückstau nicht abgerufener Strukturfondsmittel im Frühjahr 2002. Das ist fast das Dreifache eines Jahresbudgets für diesen Posten. Zum Teil stammen die
nicht abgerufenen Mittel noch aus den neunziger Jahren. Jetzt wird
das System allerdings reformiert. Die Gelder dürfen höchstens mit
zweijähriger Verspätung abgerufen werden. Ausnahmen sind zulässig.

Gerade bei deutschen Länderfürsten regt sich Widerstand an der
Brüsseler Regionalförderung. »Die Strukturfonds sind zu aufwen-
dig. Warum erst zahlen, um das Geld dann in einem komplizierten
bürokratischen Procedere wieder zurückzubekommen?«, fragt der
ehemalige niedersächsische Ministerpräsident Sigmar Gabriel. »Ein
einfacher Finanzausgleich, wie er in Deutschland zwischen reichen
und armen Bundesländern praktiziert wird, wäre sinnvoller«, sagte
der ehemalige Rechnungshofpräsident Bernhard Friedmann der
»Süddeutschen Zeitung«.

Damit wären allerdings einige ganz konkrete Arbeitsplätze in
Brüssel bedroht – die der Beamten in den Generaldirektionen für
Regionalpolitik und Beschäftigung, die die Programme entwerfen

und die Gelder verteilen. Die geförderten Projekte seien doch eine schöne Reklame für Europa, argumentiert die EU-Administration.

Wie man Brüssel melkt

Agrar- und Strukturfonds werden von den Mitgliedsstaaten ausgegeben – die Kommission in Brüssel ist lediglich für die Kontrolle verantwortlich. Doch ein beachtlicher Teil des EU-Haushalts liegt ganz allein in den Händen der Brüsseler Exekutive. Im Jahr 1999 schätzte die Behörde selbst die Zahl der von ihr geförderten Projekte auf »mehr als 100 000«. Und überall dort, wo die Kommission das Geld selbst ausgibt, geht besonders viel daneben. Der EU-Rechnungshof attestierte ihr im Jahr 1999, dass ein Drittel aller von der Behörde direkt getätigten Zahlungsvorgänge mit »wesentlichen Fehlern« behaftet sei. Meist war die Folge, dass an Empfänger »zu viel ausgezahlt« wurde. Pierre Lelong vom französischen Rechnungshof, einer der fünf Weisen, die im März 1999 die Kommission zu Fall brachten, kommt zu einem vernichtenden Schluss: Die Kommission sei schlicht »unfähig«, das Geldausgeben vernünftig zu organisieren.

Im Juni 2002 spießte der Europäische Rechnungshof ein schlagendes Exempel auf: Es ging um das mit 920 Millionen Euro dotierte Jugendprogramm Sokrates. Es soll europaweit Ausbildungs- und Universitätsprojekte fördern, krankt aber von Anfang an daran, dass es »zu viele und zu vage formulierte Ziele« enthielt. Da wurden Gelder bewilligt, ohne dass die Nutznießer konkrete Belege vorzulegen brauchten. Erklärungen »auf Ehrenwort« genügten, und die Kommission überwies allerlei Jugendprojekten bis zu 79,5 Prozent der Fördergelder.

»Zahlreiche Studienaufträge« vergaben die Brüsseler Beamten an »externe Beraterbüros«. Für die Prüfer des Rechnungshofes ließen sich jedoch »keine Nachweise« finden, dass alle diese Studien überhaupt »ausgewertet« wurden. Eine interne Prüfung der zuständigen Kommissionsdienststelle, die viele Missstände aufdeckte, wurde von den Beamten offenbar sogleich in die Schublade gepackt. Bei mehreren von Sokrates geförderten Projekten stießen die Prüfer auf möglichen Betrug. Drei Fälle übergaben sie dem Betrugsbekämpfungsamt Olaf.

Welche Konsequenz zog die Kommission aus diesem Desaster? Sie erhöhte nicht etwa die Zahl der Prüfungen, sondern reduzierte sie. Von 20000 laufenden Verträgen im Bereich Bildung und Kultur wurden unter der zuständigen Kommissarin Viviane Reding im Jahr 2001 lediglich zwölf Kontrakte mit einem Gesamtwert von lediglich 1,87 Millionen Euro untersucht – statt immerhin 172 im Jahr 2000.

Firmen und Organisationen, die von der Kommission überhöhte Zahlungen verlangen, riskieren bis heute kaum etwas. Das Kontrollrisiko ist gering. Wer trotzdem erwischt wird, muss in der Regel nur die Überzahlungen zurückerstatten. Sanktionen sind in der Brüsseler Behörde unüblich. Der Rechnungshof bemängelte Ende 2002 massive Misswirtschaft beim fünften Forschungsrahmenprogramm. Bei »allen 19 geprüften Verträgen« hatten die Begünstigten die Kosten »entweder zu hoch« angegeben, oder sie konnten die Kosten »nicht nachweisen«. Doch weil »vertraglich festgelegte Sanktionen fehlen, werden die Begünstigten kaum davon abgehalten, ihre tatsächlichen Kosten zu hoch anzugeben«, klagen die Prüfer.

Kein Wunder, dass die Empfänger etwa in der europäischen Forschung längst den Eindruck haben, es gehe der Kommission in erster Linie darum, das Steuergeld irgendwie loszuwerden – egal was anschließend passiert. Die Förderung werde dem Bedarf oft »wenig gerecht«, schrieb unlängst der französische Physiker und Nobelpreisträger Pierre-Gilles de Gennes. Doch, so der Wissenschaftler, wenn das Geld abfließe, sei »Brüssel erleichtert«, wie »die Kühe erleichtert sind, wenn man sie melkt«.

Was weg ist, ist weg

Wenn die Kommission versucht, zu Unrecht gezahlte Gelder wieder einzuziehen, ist es häufig zu spät. Davon kann die Expertengruppe ein Lied singen, die unter Schreyers Verantwortung versucht, zu viel gezahlte Summen wieder einzutreiben. Wenn die Beamten ihre Rückforderungen stellen, ist es häufig zu spät. Allzu oft ist die begünstigte Firma dann bereits bankrott, und die Gläubiger haben das Nachsehen. Nur »zwischen 20 und 30 Prozent« der durch Betrug ergaunerten Gelder »werden wirklich eingezogen«, heißt es bei der EU-Antikorruptionseinheit Olaf. Im Jahr 2001 war die »Gesamteinziehungsquote« nach Berechnungen des Europaabgeordneten Herbert Bösch sogar gesunken – auf 15,7 Prozent. Im Sommer 2002 stand die Einziehung von sage und schreibe 3,5 Milliarden Euro Steuergeldern aus.

Eine Hauptursache dafür ist das miserable Vertragsmanagement der Kommission. Es ist eine Schwachstelle, die die Reformer um Schreyer und Kinnock nur zögerlich anpacken. Über hunderttausend Kontrakte schließt die Kommission pro Jahr – aber oft sind die so abgefasst, »dass ein Anwalt herzlich lacht, wenn er die sieht«, spottet ein interner Prüfer.

Weit verbreitet in der Kommission ist die Praxis, großzügige Vorschusszahlungen zu leisten, ohne den Leumund des Begünstigten ernsthaft zu prüfen. Keine Vorschrift zwingt die Beamten, von Firmen und Organisationen Bankbürgschaften zu verlangen. Hinzu kommt: Zwar unterhält die Kommission seit Jahren eine riesige Datenbank, in der über 250 000 Vertragspartner aufgeführt werden und schwarze Schafe markiert sind – aber nach völlig unklaren Kriterien. Noch im November 2001 sind diese Mängel nicht wirklich behoben: Musterverträge und eine funktionierende zentrale Datenbank würden »schrittweise« angestrebt, teilt die Kommission da dem Parlament mit – zwei Jahre nach Schreyers Amtsantritt.

Nur etwa ein Dutzend Beamte ist in ihrer Generaldirektion Haushalt mit dem Einziehen von Geldern beschäftigt – dabei bringt jeder Beamte dem Steuerzahler geschätzte 40 Millionen Euro im Jahr. Tatsächlich ertrinkt die kleine Mannschaft in Arbeit.

Nicht einmal einen vernünftigen Überblick über ihre Außenstände haben die Schreyer-Leute. Ursache sind systematische Fehlfunktionen des Buchführungsprogramms Sincom. Es erlaubt den Inkasso-Beamten weder ein ordentliches Reporting noch eine automatische Terminüberwachung, wenn Schuldner mit Zahlungen im Verzug sind. Für die Subventionsempfänger ist das eine schöne Sache – denn die EU erhebt keine Verzugszinsen. Folglich fehlt der Anreiz, sich bei der Zahlung der Schulden zu beeilen.

Schlamperei beim Finanzmanagement führt immer wieder dazu, dass selbst hohe Summen unwiderbringlich verschwinden. Die Kommission habe 1,1 Milliarden Euro an regelwidrig überhöhten Subventionen für Raps-, Soja- und Sonnenblumenanbauer genehmigt – und wegen des Brüsseler Segens sei es nun »rechtlich nicht möglich«, die zu Unrecht geflossenen Gelder wieder einzuziehen. So klagte der Europäische Rechnungshof im September 2001. Die Kommission mochte diese Kritik jedoch nicht akzeptieren.

Nach den EU-Regeln sind Beamte, die für grobe Fehler verantwortlich sind, eigentlich zum Schadensersatz verpflichtet – »aber das wurde nie praktiziert«, klagt der Luxemburger EU-Rechnungshofvertreter François Colling.

Wie groß ist der Betrug?

Wo ist die Grenze zwischen Schlampereien, Unregelmäßigkeiten und Betrug? Sicher ist: Die drei Phänomene treten gerne gemeinsam auf. Hinzu kommt: Der Haushalt der EU ist ein fast reiner Subventionshaushalt. Er ist deshalb, so Ex-Rechnungshof-Mann Friedmann, »in hohem Maße betrugsanfällig«. Selbst Franz-Hermann Brüner, dem Chef des EU-Betrugsbekämpfungsamtes, wird »manchmal schwindlig« angesichts der Beträge, die ergaunert werden. Wie groß der Schaden ist, gilt als umstritten. Etwa fünf Prozent des Brüsseler Haushalts seien mit Unregelmäßigkeiten – nicht immer Betrug – behaftet, sagt der Rechnungshof. Das wären etwa fünf Milliarden Euro. Der Betrugsbericht der Kommission spricht im Jahr 2000 von möglichen Fällen von zwei Milliarden Euro – zwei Prozent des Haushalts. Mireille Delmas-Marty, Professorin an der Sorbonne in Paris und Mitglied des Überwachungsausschusses des EU-Betrugsbekämpfungsamtes, ist weitaus skeptischer: Der Betrug zu Lasten der Union gehe »wahrscheinlich eher an die 10 Prozent«. Das entspräche zehn Milliarden Euro – mehr als der deutsche Nettobeitrag zur EU.

Rechnungsprüfer blitzen ab

Das Urteil des Europäischen Rechnungshofs spricht Bände: Achtmal in Folge verweigerte die in Luxemburg ansässige Prüfinstanz der Kommission das geforderte Testat für ordnungsgemäße Haushaltsführung. Das Verhältnis zwischen dem erst 1977 auf Initiative des deutschen Europaabgeordneten Heinrich Aigner gegründeten Hofs und der Brüsseler Administration ist oft gespannt. Auf Kritik reagiert die Kommission allzu häufig eher abwehrend als mit dem Versuch, die Dinge zu verbessern.

Die ehemalige ÖTV-Chefin Monika Wulf-Mathies war von 1994 bis 1999 als Kommissarin für die Verwaltung der Strukturfonds verantwortlich und blickte nach dem Ende ihrer Amtszeit kritisch zurück: »Ich habe mir lange Zeit die Zähne daran ausgebissen, die Kooperation mit dem Rechnungshof zu verbessern«, erzählt sie. Sie habe »den Rechnungshof als Verbündeten gesehen und nicht als Feind«. Anders die Beamten: Die betrachteten Rechnungshöfe »eher als Feinde, weil sie den Finger auf die Wunde legen«.

Raumschiff Brüssel

Seit Wulf-Mathies' Abschied hat sich das nicht grundlegend geändert. Nur allzu gerne ignoriert die Kommission die Mängelrügen
aus Luxemburg. »Jedem, der die Berichte des Hofes seit der Aufnahme seiner Tätigkeit liest, wird auffallen, wie häufig der Hof ähnliche
Bemerkungen bezüglich notwendiger Verbesserungen in der Be-
wirtschaftung der Gemeinschaftsmittel auf allen Ebenen und in allen Haushaltsbereichen wiederholen musste«, schreiben die Prüfer
im November 2002.

Doch der Rechnungshof selbst untergräbt immer wieder seine
eigene Glaubwürdigkeit mit widersprüchlichen Aussagen. Obwohl
er der Kommission Jahr für Jahr bescheinigt, keine funktionierende
Rechnungsführung zu haben, beglaubigt er trotzdem die so entstan-
denen Haushaltsbücher als zuverlässig – amtliche Schizophrenie. Bei
den Büchern, die Schreyer für das Jahr 2001 vorlegte, fehlte sowohl
die Beglaubigung der amtierenden Rechnungsführerin als auch der
ebenfalls vorgeschriebene Stempel des Finanzkontrolleurs – doch der
Rechnungshof wollte diese Missachtung geltender Vorschriften
nicht beanstanden. Die Luxemburger Prüfer, anders als der Bundesrechnungshof, nennen in Fällen von Missbrauch und Geldverschwendung so gut wie nie Ross und Reiter.

Seit dem Jahr 2000 veröffentlicht der Rechnungshof nicht einmal
mehr die von ihm festgestellte Fehlerrate bei Zahlungsvorgängen –
obgleich sie offensichtlich EU-weit wie bisher bei etwa fünf Prozent
verharrt. Die Leisetreterei rührt aus der Tatsache, dass auch der Europäische Rechnungshof ein veritables Kungelgremium ist: Vertreter aus allen 15 Mitgliedsstaaten sitzen um den Tisch und fassen alle
Beschlüsse gemeinsam. Bald werden es wegen der Erweiterung 25
sein.

Allzu scharfe Kritik am Haushaltsgebahren anderer verkneift
sich der Rechnungshof vielleicht noch aus einem anderen Grund:
Auch in seinen eigenen Reihen gibt es schwarze Schafe. Kalliopi
Nikolaou, griechisches Mitglied des Hofes bis 2001, geriet kurz nach
ihrer Rückkehr in die Heimat in den Verdacht, massive Unregelmäßigkeiten begangen zu haben. So soll die Hellenin einem Mitarbei-

ter geholfen haben, mit Hilfe gefälschter Dokumente 28 000 Euro Urlaubsgeld zu erschwindeln. Kalliopi verlangte für Jobvermittlungen an Verwandte und Bekannte angeblich sogar Geld. Die Griechin wies das zurück – bestritt aber nicht, dass auf ihre Empfehlung ihr Neffe als Berater eingestellt wurde. Die Betrugsbekämpfungsbehörde Olaf übergab den Fall im November 2002 an die Luxemburger Justiz.

Krieg den Kontrolleuren!

Als die deutsche Grünen-Politikerin Michaele Schreyer im September 1999 als Kommissarin für Haushalt und Finanzkontrolle antritt, hat sie einen klaren Auftrag. Die alte Kommission war über schlechte Finanzkontrolle und Betrug gestürzt – Schreyer soll nun Ordnung in den Laden bringen. »Null Toleranz« bei Betrug und Misswirtschaft, lautet die Parole, unter der Prodi und die Seinen den Bruch mit der Vergangenheit ankündigen. Schreyer soll dieses Programm in die Praxis umsetzen. Zwar verfügt sie über keinerlei internationale Erfahrung. Doch als Grüne scheint sie für den Job wie prädestiniert. Schreyers deutsche Parteifreunde im Europaparlament – allen voran die Rheinländerin Edith Müller – haben sich bei der Korruptionsbekämpfung einen Namen gemacht. Viele erwarten, dass die erste grüne Kommissarin der EU-Geschichte daran anknüpft.

Doch diese Erwartungen enttäuscht sie rasch. Dabei arbeitet die Ökonomin hart. Schreyer hat Akten gern, so sehr, dass sie auch mal die Nacht mit ihnen verbringt. Ihr Fahrer Walter Köhler benutzt zeitweise einen Wäschekorb, um all die Ordner jeden Abend gegen neun Uhr aus ihrem Büro hinunter zum Dienstmercedes zu tragen, dann rauf in Schreyers Appartement – und am nächsten Morgen wieder retour. Der Chauffeur macht zwischendurch Feierabend.

Michaele Schreyer besorgt sich im Spätshop etwas zu essen – und kontrolliert dann die Zahlenkolonnen ihrer Beamten.

»Manche sind hier verblüfft, wenn ich einen Haushaltsvorschlag nachrechne und einen Fehler entdecke«, strahlt sie eines Tages – als wäre sie nicht die EU-Kommissarin für Haushaltsfragen, sondern ihre eigene Fachreferentin. Doch wer trifft derweil die Grundsatzentscheidungen?

Schreyer ist von hartgesottenen Apparatschiks eingemauert, bevor sie ihre Arbeit aufgenommen hat. Sie lässt sogar den Chef der Generaldirektion für Haushalt, Jean-Paul Mingasson, auf seinem Posten. Der ist seit 1989 im Amt und gilt manchen als mitverantwortlich für die Misswirtschaft, über die die Kommission Santer stürzte. Der Franzose ist ein Sprössling der Elitehochschule ENA und ein Zyniker von hohen Gnaden. Als die Innenrevision der Kommission ihn im Frühjahr 2002 warnt, die »Unzuverlässigkeit« seiner Buchführung gefährde die Haushaltsentlastung durch das Parlament, giftet er zurück: Die Prüfer hätten wohl nicht begriffen, dass die Entlastung viel mehr mit dem »Machtspiel der Institutionen« zu tun habe. Soll offenbar heißen: Zuverlässige Bücher sind zweitrangig.

Der Franzose ist nicht der einzige Schreyer-Berater mit Kommissionsvergangenheit. Ausgerechnet einen ehemaligen Mingasson-Untergebenen, den Deutschen Eckart Guth, ernennt die Kommissarin zum Chef ihres engsten Mitarbeiterstabes. Niemand in Schreyers Kabinett hat vertiefte Kenntnisse in Finanzkontrolle und Betrugsbekämpfung.

Die ersten Schritte der Kommissare versetzen Europaabgeordnete und reformwillige Beamte prompt in Erstaunen. Gleich nach Amtsantritt, im Oktober 1999, schließt Schreyer ausgerechnet das Referat für »Interne Prüfungen« unter dem Holländer Daniel van der Spree. Es hat viele Skandale der vergangenen Jahre mit aufgedeckt und wird dafür vom Rat der Weisen gelobt. Eigentlich hat die Kommission versprochen, derartige Prüfdienste auszubauen. Doch erst über ein Jahr später kommt eine neue gleichwertige Abteilung langsam in Gang.

Die Betrugsexperten im Europaparlament sehen die Grüne rasch als Reinkarnation des bekannten Brüsseler Ungeistes. »Ich habe das Gefühl, sie hat sich etwas zu schnell eingewöhnt«, sorgt sich der österreichische Sozialdemokrat Herbert Bösch schon nach Schreyers ersten Monaten im Amt. Die Zweifel werden nicht weniger, als die Haushaltskommissarin und ihr Kollege Kinnock Pläne für ein besseres Finanzmanagement vorstellen. Das Kernstück: Die Generaldirektion für Finanzkontrolle soll nicht etwa gestärkt – sondern ganz abgeschafft werden. Diese Schreyer unterstehende Behörde hatte bisher zentral und kommissionsweit die Zahlungsvorgänge kontrolliert und mit einem Unbedenklichkeitsstempel versehen. Jetzt sind ihre Tage gezählt.

Die Kontrolleure hätten den Betrug in der Vergangenheit nicht verhindert und überdies den Beamten die Illusion vermittelt, die Geldflüsse seien in Ordnung, argumentieren die Befürworter der Reform. »Das ist ungefähr so, wie wenn sich in einem Wohngebiet die Zahl der Einbrüche verdoppelt und die Polizei daraufhin anordnet, dass alle Wachhunde abgeschafft werden«, hält die CSU-Abgeordnete Gabriele Stauner dagegen. Tatsächlich hatten die Kontrolleure in der Vergangenheit immer wieder und oft vergebens versucht, unzulässige Zahlungen zu verhindern. Nur dank der Finanzkontrolle flogen viele Skandale überhaupt erst auf. Allerdings hatten sich die Prüfer damit in der Kommissionshierarchie auch viele Feinde gemacht. Versuchen die Leute um Mingasson nun, die letzten Barrieren für Verschwendung und Misswirtschaft zu beseitigen? Genau dieser Eindruck macht sich unter den Betrugsexperten im Europaparlament breit.

Aber nein, entgegnet die Kommission. Man schaffe ja eine neue Prüfinstanz als Ersatz: Auditoren in den Generaldirektionen und in einem zentralen so genannten Internal Audit Service (auf Deutsch: Innenrevision) sollen nun im Nachhinein Geldströme und Kontrollsysteme in den Dienststellen prüfen. Schreyer und Kinnock berufen sich dabei auf den Rat der Weisen. Der hatte mit seinem kritischen Bericht den Sturz der Santer-Kommission ausgelöst – und in der Tat die Abschaffung der Finanzkontrolle gefordert. Freilich lesen die Kommissionsoberen diesen Bericht sehr selektiv. Denn die Weisen hatten auch angemahnt, zum Ersatz andere Kontrollen zu stärken – etwa die Stellung des Rechnungsführers. Unter Schreyer geschieht nun das Gegenteil. Selbst die Schreyer unterstellte Finanzkontrolleurin Edith Kitzmantel kritisiert Mitte 2002 diese gravierende Lücke der Reform. Während das Maßnahmenpaket »größtenteils« auf den weltweit anerkannten so genannten Coso-Prinzipien für Finanzmanagement beruhe, habe sich die Kommission ausgerechnet dort »nicht auf das Coso-Modell gestützt«, wo es um die Rolle des Rechnungsführers gehe. Normalerweise habe der eine »zentrale Rolle«, um eine fehlerhafte Buchführung zu vermeiden.

Zum Ersatz seien andere zentrale Kontrollsysteme nötig, damit die Kommission »trotzdem eine ausreichende Zuverlässigkeit« erlangt, meint Finanzkontrolleurin Kitzmantel. Bei Schreyer stößt das auf taube Ohren. Sie und Kinnock setzen darauf, alle Verantwortung für die Finanzkontrolle den Generaldirektoren zuzuschieben. Es ist eine Verantwortung, die reichlich abstrakt bleibt, denn auch unter Prodi müssen die Chefbeamten für Fehlverhalten keine ernsthaften Konsequenzen erdulden – falls Fehler mangels Kontrollinstanzen überhaupt noch auffallen.

Denn die Generaldirektionen sind kaum dafür vorbereitet, die Verantwortung für ihr Finanzmanagement zu übernehmen. 17 der 36 Generaldirektoren beklagten für das Jahr 2001 laut Rechnungshof, sie hätten »nicht die notwendigen Informationen über die Funktionsweise« ihrer Kontrollsysteme. Tatsächlich reduzierten die Generaldirektoren die Finanzprüfungen sogar. Die Zahl der Kontrollen war »im Jahr 2001 insgesamt rückläufig«, notierte der Rechnungshof. Die von Schreyer geschasste Ex-Chefbuchhalterin Marta Andreasen glaubt darum, die Reformpläne würden das »Betrugsrisiko« nicht verringern, sondern »deutlich erhöhen«.

Zu Beginn der Reform machen Schreyer und Kinnock Versprechen, die sie hinterher nicht halten. Man werde »die gleichen Bestimmungen« für die Unabhängigkeit des neuen Auditdienstes vorsehen, wie sie »jetzt für den Finanzkontrolleur gelten«, versprechen sie anfangs. Später ist davon nicht mehr die Rede. Chefauditor Jules Muis darf nun im Streitfall weder das Kollegium der Kommissare anrufen noch den Europäischen Gerichtshof.

Der Chefauditor macht intern schnell klar, dass er von der gefundenen Konstruktion nicht viel hält. Dringend müsse ein neuer zentraler Kontrolleur her, der die Finanzströme überwache, bevor das Geld perdu sei. Andernfalls drohten »neue Kontrolllücken«, schreiben Muis-Mitarbeiter in einem internen Papier im November 2001. Doch Schreyer stellt sich taub. Es gebe »keine Stellungnahme« des Auditdienstes zu ihrer neuen Haushaltsordnung, behauptet sie unverdrossen – dabei liegt das Papier schwarz auf weiß vor.

Trotz der massiven internen Kritik gelingt es der Kommissarin, den Ministerrat von ihrem Konzept zu überzeugen. Aber was wissen die Beamten der Mitgliedsstaaten über das, was in der Kommission vor sich geht?

Unverdrossen optimistisch lobt auch der spanische EU-Rechnungshofpräsident Juan Manuel Fabra Vallés Ende 2002 Schreyers Reform: »Ich glaube, wir sind wirklich auf einem gutem Weg.« Dass sein eigener Jahresbericht dafür kaum Belege liefert, stört den Spanier nicht. Tatsächlich bemängelt der Hof wie in den Vorjahren, dass die Kommission »nur in wenigen Fällen über hinreichende Anhaltspunkte für die Bewertung der Rechtmäßigkeit und Ordnungsmäßigkeit« ihrer finanziellen Transaktionen »verfügte«.

Bei der Abschaffung der Finanzkontrolle arbeiten Schreyer und ihre Beamten trotzdem rasch und gründlich. Schon Ende 2002 wird der Kontrolldienst von Schreyer komplett aufgelöst (übrigens ohne vielen der qualifizierten Finanzexperten einen Anschlussjob in der Kommission vermittelt zu haben). Doch den Bereich, der unstreitig die größten Mängel aufweist, lässt die Kommissarin drei Jahre weitgehend unangetastet: das manipulationsanfällige Buchführungssystem Sincom. Auf Kritik der gefeuerten Chefbuchhalterin Andreasen und des Rechnungshofs antworten die Kommissarin und ihre Beamten nur lahm. Eine Grunderneuerung wäre »extrem kompliziert«

und »extrem teuer«, entschuldigt sich ein Schreyer-Mitarbeiter im Parlament. Kosten von 30 Millionen Euro veranschlagt die Kommission – zu viel angesichts eines 100-Milliarden-Haushaltes?

Kritiker fragen sich, ob die Kommission womöglich bewusst an einem leicht manipulierbaren System festhält. Sincom mag eine Missgeburt sein, doch es ist das Baby von Generaldirektor Mingasson. Unter seiner Führung entwickelte die Kommission das Buchführungssystem, eine krude Kombination aus einem bewährten Programm des deutschen Softwarehauses SAP und einem traditionellen Kommissionsgewächs. Offenbar bewusst beschloss die Kommission, einige SAP-Funktionen nicht aufzunehmen, »die eine Grundlage für wirksame Kontrollverfahren hätten bilden können«, kritisiert der Rechnungshof.

Als Andreasen im Mai 2002 den Finger in die Wunde legt, reagieren Schreyer und Kinnock mit persönlichen Attacken auf die Kritikerin. Viele Kommissionsaussagen erweisen sich rasch als irreführend oder grob falsch. Man arbeite bei der Sincom-Reform »Hand in Hand« mit dem Rechnungshof, versichert ein Kinnock-Sprecher. Davon weiß man beim Rechnungshof nichts. In einem internen Memorandum vom 17. Oktober 2002 beklagen die Prüfer, dass Schreyer bisher »keinerlei konkrete Schritte« unternommen habe, um einen seit 16 Monaten vorliegenden Aktionsplan umzusetzen.

Die Probleme seien behoben, wenn man von der Kassen- zur Periodenbuchhaltung übergegangen sei, versucht Schreyer zu suggerieren – später wird sie vom Rechnungshof ermahnt, dieses Thema bitte schön »deutlich« von den Mängeln des Computersystems zu trennen und diese Mängel »dringend« zu beheben. Auch im Dezember 2002 hat Schreyer diese Bitte noch nicht erfüllt. Statt das Computersystem grundzusanieren, will sie erst mal weitere Gutachten bestellen.

Energisch gehen Schreyer und Kinnock nur gegen ihre Kritikerin Andreasen vor. Der Furor der Kommissionsoberen ist so groß, dass sie sogar der Chef des Juristischen Dienstes vor unüberlegten Schritten warnen muss. Nach Überprüfung der Andreasen-Akte, so

Chefjurist Michel Petite in einem internen Schreiben im Juli 2002, müsse er darauf hinweisen, wie »wichtig« es sei, die »Verhältnismäßigkeit zwischen einer möglichen Disziplinarstrafe und dem erkannten Fehlverhalten zu wahren«. Petite setzt hinzu: »wenn es solches gegeben hat«.

Dennoch: Weder in der Kommission noch im Europaparlament möchte man die kritische Beamtin anhören. Am Ende läßt sich Andreasen in die Arme der britischen Konservativen treiben. Die Euroskeptiker von der Insel sind dankbar für eine Kronzeugin gegen die EU-Verwaltung und bieten ihr einen Platz auf der Kandidatenliste für die kommenden Europawahlen im Jahr 2004.

Michaele Schreyer, die grüne Oppositionspolitikerin von einst, scheint ihrerseits in Rekordfrist zur rachsüchtigen Technokratin mutiert – ein tragisches Lehrbeispiel für die Vereinnahmung einer Politikerin durch ihre Bürokratie.

Zunehmend kapselt Schreyer sich ab, fühlt sich unablässig unter Wert verkauft. Dreimal in drei Jahren wechselt sie den Pressesprecher.

Ihre Mitarbeiter schirmen die Kommissarin offenbar immer sorgfältiger vor der Realität ab. Als Schreyers Entwurf einer neuen Haushaltsordnung in die Kritik gerät, zitiert die Kommissarin zu ihrer Verteidigung »eine sehr positive Stellungnahme« des Rechnungshofs vom Februar 2002. Tatsächlich watschten die Luxemburger Prüfer dort Schreyers Entwurf grausam ab: Der Text sei »nicht vertragskonform«, an anderen Stellen »nicht durchführbar« und in manchen Formulierungen »äußerst unzulänglich abgefasst und dadurch verwirrend«.

Wahrlich, sehr positiv.

Wie Columbo in Brüssel aufläuft

Auch ein Landsmann hat unter der autoritären Grünen zu leiden. Franz-Hermann Brüner, Chef des Betrugsbekämpfungsamtes Olaf, verdreht oft nur die Augen, wenn Schreyers Name fällt. Seit Anfang März 2000 amtiert der ehemalige bayerische Staatsanwalt als Direktor des Office de la Lutte Anti-Fraude (kurz: Olaf). Und seitdem hat er immer wieder das Gefühl, dass ihm die Kommissarin Knüppel zwischen die Beine wirft – und mehr noch hohe Beamte in Schreyers Kabinett.

Franz-Hermann Brüner setzt eigentlich auf den Columbo-Effekt. So wie den schusseligen TV-Inspektor soll man auch ihn am besten erst mal unterschätzen. Was, dies soll der oberste Betrugsbekämpfer der Europäischen Union sein, der Jäger nach den verschwundenen Subventionsmillionen? Dieser kleine, rundliche Herr, der abgehackte Sätze in einen grauen Walter-Ulbricht-Bart nuschelt und zwischendurch hektisch an der Pfeife zieht?

Doch sein Lebenslauf beeindruckt. In München war er unerschrocken gegen Straßenbaukartelle und bestechliche Beamte vorgegangen. Als Anti-Betrugs-Beauftragter in Bosnien sammelte er internationale Erfahrung. Und auch in Brüssel geht er optimistisch an die Arbeit: Schon in den ersten 100 Tagen werde er die Behörde umstrukturieren. Nein, die komplizierte Verwaltung der Kommission schrecke ihn nicht. Und hatte nicht Kommissionspräsident Romano Prodi versprochen, dass der Kampf gegen Betrug und Missmanagement seine oberste Priorität sei?

Es dauert nur acht Monate, dann ist Brüner gründlich desillusioniert. Der gebürtige Bad Nauheimer nimmt seinen Mut zusammen und schlägt Krach. Der Aufbau von Olaf werde von hohen Kommissionsleuten »ganz erheblich behindert«, beschwert er sich bei einer Anhörung vor Europaabgeordneten und Vertretern der Mitgliedsstaaten. Kommissarin Schreyer sitzt unter den Zuhörern und starrt auf die rote Akte auf ihrem Pult. Währenddessen liefert Brüner auch gleich eine Erklärung für die Blockadepolitik, unter der er zu leiden habe. Als Olaf 1999 nach dem Sturz von Jacques Santer gegründet wurde, sei die Kommissionsbürokratie »sehr schwach« gewesen. Damals habe sie »sich dem Druck des Parlaments beugen« müssen. Nun aber lasse die Administration ihre neu gewonnenen Muskeln spielen. »Teile der Kommission versuchen, das Terrain mit administrativen Wegen wiederzugewinnen«, klagt Brüner. Es klingt, als spreche er über eine mafiose Vereinigung – nicht über eine öffentliche Behörde.

Brüner sucht sein Heil im offenen Streit, weil die Kommission unverhüllt daran arbeitet, die Unabhängigkeit seiner Ermittler zu beschädigen. Die war Olaf anfangs zwar amtlich zugesichert worden, auch von der Kommissionsspitze. Doch seit Brüners Amtsantritt versuchen hohe Kommissionsbeamte um den von Prodi ernannten Generalsekretär David O'Sullivan, sich bei der Auswahl von Olaf-Spitzenpersonal einzumischen. O'Sullivan besteht darauf, künftige Olaf-Direktoren in einem Auswahlgremium anhören zu lassen, in dem Kommissionshierarchen unter seinem Vorsitz die Mehrheit haben. Auch Brüner müsse ein Interesse haben, »die Auswahl von höheren Führungskräften transparent zu gestalten«, argumentiert Schreyer – als ob Transparenz bedeute, dass Kommissionsbeamte mit entscheiden, wer ihr Finanzgebaren untersucht.

In Berlin verfolgt Finanzminister Hans Eichel die Machtspiele der Prodi-Leute mit wachsendem Ingrimm. Unter Eichels Ägide war Olaf 1999 während der deutschen Ratspräsidentschaft gegründet worden. Und der Finanzminister hat bereits mitbekommen, dass der Streit um die Direktoren nicht die erste Runde im Machtkampf zwischen Brüner und der Kommission ist. Von Anfang an versuchen die Kommissionsoberen, den Aufbau einer eigenständigen Betrugsbekämpfungsbehörde zu torpedieren. Brüner beschreibt den Konflikt gerne zoologisch: »Die Kommission bewegt sich mit der Geschwindigkeit eines Elefanten. Olaf hat eher die Größe einer Maus, die um ihre Unabhängigkeit kämpft.«

Der Elefant hat die erste Runde schon gewonnen, da ist Brüner noch lange nicht im Amt. Bei der Olaf-Gründung im Sommer 1999 überträgt die Kommission einfach en bloc das gesamte Ermittlungspersonal der Vorgängerbehörde Uclaf auf die neue Einheit – obwohl die Uclaf-Leute wegen vieler nicht aufgeklärter Affären und schlampiger Ermittlungsmethoden einen miserablen Ruf haben.

Nach einem Jahr im Amt will Brüner unter dem Druck des Parlaments einige Dutzend diskreditierte Uclaf-Ermittler wieder loswerden – doch Schreyer schützt massive Schwierigkeiten vor. Man habe nicht die nötigen freien Stellen in der Riesenbehörde, lässt die Kommissarin allen Ernstes ausrichten. Später beklagt Brüner, die »nutzlose Diskussion« über Personalversetzungen habe das Amt »während mehr als einem Jahr« unnütz aufgehalten.

Von »echter Frustration« ist nach zwei Jahren auch Raymond Kendall gepackt. Der Brite, ehemaliger Interpol-Generalsekretär, ist Vorsitzender des Überwachungsausschusses, der regelmäßig die Arbeit von Olaf begutachtet. »Ich bin nicht sehr optimistisch, dass der echte Angriff auf den Betrug beginnen kann, wenn die Fortschritte so langsam sind«, bekennt Kendall.

Die Selbständigkeit von Olaf sei nach wie vor »nicht geklärt«, warnen Kendall und seine vier Kollegen. Sie stellen längst auch die Frage, ob Direktor Brüner wirklich unabhängig ist. Bei einer Verlängerung seines Vertrages habe nun mal auch die Kommission ein wichtiges Wort mitzureden. Das schaffe »eine objektive Abhängigkeit«.

Öfters fällt auf, dass Brüner dazu neigt, interne Betrugsfälle in der Kommission herunterzuspielen. Ein neues Dossier mit detaillierten Vorwürfen, das der niederländische EU-Beamte Paul van Buitenen im August 2001 Olaf übergeben hat, wird von Brüner öffentlich vom Tisch gewischt – es enthalte wenig Neues. Tatsächlich leitet die Betrugsbekämpfungsbehörde auf der Grundlage des Van-Buitenen-Berichts sage und schreibe sechs neue Untersuchungsverfahren ein (siehe nächstes Kapitel).

»Brüner lässt sich von der Brüsseler Bürokratie um den Finger wickeln«, sagt der Betrugsexperte Herbert Bösch der Zeitschrift

»Focus«. Nach wie vor macht Olaf eher Schlagzeilen mit dem Kampf gegen Zigarettenschmuggler als damit, wozu das Amt im Sommer 1999 in erster Linie gegründet wurde: der Aufklärung von Korruption und Misswirtschaft in der Kommission und den anderen EU-Institutionen. Diese internen Untersuchungen stellten nur einen »geringen Prozentanteil« aller Fälle dar, kritisiert Kendalls Komitee.

Im Juni 2002 verfolgt Olaf allein in der Kommission 55 Untersuchungen wegen Betrugs oder groben Fehlverhaltens – doch meist ohne sichtbare Ergebnisse zu produzieren. Für die insgesamt 439 Untersuchungen, die Olaf Ende 2002 allein für die von der Kommission direkt verwalteten Töpfe sowie die Strukturfonds eröffnet hat, beschäftigt Brüner Ende 2002 nur insgesamt 35 Ermittler. Jeder hat folglich im Schnitt mit mehr als zehn Fällen zu tun – ein Fall von falschem Personalmanagement, denn insgesamt hat das Betrugsbekämpfungsamt um die 300 Mitarbeiter.

In Brüners Team arbeiten inzwischen viele hochqualifizierte und erfahrene Ermittler aus ganz Europa. Aber offenbar wird sie nicht immer vernünftig geführt. Da brechen die Ermittler etwa Untersuchungen von Betrugsvorwürfen gegen Eurostat mittendrin ohne erklärbaren Grund ab. Bürger und Beamte klagen immer wieder, dass Anzeigen bei Olaf ohne Antwort bleiben. Kritikern wie van Buitenen erscheint das Amt wie ein »schwarzes Loch«.

Immer öfter übergeben die Kommissionsoberen auch solche Fälle an die Betrugsbekämpfer, die eher unbedeutend scheinen – wohl wissend, dass mit einer Olaf-Untersuchung erst mal Zeit gewonnen ist, in der die schuldigen Beamten vor Konsequenzen sicher sind. »Sie benutzen uns als Mülleimer«, schimpft ein Brüner-Mitarbeiter.

Übergibt Olaf Dossiers an die Justiz eines der Mitgliedsstaaten, behandeln die solche Fälle gerne als zweitrangig. Ermittlungen in zwei Skandalfällen, über die im März 1999 die ganze Kommission stürzte, haben die luxemburgische und belgische Justiz bis Ende 2002 nicht abgeschlossen – aber auch nicht als unbegründet zu den Akten gelegt. Die Zahl der EU-Betrügereien, die am Ende zur Anklage gebracht werden, sei »erschreckend gering«, klagt der Olaf-

Beamte Lothar Kuhl. Die »bisherigen Strukturen« zur Betrugsbekämpfung seien eindeutig »nicht ausreichend« – und das trotz der
bevorstehenden Osterweiterung mit neuen Milliardenrisiken.

Seit 1989 kämpfen Budgetexperten wie die CDU-Europaabgeordnete Diemut Theato darum für einen EU-Finanzstaatsanwalt. Er
müsste über die Ermittlungsarbeit wachen und Fälle erfolgreich vor
Gericht bringen. Trotzdem stößt jeder Schritt in Richtung einer europäischen Justiz in vielen Mitgliedsstaaten auf Widerstand.

Brüner in Brüssel versucht es derweil mit einer Strategie des
Durchwurstelns – anstatt eindeutige Prioritäten zu setzen. Der
Überwachungsausschuss wirft Brüner ganz offen das »Fehlen einer
Untersuchungspolitik« vor: »Der Ausschuss konnte nicht feststel-
len, was die Gründe von Entscheidungen waren, und nicht einmal
ausmachen, ob die Praxis einer einheitlichen Linie folgt.«

8 »EIN NETZWERK DER KORRUPTION?«

>»Nur ein Beamter wurde versetzt – ich!«
>Der EU-Beamte Paul van Buitenen über
>das Ergebnis seiner Korruptionsbekämpfung

Wie in Brüssel Skandale vertuscht werden. Wie Betrugsbekämpfer beide Augen fest zumachen. Wie Beamte sich gegenseitig decken. Wie Kommissare das Parlament anflunkern. Wie es am Ende Konsequenzen vor allem für die gibt, die auf Missstände hinweisen

Kaum einer außerhalb Brüssels kennt diesen Mann. Jean-Jacques Chamla ist weder EU-Kommissar noch Generaldirektor. Der Mann mit den weißen, gewellten Haaren ist ein einfacher Referatsleiter – und war trotzdem jahrelang eine Schlüsselfigur der EU-Administration.

»Sie haben eine aktive Rolle in einem guten Stück europäischer Geschichte gespielt«, preist Kommissarin Michaele Schreyer ihn und weitere Beamte, als sie am 24. November 1999 den Mitarbeitern Medaillen überreicht für 20 Jahre im europäischen öffentlichen Dienst. Schreyer hat da noch keine Ahnung, wie Recht sie hat – zumindest, was Chamla betrifft.

Denn der französische Beamte hatte Macht, große Macht. Acht Jahre lang war er bei der EU-Betrugsbekämpfungsbehörde Uclaf und dann deren Nachfolger Olaf verantwortlich für die internen Ermittlungen – also alle potenziellen Betrugsfälle in der Kommission. Wenn Chamla in Fällen verschwundener Steuermillionen, von Betrug und Korruption ermittelte, konnte das das Ende von Karrieren bedeuten. Ließ der Franzose die Sache ruhen, nahm die Laufbahn ihren ungestörten Fortgang.

Im Mai 2001 verlässt Chamla die Reihen der Betrugsbekämpfer. Der neue Chef Franz-Hermann Brüner will Platz für frische Kräfte schaffen. Doch erst zehn Monate später platzt die Bombe: Olaf kündigt ein Untersuchungsverfahren gegen Chamla und zwei seiner ehemaligen Mitarbeiter an. Sie sind Franzosen wie er und werden nun wie ihr Ex-Chef verdächtigt, allzu oft weggeguckt zu haben statt zu ermitteln.

»Ich habe meine Arbeit getan, wie es sich gehört«, wehrt sich der Angegriffene. Doch Informationen, die der niederländische EU-Beamte Paul van Buitenen in einem Aufsehen erregenden Dossier zusammengetragen hat, scheinen eine andere Sprache zu sprechen.

Die Liste nicht aufgeklärter Fälle, die im Januar 2002 von Olaf-Juristen aufgestellt wird, ist erschreckend lang. Ermittlungen gegen die von dem französischen Beamten Yves Franchet geführte EU-Statistikbehörde Eurostat wurden offenbar ebenso wenig mit dem nötigen Nachdruck vorangetrieben wie Hinweise auf Schmu mit EU-Geld in dem Weiterbildungszentrum CIFE im französischen Nizza. »Obwohl wichtige Informationen vorlagen, die Ermittlungen wegen Betrugs und Unregelmäßigkeiten rechtfertigten, gab es nicht die notwendigen Konsequenzen«, schreiben Brüners Hausjuristen. In anderen Fällen verschwanden Akten offenbar vollständig. Und sogar mögliche Kriminalfälle landeten statt bei der Justiz in der Schublade.

Betrugshochburg Brüssel?

Auf einen Schlag ist die Kommission im Frühjahr 2002 wieder mit Betrug und Vertuschung in den eigenen Reihen konfrontiert – dem Brüsseler Reizthema schlechthin. Über Affären und Skandale stürzte unter Jacques Santer eine ganze Kommission. Sein Nachfolger Romano Prodi kündigt an, Korruption und Missbrauch mit einer Politik der »null Toleranz« zu begegnen. Doch rasch holen ihn Skandale und Affären ein.

Sind Eurokraten womöglich von Natur aus korrupt? Natürlich nicht, genauso wenig wie deutsche Beamte oder Politiker ein Musterbeispiel an Anständigkeit wären. Der Unterschied liegt im System: Werden in Deutschland Betrugsvorwürfe bekannt, stürzen sich Presse und Opposition mit Verve auf den Fall. Abgeordnete treten wegen missbrauchter Bonusmeilen zurück und Minister, weil sie 70 000 Euro eines Lobbyisten akzeptiert haben.

In Brüssel gibt es keine Opposition. Die meisten Parlamentarier wollen in Frieden mit der Kommission leben (und benutzen ihre Bonusmeilen privat – das ist im Europaparlament legal). Als 1999 eine ganze Kommission mit Jacques Santer an der Spitze zurücktreten musste, hatten das nicht die Abgeordneten erzwungen, sondern eher Beamte wie van Buitenen und einige engagierte Journalisten. Die Kommissare mussten daraufhin gehen, das Europaparlament sah sich als Sieger – doch die meisten Affären, über die Santer stürzte, wurden nie wirklich aufgeklärt.

Fast alle verantwortlichen Beamten blieben auf ihren Posten. Einige werden vom neuen Präsidenten Prodi gleich nach seinem Amtsantritt im September 1999 sogar befördert. Er gehe gegen Einzelpersonen nur vor, wenn es »Beweise« gebe, verkündet der Italiener. In Wahrheit gibt es diese Beweise in großer Zahl – was Prodi und seinen Kommissaren fehlt, ist der Mut, gegen belastete Hierarchen vorzugehen. Die folgenden Fallbeispiele sollen das belegen.

Ein Chansonnier plaudert

Dean Rivando bekommt einen Tipp. Auf einem Abendempfang in Brüssel trifft der Ermittler der Betrugsbekämpfungseinheit Uclaf im April 1997 einen Beamten, der auspacken will. Beim EU-Amt für humanitäre Hilfen (abgekürzt: Echo) gehe es nicht mit rechten Dingen zu. Die Rede ist von dubiosen Zahlungen an die Firma des Franzosen Claude Perry. Wurden Hilfsmillionen veruntreut? Rivando ist alarmiert.

Der Kanadier mit britischem Pass, der schon beim Serious Fraud Office in London dem organisierten Verbrechen hinterherspürte, will die Spur sofort aufnehmen. Doch rasch stößt er, so erzählt er, »auf Widerstand« – angefangen bei seinen französischen Vorgesetzten im Betrugsbekämpfungsamt, die den Fall monatelang nicht registrieren wollen.

Bald wird klar, dass die Kommissionsbosse zu Recht nervös sind. Am 18. Mai 1998 liegt Rivandos Bericht vor – und er ist explosiv. Die Echo-Beamten haben 2,4 Millionen Euro an Firmen des Franzosen Claude Perry fehlgeleitet – der Name lässt viele aufhorchen. Denn der in Algerien geborene »pied noir« ist nicht nur bei Echo dick im Geschäft mit der Kommission. An die 200 Beschäftigte arbeiten für den schmächtigen Mann mit den hohen Absätzen, der meist eine getönte Brille trägt und eine Marlboro nach der anderen raucht. Perry stellt das Personal und erledigt die Aufträge für 16 Generaldirektionen. Manchen gilt er als der führende Headhunter der Kommission.

Doch bei Echo geht es um veritablen Betrug. Das Amt und Perry erfanden offenbar vier nicht existierende Hilfsprojekte in Ex-Jugoslawien und Ostafrika. Für das Geld, das die Kommission dafür überwies, muss der Unternehmer etwas ganz anderes liefern: elf Mitarbeiter für eine »externe Zelle«, die den Echo-Beamten bei der Verwaltung von Hilfsgeldern zur Seite steht. Tatsächlich fließt freilich nur ein Viertel der Gesamtsumme an die »cellule externe«. Kurz darauf kommt heraus, dass die Ehefrau des Echo-Finanzverantwort-lichen Hubert Onidi profitierte. Perry überwies an Marianne Becker 210 000 Euro für angebliche Übersetzungsarbeiten. Pro Monat bekommt die gelernte Sekretärin bis zu 9000 Euro – für Arbeiten, von denen sie später mysteriöserweise alle Beweise verloren hat, wie sie vor dem EuGH gesteht.

Am 8. September 1998 stoppt die Kommission alle Zahlungen an Perrys verschachteltes Firmenimperium – und der rächt sich, indem er ausplaudert, wie es bei der Brüsseler Behörde so zugeht. Beamte hätten regelrecht verlangt, bestochen zu werden, erzählt er. Perry spricht von Tickets für Formel-1-Rennen in Francorchamps, Reisen zum Pariser Tennisturnier »Roland Garros« oder auch profane Konzert- und Theaterkarten. Einem Beamten gewährt er sogar 15 000 Euro für einen Renault mit Automatikgetriebe. Sein Motto: »Setze es der alten Hure auf die Rechnung.« Gemeint ist die Kommission. Die gönnt Perry so hohe Profitmargen, dass er all die Aufmerksamkeiten vom Steuerzahler finanzieren lassen kann.

Der Echo-Skandal scheint »Verästelungen bis in die höheren Kommissionsränge und viele Teile der Kommission zu haben«, schreibt später die Olaf-Mitarbeiterin Simone White. Der Fall zeige, »dass bestimmte Praktiken wie Vettern- und Günstlingswirtschaft weit verbreitet waren«. Über Perry können Kommissionsbeamte Ehefrau, Freundin oder Bekannten einen Job verschaffen. Der Unternehmer bekommt von der Behörde einen Topf Geld und Lebensläufe der Personen, die er einstellen soll – und schickt den Arbeitsvertrag per Post. »Ich war nie in seinem Haus. Er bekam einfach meinen Lebenslauf und schickte mir darauf den Vertrag. So lief das«, erzählt ein ehemaliger Perry-Beschäftigter.

Auch die französische Kommissarin Edith Cresson scheint Perry zur Dankbarkeit verpflichtet. Denn der Unternehmer besorgt über sein Firmennetz ihrem Guru und Kartenleger, dem Zahnarzt René Berthelot, sowohl Gehalt wie auch eine Wohnung – bevor der anschließend von der Kommission als »Gastwissenschaftler« unter Vertrag genommen wird. Perry versichert, die Kommissarin habe ihn sogar zu sich nach Hause in die Brüsseler Avenue Roosevelt eingeladen, zu Lammkotelett und weißen Bohnen, seinem Lieblingsgericht.

Der frühere Chansonsänger, der angeblich sogar mit Jacques Brel und Gilbert Bécaud befreundet war, schneide nur auf, behauptet Cresson. Doch in Wahrheit geht Uclaf den meisten Vorwürfen überhaupt nicht im Einzelnen nach. Perrys Hinweise auf »Unterschlagungen« beim EU-Statistikamt Eurostat werden von der Kommission ignoriert – erst 2002 beginnen die Betrugsbekämpfer beim Uclaf-Nachfolger Olaf mit ernsthaften Recherchen.

Dabei sind Onidi und Cresson nicht die Einzigen, die Ende 1998 auf der Anklagebank landen. Der ehemalige Echo-Chef Santiago Gómez-Reino hat drei der vier fiktiven Verträge persönlich signiert. Alle befragten Mitarbeiter des Direktors bezeugen: Gómez-Reino habe die Operation im Detail gekannt und sogar einige Personen zur Anstellung bei Perrys »externer Zelle« vorgeschlagen. Rivando ist überzeugt: Gómez-Reino muss von dem Missbrauch gewusst haben.

Trotzdem scheut Personalkommissar Erkki Liikanen vor sofortigen Konsequenzen zurück. Der Spanier darf sogar selbst eine eigene Untersuchung starten. Dann erforscht in Liikanens Auftrag der britische Beamte Philip Lowe noch einmal den Fall. Er kommt zum selben Ergebnis wie sechs Monate zuvor Rivando. Gómez-Reino muss »vollkommen im Bild gewesen sein«, als er die drei fiktiven Verträge unterzeichnete, schreibt Lowe. Zwei andere Beamte recherchieren anschließend erneut – und auch sie finden, dass Gómez-Reinos Ausreden »nicht überzeugen«.

Im März 1999 treten alle 20 Kommissare geschlossen zurück – der so genannte Rat der Weisen hatte ihnen bescheinigt, die »Kontrolle« über die Behörde verloren zu haben. Der Echo-Fall hat zu dem Sturz beigetragen. Trotzdem spricht ein Disziplinarausschuss am 12. Juli 1999 Gómez-Reino frei. Der Spanier habe seine »Pflichten nicht verletzt«, entscheiden fünf hohe Kommissionsbeamte einstimmig. Unter ihnen ist der spätere Prodi-Sprecher Jonathan Faull.

Später kommt heraus: Das Verfahren war getürkt. Faull und Co.

hören keinen einzigen Belastungszeugen an. Sie wenden – so bemängelt später Olaf – das Beamtenstatut falsch an. Überdies mussten sie auf wichtiges Beweismaterial verzichten. Der Disziplinarrat selbst beklagt »Mängel« – etwa die Nichtvorlage von Vernehmungsprotokollen.

Trotzdem billigt zwei Tage später das nur noch geschäftsführend amtierende Kommissarskollegium die Entscheidung des Disziplinarrats – ebenfalls einstimmig. Was solle man machen, wo sich doch die Beamten einig gewesen seien, entschuldigt sich eine Kommissarin – als seien die 20 Männer und Frauen nicht gerade aufgefordert worden, sich von ihren Apparatschiks nicht mehr auf der Nase herumtanzen zu lassen.

Besonders merkwürdig ist die Rolle, die Neil Kinnock spielt. Der Brite sitzt als Verkehrskommissar mit am Tisch und hebt die Hand für Gómez-Reino. Er überlebt den Sturz der Kommission Santer und avanciert unter Prodi zum Vizepräsidenten und Reformverantwortlichen. Auch Kinnock weiß, dass der Disziplinarrat »Mängel« beklagt hat. Doch im Haushaltskontrollausschuss des Europaparlaments versichert er im Frühjahr 2000, dem Disziplinarrat seien »keine relevanten Dokumente verweigert worden«. Ein klarer Fall von Irreführung des Parlaments – so etwas wollte Prodi eigentlich »in keinem Fall akzeptieren«.

Wen will Kinnock beschützen? Intern hatte Gómez-Reino rasch klar gemacht, er sei nicht der Einzige, dem man Mauscheleien vorwerfen könne. Andere hätten ebenfalls »finanzielle Unregelmäßigkeiten begangen«, natürlich »im Interesse der Dienststellen«. Fürchtete Kinnock solche Enthüllungen?

Dean Rivando will im Herbst 1998 weiterermitteln. Er interessiert sich für das britische Unternehmen James Duncan & Associates. Auch diese Firma organisierte für Echo und andere Kommissionsdienststellen zusätzliches Personal – und auch Duncan arbeitete möglicherweise auf irregulärer Basis. So steht es jedenfalls im Bericht von Philip Lowe. Eine Duncan-Angestellte arbeitet später in Kinnocks Büro. Alles Zufall?

Doch Chamla stoppt Rivando im Herbst 1998 – es gebe nicht genügend Verdachtsmomente gegen Duncan. Am Ende bleibt vieles unaufgeklärt – aber alle Beschuldigten sind fein raus. Gomez-Reino hat bis heute Gehalt und Dienstgrad eines Vize-Generaldirektors. 2001 avanciert er auf Vorschlag einer Beamtengewerkschaft sogar zum Mitglied des Disziplinarrats. Mit einer Klage vor dem Europäischen Gerichtshof versucht er noch im Jahr 2002, alle weitergehenden Ermittlungen zu stoppen – und zwar sowohl Untersuchungen gegen ihn selbst wie gegen den Ex-Olaf-Ermittler Chamla. Faull, der den Spanier mit zweifelhaften Methoden entlastete, wird von Prodi und Kinnock befördert. Der Brite steigt auf zum Generaldirektor für Pressefragen und ist als Prodis Chefsprecher bald unentbehrlich. Als Chamla im Mai 2001 Olaf verlässt, gewährt ihm Faull Asyl – als Chefinspektor in seiner Generaldirektion.

Claude Perry ist irgendwann im Frühjahr 1999 plötzlich verschwunden. Alte Freunde munkeln, er lebe auf einem Schloss bei Montreal in Kanada. Finanzielle Rückforderungen gegen Perrys Firmen verlaufen im Sande.

Hubert Onidi wird zwar suspendiert, bezieht aber bis heute eine Pension von der Kommission. Die Disziplinarstrafe, die ihm aufgebrummt wird, besteht in einer Kürzung der Rente um ein Drittel – eine der härtesten Sanktionen, die je gegen einen EU-Beamten ausgesprochen wurde.

Die Luxemburger Staatsanwälte leiten zwar im Juli 1998 Ermittlungen in Sachen Perry ein, kommen aber in den darauf folgenden vier Jahren zu keinerlei Ergebnis. Betrugsbekämpfer Brüner protestiert am 8. August 2001 in einem Brief an den Justizminister Luc Frieden: Das schleppende Verfahren drohe »das gegenseitige Vertrauen zu beschädigen«. Aber das beeindruckt die geruhsame Justiz des Großherzogtums nicht. Bestechung und Bestechlichkeit von EU-Beamten sind in Luxemburg sowieso erst seit 2001 und in Belgien seit 1999 strafbar.

Nur ein Beamter fühlt sich als Verlierer. Rivando verlässt im Juni 1999 frustriert Brüssel. Er hat zwar den Aufnahmewettbewerb für

A-Beamte bestanden, aber keiner gibt ihm bei der Kommission einen Anschlussjob. Bei Olaf wünschen sie ihm alles erdenklich Schlechte – der Mann sei ja »ein bisschen verhaltensgestört« gewesen, raunen Beamte.

Ein Buchhalter recherchiert

Wenig bekannt, aber kaum zu unterschätzen ist der Einfluss, den der Kaplan der Brüsseler anglikanischen Dreifaltigkeitskirche auf den Gang der europäischen Geschichte genommen hat. Bevor der EU-Beamte Paul van Buitenen im Dezember 1998 mit brisanten Enthüllungen das Europaparlament aufsucht, fragt er den Geistlichen, was der von diesem Schritt hält. Die beiden Männer beten zusammen, sprechen über die Bibellektüre. Zwei Tage bittet sich der Priester Bedenkzeit aus, dann gibt er seinem Gemeindemitglied grünes Licht: Er könne keine negativen Motive entdecken, van Buitenen meine es sicher ehrlich.

Der Bericht über massive Unregelmäßigkeiten, den der Beamte am folgenden Tag der Grünen-Fraktionschefin Magda Aelvoet übergibt, trägt zum Sturz der Kommission Santer entscheidend bei. Denn auf 34 Seiten (plus 600 Seiten Anhang) dokumentiert der gelernte Assistenz-Wirtschaftsprüfer nicht nur viele Fälle von Betrug und Misswirtschaft. Er klagt vor allem an, dass es die Kommission immer wieder vermeide, aus offen zutage liegenden Untersuchungsergebnissen die angemessenen Konsequenzen zu ziehen.

Van Buitenen hat einen langen Weg hinter sich. Stolz hat er bei Dienstantritt 1990 das blaue Eurokraten-Nummernschild an seinen Wagen montiert. Engagiert macht er sich an die Arbeit. Aber bald fällt ihm auf, »dass Gerüchte und Klatschgeschichten über Unregelmäßigkeiten hier in Brüssel öfter die Runde machten« als bei seinem alten Job an der Uni in Delft. Bald fängt er an, Informationen und Dokumente systematisch zu sammeln – vor allem über das Programm »Leonardo da Vinci«.

Das soll eigentlich europaweit die Berufsbildung fördern. Verwaltet wird der 600-Millionen-Euro-Topf von der Firma Agenor – und die kommt van Buitenen vor wie ein »Versuchslabor für systematische Unregelmäßigkeiten«. Agenor-Chef Richard Walther genehmigt allerlei Rechnungen, die interne Prüfer der Kommission für betrügerisch halten. Außerdem stellt er seine eigene Frau als Sekretärin für 2200 Euro ein. Dann arbeitet sie sich innerhalb von zwei Jahren unter seiner wohlwollenden Führung bis zur Abteilungsleiterin mit 5500 Euro hoch – obwohl sie keinerlei Fremdsprachen beherrscht.

Seit 1996 sind die detaillierten Vorwürfe den zuständigen Beamten bekannt – aber keiner der hoch bezahlten Eurokraten reagiert. Als Europaabgeordnete nachhaken, wimmeln Beamte und Kommissare mit abwiegelnden Statements ab. Noch im Februar 1999 versucht Generaldirektor David O'Sullivan, den Vertrag mit Agenor zu verlängern – da sind die Betrugsvorwürfe bereits öffentlich bekannt.

Nur ein paar personelle Änderungen seien nötig, versichert der irische Beamte laut Sitzungsprotokoll. Selbst diese Umstellungen seien nur nötig, weil leider die Journalisten hinter ihm her seien. »Die Presse steht vor der Tür«, bedauert O'Sullivan wörtlich. »Unter anderen Umständen hätte man diskutieren können.«

Der Ire findet heute noch, dass es bei Agenor keinen Betrug gab – sondern nur »Probleme mit dem Finanzmanagement«. Im März 1999 bescheinigt der Rat der Weisen den verantwortlichen Kommissionsbeamten »ein außerordentliches Maß an Gleichgültigkeit«. Erst als van Buitenen die Abgeordneten alarmierte, habe die Kommission plötzlich »sehr schnell« zu Konsequenzen gegriffen. Für das Untersuchungskomitee ist der Fall »eine Demonstration der Unzulänglichkeiten« des Kommissionsmanagements »bis zur höchsten Ebene«.

Ganz besonders schnell agiert die Behörde nur gegen den Überbringer der schlechten Nachricht. Im Dezember 1998 wird van Buitenen von der Kommission suspendiert – bei Halbierung seines Gehalts. Der kräftig gebaute Mann mit dem scheuen Lächeln wird dadurch erst recht zum Medienstar – bevor er und seine Frau nachts schlafen gehen, müssen sie den Telefonstecker aus der Wand ziehen. Anders ist das Dauerklingeln nicht zu stoppen. Doch zugleich versucht die Kommission, ihn als Lügner und verwirrten Geist hinzustellen.

Nach Santers Rücktritt werde mit Prodi alles besser, hofft van Buitenen. Aber er irrt sich gründlich. Unbeirrt setzt die Kommission ihr Verfahren gegen ihn fort; es endet mit einem offiziellen Tadel. Derweil muss der Niederländer zusehen, wie der Präsident hohe Beamte begünstigt, die unter seinem Vorgänger Santer tief in die Skandale verwickelt waren. Der Italiener Domenico Lenarduzzi kannte als amtierender Generaldirektor die Vorwürfe gegen Agenor im Detail und versuchte trotzdem noch Ende 1998, der Firma den Vertrag zu erhalten – er wird von Prodi kurz nach Amtsantritt befördert. O'Sullivan, der noch im Februar 1999 Agenor weiterbeschäftigen will, avanciert erst zu Prodis Kabinettschef und dann zum Generalsekretär und damit höchsten Beamten der Kommission. Eine merkwürdige Rolle spielt auch hier Prodi-Sprecher Faull. Der Brite leitet eine Verwaltungsuntersuchung, die im März 2000 zu dem Schluss kommt, man könne keinen der verantwortlichen Beamten für das Leonardo-Fiasko haftbar machen.

»Nur einer wurde versetzt. Ich!«, wundert sich der Niederländer. Er gibt trotzdem nicht auf. Immer noch schicken ihm andere Beamte Dokumente und geben Tipps – Betrug und Unregelmäßigkeiten in der Kommission haben offenbar kein Ende genommen.

Van Buitenen wird wieder aktiv, weist intern auf Betrugsfälle hin, schreibt an den deutschen Generaldirektor für Personal und Verwaltung Horst Reichenbach sowie an Olaf-Chef Franz-Hermann Brüner. Auf Druck von Europaabgeordneten lassen ihm Reichenbach und Brüner schließlich im Sommer 2001 Sonderurlaub geben. Er bekommt ein eigenes Büro mit einbruchsicherem Schloss im Luxemburger Jean-Monnet-Gebäude. Es liegt nahe dem Aufzug, wo der Boden das Gewicht der drei Panzerschränke aushält, in denen der Beamte seine Dokumente verwahrt. Der Bericht, den er am 31. August bei Reichenbach und Brüner abliefert, ist viel umfangreicher als sein Rapport für das Parlament knapp drei Jahre vorher: 234 Seiten plus 5000 Seiten Anhang.

Van Buitenen ist ein bisschen nervös. Was wird die Kommission mit all den Informationen anfangen? Noch bevor er eine offizielle Reaktion erhält, veröffentlicht der »stern« am 28. Februar 2002 Auszüge aus dem Bericht und der Olaf-Auswertung des Dossiers. Sie belegen: Die Betrugsbekämpfer nehmen die Vorwürfe sehr ernst. Sechs neue Untersuchungsverfahren werden die Olaf-Leute in den Wochen darauf eröffnen – darunter eins gegen die drei ehemaligen Olaf-Ermittler um den Franzosen Jean-Jacques Chamla.

Auch Personalkommisar Kinnock kündigt neue Untersuchungen an – doch die »allerspätestens« für Juni versprochenen Ergebnisse liegen auch im Dezember noch nicht vor.

Zugleich kommt van Buitenen im Kollegenkreis unter Druck. Union Syndicale, die größte Beamtengewerkschaft in der Kommission, wirft ihm vor, die »Skandalpresse« mit Informationen versorgt zu haben. Ein Job als Ermittler bei Olaf oder anderen Prüfdiensten der Kommission wird ihm trotz seines Recherchetalents verweigert – keiner möchte den Unruhestifter aufnehmen. Van Buitenen will trotzdem weg von Luxemburg. Seine Frau sehnt sich in die Niederlande zurück. Unter den Attacken auf ihren Mann hat sie mehr gelitten als er.

Im August 2002 trifft Paul van Buitenen eine folgenschwere Entscheidung. Nach zwölf Jahren verlässt er die Kommission – erst mal für ein Jahr, vielleicht für immer – und geht zurück in seine holländische Heimatstadt Breda. Dort hat er einen neuen Job als Finanzkontrolleur bei der regionalen Polizei – für die Hälfte seines EU-Gehalts. Doch das nimmt er in Kauf. »Der Druck war zu groß«, sagt er. Von Brüssel ist er »sehr enttäuscht«.

Ein Butterschiff auf Abwegen

Echo-Skandal und Leonardo-Affäre füllen die Schlagzeilen, da fühlt sich am 7. Dezember 1998 ein Brüsseler Insider ermutigt, auf einen bisher unbemerkten Betrugsfall aufmerksam zu machen. Bei Rechnungshofpräsident Bernhard Friedmann und der Europaparlamentarierin Diemut Theato geht wenige Tage später ein anonymer Brief ein. Er betrifft einen Fall, von dem bis dahin noch niemand etwas gehört hat. Es geht um die französische Firma Fléchard, einen Familienbetrieb in der Normandie, der mit Geflügel und Milchprodukten handelt und dabei immer wieder viele Millionen Euro an EU-Subventionen bezieht.

Der anonyme Informant verrät, dass das Unternehmen im Jahr 1994 ein besonderes Schnäppchen gemacht hat. Eine »französische Allianz« hoher Kommissionsbeamter habe in größter Diskretion dafür gesorgt, dass Fléchard eine Millionenkaution zurückerstattet wurde, die die Firma eigentlich verspielt hatte.

Rasch sichten zwei Uclaf-Ermittler die Akten der Generaldirektion Landwirtschaft. In einem geheimen Bericht vom 4. 3. 1999 bestätigen sie wenige Tage vor dem Rücktritt der Kommission Santer die Vorwürfe im Detail. Fléchard hatte 6750 Tonnen hoch subventionierte EU-Butter in Irland aufgekauft und zugesagt, sie in die von Nahrungsmittelknappheit geplagte Russland zu verschiffen. Zur Sicherheit hinterlegte das Unternehmen 17,6 Millionen Euro. Tatsächlich lieferte Fléchard die Ware nicht in die zerfallende Ex-UdSSR, sondern nach Polen, wo sie teurer verkauft werden konnte. Trotzdem ließ Santers Vorgänger Delors 1994 der Firma 14,6 Millionen zurückzahlen – ohne rechtliche Begründung, trotz massiven Betrugsverdachts, aber nach direkten Interventionen der französischen Regierung. Die Kaution hätte Fléchard laut EU-Recht eigentlich komplett verlieren müssen.

Die Uclaf-Leute entdecken, dass Fléchard nie ernsthafte Vorbereitungen getroffen hatte, die Butter an den angeblichen Bestimmungshafen Riga zu transportieren. Zwei Einfuhrbescheinigungen des Zolls in Riga, die Fléchard Anfang 1992 den irischen Behörden vorlegt, sind gefälscht.

Ermittler der Kommission kommen schon im Mai 1992 zu dem Schluss, dass die Transaktion »von vornherein als Betrug geplant war«. Trotzdem geht die von dem Franzosen Guy Legras geleitete Generaldirektion Landwirtschaft dem Betrugsverdacht – der dort bekannt ist – überhaupt nicht weiter nach. Die Beamten, allen voran der Direktor für den Agrarfonds, Michel Jacquot, konzentrieren sich stattdessen darauf, der Firma zu helfen – und ihr einen Großteil der Kaution doch zurückzuzahlen.

Zwei Jahre lang stemmen sich Hausjuristen und Finanzkontrolleure gegen dieses Ansinnen – doch die französischen Seilschaften in der Kommission lassen nicht locker. Auch Delors' Kabinett, das unter der Leitung des heutigen Kommissars Pascal Lamy steht, wird aktiv. Lamys Mitarbeiter Jean-Luc Demarty setzt sich am 10. März 1993 in einer internen Note ausdrücklich für Fléchard ein, verweist auf die »politische Bedeutung der Angelegenheit« und bietet sogar an, zugunsten des Unternehmens beim Juristischen Dienst der Kommission zu intervenieren. Demarty scheint zu wissen, dass sein Schreiben heikel ist – er deklariert es als »persönlich und vertraulich«.

Holländer und Deutsche legen im EU-Milchkomitee ihr Veto ein, als Legras' Beamte versuchen, eigens die EU-Vorschriften rückwirkend zugunsten von Fléchard zu ändern. Darauf hat der von dem Franzosen Jean-Louis Dewost geleitete Juristische Dienst eine neue Idee. Dewost schlägt im August 1993 vor, die Rabattregelung trotzdem »zugunsten der Gesellschaft Fléchard« rückwirkend anzuwenden – obwohl diese Möglichkeit »nicht ausdrücklich« in der Vorschrift erwähnt sei. Das verhindert der Finanzkontrolleur Lucien de Moor, ein Holländer, mit einem Veto.

Lange bleibt Finanzkontrolleur De Moor hart. Sein vorgesetzter Kommissar, der Deutsche Peter Schmidhuber, stärkt ihm in einem Brief vom 21. 12. 1993 den Rücken. Eine »vermittelnde Lösung« zugunsten der Butterfirma könne nur unter einer »Voraussetzung« stattfinden: Zunächst müsse geklärt werden, »inwieweit die ·Firma Fléchard selbst in die Umleitung der Exporte verwickelt war«. Das geschieht nicht. Und die französische Seilschaft findet doch noch einen Trick – die Intervention von ganz oben. In einer von Lamys Stellvertreter Jean-Pierre Jouyet geleiteten Sitzung mit Dewost, Jacquot und De Moor kommt am 7. Januar 1994 die Wende für die Butterexporteure. De Moor zieht alle seine Bedenken zurück und willigt ein, die Buße auf lächerliche drei Millionen zu reduzieren. Die Uclaf-Ermittler finden das später »völlig unlogisch«.

Fünf Jahre lang bleibt der Fall geheim. Als der Skandal im Sommer 1999 öffentlich bekannt wird, ist die Santer-Kommission bereits zurückgetreten. Jetzt wird die Affäre zu einem Prüfstein, wie die neue Truppe von Romano Prodi mit Unregelmäßigkeiten umgeht. Doch der Italiener hat einen folgenschweren Fehler gemacht. Obwohl bekannt wird, dass Lamy mit dem Fall zu tun hat, nimmt er ihn nach anfänglichem Zögern in seine Kommissarsmannschaft auf. Damit hat Prodi keine Wahl mehr. Er muss seinen Kommissar verteidigen – und damit die ganze unappetitliche Butteraffäre.

Gleich im September 1999 traktieren Europaabgeordnete den Kandidaten Lamy mit Fragen zum Thema Fléchard – und der gewiefte Zögling der Elitehochschule ENA windet sich heraus. Er übernimmt zwar die »volle Verantwortung« für die Entscheidung vom Januar 1994, kann jedoch nichts Verwerfliches an ihr entdecken. 1000 Arbeitsplätze in der Normandie hätten auf dem Spiel gestanden. Das Delors-Kabinett habe in der Sache überdies gar keinen Einfluss ausgeübt, sondern nur einen Streit zwischen verschiedenen Diensten geschlichtet.

Das ist die Unwahrheit – sein Mitarbeiter Demarty hatte sich sehr wohl für Fléchard eingesetzt. Aber was war in der Sitzung des Delors-Kabinetts wirklich passiert? Wurde der Finanzkontrolleur unzulässigerweise unter Druck gesetzt? Keiner erfährt es, denn das Protokoll ist verschwunden. Man habe es aus ihren jeweiligen Büros »entwendet« – und zwar »unter höchst merkwürdigen Umständen«, geben Dewost, Legras und de Moor im Frühjahr 2000 gemeinsam zu Protokoll. Ein Dokument wurde angeblich zugleich aus drei verschiedenen Amtsstuben geklaut! Ist in Brüssel die Mafia am Werk?

Bald schaltet sich auch der Rechnungshof ein – er kann »keine spezifische Rechtsgrundlage« für das Millionengeschenk an Fléchard entdecken und regt Rückforderungen an. Das Europaparlament fordert nun mit Mehrheit ein Disziplinarverfahren gegen die Beamten. Doch davon will die Kommission nichts wissen – und im Parlament gerät die Forderung rasch in Vergessenheit. Besonders eifrig verteidigt die neue Kommissarin für Haushaltskontrolle das Millionengeschenk an Fléchard – und das mit allerlei Halb- und Garnichtwahrheiten. Der Fall sei ja nicht mal vom Rat der Weisen aufgegriffen worden, tönt Schreyer. Das Gegenteil ist wahr.

Auch Ex-Kommissar Schmidhuber habe ja seinerzeit eine »vermittelnde Lösung« zugunsten von Fléchard für möglich erklärt, argumentiert die grüne Kommissarin vor dem Europaparlament – und verschweigt den Abgeordneten, dass Schmidhuber dafür eine Bedingung gestellt hatte, die eindeutig nicht erfüllt wurde – nämlich die Aufklärung des Betrugsverdachts.

Trotz solcher Tricksereien schafft es Schreyer am 6. Juli 2000, im Parlament eine Mehrheit für die Haushaltsentlastung zu bekommen. Geholfen hat ihr dabei ein merkwürdig glücklicher Umstand. Erst am Tag der Abstimmung, und ohne dass die Abgeordneten es mitbekommen, lässt Olaf-Chef Franz-Hermann Brüner bestätigen, was das ARD-Magazin »Report« bereits am 19. Juni berichtet hat: Fléchard ist in einen neuen, schweren Skandal verwickelt. Jetzt steht der Betrieb im Verdacht, am Schmuggel gepanschter Butter beteiligt zu sein. Von der Camorra kontrollierte Betriebe in Süditalien hatten die Pampe produziert und an Firmen in Italien, Frankreich und Belgien geliefert. In Frankreich war Fléchard der Hauptabnehmer der dubiosen Ware, die offenbar mit Chemikalien und Rindertalg verseucht ist. In Belgien beschlagnahmen die Behörden sogar eine Mischung, die überhaupt keine Butterbestandteile enthält. Bis zu

100 000 Tonnen kamen in Umlauf und wurden offenbar vor allem bei der Herstellung von Backwaren, Süßigkeiten und Speiseeis verwendet. Nebenbei kassierten die Butterschieber mindestens 45 Millionen Euro EU-Subventionen.

Wieder folgt das gleiche Spiel: Die Kommission spielt herunter und vertuscht. Man habe die Pampe komplett beschlagnahmt, verbreitet Olaf – später müssen die Betrugsbekämpfer einräumen, dass diese Aussage falsch war. Gesundheitsgefahren habe es nie gegeben, behaupten sie – dabei war die mit Rindertalg versetzte Masse möglicherweise sogar BSE-verseucht.

Es sei eine »höchst bedenkliche Tatsache«, dass »derart umfangreiche und gegebenenfalls hygienisch riskante Betrügereien mit Lebensmitteln« so lange weiterlaufen konnten, ohne dass die Lebensmittelkontrolleure davon erfuhren, beschwert sich das Bundesgesundheitsministerium im November 2000. »Trotz wiederholter dringender Anfragen an die EU-Kommission und die EU-Mitgliedsstaaten« bekamen die deutschen Behörden auch »keine Unterlagen über die Zusammensetzung der verfälschten Butter«, klagt man noch Anfang 2002 im Verbraucherschutzministerium in Berlin. Dabei liegen Olaf diese Informationen vor. Neben Rindertalg habe man Laktoserum und Triglyceriden aus Industrieproduktion gefunden, heißt es in einem internen Papier.

Was das Bundesgesundheitsministerium lange nicht weiß: Die Panschprodukte kamen auch nach Deutschland. Erst im Dezember 2000 gibt Olaf gegenüber dem »stern« preis, dass bis 1999 Lieferungen der Panschbutter an Firmen wie Bayernland und Uelzena gingen. Beide bestreiten, dass sie sich von Italburro gepanschte Butter unterjubeln ließen.

Hätte dieser Skandal teilweise vermieden werden können, wenn die Kommission Fléchard schon 1993 in den Arm gefallen wäre, statt die Firma zu hätscheln? Dafür spricht einiges. 1994 haben Lamys Leute nach eigener Aussage Fléchard vor der Pleite gerettet. In den Jahren darauf kommen die Butterhändler aus der Normandie jedes Jahr aufs Neue in den Genuss hoher EU-Subventionen. 1999 machen die Subsidien 30 Prozent des Fléchard-Umsatzes von 1,1 Milliarden Franc aus.

Trotzdem werden die Querverbindungen zwischen der Skandalfirma und den Kommissionsbeamten nie aufgeklärt. Sicher ist: Der ehemalige Kommissionsdirektor und Fléchard-Gönner Michel Jacquot vertritt heutzutage als Anwalt einer Pariser Kanzlei – Überraschung! – die Firma Fléchard. Am 5. April 2002 verlangt er in einem Schreiben an Olaf, das Unternehmen endlich von der schwarzen Liste zu nehmen und es wieder in den vollen Genuss von EU-Subventionen zu bringen. Begründung: Bei den bisherigen Laboruntersuchungen seien nur vier »verdächtige« Butterproben entdeckt worden. Jacquot findet nichts dabei, die umstrittene Firma zu vertreten – mit dem Panschbutterfall habe er als Kommissionsbeamter ja nie zu tun gehabt; insofern bestünde kein Interessenkonflikt. Vielleicht trifft er an der Seine ab und zu auf Jean-Pierre Jouyet, unter dessen Leitung das Millionengeschenk für Fléchard beschlossen wurde. Der Mann ist heute Chef des Schatzamts im französischen Finanzministerium.

Jacquots ehemaliger Vorgesetzter Guy Legras ist Anfang 2003 immer noch Generaldirektor – jetzt sogar für Außenpolitik. Der Jurist Dewost, der die Regeln zugunsten von Fléchard flexibel interpretieren wollte, sitzt inzwischen im Pariser Verfassungsgerichtshof. Und Demarty, der sich »persönlich und vertraulich« für Fléchard einsetzte, wird im September 2000 von Landwirtschaftskommissar Franz Fischler zum Vize-Generaldirektor befördert. Der Franzose habe sich ja nichts zuschulden kommen lassen, heißt es.

Plutonium auf Irrfahrt

Kommissionspräsident Romano Prodi ist »tief betroffen«, als die Geschichte publik wird. 0,69 Gramm des Bombenstoffs Plutonium sind vom 2. September bis zum 4. Oktober 1999 in einem fassgroßen Spezialbehälter kreuz und quer durch Europa gereist, von dem EU-Forschungszentrum im belgischen Geel über die Euratom-Zentrale in Luxemburg bis ins britische Abingdon zur Firma Croft Associates – aber erst dort entdecken Arbeiter, dass in dem Container Plutonium ruht. Offiziell galt der Behälter als leer. Rasch ordnet Prodi eine Untersuchung an. Die macht Ende November 1999 »menschliches Versagen« als Ursache aus. Mitarbeiter in Geel hätten die Begleitpapiere verschlampt. Das Untersuchungskomitee empfiehlt, die Sicherheitsprozeduren zu verbessern und das Personal besser auszubilden.

Drei Monate später, am 13. Januar 2000, wird bekannt: Die Plutonium-Odysee hätte vermieden werden können. Schon zwei Jahre zuvor hatten Prüfer der Finanzkontrolle der Kommission die Schwachstellen aufgedeckt, die es in Geel und den anderen Instituten der Gemeinsamen Forschungsstelle (GFS) der EU-Kommission beim Umgang mit Gefahrstoffen gebe. Aber die Generaldirektorin für Finanzkontrolle, Isabella Ventura, gab den Bericht nicht an die GFS weiter, sondern hielt ihn unter Verschluss.

Dabei empfahlen die der Italienerin unterstehenden Prüfer schon im Dezember 1997 »dringend« eine »gründliche Untersuchung« der Sicherheitsprozeduren bei der »Lagerung, dem Transport und der Entsorgung« von radioaktiven Stoffen und anderen Risikomaterialien – »besonders« in Geel, wo der irregeleitete Container auf Reisen geschickt wurde. Es fehle sogar speziell ausgebildetes Personal für das Handling von Gefahrguttransporten.

Die Warnung ist brisant, die Prüfungsergebnisse offenbar nicht zu bestreiten. Doch als der Prüfer Pierre Gunnarsson am 2. Dezember 1997 seinen Bericht einer Riege hoher GFS-Beamter vorstellt, heizt sich die Stimmung im Saal rasch auf. Als klassenbewusste Kommissionshierarchen sind sie schockiert, dass es ein Beamter des niedrigen Dienstgrades A7 wagt, ihnen Vorhaltungen zu machen – so steht es später in einem internen Bericht.

Die GFS-Beamten haben die Chuzpe, sich mit den Ergebnissen selbst überhaupt nicht groß auseinander zu setzen. Sie beauftragen stattdessen einen pensionierten Direktor, mit den Auditoren »zu diskutieren«, um »Fehler und Falschinformationen zu korrigieren« – so notiert es der Generaldirektor Michel Vanden Abeele in einem vertraulichen Untersuchungsbericht am 26. Juli 2000. Vanden Abeele qualifiziert dieses Vorgehen als »erstaunlich«.

Seit Februar 1998 amtiert der deutsche Beamte Herbert Allgeier als GFS-Generaldirektor. Er wird offenbar bei Amtsantritt nur nebenbei von dem Entwurf des Auditberichts informiert. Es »hätte sein sollen«, sich einige Formulierungen des Papiers genauer anzuschauen, räumt der Deutsche später zerknirscht ein. Aber die Prüfer hätten ja nie etwas Amtliches geschickt.

Das ist die Schuld von Isabella Ventura. April 1998 wird der Prüfbericht zwar von zwei hohen Beamten der Generaldirektion Finanzkontrolle genehmigt – sowohl Referatsleiter Daniel van der Spree als auch Vizegeneraldirektor Alan Pratley geben ihren Segen. Doch Ventura leitet das brisante Papier nicht weiter, sondern packt es flugs in die Schublade.

Am 20. Oktober 1998 mahnt Prüfer Gunnarsson »streng vertaulich« erneut die Beseitigung der gefundenen Mängel an. Er beklagt die »Nichteinhaltung« von EU-Nuklearrecht, »unberechtigte Ausgaben«, »fiktive Rechnungen« bis zu möglicher Vetternwirtschaft. Doch der Finanzkontrolleur im GFS-Standort im norditalienischen Ispra wiegelt ab, es gebe »keine Möglichkeit für Sanktionen« – nicht einmal in einem Fall, in dem acht von 15 offenen Posten offenbar mit Leuten besetzt wurden, »die, nach ihrem Nachnamen zu urteilen, mit Kommissionsbeschäftigten blutsverwandt« waren.

Will Ventura ihre italienischen Landsleute beschützen? Nein, sie behauptet, das Audit sei »methodisch nicht zufrieden stellend«. Eine nähere Begründung liefert sie nicht. Prüfer Vanden Abeele bezeichnet das später als »überraschend«.

Venturas vorgesetzte Kommissarin Schreyer erfährt von dem ominösen Prüfbericht erst durch eine »stern«-Anfrage im Januar 2000. Für die Kommissarin ist die Geschichte mehr als peinlich – ausgerechnet im Verantwortungsbereich einer grünen Politikerin arbeiten Leute, die Atompannen vertuschen. Schreyer steht auch deshalb dumm da, weil sie den Auditbericht hätte kennen können – ein Hinweis darauf fand sich bereits in dem Bericht, den Paul van Buitenen im Dezember 1998 dem Europaparlament übergeben hatte. Womöglich hat Schreyers Kabinettschef Eckart Guth der Kommissarin eine nähere Beschäftigung mit van Buitenens Vorwürfen ausgeredet – alles, was der Niederländer angeschleppt habe, sei längst bearbeitet worden, behauptet Guth.

Jetzt ist es Schreyer, die für ihre Unwissenheit büßen muss. Das Europaparlament macht im Frühjahr 2000 in der Plutonium-Affäre Druck und verlangt eine Untersuchung. Nun wird Generaldirektor Vanden Abeele beauftragt, alle Beteiligten zu vernehmen.

Er bekommt von Ventura offenkundig keine genaue Erklärung für ihr Verhalten. »Die Verwaltungsuntersuchung erlaubt es nicht, die Gründe zu erschließen, aus denen der Bericht nicht verabschiedet wurde«, schreibt er. Vanden Abeele trifft trotzdem eine merkwürdige Entscheidung. Obwohl niemand bestreiten kann, dass Ventura in vollem Bewusstsein und ohne klare Begründung einen alarmierenden Prüfbericht zurückgehalten hat, formuliert der belgische EU-Beamte frohgemut die Einschätzung, es habe »keine Absicht« der Beteiligten gegeben, Informationen zurückzuhalten. Wie das? Die Italienerin, so heißt es, habe ja ihre Beamten gebeten, die Ergebnisse der Prüfung an das GFS weiterzureichen – freilich ohne dass Ventura ihnen mit ihrem offiziellen Segen echte Autorität verliehen hätte. Genauso wenig leitete sie den Bericht, wie es sich bei einem ordentlichen Verfahren gehört hätte, an die vorgesetzten Kommissare weiter.

Doch Vanden Abeeles milde Schlussfolgerung schützt nun trotzdem seine Amtskollegin Ventura vor disziplinarischen Folgen. Auch die grüne Kommissarin Schreyer hält ihre schützende Hand über die Beamtin. Sie schickt die 56 Jahre alte Italienerin per goldenen Handschlag vorzeitig in den Ruhestand. Und sie führt das Europaparlament über das Ergebnis der Verwaltungsuntersuchung hinter die Fichte. Vanden Abeele sei zu dem Ergebnis gekommen, dass »nichts darauf schließen« lasse, dass Beteiligte Informationen »verschleiern wollten oder vorsätzlich zurückgehalten haben«, schreibt sie am 11. September 2000 in einem Brief an die Europaabgeordnete Diemut Theato. Das ist offenkundig eine Falschaussage. Doch immerhin sind damit alle Beamten weißgewaschen – nur die Kommissarin steht als Vertuscherin da.

Eurostat – Schmu im Statistikamt

Am 26. November 2002 setzt Dorte Schmidt-Brown das letzte Mal ihren Fuß in das Dienstgebäude von Eurostat. Die dänische Beamtin hat zu einem Abschiedsumtrunk geladen – wenige Tage bevor sie sich nach mehr als einem Jahr Krankheit endgültig in die Invalidität verabschiedet. Im Alter von 36 Jahren.

Die Krankheitsursache ist offensichtlich Mobbing, und zwar durch ihren Arbeitgeber Eurostat – das Statistikamt der Europäischen Union, das seine Büros im Seitentrakt einer Luxemburger Shopping Mall hat. »Es ist sehr schwer für mich, allein das Gebäude zu betreten«, schreibt die Dänin ihren Kollegen. »Meine Knie werden wacklig, meine Brust schmerzt, und ich kann kaum atmen.« Und doch könne sie sich »erinnern, wie ich es liebte, bei Eurostat zu arbeiten«.

Seit 1993 hatte die Ökonomin in der Behörde gearbeitet. Mit ihren Vorgesetzten gab es nie Ärger, die ernsthafte Dänin mit den rötlichen langen Haaren wurde geachtet und geschätzt. Bis sie im Sommer 2000 mit Edward Ojo aneinander gerät – keinem Beamten, sondern dem Besitzer der Zulieferfirma Eurogramme. Ojos Leute sollten Arbeiten für die EU-Industriestatistik Prodcom erledigen. Sie ist eines der Kernstücke der europäischen Statistik. Auch 14 000 deutsche Industriebetriebe stellen für sie jeden Monat Daten bereit.

Eurogramme soll bei der Bearbeitung dieser Zahlen helfen. Doch Ojos Mitarbeiter tun erst lange nichts, dann liefern sie um Monate verspätet. Schmidt-Brown und ein weiterer Kollege schätzen den Wert der Arbeiten auf etwa 120 000 Euro. Schmidt-Browns Vorgesetzter Adrien Lhomme besteht jedoch auf zusätzlichen Zahlungen in Höhe von etwa 70 000 Euro. Die Dänin verweigert die Unterschrift. Doch der Versuch, Steuergelder zu retten, bekommt ihr schlecht. Zwei wüste Schmähbriefe, in denen der Firmenchef die Beamtin bei ihrem Chef anschwärzt, weist Lhomme nicht schriftlich zurück – obwohl die Vorwürfe ausweislich interner Prüfberichte haltlos sind. Trotzdem bricht Lhomme nicht mit Ojo – sondern mit Schmidt-Brown. Er entzieht ihr die Verantwortung für Prodcom und schließt sie von der Mitarbeit aus. Schließlich schreiben die Ärzte die Dänin krank. Deren Befund: Schmidt-Brown nehme ihr Arbeitsumfeld als feindlich wahr.

Niemand in der Eurostat-Hierarchie ergreift ernsthaft Partei für die junge Beamtin, niemand stoppt Lhomme und Ojo. Kein Wunder: In den Augen von Eurostat-Chef Yves Franchet ist die Karriere des Unternehmers Edward Oladayo Ojo eine »Erfolgsstory«, so sagt er es dem TV-Journalisten Marcello Faraggi in die Kamera.

Als Praktikant fing Ojo 1989 in den Büros des EU-Statistikamtes an – bereits zehn Jahre später ist er ein erfolgreicher Unternehmer. Andere Firmen müssen jahrelang Klinken putzen, bis sie in den erlauchten Kreis der autorisierten Kommissionszulieferer aufgenommen werden. Bei Ojo ging alles ruckzuck. Eurostat und andere EU Dienststellen geben ihm Aufträge in Millionenhöhe, seit der 49-Jährige sich 1996 mit seiner Beratungsfirma Eurogramme selbständig gemacht hat. Ojo und – angeblich – zwei Dutzend Mitarbeiter betreuen die offizielle Datenbank über die EU-Beitrittsländer, sie forschen über »Frauen in der Wissenschaft« und organisieren Wettbewerbe für junge Verbraucher. Bis Ende 2002 erhält die kleine Klitsche von der Kommission Aufträge von insgesamt über sieben Millionen Euro.

Der aus Nigeria stammende Wirtschaftsprüfer erklärt sich den Erfolg damit, dass »man weiß, dass man uns trauen kann«. Doch im Mai 2002 kommt heraus: Ojo hat sich offenkundig Aufträge mit gefälschten Angaben erschlichen. Kommissionsbeamte wissen davon – und verhelfen ihm trotzdem zu immer weiteren Überweisungen. Um an einige seiner ersten Kontrakte mit der Komission zu kommen, reicht der Wirtschaftsprüfer bei Eurostat und der Generaldirektion Verbraucherschutz Umsatzzahlen ein, die nicht mit denen im Handelsregister am Londoner Firmensitz übereinstimmen – aus null Euro Umsatz in 1996 machte er so 1,9 Millionen. Überdies reichte er offensichtlich Bewerbungen mit Lebensläufen von Experten ein, die in Wahrheit gar nicht für seine Firma arbeiteten.

Die Finanzkontrolle der Kommission erhob diese Vorwürfe bereits im Frühjahr 1999. Der interne Prüfdienst von Eurostat kam im Dezember 2000 zum gleichen Schluss: »Eurogramme hat in seinem Angebot falsche Informationen über die finanziellen und operationellen Ressourcen der Firma geliefert«, heißt es in dem Prüfreport. Zur Strafe könne man Eurogramme jetzt von weiteren Aufträgen ausschließen. Angesichts Prodis Null-Toleranz-Linie bei Betrug wäre das die einzig logische Konsequenz gewesen. Doch nichts geschieht. Ojo bekommt gleich danach neue Aufträge. Im Frühsommer 2002 unterhält der dubiose Unternehmer allein mit Eurostat immer noch Verträge im Wert von 1,6 Millionen Euro.

Für Kommissionspräsident Prodi kommt der Eurogramme-Fall zum denkbar falschen Zeitpunkt. Eben hat er nach neuen Anschuldigungen des Kritikers Paul van Buitenen behaupten lassen, alle Skandale hätten »ihren Ursprung« vor seiner Zeit. Jetzt zeigt sich: Ehrliche Beamte können unter Prodi genauso wenig auf Hilfe zählen wie van Buitenen unter Ex-Präsident Jacques Santer. Diese Erfahrung macht Schmidt-Brown. Weil sie sich von ihren Vorgesetzten gemobbt fühlt, wendet sie sich mit der Bitte um Hilfe an EU-Personalkommissar Neil Kinnock. Doch der Brite lässt die Beamtin im Regen stehen – in zwei Briefen vom Januar 2002, die den Kommissar selbst dem Manipulationsverdacht aussetzen, denn sie enthalten offenkundige Falschbehauptungen. Einen den Eurogramme-Chef Ojo belastenden internen Prüfbericht wischt Kinnock vom Tisch – für den Report sei »keiner der Beteiligten« angehört worden, behauptet der Brite. Doch auf Seite eins des Berichts steht das Gegenteil. Um die Argumente der Dänin zu widerlegen, zitiert der Kommissar eine Sitzung mit dem Eurostat-Personalchef Ovidio Crocicchi im August 2000 – doch die kann schon deshalb kaum stattgefunden haben, weil Crocicchi damals noch gar nicht Personalverantwortlicher war. Zu Lasten der Beamtin zitiert der Brite selbst den der Täuschung verdächtigen Unternehmer Ojo als vermeintlich glaubwürdigen Zeugen – und kommt zu dem Fazit, die Beschwerde der Dänin sei »unbegründet«.

Entweder Kinnock ist von seinen eigenen Beamten grob falsch über den Fall informiert worden – oder er möchte Ojo schützen. Aber warum sollte er? Und warum genießt der Nigerianer solch massive Gunst der Komissionsbeamten? Hat es etwas zu tun mit dem vertraulich operierenden »Netzwerk« von Forschern und Beamten, das laut Eurogramme-Selbstdarstellung hinter der Firma steht? Demnach basieren »die Aktivitäten« der Firma »sehr weitgehend« auf der Erfahrung dieser Mitglieder – doch die genössen »Geheimhaltung«.

Das klingt bizarr – ist Ojo nur der Strohmann für andere? Bekommen EU-Beamte Geld von ihm? Der Unternehmer versucht, alle Verdachtsmomente zu zerstreuen. Eurostat-Beamte seien nicht Mitglied im Netzwerk, versichert er. Nein, natürlich besteche er niemanden.

Trotzdem ist auffällig, wie häufig die Eurostat-Bosse und andere Kommissionsdienststellen die dubiose Firma mit Aufträgen bedenken. So wird Eurogramme in einer internen Aufstellung aus dem Jahr 1998 als »eliminiert« geführt, weil Ojo nicht die nötigen Angaben über bereits erbrachte ähnliche Dienstleistungen gemacht habe. Der für die Evaluation zuständige Eurostat-Beamte setzt trotzdem durch, dass Eurogramme ein Auftrag zur Bewertung von Forschungsprojekten im Wert von 165 000 Euro erteilt wird. Die Karriere des Beamten behindert dieser Fall nicht. Kurz nachdem die Geschichte im Juli 2002 publik wird, befördert ihn die Kommission zum Referatsleiter.

Betrug, Verharmlosung und Vertuschung – es klingt wie in den Tagen von Jacques Santer und Claude Perry. Und in der Tat gibt es Verbindungslinien. Jahrelang war auch Perry bei Eurostat dick im Geschäft. Ojo saß als Perry-Angestellter Anfang der 90er Jahre in einem Büro des Statistikamts. Später übernimmt der Nigerianer mit dem Prodcom-Projekt ausgerechnet einen Auftragstopf, der dem Franzosen wegen der Bestechungsvorwürfe im August 1998 entzogen wird.

Und wie in den Tagen der Kommission Santer versagen alle Kontrollmechanismen. Weil Ojo bisher nicht rechtskräftig »verurteilt« sei, habe die Kommission »nicht die rechtliche Möglichkeit«, ihn von weiteren Aufträgen auszuschließen, läßt Kommissionspräsident Prodi verbreiten. Offensichtlich kennt der oberste Europäer das europäische Recht schlecht. Laut Richtlinie können Firmen, die sich »in erheblichem Maß falscher Erklärungen schuldig gemacht haben oder diese Auskünfte nicht erteilen«, sehr wohl ohne weiteres ausgeschlossen werden. Darauf hatten im Dezember 2000 auch die internen Prüfer bei Eurostat hingewiesen.

Dass Eurostat-Generaldirektor Yves Franchet den Empfehlungen dieser Prüfer nicht folgte, will Kommissar Kinnock trotzdem nicht beanstanden – man könne doch nicht allein wegen eines Auditberichts eine Firma von der Auftragsvergabe ausschließen. Eine erstaunliche Aussage – immerhin spielen solche Auditberichte in Kinnocks Reformmodell die zentrale Rolle. Wenn man die von der Kommission eben erst neu geschaffenen Prüfinstanzen nicht ernst nimmt – was dann?

Es ist ein Fall wie geschaffen für die Betrugsbekämpfer von Olaf. Doch die versagen lange Zeit ebenfalls. Rasch stellt sich heraus, dass die Finanzkontrolle der Kommission bereits im Jahr 1999 Olaf auf Eurogramme aufmerksam gemacht hat – doch dann lassen die Ermittler den Fall über zwei Jahre lang liegen. Erst Ende 2001 nehmen sie den Faden wieder auf – doch offenbar nur mit geringer Intensität.

Anfang März 2002 wird bekannt, dass den Olaf-Ermittlern schon seit 1998 viele weitere detaillierte Hinweise über dubiose Vergabepraktiken bei Eurostat vorliegen – doch bis dato gingen Brüners Leute ihnen nicht ernsthaft genug nach. Wieder waren es offenbar die Mitarbeiter von Chamla, die geschlafen haben. Obwohl »schwere Betrugsvorwürfe« vorlagen, hätten die Ermittler die Informationen bisher »nicht angemessen behandelt«, ja sogar nicht einmal »ordentlich abgeheftet«, klagen Olaf-Juristen im Januar 2002 in einem internen Papier.

Jetzt erst beginnen Brüners Leute mit ernsthaften Ermittlungen – und eröffnen gleich mehrere neue Untersuchungen. Olaf-Chef Franz-Hermann Brüner spricht von einer »ganzen Familie von Fällen«. Die Zahl der Ermittlungsverfahren klettert bis Ende 2002 auf sechs – allein für die EU-Statistikbehörde. Die Vorwürfe reichen von Betrug bis zu dem Verdacht, dass ein Eurostat-Beamter bestochen wurde – das geht aus einem vertraulichen Briefwechsel zwischen Brüner und Prodis Generalsekretär David O'Sullivan hervor. Regiere bei dem Statistikamt gar »ein Netzwerk der Korruption«?, fragt bang die EU-Beamtengewerkschaft »Action & Defense« per Rundschreiben an alle Euro-Statistiker. Bei den 710 Eurostat-Beschäftigten gibt es schon lange Unmut über die undurchsichtigen Geschäfte ihrer Oberen – die Praktiken sind ja nur schwer zu übersehen.

Betrug und Täuschung bei Eurostat – das ist eine Schlagzeile, die die Führung der Behörde um jeden Preis vermeiden sollte. Eigentlich müsste das Statistikamt auf höchste Seriosität achten, denn dort laufen alle wichtigen Zahlen und Daten der EU-Wirtschaft zusammen. Von Eurostat hängt es ab, in welche Regionen Milliardensubventionen fließen und welchen Ruf die deutsche Volkswirtschaft im Vergleich zu anderen europäischen Ländern genießt.

Seit Jahren kreist zugleich ein ganzer Schwarm von Firmen und Instituten um das Statistikamt. Sie leben prächtig von den Überweisungen, die die EU-Statistiker aus ihrem 140-Millionen-Etat tätigen. Und oft scheinen die Geschäftsbeziehungen nicht ganz koscher. Organisationen wie DEBA-GEIE, Eurocost und CESD werden von Franchet und Co. mitgegründet. Jahrelang sitzen Eurostat-Beamte dort in Verwaltungsräten. Sie verschaffen diesen Instituten zugleich Aufträge und Subventionen von Eurostat – ein möglicher Fall von Interessenkonflikt.

Dabei versickern womöglich Millionen Steuergelder. Die Organisation Eurocost Asbl kassiert bis zu 2,2 Millionen Euro jährlich allein für die Berechnung der Gehaltsaufschläge für in Drittländern eingesetzte EU-Beamte – eigentlich lassen sich solche Zahlen auch von der Uno beschaffen. Später übernimmt eine US-Firma den Auftrag für ein Drittel der Kosten. Eurocost wird liquidiert und schuldet dem EU-Haushalt bis heute 250 000 Euro. Inzwischen besteht nach Informationen des Europaabgeordneten Herbert Bösch sogar der Verdacht, dass Eurocost Asbl »in schwere Unregelmäßigkeiten (Bilanzmanipulationen, Doppel- und Dreifachfinanzierung von Projekten, Diebstahl von Informatikausrüstung) verwickelt ist, bei denen ein Schaden von mehr als einer Million Euro für den Gemeinschaftshaushalt entstanden ist«.

Eurostat zahlt CESD, DEBA und anderen Instituten sogar Subventionen – obwohl den Beamten bewusst ist, dass das den Wettbewerb mit Privatfirmen verzerren kann. Doch noch am 3. Februar 1997 mahnt ein Eurostat-Direktor, die Haushaltsausführung dürfe keinesfalls »die Aktivitäten der durch Eurostat subventionierten Vereine in Schwierigkeiten bringen (DEBA, CESD, Eurocost, TES)«.

Das massive Outsourcing ist nicht nur kostenträchtig – es entstünden auch viele Fehlerquellen, sagt Eric Heyer von dem Pariser Wirtschaftsinstitut OFCE. Er entdeckt im März 2002 eine schwer wiegende Panne der EU-Statistiker: Eurostat unterbewertet seit 1997 systematisch die französische Pro-Kopf-Wirtschaftsleistung. Grund: Ein Unterauftragnehmer hatte offenbar fälschlich im französischen Bausektor ein Preisniveau festgestellt, das um 47 Prozent über dem EU-Schnitt lag. Frankreich rutschte dadurch laut Heyer vom siebten auf den zwölften Platz in der Wohlstandstabelle – hinter Deutschland.

Schließlich gibt es den Fall des griechischen Eurostat-Direktors Photis Nanopoulos. Unter ihm gehen nicht nur viele Aufträge an Edward Ojos Eurogramme, sondern auch griechische Firmen schneiden offenbar ungewöhnlich gut ab. Der Vorwurf wird von Nanopoulos allerdings heftig bestritten: Es sei »falsch, lügnerisch und verleumderisch«, eine Begünstigung von Griechen zu behaupten.

Doch da gab es etwa die jedes Jahr mit Millionen Euro dotierten Programme zur Statistikforschung – tituliert Supcom 95, 96, 97 und 98. Allein 1998 gingen dabei vier der 26 Lose an griechische Firmen.

Allein die Athener Softwarefirma Atkosoft erhielt über Supcom insgesamt sechs Aufträge und etwa im Jahr 1996 mit 401 900 Euro die höchste Vertragssumme. Mal ging es um die »Integration statistischer Software in Datenbanken«, mal um »Computergrafiken und Visualisierung«, mal um das »Monitoring des Europäischen Statistischen Systems während des Erweiterungsprozesses«.

Manche der griechischen Firmen, die bei Eurostat immer wieder Aufträge ergatterten, machten in nur wenigen Jahren eine stürmische Entwicklung durch. Etwa das Athener Unternehmen Liaison S.A., das in Anspruch nimmt, »eng mit Eurostat« zusammenzuarbeiten: Im März 1998 gegründet, kletterte der Umsatz von unter 200 000 im Jahr 1999 auf über 600 000 Euro im Jahr 2002. Dabei halfen zumindest zeitweise vier Aufträge aus Nanopoulos' Supcom-Programm.

Oder die inzwischen von Griechen aufgekaufte Luxemburger Artemis S.A.: Laut Eigenwerbung wächst ihr Umsatz pro Jahr um 20 Prozent. »Wir nehmen normal an Ausschreibungen teil«, sagt Artemis-Mitarbeiter Theo Vassiloudis. Mit Nanopoulos und der gemeinsamen griechischen Nationalität habe das »absolut nichts« zu tun. Aber auch Artemis ergatterte überdurchschnittlich viele Aufträge aus dem Supcom-Programm.

Dass griechische Firmen für die EU-Kommission oder Eurostat oft erste Wahl seien, findet Kostas Maras von der Athener Gesellschaft Intrasoft ganz normal. »Griechische Firmen arbeiten günstiger«, sagt der Projektmanager. »Wir sind sehr wettbewerbsfähig.«

Das kann nicht die ganze Wahrheit sein, denn auch Bewerber aus dem Hochlohnland Luxemburg schnitten bei Supcom überdurchschnittlich gut ab – zwei Aufträge gingen zum Beispiel an Eurogramme. Ganz anders oft Interessenten aus dem benachbarten Deutschland: Sie blitzten fast immer ab. Über die gesamte Supcom-Programmdauer von 1995 bis 1998 erhielt mit dem Öko-Institut Darmstadt nur ein einziger deutscher Anbieter einen Zuschlag – obwohl sich offenbar mehrere Dutzend Firmen und Institute aus dem Bundesgebiet interessiert hatten, darunter das Fraunhofer-Institut oder Infratest. 1998 waren es 15 deutsche Interessenten. 1997 belief sich die Zahl deutscher Interessenten sogar auf 27. So steht es in internen Eurostat-Unterlagen. Prodi lässt Eurostat trotzdem verteidigen: Die Zahlen beträfen nur die Zahl der Informationsersuchen. Wirklich beworben hätten sich 1997 nur sechs deutsche Unternehmen – und 1998 sogar nur fünf.

Wie auch immer: In der offiziellen Supcom-Hitliste steht der Zehn-Millionen-Einwohner-Staat Griechenland mit acht gewonnenen Aufträgen auf Platz fünf – weit vor Deutschland (ein Vertrag), Spanien (2) oder Italien (2).

Dass Direktor Photis Nanopoulos höchstpersönlich viele konkrete Projektentscheidungen trifft, ergibt sich aus einem internen Brief des ehemaligen Eurostat-Mitarbeiters Jochen Jesinghaus vom 5. 5. 1997, in dem sich der EU-Beamte über »Herrn Nanopoulos' Rotstift« beklagte. Der griechische Direktor hatte offenbar einfach kurzerhand das Förderprogramm umgeschmissen.

Selbst im Leitungskomitee von Eurostat wurden im Oktober 1999 laut Protokoll »Zweifel« geäußert, ob die unter Nanopoulos ausgewählten Forschungsprojekte die »Prioritäten« der europäischen Statistik widerspiegeln. Alles harmlos, lässt Prodi dazu ausrichten. An den Förderentscheidungen seien neben Nanopoulos viele weitere Instanzen beteiligt gewesen.

Zugleich versucht auch Kinnock, die Tragweite des Skandals herunterzuspielen. Von zu viel Griechen sei angeblich keine Spur. Niederländische »Unternehmen« etwa hätten in dem umstrittenen Supcom-Programm »deutlich« mehr Forschungsaufträge ergattert als hellenische Firmen, behauptet Kinnock-Sprecher Eric Mamer in einem Brief an die Luxemburger Zeitung »Le Quotidien«. Das ist eine falsche Aussage. Tatsache ist: Allein neun der 14 Aufträge, die nach Holland gingen, fielen dem niederländischen Statistikamt CBS zu – das ist kein Unternehmen, sondern eine öffentliche Behörde.

Bald kommt überdies heraus, dass in dem noch bis 2003 weiterlaufenden so genannten »IST Programm« zur Statistikforschung die Bevorzugung einer kleinen Gruppe griechischer Firmen noch weitaus gravierender als bei »Supcom« zu sein scheint. Die Kommission veröffentlichte Informationen über 38 teilnehmende Konsortien – und wieder waren es die griechischen Firmen Atkosoft und Informer, die unter diesen 38 besonders gut abschnitten. Insgesamt fünf der Projekte werden von Athener Unternehmen geführt, mehr als von Firmen aus allen anderen Ländern.

Eurostat habe den Auswahlprozess »nicht geleitet«, sondern nur daran teilgenommen, wiegelt die Kommission ab. Auswahlverfahren – an denen Wissenschaftler entscheidend mitarbeiteten – hätten »keinerlei Raum« für Begünstigung gelassen.

Doch griechische Firmen ergatterten nicht nur viele Konsortialführungen, sondern auch besonders häufig Unteraufträge. Wie bei Supcom waren die beiden Firmen Quantos S.A. und Liaison S.A. gut vertreten.

Allerdings versucht die Kommission offenbar, den griechischen Charakter von Quantos nach außen zu verheimlichen – obwohl er den Eurostat-Beamten sehr wohl bekannt ist. In den veröffentlichten EU-Projektlisten wird Quantos stets als »Quantos France« geführt. Doch in manchen internen Protokollen gibt die Firma lediglich Telefonnummer und E-Mail ihres Athener Büros an. Für die Kommission ist dennoch alles im grünen Bereich. Quantos sei im französischen Handelsregister angemeldet, habe »seine Anschrift« in Frankreich – und dort befänden sich auch »die Bankkonten«. Kein Grund also, die Überweisungen zu stoppen.

Der Langmut der Kommissionsoberen ist kaum zu begreifen. Man stelle sich vor, in einer Bundesbehörde recherchierten Betrugsermittler in sechs Fällen. Sicher ist: Der zuständige Minister käme unter massiven Druck, müsste womöglich zurücktreten. Die gesamte Amtsspitze hätte um ihre Posten zu bangen. Anders in der Kommission: Prodi und Kinnock schauen dem Treiben in Luxemburg offenbar weitgehend unbeteiligt zu. Nur wenige Europaabgeordnete und Journalisten interessieren sich für die Vorwürfe – und dafür, warum die Kommission so lange die offenbar verbreitete Misswirtschaft in dem Statistikamt vertuscht hat.

Niemand in der Kommissionsspitze in Brüssel kann behaupten, man habe nichts gewusst. Schon im Januar 1997 informierte der Eurostat-Beamte Michel Thierry Kinnocks Vorgänger, den heute im Industrieressort amtierenden finnischen Kommissar Erkki Liikanen, im Detail über »quasi systematische Praktiken« von Betrug und Misswirtschaft bei dem Statistikamt und über die »Vorzugsbehandlung« von Instituten wie Eurocost ASBL und TES.

Trotzdem ist Franchet in Kinnocks Augen ein vorbildhafter Behördenchef, der »total quality management« praktiziere – trotz der aktenkundigen Vorwürfe. Der Brite ernennt den Franzosen zunächst sogar zum Chef einer Arbeitsgruppe, die Reformvorschläge für die ganze Kommissionsadministration machen soll.

Solange die Olaf-Untersuchungen nicht abgeschlossen sind, mag Kinnock auch nicht die Frage beantworten, was sein Amtsvorgänger Liikanen 1997 unternahm, um bei Eurostat aufzuräumen. Aber warum schrecken Prodi und seine Kommissare so sehr davor zurück, bei dem Statistikamt ernsthaft durchzugreifen? Wieso spielen sie alle Probleme standhaft herunter? Haben Franchet und Co. möglicherweise mächtige Freunde? Es ist kein Geheimnis, dass der Eurostat-Generaldirektor im Oktober 1996 Paris einen enormen Dienst erwies. Ohne das endgültige Fachvotum eines Ausschusses mit Statistikern und Zentralbankern der Mitgliedsstaaten abzuwarten und gegen den Rat der Vertreter aus Deutschland, Großbritannien und den Niederlanden, genehmigte der französische Beamte der französischen Regierung eine umstrittene Operation: France Télécom verkaufte Pensionsverpflichtungen in Höhe von 37,5 Milliarden Franc (über fünf Milliarden Euro) an den Staat, der diese Summe als Defizitminderung verbuchte – obwohl er damit für alle Zukunft die Kosten der Altersversorgung der Télécom-Mitarbeiter übernahm. Ohne diese Operation hätte Frankreich keine Aussicht besessen, die Kriterien von Maastricht zu erfüllen – statt eines Defizits von 3,0 Prozent der Wirtschaftsleistung wären es 3,5 Prozent gewesen.

Das muss wohl heißen: Franchet hat sich um Europa verdient gemacht. Denn ohne eine Qualifikation Frankreichs für die gemeinsame Währung wäre das gesamte Projekt des Euro auf dem Spiel gestanden.

Übrigens hat der damalige italienische Regierungschef ebenfalls allen Grund, Franchet dankbar zu sein. Nach der Operation »France Télécom« genehmigten die EU-Statistiker nämlich auch mehrere bilanzverschönernde Maßnahmen, die sich die Regierung in Rom erdacht hatte, um den Beitritt zum Euro-Club zu schaffen. »Wenn die Franzosen damit durchkommen, können wir ihnen auch ein oder zwei Tricks zeigen«, argumentierte der damalige italienische Regent – kichernd – in einem Interview mit der »Financial Times«. Sein Name: Romano Prodi.

Das hässliche Gesicht der Kommission

EU-Skandale folgen stets dem gleichen Muster. Intern kommen Vorwürfe auf – werden aber nicht verfolgt. Beginnen schließlich Untersuchungen, werden sie verschleppt oder behindert. Immer gibt es viel Zeit für die Missetäter, Dokumente verschwinden zu lassen. Entnervte Insider geben irgendwann Parlament oder Presse einen Tipp. Die Kommission bestreitet zunächst alles, erklärt zur Not auch schwarz zu weiß. Wahlweise verteidigt sich die Behörde, allem werde bereits nachgegangen. Hält der Druck trotzdem an, entschließt sich die Verwaltung zu einem Bauernopfer: Ein kleinerer Beamter wird geopfert.

Doch einige andere können mit rascher Beförderung rechnen. Die belgische und luxemburgische Justiz wird in einigen Fällen zwar eingeschaltet, aber es kommt fast nie zu einer Anklageerhebung. Kurze Zeit interessieren sich ein paar Abgeordnete und Journalisten für den Fall. Doch sobald das Interesse des Publikums nachlässt, schlafen die Untersuchungen rasch ein. Garantiert bestraft werden nur diejenigen Beamten, die auf die Probleme hingewiesen haben.

Mit beachtlicher Dickfelligkeit ignoriert oder leugnet die Kommissionsverwaltung selbst die alleroffensichtlichsten unangenehmen Fakten. Da übt die Olaf-Rechtsabteilung scharfe Kritik an einer von Chefsprecher Faull mit getroffenen Entscheidung. Der Vorwurf liegt schwarz auf weiß vor, er wird publiziert. Trotzdem behaupten Kommissar Kinnock und Betrugsbekämpfer Brüner steif und fest, Olaf habe alle Faull-Rügen für »unberechtigt« erklärt. Die beiden Franzosen Dewost und Legras haben im Fléchard-Fall offenkundig geltende Bestimmungen umgangen – aber Kinnock erklärt den Fall flugs für »geschlossen«. Fünf Jahre lang lassen die Kommissionsoberen detaillierte Informationen über Mauscheleien bei Eurostat offenbar unbeachtet – und als das bekannt wird, führt es selbst im Haushaltskontrollausschuss des Parlaments zu keinen hartnäckigen Nachfragen.

Eurokraten sind keine schlechteren Menschen. Allerdings ist die Versuchung für sie womöglich größer als für andere. Weil die Kommission zu wenig Personal für die ausgabenintensiven Programme bereitstellt, betreut oft ein Beamter allein gewaltige Forschungs- oder Entwicklungshilfebudgets. Viel Macht haben auch die Funktionäre, die die lukrativen EU-Beihilfen für Agrarexporteure verteilen. Fliegt schließlich ein Korruptionsfall auf, haben die Täter oft wenig zu befürchten – mangels echten Drucks von außen. Weil die Behörde Kritik von Presse und Parlament nicht zu fürchten hat, ist es für ehrliche Kommissare und Beamte hausintern riskant, den Konflikt mit Missetätern oder ihren Vorgesetzten zu wagen. Die haben womöglich den Rückhalt einer mächtigen Seilschaft und ihrer Heimatregierung – und werden später für diesen oder jenen Deal wieder gebraucht.

Wer anderen in die Quere kommt, kann die eigene Karriere leicht in den Wind schreiben. Die korruptionskritische EU-Beamtengewerkschaft »Action & Défense« hat den Mechanismus präzise beschrieben: Weil die Sünder meist »Protektion genießen, manchmal von ganz weit oben, vermeiden es Vorgesetzte normalerweise, einem Kollegen Vorwürfe zu machen – aus Angst, es könnte sich gegen sie selbst wenden«.

Nur ganze zwei Beamte wurden bisher nach Ermittlungen von Uclaf und Olaf vor Gericht verurteilt. Und auch »wenn man in der Kommission Disziplinarmaßnahmen ergreifen will, hat man die größten Schwierigkeiten«, klagt der Ex-Wettbewerbskommissar Karel van Miert. Kaum ein Funktionär hat dabei je mehr erleiden müssen als Echo-Mitarbeiter Hubert Onidi – eine Suspendierung plus Kürzung der Pension um ein Drittel.

Erschwerend kommt hinzu, dass die EU-Institutionen in einem Hochrisikoumfeld arbeiten. Das Königreich Belgien gilt seit je als korruptionsanfällig. Die Justiz arbeitet langsam und ineffizient. Auf der Korruptionsskala der Berliner Organisation »Transparency International« rangiert das Land jahrelang auf einem schlechteren Platz als Botswana.

Die Summen, um die es in EU-Skandalen geht, klingen dabei oft durchaus bescheiden – verglichen mit dem, was in Deutschland oder Frankreich umgesetzt wird, wenn es um Parteispenden oder Schmiergelder für Rüstungsaufträge geht. Die pure Summe ist freilich nicht entscheidend – was verloren geht, ist das Vertrauen in eine ordnungsgemäße und gerechte Verwaltung.

Nach Amtsantritt verkünden Prodi, Kinnock und Schreyer den Grundsatz der »null Toleranz« bei Betrug und Misswirtschaft. Doch dessen Beherzigung, das zeigt sich rasch, hätte das Ende von zu vielen Karrieren bedeutet. Schon im Frühjahr 2000 wird das Versprechen ganz offiziell aus dem Reformprogramm der Prodi-Kommission gestrichen – Schreyer will das gar nicht bemerkt haben.

Massives Missmanagement wird in der Kommission toleriert oder sogar belohnt – offene Kritik nicht. Es ist nicht immer einfach zu ergründen, warum Beamte wie Paul van Buitenen, Dorte Schmidt-Brown oder die von Schreyer gefeuerte Chefbuchhalterin Marta Andreasen den Konflikt mit der Kommissionshierarchie wagten. Sicher ist: Sie setzten damit ihre Karriere aufs Spiel. Viele andere Beamte seien einfach »Quallen«, die viel zu viel akzeptierten, empört sich van Buitenen einmal in einem Brief an das Behördenblatt »Commission en direct«.

Aber wer möchte mit dem Schicksal des Niederländers tauschen? Im Kampf gegen »Whistle-blowers« (wörtlich: Pfeifer), wie solche mutigen Beamten auf Englisch genannt werden, entwickelt die oft gemächliche Kommissionsmaschinerie beachtliche Dynamik. Beamte werden über Nacht suspendiert, E-Mails kontrolliert, Gehälter gekürzt. Kommissionssprecher zögern weder bei van Buitenen noch bei Andreasen, in aller Offenheit abträgliche Gerüchte über die Qualifikation und den Charakter der Dissidenten zu verkünden. Die Kommission, deren Beamte sich an besseren Tagen voller Idealismus für bessere Umweltgesetze oder mehr Verbraucherschutz einsetzen – hier zeigt sie ein hässliches Gesicht.

Die Kommissionspolizei geht um

Wie weit geht die Brüsseler Behörde, um hausinterne Kritiker einzuschüchtern? Einige von ihnen berichten kaum glaubhafte Geschichten: Bedrohlich wirkende Typen seien ihnen auf der Straße gefolgt. Gleich zwei seien ihr regelmäßig durch den Brüsseler Jubelpark hinterhergelaufen, behauptet Andreasen, seit sie durch öffentliche Vorwürfe für Ärger gesorgt hatte. Die »Financial Times« berichtet darüber und zitiert Kommissionssprecher Eric Mamer mit einem scharfen Dementi. »Wir sind nicht der KGB«, sagt der Franzose. Doch die »FT« erinnert daran, dass andere Kommissionsdissidenten von ähnlichen Erfahrungen berichteten. »Ich wurde von Männern – frü-

heren belgischen Polizisten – verfolgt, und meine Frau erhielt Anrufe
mitten in der Nacht, wenn ich nicht in der Stadt war«, sagt der ehemalige EU-Beamte Bernard Connolly, der mit einem euroskeptischen Buch Ärger erregt hatte. Die »FT« erinnert ihre Leser daran,
dass die Kommission zu Delors' Zeiten sogar zwei Gewehre mit Ziel-
fernrohr anschaffte – was ein Kommissionssprecher zunächst wü-
tend bestritten hatte, als van Buitenen 1999 diesen Vorwurf erhob.

Die Gewehre waren für den Sicherheitsdienst der Kommission
bestimmt. Und dessen Ruf ist mehr als dubios. Jahrelang betätigten
Beamte des BdS (Bureau de Sécurité) sich weniger als Ordnungshü-
ter und machten eher mit Durchstechereien von sich reden.

Im März 1999 erstellt der so genannte Rat der Weisen ein langes
Sündenregister. Da sollen Beamte des Sicherheitsdienstes einer Privatfirma einen Auftrag verschafft und dafür selbst die Hand aufgehalten haben. Vizechef des BdS war jahrelang ein Oberst a. D. der
belgischen Polizei, der sich bald als bekennender Rechtsextremist
entpuppte. Zwischen Sicherheitsleuten und anderen Beamten
herrschte gar »eine seltsame Komplizenschaft, die eine Art regelfreie
Zone ermöglichte«, schreiben die Weisen. Mitglieder des BdS hatten
»die Macht, den Kollegen in der Kommission kleinere Dienste anzu-
bieten«, so der Bericht, von Gärtnerdiensten bis zum Annullieren
von Strafzetteln für Falschparken oder überhöhte Promille – die guten Kontakte zur belgischen Polizei machten es möglich. Für ehemalige belgische Polizisten organisierte das Sicherheitsbüro dafür
spezielle Einstellungsverfahren.

Die Kommissions-Cops, so das Fazit der Weisen, führten sich auf
wie ein »Staat im Staate«. Als das Betrugsbekämpfungsamt Uclaf
nach Jahren eine Untersuchung eröffnete, überwachten die Sicherheitsleute sogar die Uclaf-Büros, um herauszufinden, welche Personen mit den Betrugsbekämpfern redeten. 1999 geht der Fall an die
belgische Justiz – die die Ermittlungen allerdings später einstellt.

Viele der Vorwürfe waren seit 1993 bekannt. Bereits damals hätten die Mitarbeiter des Kommissionspräsidenten Delors Disziplinarverfahren einleiten müssen, klagen die Weisen 1999. Es scheint, als

ob die Truppe unter dem Schutz von Delors' Stabschef Pascal Lamy stand. Der heutige Handelskommissar wählte 1986 persönlich den umstrittenen BdS-Chef aus. Interne Prüfer hätten 1993 ja noch keine »schweren Unregelmäßigkeiten« gefunden, verteidigt sich Lamy später.

War das Sicherheitsbüro jahrelang ein Machtinstrument einflussreicher Seilschaften? Beweise für diese Spekulation gibt es nicht.

Kampf der Information

Selbst Attacken auf Journalisten sind nicht verpönt, wenn es darum geht, Affären unter den Teppich zu kehren. Der Sprecher der Kommissarin Cresson notiert Anfang 1999 für ein internes Treffen, man müsse investigative Journalisten von anderen Kollegen isolieren und dabei »Freunde« der Kommission im Pressecorps als »mögliche Bündnispartner benutzen«.

Als der »stern« im Februar 2002 das neue Dossier des Paul van Buitenen publik macht, lanciert die Kommission einen ungeheuerlichen Verdacht: Ein Journalist habe womöglich Olaf-Beamte bestochen, um an die Geheimpapiere zu kommen. Olaf-Chef Brüner lässt diesen Vorwurf sogar per Presseerklärung veröffentlichen. Kurz darauf räumt sein Sprecher in einem internen Brief ein, man habe keinerlei Beweise für die vom »stern« eindeutig dementierte Tat – es gebe nur »Gerüchte und Spekulationen«. Warum wertet Brüner diese Gerüchte durch seine öffentlichen Aufklärungen so auf? Um die eigenen Beamten einzuschüchtern – und die Presse gleich mit?

Im Zweifel bekämpfen die Brüsseler Regenten nicht den Betrug – sondern die Information über ihn. »Die Kommission ist unfähig, Fehler einzuräumen«, sagt der dänische Abgeordnete und Betrugsexperte Freddy Blak, »und darum ist sie nicht in der Lage, sie zu korrigieren.«

9 HIGHNOON IN DER CHEFETAGE

>»Strafen müssen wehtun.«
Wettbewerbskommissar
Mario Monti über sein Credo

Wie die EU-Kommission Kartelle knackt, Fusionen blockt und Märkte liberalisiert. Die Generaldirektion Wettbewerb: Eine Elitetruppe im Grabenkampf mit Industriebossen und Ministerpräsidenten. Deutschland im Visier: Wie die Bundesrepublik bei Staatsbeihilfen vom Musterknaben zum Buhmann in Brüssel wurde. Und wie der Druck auf die Wettbewerbshüter wächst

Der Pförtner in der Düsseldorfer Vodafone-Zentrale wusste vor Überraschung nicht gleich, wie er reagieren sollte. Ein halbes Dutzend Damen und Herren aus Brüssel begehrten Einlass bei dem Mobilfunkbetreiber, und zwar unverzüglich. Sie zeigten ihre Dienstausweise. Dann ging alles ganz schnell. Die Truppe eilte in die Chefetage. In den Vorzimmern wurden Sekretärinnen freundlich, aber bestimmt aufgefordert, Computerdateien ihrer Vorgesetzten zu öffnen. Zur gleichen Zeit filzten EU-Beamte, unterstützt von Mitarbeitern des Bundeskartellamts, Büros der Mobilfunkunternehmen T-Mobile in Bonn und Viag Interkom (heute umbenannt in Q2) in München. Der Verdacht: illegale Preisabsprachen zu Lasten des Verbrauchers.

Es ging um so genannte Roaming-Gebühren. Das sind die saftigen Tarife, die Handy-Benutzern aufgedrückt werden, wenn sie ihr Mobiltelefon im Ausland benutzen. Schon Monate zuvor hatte die EU-Kommission in Brüssel Hinweise, dass die Unternehmen diese Gebühren künstlich hoch halten. Am 12. Juli 2001 schlug der Leiter der EU-Kartellabteilung, der Deutsche Georg de Bronett, zu. Es war eine der größten Razzien in der Geschichte der Brüsseler Wettbewerbspolitik. Mehr als 50 Beamte schwärmten aus. Zuvor waren sie zu größter Verschwiegenheit verdonnert worden. Immer wieder kommt es vor, dass aus den Brüsseler Büros Tipps nach draußen gelangen. Wenn die Firmen auch nur den kleinsten Hinweis bekommen, können die Bosse belastendes Material beiseite schaffen. Doch diesmal gelang der Überraschungscoup. Der 58-jährige de Bronett, der mit seinem kurz geschorenen, markanten Kopf aussieht wie Fernsehkommissar Kojak, war hochzufrieden. »Das lief generalstabsmäßig«, feixte er.

»Razzia bei Mobilfunk-Firmen: EU-Kommission räumt Büros der Deutschen Telekom aus«, titelten die Blätter am nächsten Tag. Zu diesem Zeitpunkt hatten die Kartelljäger schon ihre Beute im Sack: Disketten von Computerdateien, E-Mail-Verzeichnisse und Fotokopien von Vertriebsabkommen.

Für de Bronetts Leute fängt nach der Durchsuchung die Arbeit erst richtig an. Die Suche nach der berühmten Stecknadel im Heuhaufen kann Jahre dauern. Wie in einem Puzzlespiel müssen Hinweise auf Preisabsprachen zusammengesetzt werden. Gibt es versteckte Spuren in den Bilanzen? Kann man aus internen Abrechnungen vielleicht etwas herauslesen? Ist ein ungewöhnlicher E-Mail-Adressat der Hinweis? »Natürlich wäre es ein Idealfall für uns, wenn wir in der ersten Schreibtischschublade einen belastenden Brief finden würden, der alles aufdeckt«, meint de Bronett. Doch er weiß, dass es zwecklos ist, auf so einen Glücksfall zu hoffen. De Bronetts Gegner sind Profis, die gewöhnlich genau wissen, wie sie ihre illegalen Mauscheleien tarnen können. Wie beim Rennen von Hase und Igel – nur, dass die Rollen ständig wechseln. Einmal haben die Unternehmen einen Vorsprung, dann wieder die Kommission. Die Elektronisierung des Geschäftsverkehrs hat es für die Fahnder schwieriger gemacht. Eine brisante E-Mail, natürlich nicht vom Firmen-Account, sondern über irgendeine anonyme Internetadresse, lässt sich mit einem Mausklick löschen. 26 Spürnasen zählt das Team von de Bronett. Es sind auf den ersten Blick ganz normale EU-Beamte aus allen Mitgliedsstaaten. Doch sie sind Top-Leute. Ehrgeizig, hochmotiviert – solche Leute findet man in dem ansonsten oft eher verschlafenen Brüsseler Bürokraten-Zirkel nicht überall.

De Bronett muss auf die menschlichen Schwächen seiner Gegenspieler setzen. Ein Firmenboss eines großen internationalen Konzerns hatte in Panik verräterische Dokumente aus dem Fenster geworfen, als die EU-Beamten an seine Bürotür klopften. Pech für den Aktenvernichter: Unten sammelten beflissene Wachleute, die es für ein Missgeschick hielten, die Papiere wieder ein. Artig lieferten sie alles bei der Sekretärin ab. Die EU-Fahnder bedankten sich für die Hilfe.

Andere Manager versuchten es mit der rabiaten Methode. Sie stoppten kurzerhand den Lift, in dem die Brüsseler Beamten unterwegs waren. Die Freiheitsberaubung endete zwar nach einigen Minuten, aber die Brüsseler Kartelljäger nehmen seitdem vorsichtshalber immer die Treppe. Und dann gibt es noch die Geschichte von der angeblich hochschwangeren Sekretärin, die eilig zur Toilette rannte. Vielleicht war ihr tatsächlich übel – aber dann höchstens vor Angst, weil sie Beweismaterial unter ihren weiten Klamotten versteckt hatte.

Nichts ist in einer knallharten Wettbewerbswirtschaft so lukrativ, wie den Wettbewerb zu verhindern. Das sichert fette Profite. Die Folge sind überhöhte Preise. Die Zeche zahlt der Verbraucher. Kartelle machen erfindungsreich. Häufig ist das Misstrauen zwischen den Mitverschworenen allerdings so groß, dass penibel alles dokumentiert wird, was man besser nur per Handschlag besiegelt hätte. So werden Verabredungen über Margen, Produktions- und Absatzmengen bis auf zwei Stellen hinter dem Komma festgehalten. Oft treffen sich die Manager nach den Erkenntnissen von de Bronett beim Golf- oder Tennismatch zur Verschwörerrunde. Österreichische Top-Manager der Bank Austria, der Raiffeisen Zentralbank und sechs weiterer Geldhäuser bevorzugten das vornehme Wiener Hotel Bristol. In der Traditionsabsteige ließ es sich der so genannte Lombard-Club mit Sachertorte und Champagner gut gehen. Nebenbei verabredeten sie die Festsätze für Geldüberweisungen und Exportfinanzierungen. Nach fünfjährigen Ermittlungen verhängte die Kommission im Frühjahr 2002 eine Strafe von mehr als 124 Millionen Euro.

Kartell-Verschwörungen werden zu regelrechten Social Events – manchmal sogar mit Damenprogramm. Plaudereien über Festpreise an der Strandbar unter karibischen Palmen sind extrem beliebt. Das ist nicht nur eine gute Tarnung, es fördert auch das Gruppengefühl. Belastende Papiere verschwinden hinterher fix an einem sicheren Ort. Befindet sich der Banksafe auf den Bahamas oder den Bermudas, kommen selbst die gewieftesten Kartelljäger häufig nicht weiter. In solchen Fällen müssen sie dann auf die Kronzeugenregelung setzen. 1996 übernahm die EU-Kommission das probate Mittel aus der Strafverfolgung von Schwerkriminellen: Reuige Sünder, die zur Aufklärung eines Kartellbetrugs beitragen, werden mit Straferlass geködert. Seitdem sind Absprachen immer mit einer Portion Misstrauen gewürzt. Denn keiner der Beteiligten weiß, wer schwach werden könnte.

»Manchmal melden sich Leute bei uns unten am Empfang und wollen beichten«, erzählt de Bronett. Wer petzt, ist in der Kommission immer willkommen – auch ohne vorherige Anmeldung. Häufig haben Mitarbeiter spontane Rachegelüste gegen einen schikanösen Chef und wollen in der ersten Rage auspacken. Es gibt auch Fälle, in denen einer der beteiligten Manager überraschend ein schlechtes Gewissen bekommt. Oder einer der beteiligten Firmen wird die Sache zu heiß. Seit Anfang 2002 hat die Kommission die Anreize für solche »Whistle-blower« noch verstärkt: Mit hundertprozentigem Straferlass kann der rechnen, der als Erster von einem geheimen

Kartell berichtet. Gleichzeitig wollen die Marktwächter ihre anderen Waffen schärfen. Künftig sollen auch Razzien in den Privaträumen von Managern erlaubt sein. Nur eines ist tabu: Es dürfen keine Dokumente mitgenommen werden, die nicht unmittelbar mit dem Fall in Verbindung stehen. So ließen die Fahnder den Stapel Pornohefte im Büroschrank eines deutschen Firmenchefs ebenso liegen wie Unterlagen über einen gekauften Doktortitel bei einem anderen Manager.

Die Bußgelder können selbst für große, finanzstarke Unternehmen schmerzhaft sein. Bis zu zehn Prozent des Jahresumsatzes darf die Kommission einem Unternehmen abknöpfen, wenn es sich an versteckten Absprachen beteiligt hat. Zwischen 1994 und 1999 ahndete die Kommission gerade mal vier größere Kartellabsprachen. Erst der 1999 angetretene Wettbewerbskommissar Mario Monti verschärfte die Gangart. »Strafen sollen wehtun«, lautet das Credo des Italieners: »Kartelle sind das Krebsgeschwür der freien Marktwirtschaft.« Allein 2001 verdonnerte die EU-Kommission 56 Unternehmen zu einer Strafe von insgesamt 1,84 Milliarden Euro. Brüssel zeigt Zähne.

Keine Branche ist vor den Kartellhütern sicher. Ihr »Vitamin B« bekam acht europäischen Chemie-Multis im doppelten Sinne nicht gut: Im Herbst 2001 holte die Kommission zum K.-o.-Schlag gegen eine groß angelegte Mauschelei aus: Die acht Vitaminproduzenten, darunter die deutsche BASF und Hoffmann-La Roche, wurden zur Zahlung von insgesamt 855,22 Millionen Euro verdonnert. Damit schraubte Monti erstmals die Strafen so hoch wie die US-Wettbewerbsbehörden, die mit Kartellsündern schon lange umgehen wie mit Schwerverbrechern. Zehn Jahre lang hatten die Chemiegiganten den Absatz für künstliche Vitamine unter sich aufgeteilt und Preise diktiert. Nicht nur Vitamin-Junkies, die regelmäßig Pillen schlucken, wurden geschröpft. Die Zusätze sind auch in vielen Nahrungsmitteln enthalten. Deshalb mussten die Verbraucher auch für Joghurt, Kekse, Müsli und Säfte überhöhte Preise zahlen.

Mario Montis Kreuzzug

Als linke Gruppen Anfang der 70er Jahre auch in Italien vom Sozialismus träumten und die Internationale auf dem Campus Volkslied wurde, gab es einen jungen Professor, der ihnen an der Mailänder Bocconi-Universität Paroli bot. Nicht mit politischer Rhetorik, sondern durch intelligente Vorlesungen über den Segen einer freien Marktwirtschaft. Sein Name: Mario Monti. Der konservative Rebell ließ sich vom politischen Mainstream nicht beirren. Er sprach von Liberalisierung und Deregulierung. Seine regelmäßigen Kolumnen in der Tageszeitung »Corriere della Sella« prangerten die aberwitzige Verschuldung des Staats und die notorische Schwäche der Lira an. Nur eine kleine, aber aufmerksame Fangemeinde wollte ihm damals zuhören. Im Italien der 70er Jahre herrschte wirtschaftspolitischer Stillstand. Staatsunternehmen, Gewerkschaften und Filzokratie blockierten jede Reform. Es gab keine wirksamen Anti-Trust-Gesetze, geschweige denn eine Behörde zur Wettbewerbskontrolle.

30 Jahre später ist Monti einer der einflussreichsten Männer Europas. Als Kommissar für Wettbewerbspolitik regiert er direkt in die Wirtschaftsordnungen der Mitgliedsstaaten hinein. Sein Amt und der EU-Vertrag geben ihm beispiellose Kompetenzen. Er darf Kartelle knacken und gegen Firmen vorgehen, die ihre marktbeherrschende Stellung ausnutzen. Monti muss große Fusionen genehmigen. Und dann hat er noch ein weiteres Folterwerkzeug in der Hand: Er darf staatliche Subventionen für Privatfirmen – im EU-Jargon heißt das höflich Beihilfen – kontrollieren.

In der Wettbewerbspolitik hat die Kommission eine einmalige Machtfülle. Sie ist Ankläger und Richter zugleich. In kaum einem anderen Bereich – weder beim Verbraucherschutz noch beim Überwachen des Binnenmarkts – kann Brüssel so autonom handeln. Das hat Vorteile: Wenn die Kommission entschieden hat, muss das auch unmittelbar in den Mitgliedsstaaten durchgesetzt werden – auch wenn Manager zetern und Politiker murren. »Ohne Wettbewerb hätten wir eine äußerst magere Tagesordnung der Kommission«, sagt Alexander Schaub, der bis August 2002 Kommissar Monti als Generaldirektor diente. Selbst einzelne Beamte könnten hier »erheblich Macht ausüben«.

In vieler Hinsicht vereinigt der Vorsteher der EU-Wettbewerbsbehörde in seinen Händen mehr Kompetenzen als etwa der Chef des Bundeskartellamtes. In dem Bonner Bundesamt entscheiden elf Kammern aus je drei Beamten selbständig über alle Fälle – Kartellamtschef Ulf Böge präsidiert nur. In Brüssel ist es der Kommissar, der entscheidet. Wenn der Brüsseler Wettbewerbshüter eine Firmenhochzeit blockieren will, muss er zwar für seine Entscheidungen im Kollegium der Kommissare eine Mehrheit finden – aber er hat keine Instanz über sich, die per Ministererlaubnis Firmenfusionen gegen seinen Willen durchsetzen kann. Monti hat es auch leichter als die amerikanischen Fusionskontrolleure. In den USA müssen die Wettbewerbshüter ein Gericht überzeugen, dass ein Firmenzusammenschluss schädliche Auswirkungen hätte – Richter und Jury haben das letzte Wort. In Brüssel entscheidet die Kommission. Und der Europäische Gerichtshof ist die einzige Berufungsinstanz. Angesichts der Verfahrensdauer des Luxemburger Gerichts können Firmenbosse damit oft wenig anfangen.

Zwar muss das Regelwerk der Wettbewerbspolitik vom Ministerrat gebilligt werden. Der darf sich freilich nicht in Einzelfälle einmischen und noch weniger das Europaparlament. Das demokratische Defizit wurde besonders deutlich, als die Kommission im Sommer 2002 die Reform des Autovertriebs verabschiedete. Brüssel setzte sich gegen die vereinte Lobby der Autoindustrie durch, um eine europaweite Niederlassungsfreiheit für Autohändler zu erzwingen. Das soll den Verbrauchern helfen. Denn in Europa erschwerte bislang ein undurchsichtiges Vertriebssystem die freie Wahl der Käufer und den Wettbewerb des Handels. Dennoch ist es äußerst fragwürdig, dass dieses Reformwerk ohne Zustimmung des Parlaments verabschiedet werden konnte. Brüsseler Beamte und 20 Kommissare können selbstherrlich darüber befinden, was das Wohl des Verbrauchers ist.

Doch Macht, die mangelhaft kontrolliert wird, ist zugleich fragil. Schmerzhaft erlebte der lange als »Super Mario« gepriesene Kommissar im Herbst 2002, dass seine Autorität ernsthaft angefochten wurde. Dreimal nacheinander kassierte das Gericht Erster Instanz (EuG) beim Europäischen Gerichtshof Entscheidungen, mit denen die Kommission Fusionen großer europäischer Firmen blockiert hatte. Stets lautete das Verdikt der Luxemburger Richter ähnlich: Die Brüsseler Beamten hätten die Fälle nicht ausreichend geprüft, Fehler und Auslassungen begangen. »Montis Prüfer haben geschlampt«, schrieb die »Frankfurter Allgemeine Zeitung«. Und das »Handelsblatt« kommentierte, nun sei »eigentlich ein Rücktritt überfällig«.

Die hohe »Machtkonzentration« hatte offenbar »negative Wirkungen auf die Anreize der Wettbewerbshüter, einen guten Job zu machen«, analysierte der Kasseler Ökonom Stefan Voigt in der FAZ. »Jetzt zahlt die Kommission den Preis dafür, dass sie alles entscheiden will. Ihr Image der Unfehlbarkeit leidet«, urteilte der Tübinger Kartellrechtler Werner Möschel.

Ein schwerer Schock für den eigentlich so prinzipienfesten Monti – bisher waren alle Klagen von Politikern an dem 1943 im norditalienischen Varese geborenen Bankierssohn abgeprallt. Damit hat er sich schon den Vorwurf eingehandelt, als spröder Formalist allzu kleinkariert zu entscheiden. Doch was würde ohne Montis Sturheit passieren?

Schon sein Vorgänger Karel van Miert warnte davor, dass sich die Brüsseler Wettbewerbspolitik nicht zum Spielball nationaler Lobbyinteressen machen dürfe. Das ist ein täglicher Drahtseilakt, der meistens gelingt, aber im Brüsseler Intrigantenstadl auch mal schief geht. Längst sehen sich die rund 500 Beamten der Generaldirektion Wettbewerb ganzen Heerscharen von hoch bezahlten Staranwälten gegenüber. Die versuchen mit allen Tricks und Kniffen, Entscheidungen hinauszuzögern oder zu blockieren.

»Ich bin überzeugt, dass eine rigorose Anwendung der Wettbewerbsregeln der beste Weg zu wirtschaftlichem Wohlstand ist«, lautet Montis Credo. Im Gegensatz zu seinem Vorgänger van Miert, der spektakuläre Auftritte vor den TV-Kameras liebte, gibt sich der stets in feinen Zwirn gekleidete Monti distinguiert und zurückhaltend. Er könnte auch der freundliche, ältere Wirtschaftsprofessor sein, den die Studenten aufsuchen, um ein paar Tipps für die Klausur zu bekommen. Monti doziert gerne über die großen Zusammenhänge der globalen Wirtschaft. Aber wenn es um sein Metier geht, kann er auch blitzschnell umschalten. Seine Beamten kennen den prüfenden Blick ihres Chefs, wenn sie bei ihm antreten müssen. Seine Welt bemisst sich nach objektiven Faktoren: Kreuzelastizität von Märkten, vertikale Verstärkungswirkung, Monopolpreise. Mit spitzfindigen Fragen malträtiert der Kommissar seine Mitarbeiter.

Dabei verlässt er sich auf viele deutsche Berater. Die Brüsseler Generaldirektion Wettbewerb galt stets als Erbhof der Deutschen. Immerhin gelten sie als Erfinder des EU-Wettbewerbsrechts. Viele Ideen sind bereits in den 60er Jahren direkt aus dem deutschen Recht übernommen worden. Schon der Wechsel von dem deutschen Generaldirektor Alexander Schaub zu dem Briten Philip Lowe im Herbst 2002 war eine kleine Revolution. Erstmals seit 35 Jahren räumten die Deutschen diesen Führungsposten. Lowe muss nun die allzu lange vom Erfolg verwöhnte Wettbewerbsbehörde reformieren. Er stamme aus der »gleichen Schule« wie Schaub, versicherte der leidenschaftliche Marathonläufer dennoch in einem Zeitungsinterview. Streng nach Recht und Gesetz will Lowe vorgehen. Glaubensfragen überlässt er ohnehin seinem Bruder. Der ist Bischof in Manchester.

Angriff auf Posten und Pfründe

Aber auch so entwickelte sich Montis Kampf gegen das öffentlich-rechtliche Banken- und Sparkassensystem in Deutschland zu einem regelrechten Kreuzzug. Der Kommissar war nicht scharf auf den Zoff. Aber die deutschen Privatbanken hatten sich bei der Kommission beschwert, und Monti fand Nachweise, dass staatliche Garantien den Wettbewerb verzerrten. Es folgte das Protestgeheul einer Politikerkaste, die sich jahrelang die lukrativen Posten und Pfründe in Landesbanken und Sparkassen zugeschoben hatte. »Ich verbringe mehr Zeit mit den deutschen Ministerpräsidenten als mit den Ministern aller anderen 14 Mitgliedsstaaten zusammen«, klagte der Kommissar im Frühjahr 2000.

Die Lobby der hoch bezahlten Aufsichtsräte im Nebenjob orakelte bereits vom Untergang des deutschen, öffentlichen Bankenwesens. Doch »Il Professore« blieb sich treu. Bei seinen Recherchen stieß er auf zwei Wortungetüme der Staatswirtschaft, die er bald fast fehlerfrei auf Deutsch aussprechen konnte: Anstaltslast und Gewährträgerhaftung. Diese staatlichen Garantien machten 580 Sparkassen und 13 Landesbanken in Deutschland gegen jedes Konkursrisiko immun. Die Träger, Länder und Gemeinden, haften unmittelbar und unbeschränkt für alle Verbindlichkeiten. Übernimmt sich die Bank und trudelt in die Pleite, muss der Steuerzahler ran. In der staatlich abgesicherten Kuschelecke ließ es sich vortrefflich wirtschaften. Mehr noch: Die staatlichen Garantien brachten Bares bei der Kreditrefinanzierung. Rating-Agenturen vergaben an die öffentlichen Institute stets nur Einser-Noten, von denen selbst die Creme der privaten Großbanken nur träumen konnte.

Die Westdeutsche Landesbank (WestLB) sammelte Firmenbeteiligungen wie andere Briefmarken. Der rheinischen Provinzialität längst entwachsen, betreiben die Düsseldorfer Banker ein multinationales Finanzgeschäft. Auch dafür haftet der Staat. Zu viel der Absicherung, wie Monti fand. Weshalb sollen die öffentlichen Banken solche Garantien genießen, während sich die privaten auf eigenes Risiko am Markt behaupten müssen? Nervenaufreibende Sitzungen mit dem bockbeinigen deutschen Finanzstaatssekretär Caio Koch-Weser folgten. Der wusste schon bald, dass an einem Umbau der öffentlichen Banken kein Weg vorbeiführte. Doch er stand unter dem Druck der Landesfürsten, die ihre gehätschelten Institute verteidigten.

Doch sie alle hatten die Hartnäckigkeit eines Monti unterschätzt. Am 17. Juli 2001 hieß es nach einem siebenstündigen Verhandlungsmarathon in Brüssel »eins zu null« für den Italiener. Berlin gab auf. Düsseldorf kapitulierte. Bayern knickte ein. Jetzt wird die Gewährträgerhaftung bis spätestens 2005 abgeschafft und die Anstaltslast stark eingeschränkt. Damit stehen die öffentlichen Banken vor der tiefgreifendsten Reform ihrer Geschichte. Anders als einige orakelten, setzte aber bisher kein Massensterben der Sparkassen und öffentlichen Banken ein.

Deutsche Dreistigkeit

Immer wieder lassen sich Politiker von Unternehmen als Lobbyisten einspannen. Bereits Montis Vorgänger van Miert beschwerte sich über die dreiste Art des damaligen deutschen Bundeskanzlers Helmut Kohl. Der schlug sich für seinen Freund, den inzwischen Pleite gegangenen Medienmogul Leo Kirch, in die Bresche. Mit »Krieg« drohte Kohl laut van Miert dem damaligen Kommissionspräsidenten Santer für den Fall, dass ein geplantes Pay-TV-Bündnis zwischen Kirch und dem Bertelsmann-Konzern nicht zustande kommen sollte. Die Lobby-Arbeit nützte nichts. Die Fusion scheiterte. Doch die Geschichte wiederholte sich. Genauso griff Bundeskanzler Gerhard Schröder zum Telefon, um den Brüsseler Bürokraten in der Krise um den Baukonzern Philipp Holzmann Dampf zu machen. Der Kanzler stand bei dem maroden Unternehmen im Wort. Vor Hunderten von gelb behelmten Arbeitern hatte er im Herbst 2000 der Frankfurter Pleitefirma Kredite und staatliche Bürgschaften in dreistelliger Millionenhöhe zugesagt. Der Zupack-Kanzler in seinem Element: Schröder als Retter der deutschen Großindustrie. Schröder als Sozialfürsorger. Seine Beliebtheitskurve stieg nach der Holzmann-Aktion steil nach oben. In Brüssel tauchten indes Montis Beamte schon bald in die Niederungen des Holzmann-Sanierungsplanes ab.

Die Marktwächter leiteten ein »vertieftes Prüfverfahren« ein. Das darf nach dem EU-Reglement bis zu 18 Monate dauern. Danach heißt es Daumen nach unten oder nach oben. In Berlin schwenkte das Wut-Barometer über die EU-Wettbewerbshüter wieder einmal auf »Orkan«. Der Kanzler schimpfte lauthals über eine Prüfung im Schneckentempo. Durchaus zu Recht. Der mit dem Fall beschäftigte EU-Mitarbeiter wechselte seinen Job. Wochenlang verstaubte die Akte Holzmann auf dem unbesetzten Schreibtisch. Ein Sondergutachten wurde angefordert. Die Juristen stritten sich. Erst Anfang Mai 2001 gaben die EU-Wettbewerbshüter dann doch ihr Okay. Mit knirschenden Zähnen, wie es in Brüssel heißt. Wenige Monate später brach Schröders Baustelle zusammen. Allerdings nicht wegen der EU-Prüfer. Das einstige Vorzeigeunternehmen war auch mit Subventionen nicht mehr zu retten und ging Pleite.

Das Holzmann-Debakel zeigt: Die Droge der Subventionen ist verführerisch. Sie verschaffen Politikern das Gefühl, unersetzlich zu sein. Als vermeintliche Magier der Marktgesetze wollen sie erreichen, woran gestandene Unternehmer und Manager gescheitert sind: Firmen gegen den Strom des Strukturwandels mit allen Mitteln am Leben zu erhalten. Dazu schröpfen die Politiker hemmungslos den Staatshaushalt – und nicht nur deutsche. Rund 82 Milliarden Euro pumpten die 15 Mitgliedsstaaten im Jahr 2000 in ihre Wirtschaften. Sollten die Brüsseler Markthüter deshalb eine noch härtere Gangart einschlagen? Der Steuerzahler würde davon profitieren.

Doch der große Beurteilungsspielraum der EU-Beamten bei Subventionen ist auch ein Nährboden für mögliche Fehlentscheidungen. Vieles wird in Brüssel am grünen Tisch entschieden, was dann für die betroffenen Unternehmen und Arbeitnehmer fatale Folgen haben kann. Im April 2002 ist es der Europäische Gerichtshof in Luxemburg, der der Wettbewerbsbehörde in den Arm fällt und damit eine kleine Thüringer Firma vor dem Aus rettet. Die Kommission hatte von den Technischen Glaswerken Ilmenau (TGI) die Rückzahlung von 2,5 Millionen Euro verlangt. Aus Sicht der Wettbewerbshüter war die Summe eine Beihilfe. Bundesregierung und TGI waren anderer Meinung. Die Firma zog darum vor Gericht. Während die Rechtssache noch lief, bestand Monti auf der sofortigen Rückzahlung der Gelder. Seine Mitarbeiter wussten, dass das den 230-Mitarbeiter-Betrieb in die Pleite getrieben hätte. Zwei Gutachter hatten das bestätigt. »Nach aller Wahrscheinlichkeit« wäre die Thüringer Firma »in sehr kurzer Zeit« Bankrott gegangen und hätte ihren Anspruch verloren, »Rechtsschutz zu erlangen«, schloss auch das EU-Gericht erster Instanz. Die Argumente der Kommission seien »nicht überzeugend«.

Monti beeindruckte diese Entscheidung nicht. Er legte gegen das Gerichtsurteil Einspruch ein – und verlor erneut. Denn die Luxemburger Richter hatten einige Merkwürdigkeiten entdeckt: Mit TGI wäre der einzige europäische Konkurrent des Mainzer Schott-Konzerns verschwunden – Monti hätte den Wettbewerb nicht gefördert, sondern ausgeschaltet. Die Thüringer Firmenchefs stellten sich böse Fragen: Habe das womöglich etwas damit zu tun, dass sich Schott mit seinen zwei Milliarden Umsatz ein Büro in Brüssel leisten könne, wofür einem Mittelständler das Geld fehle? »Der hat seine Lobby in Brüssel, wir nicht«, grollte TGI-Manager Oliver Hübler. Tatsächlich hatte die Kommission zugunsten von Schott und zu Lasten von TGI sogar die »Prinzipien guter Verwaltungspraxis« missachtet – schrieb jedenfalls das Gericht. Die Thüringer bekamen nicht einmal die Chance, sich zu Anschuldigungen zu äußern, die Schott bei der Kommission vorgebracht hatte und die möglicherweise die Kommissionsentscheidung beeinflussten.

Beihilfeverfahren sind bis heute ausschließlich eine Angelegenheit zwischen der Kommission und dem betroffenen Mitgliedsstaat. Die Firma, um die es eigentlich geht, sitzt nicht am Tisch. »Dass es nicht einmal Akteneinsicht gibt, ist mit rechtsstaatlichen Prinzipien nicht vereinbar«, findet Christoph Arhold von der Anwaltskanzlei White & Case, die die Thüringer Glaswerker vertritt.

Die große Abzockerei (Beispiel Autovertrieb)

Marktmissbrauch auf Kosten des Verbrauchers: Nirgendwo wird dies so deutlich wie in der Automobilbranche. Wer sich im grenzenlosen Europa nach einem neuen Flitzer umschaut, macht erstaunliche Entdeckungen: Ein Opel Vectra mit vier Türen und 1,6-Liter-Motor kostete in Dänemark im Frühjahr 2002 vor Steuern gerade 12 735 Euro. In Deutschland muss ein Opel-Kapitän in spe für das gleiche Auto 16 121 Euro hinblättern – 41 Prozent mehr. Mit einem 75-PS-Golf fuhren die Finnen besser: Sie mussten vor Steuern nur 9500 Euro hinblättern, während ein deutscher Vertragshändler dafür 12 400 Euro verlangte. Solche Preisunterschiede von mehr als 30 Prozent sind nach dem halbjährlich von der EU-Kommission herausgegebenen Vergleich bei fast allen gängigen Modellen Usus. Der Preisdschungel hat System: In Ländern, wo der Autokauf durch hohe Steuern teurer wird, locken die Hersteller mit niedrigen Abgabepreisen. Dagegen müssen beispielsweise deutsche Käufer, die mit einem relativ niedrigen Mehrwertsteuersatz belastet werden, für das gleiche Modell schon ab Werk mehr blechen. Mit den hohen Abgabepreisen in Deutschland subventionieren die Konzerne ihr Geschäft in Griechenland, Portugal und Finnland.

Dieses System funktioniert allerdings nur, solange es geschlossene, exklusive Händlernetze gibt. Wer bei einem ausländischen Vertragshändler nämlich seinen Traumflitzer für kleines Geld findet, kann sich keineswegs sicher sein, dass der Wagen bald zu Hause in der Garage steht. Die Automobilindustrie setzt ihre Händler massiv unter Druck, ihre Fahrzeuge nur an einheimische Käufer abzugeben. Wer sich nicht daran hält, wartet auf Ersatzteile möglicherweise deutlich länger. Oder erfährt von angeblichen Lieferschwierigkeiten bei neuen Modellen. Alles Tricks, die vorwiegend mittelständischen Werkstätten nicht nur zu ärgern, sondern schlimmstenfalls in die Pleite zu treiben. Diese Strategie führt zum Totalausfall des Binnenmarktes.

Die Wettbewerbshüter haben deshalb gegen solche Praktiken bereits drakonische Strafen verhängt: VW musste auf Betreiben der EU-Kommission und nach einem Urteil des Europäischen Gerichtshofs die Rekordstrafe von 90 Millionen Euro zahlen. Die Wolfsburger Zentrale hatte nach Erkenntnissen der Kommssion ihre Händler in Italien angewiesen, Golf und Co. nicht an preisbewusste Kunden aus dem europäischen Ausland abzugeben. Insbesondere Interessenten aus Deutschland und Österreich sollten abgewimmelt werden. Keineswegs ein Kavaliersdelikt. Denn nach Schätzung der Kommission belaufen sich die in der Zeit zwischen 1996 und 1998 den Kunden vorenthaltenen Nachlässe auf rund 800 Millionen Euro. Auch gegen Opel und DaimlerChrysler verhängte Brüssel Bußgelder.

Europas freier Binnenmarkt endet dort, wo es die Bosse der Automobilindustrie für richtig halten. Die Industrie arbeitet mit allen Tricks und Kniffen, um den Käufern die freie Wahl zu erschweren und die Händler an sich zu ketten. Das Werkzeug hierfür ist eine bürokratische Regelung, die im Jahre 1985 auf Druck der mächtigen Autolobby kreiert wurde: Die so genannte Gruppenfreistellungs-Verordnung. Dadurch wird der Neuwagenhandel vom EU-Kartellverbot ausgenommen. Ein starres Margensystem, abgegrenzte Verkaufsgebiete und diskriminierende Kündigungsfristen sichern die Händlertreue gegenüber dem Hersteller.

Mehr als 80 Aktenordner füllen die Recherchen der EU-Kartellfahnder über die Praktiken des Kfz-Vertriebs. Vor allem die immensen Preisunterschiede bei Neuwagen sind nach Brüsseler Lesart Indiz für die Marktabschottung. Dabei könnte Autokaufen eigentlich ganz anders sein: Samstags, nach den Einkäufen für den Grillabend, spaziert die ganze Familie durch den Showroom eines Supermarktes. Dort wird das neue BMW-Cabrio neben dem Trend-Mini und dem Kindersitz-freundlichen VW-Passat präsentiert. An Internet-Terminals kann das passende Auto sofort bestellt werden. Kein Rumgehetze. Kein Gequengel der Kids. Die Preise lassen sich sofort vergleichen. So selbstverständlich, wie heute Computer oder Fernseher dort gekauft werden, wo sie am billigsten sind. Vielleicht sogar bei Discountern wie Aldi.

Monti macht gleich nach seinem Amtsantritt klar: Die Reform des Autovertriebs ist eines seiner wichtigsten Projekte. Eine der härtesten Lobby-Schlachten, die Brüssel jemals erlebt hatte, entbrannte. Ob VW, Opel, Peugeot oder Mercedes – sie alle wollten die Gruppenfreistellungsverordnung möglichst ungeschoren lassen. Selbst innerhalb der Kommission stieß Monti auf Widerstand, als er seine Reformvorschläge Anfang 2002 veröffentlichte. Erweiterungskommissar Günter Verheugen und sein für die Regionalpolitik zuständiger Amtskollege Michel Barnier versuchten, den Italiener zu bremsen. Der Deutsche und der Franzose waren von ihren jeweiligen Regierungen ausgesandt worden. Weder in Berlin noch in Paris wollte man sich mit der Auto-Lobby anlegen – Wirtschaftskraft macht Politik.

Die Minister in den Mitgliedsstaaten spannten alle verfügbaren Beamten ein, um Druck zu machen. »Erhebliche Bedenken« meldeten zwei Ministerialdirektoren aus dem deutschen Bundeswirtschaftsministerium in einem Brief vom 16. Januar 2002 an die Brüsseler Behörde an. Ihr Argument: Wenn ein Opel neben einem Mercedes im Schaufenster stehe, könne der Käufer verwirrt werden. Deshalb müsse auch an »Schutz vor Verwechslungsgefahr« gedacht werden. Bernd Gottschalk, Präsident des Verbandes der Deutschen Automobilindustrie (VDA), beschwor die »bewährte Kompetenzgemeinschaft« zwischen Herstellern und Händlern. Die Spitzen-Lobbyisten zeichneten ein Horrorbild von der Zukunft der Branche. Angeblich würde Tausenden von mittelständischen Händlern »schlicht und einfach die Existenzgrundlage entzogen«, behauptete der VDA.

Auch das Europaparlament knickte unter dem Druck der Autoindustrie ein. Eine Mehrheit der Abgeordneten wollte die Niederlassungsfreiheit für Autohändler erst nach einer längeren Übergangszeit einführen. Außerdem wollten die Parlamentarier eine Überprüfungsklausel, um das gesamte Regelwerk notfalls wieder zu kippen. Dass ausgerechnet der Berichterstatter des Europaparlaments für den Automobilvertrieb, der deutsche CDU-Abgeordnete Christoph Konrad, selbst mit Kraftfahrzeugen handelt, erhöhte nicht gerade die Glaubwürdigkeit der Volksversammlung. In einem hatten die Abgeordneten aber zweifellos Recht: Dass sie kein Recht auf Mitbestimmung hatten und nur unverbindlich ihre Meinung äußern durften, verstößt gegen das Demokratieprinzip.

Am 17. Juli 2002 konnte Kommissar Monti nach langem Hickhack einen Sieg verbuchen: Die neue Gruppenfreistellungsverordnung passierte die EU-Führung. Die Bande zwischen Herstellern und Händlern sind gelockert. Entscheidet sich ein Autokonzern für den so genannten exklusiven Vertrieb, muss er hinnehmen, dass sein Händler zum Beispiel auch an Supermärkte weiterverkauft. Bevorzugt ein Hersteller dagegen den so genannten selektiven Vertrieb, darf der Händler künftig überall in der EU Filialen eröffnen. In beiden Vertriebsformen darf ein Händler unter einem Dach mehrere Marken anbieten. Außerdem dürfen Servicedienste auch an freie Werkstätten abgegeben werden. Die wie ein Staatsgeheimnis gehüteten Reparaturanleitungen sowie die Software zur Überprüfung der Elektronik müssen die Hersteller herausgeben. Die Niederlassungsfreiheit kommt aber erst ab 1. Oktober 2005 – ein Zugeständnis Montis an die Autoindustrie.

Aber hat der Kommissar die Schlacht gegen überhöhte Autopreise damit schon gewonnen? Erste Erkenntnisse im November 2002 sind nicht ermutigend. Zwar beginnen die Hersteller nun in der Tat, ihre Tarife europaweit anzugleichen – aber entgegen dem, was Monti erhofft und versprochen hatte, findet die Harmonisierung nun offenbar auf dem hohen deutschen (und französischen) Preisniveau statt. Nicht die Neuwagen in Deutschland werden billiger – sondern in Dänemark, Finnland und den Niederlanden teurer. Nachdem Autofirmen wie Renault Preiserhöhungen ankündigten, kommt es in Dänemark Ende 2002 zu einem regelrechten Run auf die – noch – günstigen Karossen.

Offenbar riskieren die Hersteller lieber, mit höheren Preisen ihre

Kunden in Kleinstaaten wie Dänemark oder Finnland zu verprellen, als in den Massenmärkten Deutschland und Frankreich weniger einzunehmen. »Der Schuss ist nach hinten losgegangen«, glaubt Willi Diez vom Institut für Automobilwirtschaft in Nürtingen. Anders gesagt: Verwaltungsentscheidungen am grünen Brüsseler Tisch sind das eine. Doch oft sitzen die Konzerne am längeren Hebel.

Die Welt der Mega-Fusionen

Jack Welch versuchte es bei Mario Monti auf die kumpelhafte Art. »Hello, I am Jack« – so wollte sich der hemdsärmelige Boss des US-Konzerns General Electric (GE) bei seinem Gesprächspartner einschmeicheln. Der Wettbewerbskommissar lehnte das Angebot freundlich lächelnd ab. Es blieb bei »Mr. Monti« und »Mr. Welch«. Die beiden trafen sich auch nicht in einem der Sternerestaurants an der Brüsseler Grand Place, sondern in Montis Büro an der Rue Joseph II. Die sparsam ausgestatteten Räume unter dem Dachgeschoss sind im Sommer nicht nur heiß und stickig. Sie versprühen den Charme einer Recklinghausener Sparkassenfiliale. Nicht gerade ein Ambiente, das der CEO (Chief Executive Officer) des größten amerikanischen Elektrokonzerns gewohnt ist. »Neutronen-Jack« hat in den achtziger Jahren durch Massen-Entlassungen das weltgrößte Unternehmen mit rund 340 000 Beschäftigten wieder auf Erfolgskurs gebracht.

Kurz vor seinem Ruhestand wollte Welch noch mal einen großen Coup landen. In einer Blitzaktion hatte er ein Angebot zur Übernahme des amerikanischen Technologiekonzerns Honeywell lanciert. Zunächst sollte der von dem Erzrivalen United Technologies geschluckt werden. Die 41-Milliarden-Dollar-Fusion sollte GE im Flugzeug-Business ganz nach vorne bringen. Für den machthungrigen Welch war es eine geradezu ideale Allianz: GE ist der weltgrößte

Triebwerkshersteller und Honeywell ein führender Anbieter von Bordelektronik, Bremssystemen und Fahrgestellen. Durch die Verbindung der beiden Sparten wollte GE die beiden Hauptkonkurrenten Rolls-Royce und Pratt & Whitney als Komplettzulieferer ausstechen. Doch Welch hatte seine Rechnung ohne die Brüsseler Wettbewerbshüter gemacht. Nach einem Fusionskontrollverfahren verboten sie die Allianz am 3. Juli 2001. Kommissar Monti befürchtete höhere Preise, insbesondere für den europäischen Flugzeughersteller Airbus. Schließlich hätten die von GE/Honeywell gelieferten Komponenten etwa die Hälfte der Kosten eines Flugzeugs ausgemacht.

Mehr als fünf Monate zogen sich die Auseinandersetzungen hin. Welch lockte, fluchte und drohte. Ein Drama in fast täglich neuen Akten. Selbst US-Präsident George W. Bush wurde von Welch eingespannt, um die Fusion in Brüssel durchzusetzen. Während seiner Europareise im Juni 2001 beschwerte sich Bush höchstpersönlich bei führenden EU-Politikern über die Halsstarrigkeit des Kommissars. Der schlug mit feiner Klinge zurück. »Wir bleiben unbeeindruckt von politischen Pressionen, egal ob sie aus der EU oder von außerhalb kommen«, erklärte er in Brüssel. Am Ende schoben sich beide Seiten die Schuld zu. Monti-Mitarbeiter kritisierten, dass Welch zuletzt an ernsthaften Verhandlungen ohnehin nicht mehr interessiert gewesen sei. Der Grund: An den Börsen sei die Fusion mit Honeywell zunehmend kritisch gesehen worden. Welch bestreitet bis heute diese These und warf der Kommission ein »exotisches wettbewerbspolitisches Modell« vor. Jetzt wird der Europäische Gerichtshof den Fall entscheiden.

Mit dem Fall GE/Honeywell begann ein neues Kapitel in der Fusionskontrolle. Zum ersten Mal hatte die Kommission eine Fusion zwischen zwei US-Firmen blockiert – und das obwohl die US-Wettbewerbsbehörden den Fall zuvor durchgewinkt hatten. Der damalige US-Finanzminister Paul O'Neill schimpfte öffentlich über die dreiste Einmischung Brüssels in die Angelegenheiten eines anderen Landes. Doch da hatte er die EU-Fusionskontrollverordnung Nummer 4064 aus dem Jahr 1989 nicht genau gelesen. Sie ist eine Art Grundgesetz für die Brüsseler Marktwächter. Die EU-Kommission darf tatsächlich Zusammenschlüsse von Unternehmen mit »gemeinschaftsweiter Bedeutung« untersuchen. Es spielt keine Rolle, ob die Firmen ihren Sitz in der EU oder woanders haben. Selbst die mächtigen USA sind da keine Ausnahme.

Nach Brüsseler Lesart hat eine Fusion gemeinschaftsweite Bedeutung, wenn die beteiligten Unternehmen zusammen einen jährlichen Weltumsatz von mehr als fünf Milliarden Euro erreichen. Außerdem müssen mindestens zwei der Firmen in der EU einen Umsatz von jeweils mehr als 250 Millionen Euro haben.

Weltweit haben die Unternehmen in den vergangenen Jahren das Fusionsfieber angeheizt. Zwischen 1994 und 2000 stieg die Zahl der in Brüssel angemeldeten Fusionsfälle von 91 auf 345 pro Jahr. Nach dem Börseneinbruch ging die Zahl 2001 zwar auf 335 und 2002 sogar auf etwa 270 zurück. Montis Fachleute gehen jedoch davon aus, dass die Firmen nur eine Verschnaufpause einlegen. Auf der Jagd nach dem Shareholder Value, der höchstmöglichen Dividende für die Aktionäre, haben die Bosse jede Bescheidenheit abgelegt. Konkurrenten werden einfach aufgekauft, Firmen zerlegt, umstrukturiert und in neue Konglomerate eingegliedert. Die globale Wirtschaft ist zu einer einzigen großen Baustelle geworden. Die internationalen Investmentbanken finanzieren die Mega-Deals. Es wird mit Schwindel erregenden Summen jongliert – auch wenn es zuweilen schief geht wie im Fall der Übernahme von Rover durch BMW.

Politiker kolportieren gerne das Bild von den blindwütigen Brüsseler Wettbewerbshütern, die am liebsten jeden Zusammenschluss torpedieren würden – doch das führt in die Irre. Seit 1991 hat die Kommission nur 18 von insgesamt 1857 Fusionsvorhaben verboten. 20 Firmen zogen aus Furcht vor Sanktionen ihr Vorhaben schon vorher zurück. Eine der umstrittensten Entscheidungen war gewiss das Fusionsverbot für die zwei schwedischen Lastwagenhersteller Volvo und Scania im Jahr 2000. Montis Beamte setzten sich gegen massive Widerstände, auch in der schwedischen Regierung, durch. Für Stockholm ging es um ein nationales Prestigeprojekt. Doch die Kommission blieb hart. Am Ende musste sich Brüssel allerdings den durchaus berechtigten Vorwurf anhören, dass Scania alleine nun zum leichten Opfer ausländischer Konkurrenten wurde.

Der Fall zeigt auch: Im grenzenlosen Binnenmarkt wird es zunehmend schwieriger, Marktmacht und Marktmissbrauch zu bestimmen. Nicht zufällig ist der Eindruck entstanden, dass in Brüssel über viele Zusammenschlüsse wie bei einem Kuhhandel entschieden wird. Die Beamten bestehen darauf, dass Unternehmen Beteiligungen und Geschäftsbereiche verkaufen, um im Gegenzug den Hochzeitsantrag zu genehmigen. Die Vorteile sind klar: So kann man einige Giftzähne ziehen. Man muss sich aber auch revanchieren. Reißt dieses Vorgehen ein, machen sich auch die Fusionswächter erpressbar.

Wie ein Paukenschlag traf ein Urteil des Europäischen Gerichtshofs, Erster Instanz (EuG), im Juni 2002 die EU-Wettbewerbskontrolleure. Die Europa-Richter hoben ein Fusionsverbot der EU-Kommission kurzerhand auf. Es ging um den Zusammenschluss des britischen Reiseveranstalters First Choice mit dem Konkurrenten Airtours (heute: My Travel). Fünf Tage nach seinem Dienstantritt im September 1999 hatte Monti diese Firmenhochzeit verboten. Knapp drei Jahre später erhielt der Italiener dafür die rote Karte. Die Beamten hätten eine Reihe von »Beurteilungsfehlern« begangen, Dokumente nicht »korrekt verstanden« und Behauptungen aufgestellt, für die sie den »Nachweis schuldig« blieben, so die Luxemburger Richter.

Montis Chefbeamter Alexander Schaub spricht von einem »Schlag ins Kontor«. Es ist tatsächlich das erste Mal, dass die Brüsseler Wettbewerbshüter eine derartige Schlappe einstecken müssen. Es bleibt aber nicht die letzte. Nur vier Monate später, im Oktober 2002, kippen die Luxemburger Richter zwei weitere Brüsseler Fusionsverbote. Auch im Fall der Zusammenschlüsse zwischen den beiden französischen Elektrotechnikherstellern Schneider und Legrand sowie zwischen den zwei Verpackungsunternehmen Tetra Laval (Schweden) und Sidel (Frankreich) habe Montis Behörde nicht sorgfältig genug gearbeitet. Wieder bemängeln die Richter »offensichtliche Fehler, Auslassungen und Widersprüche«. Zerknirscht spricht Monti von einem »schweren Rückschlag«. Und in der für Fusionen zuständigen so genannten »Merger Task Force« herrscht Katzenjammer – die von dem Deutschen Götz Drauz geleitete Abteilung galt bisher als Elitetruppe.

Sind die Brüsseler Verfahren unparteiisch genug? Erinnerungen werden wach an den Abschied des ehemaligen Monti-Mitarbeiters John Temple-Lang. Der hatte den Job, Anhörungen von fusionswilligen Unternehmen zu organisieren. Doch er fand, man habe ihm zu wenig Raum gegeben, den Firmen ein faires Verfahren zu verschaffen. Im Zorn nahm der Mann im Sommer 2000 seinen Hut. Monti argumentiert, er habe den Posten des Anhörungsbeauftragten sich selbst unterstellt und damit aufgewertet. Doch Wettbewerbsrechtler wie der deutsche Anwalt Andreas Bartosch werfen dem Kommissar vor, die Anhörungspraxis »in vollkommen unzureichender Weise novelliert« zu haben.

Jetzt, nach den drei Schlappen vor Gericht, verspricht der Kommissar in der Tat einige Reformen – auch wenn sie Kritikern wie Bartosch nicht weit genug gehen. Monti will die strengen Fristen lockern, innerhalb der die Brüsseler Fusionskontrolle bisher entscheiden musste (was die Beamten selbst oft unter höllischen Termindruck setzte). Betroffene Unternehmen sollen mehr Rechte bekommen, die Akten einzusehen. Ein neu zu bestallender Chefökonom soll darauf achten, dass die wirtschaftliche Realität nicht aus dem Blick gerät. Außerdem soll eine Kontrollgruppe von Beamten alle wichtigen Entscheidungen prüfen, die die Merger Task Force getroffen hat. Auch bedeutende Kartell- und Beihilfefälle sollen künftig auf diese Weise doppelt geprüft werden – ganz sicher ein Schritt in die richtige Richtung. »Mal sehen, ob das schier Unglaubliche passiert«, kommentierte die FAZ spöttisch, dass »aus hochnäsigen Bürokraten flexibel gestimmte Dienstleister werden«. Doch nur wenn die Kommission ihre Autorität wahrt, kann sie auch weiter mutige Entscheidungen treffen – im Interesse des Wettbewerbs.

Der frühere Präsident des Europäischen Rechnungshofs, Bernhard Friedmann, hatte schon länger Zweifel an der Objektivität der Wettbewerbshüter. Für ihn sei der Eindruck entstanden, dass bei manchen Ermittlungen auch »Denunziationen« den Ausschlag gegeben hätten, meinte der CDU-Politiker in einem Interview mit dem »Handelsblatt«. Aus der Luft gegriffen ist so etwas sicher nicht. Denn die Wettbewerbshüter lassen sich gerne von der Konkurrenz mit brandheißen Informationen versorgen, um gegen verdächtigte Kartellsünder vorzugehen. Die Beamten haben die Pflicht, den Wahrheitsgehalt peinlich genau zu prüfen. Soweit die Theorie. Ob dies auch in der Praxis immer befolgt wird, steht auf einem anderen Blatt.

Aber es gibt noch mehr Vorwürfe: In Brüssel hält sich das hartnäckige Gerücht, dass deutsche EU-Wettbewerbskontrolleure vor allem deutsche Firmen aufs Korn nehmen. »Diese Leute wollen sich als besonders europäisch gebärden. Da stecken nicht selten Eitelkeit und Profilierungssucht dahinter«, meint ein unabhängiger Unternehmensberater in Brüssel. Ein typisch deutscher Beamten-Reflex? Beweisen lassen sich solche Vorwürfe nicht.

Die Bundesrepublik ist die größte Volkswirtschaft in der EU. Kein Wunder, dass deutsche Firmen auch überdurchschnittlich häufig in Wettbewerbsfälle verstrickt sind. Er werde künftig »nicht schüchterner« auftreten, verspricht Monti Ende 2002 in einem Interview mit »Le Monde«. Europa brauche sogar eine schlagkräftigere Wettbewerbspolitik als die USA, weil die Strukturen hierzulande verkrusteter und wettbewerbsfeindlicher seien. Monti zögert auch nicht, das Land zu nennen, das »am meisten Bedarf« habe, durch eine rigorose Wettbewerbspolitik wachgerüttelt zu werden: »Das ist Deutschland.«

Kartell der Blockierer

Am 23. März 2000 war die europäische New-Economy-Welt noch in Ordnung. An diesem warmen Frühjahrstag trafen sich die Staats- und Regierungschefs in der portugiesischen Hauptstadt Lissabon. Der Tejo glitzerte in der Sonne. Aufstellen zum obligatorischen Gruppenfoto – klick. Vom Kanzler noch ein Extra-Portrait – klick. Die Stimmung war locker. Im modernen Tagungszentrum unterhalb der Altstadt feierten Europas Politiker den Aufbruch der EU in die Ära der schönen neuen Computerwelt. Sie hatten eine frohe Botschaft an ihre Völker: Binnen eines Jahrzehnts werde die EU die Vereinigten Staaten in puncto Wettbewerbsfähigkeit und Innovation überrunden, verkündeten die europäischen Gipfelstürmer. Dass solche markigen Versprechungen an die Beschlüsse kommunistischer Parteitage im ehemaligen Ostblock erinnerten – was machte es schon?

Es dauerte keine eineinhalb Jahre, und die Europäer landeten unsanft auf dem Betonboden der harten Realität. Im Herbst 2001 musste EU-Währungskommissar Pedro Solbes einräumen, dass Europa hart am Rande einer Rezession vorbeischlittern werde. Fast von Woche zu Woche korrigierten seine Beamten die Wirtschaftszahlen nach unten. Tatsächlich wuchs Europas Wirtschaft im Jahre 2001 gerade um 1,5 Prozent und im Jahre 2002 um 1,0 Prozent (laut Schätzzahlen der EU-Kommission) – wogegen die USA schon wieder 2,3 Prozent verbuchten. Schlusslicht war auch noch das früher so starke Deutschland, nur unterboten von Luxemburg und den Niederlanden. Ein bitterer Abschied von den Träumen eines neuen europäischen Wirtschaftswunders auf Bits-und-Bytes-Basis. Zuerst kamen die Pleiten der Dotcom-Firmen, dann die Kurseinbrüche an den Aktienmärkten und am Ende auch noch die Terroranschläge vom 11. September.

In Europa herrscht eine unheilige Allianz aus Naivität und Reformstillstand. In der Wirtschaftspolitik will niemand auf seine nationalen Wünsche verzichten – trotz einer gemeinsamen Währung. Der Euro kaschiert die strukturellen Probleme der europäischen Ökonomien. Der Produktivitätsrückstand der Industrie, der sich in den 80er und Anfang der 90er Jahre gegenüber den US-Unternehmen verringerte, ist wieder größer geworden. Die Wirtschaftsleistung pro Beschäftigten in der EU hinkt um mehr als ein Viertel hinter der der Amerikaner hinterher. Industriekommissar Erkki Liikanen kommt zu ernüchternden Ergebnissen: Europa sei viel zu zögerlich bei der Einführung neuer Technologien. Während in den USA 4,5 Prozent des Bruttoinlandsprodukts in die Kommunikationsbranche gepumpt werden, sind es in der EU schlappe 2,4 Prozent.

Im globalen Wettbewerb droht Europa zum humpelnden Riesen zu werden. Der gemeinsame Binnenmarkt, der eigentlich zu einer Job-Maschine werden könnte, krankt am Egoismus der Mitgliedsstaaten. Seit Jahren doktert die EU zum Beispiel an einem vereinfachten Verfahren für europäische Patentanmeldungen. Noch immer müssen Erfinder für die Registrierung ihrer Neuerungen vier- bis fünfmal so viel bezahlen wie in den USA. Die EU-Staaten liegen im Clinch, auch weil man sich über die Übersetzungen in die verschiedenen Amtssprachen nicht einigen kann.

Ein Possenspiel ist um die Übernahmerichtlinie für Firmen entstanden. Seit mehr als zehn Jahren wird diskutiert, gestritten und verzögert. So sollen nach dem Willen der Kommission grundsätzlich die Aktionäre und nicht die Vorstände und Aufsichtsräte über Elefantenhochzeiten wie bei Vodafone und Mannesmann entscheiden. Ein erster Gesetzesentwurf scheiterte im Sommer 2001 im Europaparlament. Ein zweiter Anlauf droht im Räderwerk der europäischen Institutionen zermahlen zu werden. Alle pflegen ihre speziellen Hobbys. Auto-Kanzler Schröder zum Beispiel befürchtet, dass das VW-Gesetz ausgehebelt werden könnte, welches das Stimmrecht jedes Aktionärs auf 20 Prozent beschränkt. Das Land Niedersachsen hat das entscheidende Wort im Aufsichtsrat. So lassen sich zwar Japaner (Toyota) oder Amis (Ford), die immer wieder als Interessenten gehandelt werden, von Wolfsburg fern halten.

Doch das VW-Gesetz steht auch für ein überholtes ökonomisches Denken, wonach Unternehmen nur dann nützlich sind, wenn sie unter eine Art nationalen Artenschutz gestellt werden.

Berlin steht mit Extrawünschen nicht allein da. In Frankreich, Italien, Spanien und Portugal ist man noch weniger zimperlich, ehemalige Staatsunternehmen gegen den Zugriff ausländischer Investoren abzuschotten. Die Regierungen haben sich so genannte »Goldene Aktien« gesichert. Das heißt: Wer Anteile an Unternehmen erwerben will, muss zunächst den Wirtschaftsminister um Erlaubnis fragen. Selbst die traditionell liberalen Schweden haben keine Probleme damit, ihre Prinzipien über Bord zu werfen, wenn es um nationale Heiligtümer geht. So kontrolliert die Industriellenfamilie Wallenberg mit Mehrfachstimmrechten ihr Imperium von Großunternehmen – Ericsson, Electrolux und ABB. Solche Regelungen mögen in den Jugendjahren von EWG und EG akzeptabel gewesen sein. Aber passen solche Regelungen noch zu einer globalisierten Wirtschaft? Der ökonomische Nationalismus ist ebenso ein Anachronismus wie der politische: Ausländer sollen draußen bleiben, heißt die populistische Devise. Nur: Europa leidet nicht an zu viel, sondern an zu wenig Offenheit – gerade in wirtschaftlicher Hinsicht. Kein Wunder, dass viele Investoren einen großen Bogen um Europa machen.

Auch die Kommission laviert nur zwischen den Fronten. Der vom niederländischen Binnenmarktkommissar Frits Bolkestein Anfang Oktober 2002 vorgelegte neue Richtlinienvorschlag lässt die Sonderrechte für französische, spanische und skandinavische Unternehmen weiterhin ungeschoren. »Das läuft auf eine Benachteiligung deutscher Unternehmen hinaus. So werden keine gleichen Wettbewerbsbedingungen in Europa geschaffen«, kritisiert der CDU-Europaabgeordnete Klaus-Heiner Lehne. Das Tauziehen um die Übernahmerichtlinie geht weiter.

Alte Strukturen – neue Energie

Nicht besser sieht es im Energiesektor aus. Bis heute zögert die Kommission, ernsthaft gegen den französischen Stromriesen Electricité de France (EDF) vorzugehen. Für Staatspräsident Jacques Chirac ist es »eines der schönsten Elektrizitätsunternehmen der Welt, vielleicht sogar das schönste«. Und während sich die Franzosen bis heute weigern, EDF zu privatisieren und ihren Strommarkt vollständig zu öffnen, darf der Konzern rundherum auf Einkaufstour gehen. Doch die Kommission traute sich lange Jahre nicht an den Fall heran. Erst im vergangenen Jahr eröffnete Monti ein offizielles Prüfverfahren.

Unter Berufung auf antiquiert klingende, aber geltende Bestimmungen im Euratom-Vertrag geht die Kommission auch bis heute nicht ernsthaft gegen die verdeckten Subventionen für die Nuklearbranche in Deutschland oder Frankreich vor. Vier deutsche Stadtwerke versuchen seit Jahren, Wettbewerbskommissar Monti zu zwingen, etwas gegen die so genannten steuerfreien Rückstellungen der deutschen Atomkraftwerksbetreiber zu tun. Sie erhalten Steuerbegünstigungen für die Summen, die sie zurücklegen, um ihre Anlagen am Ende der Laufzeit wieder abzuwracken. Auflagen, was mit dem Geld in der Zwischenzeit geschieht, gibt es in Deutschland jedoch nicht. Große Stromversorger wie Eon hätten dadurch Milliarden an »Spielgeld« und könnten lokale Kleinerzeuger aus dem Markt drängen, fürchten die Stadtwerker. Montis Beamte haben für diese Argumente durchaus Sympathie – aber der Juristische Dienst der Kommission beruft sich auf den Euratom-Vertrag. Dieser erlaube Subventionen für die Nuklearindustrie.

Zugleich versuchte Monti, das deutsche Einspeisegesetz zu kippen, das die Energieversorger verpflichtet, Ökostrom aus Windkraft, Sonne oder Biomasse zu erhöhten Preisen abzunehmen. Das Gesetz hatte zu einem Boom der Windkraft in Deutschland geführt, war aber auf das Missfallen der deutschen Stromkonzerne gestoßen. Der

Versuch, die erhöhten Preise zur illegalen Beihilfe zu erklären, scheiterte immerhin am Europäischen Gerichtshof. Der erklärte die deutsche Ökostromförderung im März 2001 für legal. Der sture Wettbewerbskommissar gab trotzdem nicht auf – jetzt spielte er mit der Idee, es zumindest den staatlichen Elektrizitätsversorgern zu verbieten, für den Ökostrom erhöhte Preise zu zahlen. Erst ein Jahr später gibt er dieses Vorhaben auf. Die deutsche Kommissarin Schreyer hatte sich an ihr grünes Parteibuch erinnert und hinter den Kulissen massives Lobbying für den Ökostrom betrieben. Die Prodi-Kommission sei »nicht gerade Atomstrom-unfreundlich«, konstatiert Schreyer.

Der europäische Binnenmarkt hat den Zwang zur Abstimmung der Wirtschafts- und Finanzpolitik eigentlich verstärkt. Doch noch immer pflegen die Mitgliedsstaaten ihre nationalen Vorgärten. Das gilt besonders für die Steuerpolitik. Mit allen Mitteln wehren sich die Regierungen gegen die Aufgabe ihrer Steuerhoheit. Ihre wichtigste Waffe ist die Einstimmigkeitsregel im EU-Ministerrat. Damit sichern sich die Regierungen ein Veto.

»In der Steuerpolitik herrscht Wildwestmentalität«, klagt ein EU-Beamter. Im Gegensatz zur Wettbewerbspolitik hat die Kommission auf diesem Gebiet nicht viel zu sagen. Die Folge ist eine geradezu anachronistische Kleinstaaterei. Denn längst hat bei der Unternehmensbesteuerung ein ruinöser Standortwettbewerb eingesetzt, unter dem letztlich die gesamte EU zu leiden hat. Firmen drücken sich vor hohen Abgaben im Heimatland, indem sie trickreiche Steuersparmodelle in anderen EU-Staaten nutzen. Belgien, die Niederlande und Irland gehen mit schlechtem Beispiel voran. Nicht weit vom Brüsseler Europaviertel haben sich hinter gläsernen Hochhausfassaden so genannte »Coordination Center« niedergelassen. Als Niederlassungen von großen Firmen in Deutschland oder Frankreich arbeiten sie als reine Cash-Maschinen. Gegen hohen Zins wird eingeschossenes Kapital zurück an die Muttergesellschaften verliehen. Die arbeiten mit dem Geld, setzen die Zinsen aber als steuermindernde Betriebsausgaben ab. In Belgien werden die Ausgaben zu satten Profiten, da der Staat sie nahezu unbesteuert lässt. Schöne Investorenwelt auch in Irland: In den Dublin Docks sind die besten Adressen von multinationalen Konzernen zu finden. Diese haben dort Kapitalgesellschaften gegründet und freuen sich über Steuersätze von nur zehn Prozent. Was den Anlageparadiesen vielleicht noch nützt, schadet in jedem Fall den anderen Mitgliedsstaaten. Ihnen gehen durch die Steuerflüchtlinge Jahr für Jahr Milliardeneinnahmen verloren.

Seit Jahren doktern die EU-Finanzminister an einem Verhaltenskodex, um das Steuerdumping einzudämmen. Immerhin gibt es bereits eine Liste mit insgesamt 66 »schädlichen Steuergesetzen«, die den Wettbewerb in Europa beeinträchtigen. Doch die Sünder beeindruckt das kaum. Belgien und Irland haben bereits großzügige Übergangsregelungen verlangt.

Seit Jahren streitet man in der EU über eine Richtlinie für die einheitliche Besteuerung von Kapitalerträgen. Bisher schummeln Anleger ihre Euros am Fiskus vorbei und bringen sie in Länder, die ihr Erspartes ungeschoren lassen. Solche Geld-Paradiese funktionieren wie Maden, die den Speck frei Haus geliefert bekommen. Das EU-Mitgliedsland Luxemburg ist ein solches Steuerparadies. Etwa 100 Milliarden Euro lagern nach Schätzung der Deutschen Steuergewerkschaft auf den Konten im Großherzogtum – über die offene Grenze geschmuggelt von biederen deutschen Handwerkern, Ärzten und Gastronomen. Jahr für Jahr entgehen den deutschen Finanzämtern so rund 1,5 Milliarden Euro Steuereinnahmen.

Das kleinste EU-Land Luxemburg ist mit seinen 400 000 Einwohnern zugleich der reichste Staat der Union. Das Pro-Kopf-Einkommen ist mit 42 000 Euro jährlich fast doppelt so hoch wie im EU-Durchschnitt. Kein Wunder, denn die Anlagegelder sind das Kraftfutter für die vielen Banken und Investmentgesellschaften in Luxemburg. Irgendwann dämmerte es der Union, dass man zumindest gegen die schlimmsten Auswüchse der Steuerflucht etwas tun müsse. Nach mühsamen Verhandlungen einigten sich die Finanzminister im Januar 2003 auf einen Kompromiss. Danach werden ab 2004 zwölf EU-Staaten – darunter Deutschland – Informationen über die Konten ihrer Bürger austauschen. Belgien, Österreich und Luxemburg dürfen ihr Bankgeheimnis behalten und erheben stattdessen eine Quellensteuer von zunächst schlappen 15 Prozent, die bis 2010 auf 35 Prozent steigt. Am Informationsaustausch wollen sich diese drei Länder erst später beteiligen – und nur dann, wenn auch Nachbarn wie die Schweiz mitmachen.

Der gefesselte Riese

Binnenmarkt und Wirtschaftspolitik: Das sollten eigentlich die Aushängeschilder der EU sein. Es sind die traditionellen Felder der europäischen Einigung seit den 50er Jahren. Doch mit Europas Wirtschaftswunder ist nicht mehr viel los. Es fehlt der Wille zu grundlegenden Reformen. Stattdessen wird sehnsüchtig auf den angeblichen Lehrmeister USA geschielt. Doch die Supermacht steckt tief im Sumpf ihrer eigenen Probleme. Europa reagiert verzagt und hilflos. Es fehlt an eigenen Ideen. Das viel gepriesene europäische Beschäftigungs- und Sozialmodell ist Stückwerk. Als Jobmaschine hat Europa versagt. Die Ausgaben für die soziale Sicherung laufen aus dem Ruder. Sie engen den Spielraum des Staates ein, beispielsweise mehr in die Bildung und Ausbildung zu investieren. Mehr noch: Durch die teuren sozialen Sicherungssysteme werden die folgenden Generationen in Geiselhaft genommen. Schon heute machen die Rentenausgaben in den EU-Ländern im Schnitt 12,7 Prozent des Bruttoinlandsprodukts aus. Rund die Hälfte der gesamten Sozialausgaben entfällt auf die Altersruhegelder. Aber die Politiker scheuen sich, den Menschen die Wahrheit ins Gesicht zu sagen: Nur eine grundlegende Reform könnte der EU aus dem Rentenschlamassel heraushelfen. Ansonsten müssen bald die 20- und 30-Jährigen künftig den größten Teil ihrer Arbeitszeit dafür ackern, das immer größere Heer von Pensionären zu unterhalten.

In Europa versteht jeder unter Industrie- und Wirtschaftspolitik etwas anderes. Die Franzosen sehen traditionell den Staat als Helfershelfer der Wirtschaft. Den Briten ist der Staat grundsätzlich suspekt. Die Deutschen lavieren irgendwo dazwischen. Wie viel Wettbewerb ist nötig? Ist die Deregulierung und die Liberalisierung von Märkten in den vergangenen Jahren vielleicht doch zu weit gegangen? Seit dem Schock vom 11. September bahnt sich ein Paradigmenwechsel an. Viele Menschen sehnen sich wieder nach einem starken Staat, der schützende Fittiche über seine Bürger ausbreitet. Die Kosten für innere und äußere Sicherheit steigen.

»Das Pendel schlägt zurück«, warnt Kommissar Monti in einem Interview mit der »Süddeutschen Zeitung« im November 2001. Plötzlich ist wieder salonfähig, was bis dahin verpönt war: Rückfall in den Protektionismus und ökonomischen Nationalismus. Die mühsamen Versuche der EU-Kommission, den Subventionsmoloch zu bändigen, stehen auf der Kippe. Beispiel Luftfahrtbranche: Angeschlagene Fluglinien forderten ultimativ staatliche Garantien für ihre Versicherungsrisiken. Prompt gaben die Mitgliedsstaaten dem Druck nach. Dabei konservieren Subventionen meistens nur veraltete Strukturen. Die Europäer kehrten zum »Nanny Capitalism« zurück, höhnte das »Wallstreet Journal«. Was das US-Blatt nicht erwähnte: Die Bush-Regierung schwenkte seit den Terroranschlägen auf genau denselben Kurs ein. Washington steckte Milliardenbeträge in seine flügellahmen Airlines.

»Ich kann diesen Deregulierungswahn, ich kann diesen plumpen Ökonomie-Populismus kaum noch ertragen«, schimpfte der luxemburgische Ministerpräsident Jean-Claude Juncker im Frühjahr 2002 und reihte sich damit ein in die Befürworter eines Kurswechsels. Doch wo ist die Grenze zwischen einer vernünftigen Liberalisierung bislang abgeschotteter Märkte und staatlicher Fürsorge? Einen Weg zurück kann es nicht geben. Alte Rezepte taugen nichts im Zeitalter der Globalisierung. Deshalb geht auch die Forderung aus Berlin, dass die Kommission gewachsene Industriestrukturen besser schützen müsse, ins Leere. Die Konzerne haben sich in den vergangenen Jahren weitaus grundlegender geändert, als es Politiker mitgekriegt haben. Die klassische Unterscheidung zwischen produzierendem Gewerbe und Dienstleistungen wird fließend. Firmen wie Siemens oder Deutsche Telekom verdienen in unterschiedlichsten Sparten ihr Geld. Großkonzerne lassen sich nicht mehr in Schubladen einordnen. Viele sind sowohl Dienstleister als auch hoch spezialisierte Produzenten.

Nicht nur in den Mitgliedsstaaten wird die Auseinandersetzung um den künftigen Kurs der Wirtschafts- und Industriepolitik härter. Auch in der Kommission knirscht es gewaltig. Energiekommissarin Loyola de Palacio outete sich als Freundin des Atomstroms – während die schwedische Umweltkommissarin Margot Wallström eine erklärte Nukleargegnerin ist. Industriekommissar Erkki Liikanen führt einen heimlichen Grabenkampf gegen Wettbewerbskommissar Monti. Es müsse zu einem »angemessenen Gleichgewicht« zwischen Wettbewerbs- und Industriepolitik kommen, ließ der Finne seine Beamten in einem Wirtschaftsbericht 2002 schreiben. Die Botschaft war klar: Monti sollte sich bitte schön zurückhalten.

Dabei liegt die Stärke Brüssels gerade darin, dass die Kommission Wettbewerbs- und Industriepolitik ohne viel Geld macht. So wird Schluss gemacht mit der unnützen Tradition, gutes Geld schlechten Unternehmern hinterherzuwerfen. Die Kommission kann sich als Wachhund nützlich machen. Sie ist im besten Sinne Hüterin der EU-Verträge. Das darf sie allerdings nicht dazu verleiten, überheblich zu regieren. Sonst werden die Wettbewerbshüter unglaubwürdig bei ihrem durchaus erfolgreichen Feldzug gegen die Subventionitis.

Ohne den gemeinsamen Binnenmarkt wäre Europa im globalen Wettbewerb schon längst abgehängt worden. Was er braucht, ist aber eine starke und demokratisch kontrollierte Exekutive. Die Mitgliedsstaaten und der von ihnen beauftragte Ministerrat sind dazu nicht in der Lage – allzu oft verfechten sie kurzsichtigen ökonomischen Nationalismus.

10 IST DER EURO EIN TEURO?

>»Der Euro ist ein Zahlungsmittel, aber vor allem ein
>Mittel der europäischen Integration.«
>
>Altkanzler Helmut Kohl über sein Baby

Ein volkswirtschaftliches Riesenexperiment auf dem Prüfstand. Wie bei zwölf Regierungen und 300 Millionen Konsumenten Finanz- und Konjunkturpolitik an ihre Grenzen kommen. Warum man den offiziellen Inflationsstatistiken nicht trauen darf. Wie ausgerechnet Deutschland zum Sorgenkind des Eurolandes wird

Am 15. Juni 2010 ist das Wetter in Warschau schwül und drückend. Kurz vor Ende der polnischen EU-Ratspräsidentschaft sind 25 Staats- und Regierungschefs zum EU-Gipfeltreffen zusammengekommen. Wegen einer Orkanwarnung – Tief »Kevin« wird spätestens in den Abendstunden einen der mittlerweile üblichen Sommerstürme bringen – reist der deutsche Bundeskanzler Roland Koch sicherheitshalber mit der Bahn an. Der Unionspolitiker fährt gern mit dem Zug. Die erste Klasse ist jetzt meistens nur spärlich besetzt, denn kaum eine Firma leistet es sich noch, für Dienstreisen ihrer Mitarbeiter mehr auszugeben als unbedingt nötig. Koch weiß, dass dieses Treffen eine lange und ungemütliche Krisensitzung werden wird. Einziges Thema auf der Tagesordnung ist der Euro. Die Wirtschaftskrise in Europa hat sich dramatisch zugespitzt. Jeder Fünfte ist arbeitslos. Unternehmen sind massenhaft ins Ausland abgewandert. Vor allem China lockt mit konkurrenzlos niedrigen Dumping-Steuersätzen. Technologisch haben die Chinesen längst mit den USA gleichgezogen. Die neuesten, superschnellen Computerchips werden in Shanghai entwickelt. Auch viele Autos, die durch Europa rollen, sind mittlerweile made in China – bei jungen Trendsettern gelten »Gong« und »Jinan« sowieso als megahip.

Die Europäer haben die Trends der Globalisierung verschlafen und sämtliche Krisensymptome ignoriert. Die Alte Welt ist in die Kreisliga abgestiegen. Und der Euro schwächelt im Vergleich zum chinesischen Yuan: Der Wechselkurs der europäischen Währung ist kürzlich an den internationalen Devisenmärkten nochmals um 20 Prozent eingebrochen. Bundeskanzler Roland Koch ist nervös. Bisher hat der stramm konservative Hesse vor allem an seinem Image als Schwarzer Sheriff gebastelt. Berlin hat unter seiner Regierung ein noch schärferes Asylgesetz verabschiedet. Es war nicht einfach, die ausländerfeindliche Politik in Brüssel durchzusetzen. Das ist jetzt Nebenkriegsschauplatz. Koch sorgt sich um das wirtschaftliche Schlamassel: Die Konjunkturinstitute haben erneut die lang andauernde Stagnation bestätigt. Immer wieder hat der Kanzler beim Präsidenten der Europäischen Zentralbank (EZB) angerufen und um eine Zinssenkung gebettelt, die das Geld für die deutsche Wirtschaft billiger machen würde. Aber Bankpräsident Jean-Claude Juncker gab ihm in seinem luxemburgischen Singsang eine höfliche, aber klare Abfuhr. Denn jetzt schon ist der EZB-Leitzins für die weiter rasch wachsenden Volkswirtschaften Spaniens, Polens, des Baltikums und Ungarns viel zu niedrig. Dort galoppiert eher die Inflation.

Nun ist die Krise in Euroland endgültig da. Am Tag zwei des Warschauer EU-Gipfels titelt »Bild« »Gemein! Jetzt reicht's!« Darunter: »Wir lassen uns von Brüssel nicht mehr herumkommandieren«. Nicht nur die Boulevardpresse heizt die Stimmung an. Auch Kommentatoren seriöser Internet-Nachrichtendienste fordern den Austritt der Bundesrepublik aus der Währungsunion. Anfang 2010 hatte Deutschland wieder einmal eine harsche Abmahnung von der

EU-Kommission erhalten. Berlin hat es nicht geschafft, seinen Haushalt in Ordnung zu bringen. Brüssel will sogar eine Strafe in Höhe von mehreren Milliarden Euro verhängen, weil die Maastrichter Kriterien nicht eingehalten wurden. Kanzler Koch steht unter Druck. Am liebsten will er den Stabilitätspakt beerdigen. Das fällige Bußgeld kann er nie und nimmer zusammenkratzen. In Deutschland sind die Kosten für die Sozialversicherung völlig aus dem Ruder gelaufen. Seit Wochen demonstrieren Hunderttausende von Rentnern gegen die geplanten drastischen Ruhegeldkürzungen. Notstand auch in den Krankenhäusern. Nur wer privat zahlt, wird noch angemessen versorgt. Jetzt rächt es sich, dass sich die Politiker in der Vergangenheit an echte Reformen nicht herangetraut haben. Diejenigen, die noch Arbeit haben, werden nun steuerlich ausgequetscht bis zum Gehtnichtmehr.

Noch dramatischer sieht es in einigen anderen Euro-Staaten aus. Italien wird durch eine Streikwelle nie gekannten Ausmaßes lahm gelegt. Verkehrstechnisch geht so gut wie gar nichts mehr. Die Gewerkschaften fordern Lohnerhöhungen von acht Prozent. Die Regierung in Rom hat die Maastrichter Obergrenzen für die Verschuldung sowieso schon lange nicht mehr beachtet. Trotz Brüsseler Mahnungen – Roms Defizit steigt und steigt.

In Polen, das mit Hängen und Würgen im Jahre 2007 den Beitritt zur Währungsunion geschafft hat, demonstrieren die Bauern. Die Regierung fordert von Brüssel vergeblich Milliardenhilfen für die marode Landwirtschaft. Doch niemand will den Polen beistehen. Dabei hat die Inflation an der Weichsel längst alle Rekorde gebrochen. Und der EZB-Leitzins ist für das Land viel zu niedrig, um den Preisverfall wirksam zu bremsen.

In seiner Not greift Koch zu seinem Mobiltelefon und wählt die Nummer von Alt-Kanzler Gerhard Schröder. Der SPD-Politiker hat sich ein hübsches Häuschen auf Mallorca gekauft, mischt sich aber immer noch gerne in die Politik ein. Schröders Empfehlung an Koch: »Die D-Mark wieder einführen!« Bei diesem Satz schwingt Triumph mit. Schon als niedersächsischer Ministerpräsident hatte er den Euro als »Frühgeburt« bezeichnet. Im Einklang übrigens mit dem prominenten amerikanischen Ökonomen Milton Friedman. Der hatte 2002 prophezeit: »Euroland bricht in fünf bis 15 Jahren auseinander. Die Menschen sprechen verschiedene Sprachen und haben unterschiedliche Kulturen. Und die Mitgliedsländer reagieren zu unterschiedlich auf ökonomische Einflüsse von außen.«

Zwölf Stunden beraten die Staats- und Regierungschefs in einer nächtlichen Sitzung in Warschau. Sie sind heillos zerstritten. Die einen wollen dem Euro noch eine letzte Chance geben, die anderen fordern ein sofortiges Ende des mit so großen Hoffnungen gestarteten Mega-Projekts.

Der Euro als Fluch. 2010 – ein Horrorszenario: So könnte es tatsächlich kommen. Es muss aber nicht so sein.

Der eingebaute Zoff

Seit dem 1. Januar 1999 – dem Urknall des Euro – sind die Volkswirtschaften von damals elf (inzwischen zwölf) Mitgliedsstaaten zu einer Schicksalsgemeinschaft zusammengeschweißt. Der Arbeitslose im süditalienischen Kalabrien ist plötzlich nicht mehr nur der Arbeitslose Roms, sondern des gesamten Eurolands. Jeder Haushaltssünder, der sein Defizit nicht unter Kontrolle bekommt, bringt nicht nur sich selbst in die Bredouille, sondern die gesamte Union. Alte, nationale Rezepte funktionieren nicht mehr: Miese Wirtschaftspolitik kann im Euroland nicht mehr durch Abwertung der Währung wettgemacht werden. Bisher hatte das Jonglieren mit Wechselkursen stets eine Pufferfunktion: Die Abwertung einer Währung verbilligte die Exporte und verschaffte einem Land zumindest kurzfristig einen Vorteil im internationalen Handel – denn die Produkte wurden für Käufer im Ausland billiger.

In einer Währungsunion gibt es keine Wechselkurse mehr. Und

über allem schwebt das Damoklesschwert der internationalen Finanzmärkte. Kapital ist überaus mimosenhaft. Es straft im Zeitalter einer allumfassenden Globalisierung gnadenlos eine Währung ab, wenn sie kein Vertrauen erweckt. Gewinnen Märkte den Eindruck, dass die Notenbank das Problem der Geldstabilität nicht ernst nimmt, entsteht ein Teufelskreis von Inflations- und Abwertungserwartungen. Der Euro ist jung. Auch die D-Mark ist nicht über Nacht zu einer der angesehensten Währungen der Welt geworden. Es gab Auf- und Abwertungen und Krisen. Aber am Ende zählte die Solidität der Bundesbank und deren Unabhängigkeit von politischen Entscheidungen.

Das Europa-Geld zwingt also eigentlich zur Gemeinsamkeit. Doch das ist in der Praxis stets ein Seiltanz. Die Europäische Zentralbank ist Hüterin der Geldpolitik. Sie muss sich laut Maastrichter EU-Vertrag vorrangig um die Preisstabilität kümmern. Doch den Frankfurter Zentralbankern steht keine effiziente und machtvolle Institution zur Seite, welche die Wirtschafts- und Finanzpolitik koordiniert. Die fehlende Staatlichkeit der EU ist für die Währungsunion eine permanente Herausforderung. Eifersüchtig beharren die Mitgliedsstaaten darauf, die Hoheit über Steuern und Finanzen zu behalten. Immer wieder gibt es Kompetenzstreitigkeiten zwischen der EU-Kommission und den Finanzministern der Mitgliedsländer. Selbst wenn die Kommission einen vernünftigen Vorschlag macht – irgendeiner der Finanzminister aus der Euro-Zone ist bestimmt dagegen. Als Gemeinschaftsinstitution darf die EU-Behörde die Haushaltsdefizite überwachen, muss dann aber wieder dem Rat das letzte Wort bei der Beurteilung überlassen. Einer schiebt die Verantwortung auf den anderen. Und eine parlamentarische Kontrolle der europäischen Wirtschafts- und Finanzpolitik ist sowieso nicht vorgesehen.

Die Europäische Zentralbank muss für zwölf Euro-Mitglieder mit sehr unterschiedlichen wirtschaftlichen Problemen und Strukturen eine Geld- und Zinspolitik betreiben. Das ist ein permanenter Spagat. »Wieso klappt das aber in den USA?«, mag man sich fragen. In diesem Riesenland zahlt man doch auch überall mit Dollar, egal ob

es der Eintritt in die New Yorker Radio City Music Hall ist oder ein
Big Mac in Middletown/Ohio. Und dieser Dollar ist scheinbar überall gleich viel wert. Aber nur scheinbar. In der Tat ist der gewaltige
Wirtschaftsraum der Vereinigten Staaten nicht so einheitlich, wie es
dem Touristen scheint. Was vielen gar nicht bewusst ist: Die Bun-
desstaaten der USA haben unterschiedliche Steuersätze. Und sie
sind unterschiedlich gut bei Kasse. Die agrarisch geprägten Staaten
des mittleren Westens sind im Vergleich zu den Hightech-Zentren
Kaliforniens ziemlich arme Schlucker. Während das durchschnittliche Pro-Kopf-Einkommen in Connecticut bei knapp 41 000 Dollar
im Jahr liegt, muss sich der Bewohner New Mexicos statistisch mit
22 000 Dollar begnügen. Die Inflationsraten zwischen Kalifornien
und Florida weichen erheblich voneinander ab. Warum die Dollar-
maschinerie trotzdem funktioniert? Die USA haben eine starke
übernationale Zentralgewalt. Die mächtige US-Notenbank, die Fe-
deral Reserve Bank (Fed), regiert über die Geld- und Zinspolitik wie
eine Königin. Und noch ein Plus haben die Amerikaner: Durch die
gemeinsame Kultur von Coca-Cola, CNN und Co. ist die Bereit-
schaft, für einen guten Job etwa von Ohio nach Texas zu ziehen, viel
größer als in Europa. Hier sind allein schon wegen der Sprachprobleme nur wenige bereit, ihr Land zu verlassen und nur wegen des
Jobs Tausende von Kilometern weiter im Norden oder Süden ein
neues Leben anzufangen.

Zugleich wird weder in Berlin noch in Paris oder Rom die Koordination der Wirtschaftspolitik ernst genommen. »Es ist überhaupt
nicht klar, was alles koordiniert werden soll. Jeder hat andere Vorstellungen und Ideen. Es herrscht großes Chaos«, meinte Professor
Joachim Scheide, Leiter der Konjunkturabteilung des Instituts für
Weltwirtschaft, Kiel, in einem Interview mit der »Süddeutschen
Zeitung«. Das Chaos hat allerdings Methode: Die EU-Länder wollen
die engere Zusammenarbeit eigentlich nicht. Jeder möchte selbst vor
sich hin wursteln.

Als der Ölpreis im Herbst 2000 in die Höhe schnellt und die Konjunktur abzuwürgen droht, dreht jede Regierung nach ihrer Fasson

an der Steuerschraube. Auch bei der Verabschiedung von Einkommenssteuerreformen hatten die Mitgliedsstaaten zunächst einmal ihren eigenen Vorteil im Blick. Ohne Rücksicht auf die Folgen für die anderen Länder setzten die Regierungen ihre Programme durch.

Steht auch noch ein Wahlkampf ins Haus, wird das Blaue vom Himmel versprochen, Hauptsache, der Wähler glaubt irgendetwas aus dem Füllhorn angeblicher sozialer Wohltaten. Die einen fordern Steuererhöhungen und nehmen Zuflucht in teure Beschäftigungsprogramme. Die anderen suchen ihr Heil in Steuersenkungen und einer weiteren Deregulierung der Märkte. Ein bisschen Keynes, ein bisschen Chicago Boys – so wird ein wirtschaftspolitischer Cocktail zusammengemixt, der der Europäischen Zentralbank im Magen liegt. Für sie ist es kaum noch möglich, mit einer vorausschauenden Zins- und Geldpolitik auf den vielstimmigen Chor im Euroclub zu reagieren.

Kann es die Europäische Zentralbank schaffen, die Sache in den Griff zu kriegen? Zum jetzigen Zeitpunkt weiß das niemand. Im Moment ist die Institution noch in den Lehrjahren. Das Problem: Es gibt weder Vorbilder noch Lehrpläne. »Trial and error« heißt das Prinzip. Und da können unvorhergesehene Schwierigkeiten auftreten. Ein Beispiel aus der Euro-Anfangszeit: Im Jahr 2000 lief der Konjunkturmotor europaweit noch auf vollen Touren. Vor allem Irland und Spanien schafften überdurchschnittliche Produktivitätssteigerungen. Das war an sich ja nichts Schlechtes, wäre da nicht die Kehrseite der Medaille gewesen – und die hieß Inflation. Die fleißigen Iren meldeten eine Teuerungsrate von 5,3 Prozent nach Brüssel – mehr als doppelt so hoch wie im übrigen Euroland. Wäre ihre nationale Zentralbank zuständig gewesen, hätte sie durch eine Erhöhung der Zinsen gegensteuern können. Doch die Manager im Frankfurter Eurotower winkten ab: keine Zinserhöhung.

In wirtschaftlichen Boomzeiten wird es der Zentralbank noch am besten gelingen, den auseinander driftenden Euroclub zusammenzuhalten. Wie Löwenbändiger müssen die Banker die Meute zähmen. Gibt es genug zu fressen, sind alle zufrieden. Doch wird das

Futter knapp, steht der Dompteur auf verlorenem Posten. Ansonsten können die Herren des europäischen Geld-Zirkus nur hoffen, dass sich die Konjunkturzyklen in Euroland längerfristig angleichen: Das heißt: Alle taumeln gemeinsam in eine Krise, marschieren aber auch im Gleichschritt aus dem Konjunkturtal wieder heraus. So könnte es auch eine Geld- und Zinspolitik aus einem Guss geben. Doch solange die wirtschaftlichen Strukturunterschiede groß sind, ist dies nur ein schöner Wunschtraum.

Was bringt der Euro für die Europäer?

Auf den Münzen prangen die Konterfeis von Johannes Paul II., Fürst Rainier von Monaco oder – profaner – der Bundesadler. Am 1. Januar 2002 landete der Euro in den Portemonnaies der Verbraucher. 305 Millionen Menschen in zwölf EU-Staaten zahlten auf einen Schlag mit dem neuen, einheitlichen Geld – von Lappland bis Sizilien.

Der Euroclub erwirtschaftet 16 Prozent des weltweiten Sozialprodukts. Er gehört nach den USA und Japan zu den reichsten Regionen der Welt. So gesehen, hat der Euro durchaus das Zeug, zu einer Erfolgsgeschichte zu werden. Doch die Euphorie der Politiker, die sich wegen einer zweifellos gelungenen logistischen Meisterleistung gegenseitig auf die Schulter klopften, hat nichts mit den psychologischen Auswirkungen auf die Euro-Nutzer zu tun. Die wurden nämlich nicht gefragt. Stattdessen gab es ein paar langweilige Info-Broschüren und bräsige Fernsehspots. Wirkliche Begeisterung konnte das nicht wecken. Eine Szene vom Marktplatz im Hunsrück-Dorf Simmern verdeutlicht, wie schlecht die Einführung des neuen Geldes vorbereitet worden war: »Da gibt's bald den Euro«, sagt eine Bauersfrau im Dezember 2001 zur Nachbarin. »Na und?«, erwidert diese. »Bei uns auf dem Land wird der sich sowieso nicht durchsetzen!« Brüssel wollte es anders.

Meinungsumfragen zeigen, dass der Euro noch einen langen Weg vor sich hat, Europas Darling zu werden. Spätestens beim ersten Blick auf die Gehaltsabrechnung und beim zweiten auf den Supermarktkassenbon bekamen Millionen das kalte Grausen. Viele dachten nur noch eins: Der Euro macht uns ärmer. Noch Ende 2002 hatten sich 68 Prozent der Deutschen nicht mit der neuen Währung angefreundet und äußerten sich »ziemlich unglücklich« oder »sehr unglücklich« über den Wechsel – das ergab selbst eine Umfrage der EU-Kommission.

Tatsächlich ist der Euro durchaus von Nutzen – aber das kriegt der Taxikunde nicht mit, der hektisch ein angemessenes Trinkgeld hochrechnet. Nach den Terroranschlägen vom 11. September und den Schockwellen, die derzeit über die Weltwirtschaft brausen, würde Europa ohne den Euro noch schlechter dastehen, sagt Jean-Claude Juncker, Ministerpräsident von Luxemburg und einer der profiliertesten EU-Politiker. »Wir hätten ein völliges Währungschaos innerhalb der EU erlebt, wenn es die stabilisierende Wirkung des Euros nach innen nicht gegeben hätte«, glaubt Juncker. Der Premier erinnerte in einem Interview der »Frankfurter Allgemeinen Zeitung« an die Zeiten, als er als früherer Finanzminister immer wieder nach Brüssel gerufen wurde, um über die Wechselkursanpassungen zwischen den nationalen europäischen Währungen zu beraten. In langen Krisensitzungen hockten Minister und Notenbank-Chefs zusammen und berieten über neue Lira-Tiefstände oder D-Mark-Höhenflüge. »Die Bundesbank hat damals innerhalb weniger Tage mehr als 100 Milliarden Mark eingesetzt, um Chaos an den europäischen Devisenmärkten zu beheben«, erinnert sich auch Ex-Bundesfinanzminister Theo Waigel. Der CSU-Politiker gehörte noch zu Beginn seiner Amtszeit in den 80er Jahren zu den Euro-Skeptikern. »Ich habe meine Meinung geändert«, bekennt Waigel heute.

Zwischen 1979 und 1999 wurden die Paritäten der Währungen im Europäischen Währungskurssystem (EWS) insgesamt zwanzigmal angepasst. Die Wechselkurse waren von höchster politischer Brisanz. Denn der Umtauschkurs zwischen zwei Währungen kann über Tausende von Arbeitsplätzen mit entscheiden. Italien entwickelte wahre Meisterschaft darin, durch Abwertung seiner Lira den Export von Fiats, Parmesan und Gucci-Taschen anzukurbeln.

Insofern mögen Juncker und Waigel Recht haben: Der Euro hat zur Stabilität des europäischen Binnenmarktes beigetragen. Nur: Ob es heute ohne oder mit dem Euro höhere Inflation oder schneller steigende Arbeitslosenzahlen geben würde, kann niemand sagen. Wie stark und stabil der Euro ist, ob er zu einem sicheren Anker an den Finanzmärkten wird, wie es die D-Mark mal war, wird sich erst nach Jahren, wenn nicht sogar Jahrzehnten entscheiden. Theoretisch bietet der Euro Chancen für mehr Stabilität und Wohlstand. Doch wenn Geld Gesetzen folgen würde, wären Aktien keine Spekulationsobjekte, sondern Sicherheitspakete. Was man nie vergessen darf: Es sind Menschen, die mit Geld einkaufen, es bunkern oder investieren, eine Wirtschaft ins Rollen bringen oder bremsen.

Dass der Euro allein von sich aus alle Jobprobleme lösen werde, ist eine falsche Hoffnung. Denn was nützt ein einig Euroland, wenn die Mitgliedsstaaten ihre Sozial- und Tarifsysteme gegeneinander abschirmen? Dadurch werden Arbeitnehmer systematisch daran gehindert, einen Job im Ausland anzunehmen. Gerade die Förderung der Mobilität, die Globalisierung der Arbeitsbeziehungen, ist der Weg aus der Krise. Man mag am US-Wirtschaftswunder in den vergangenen Jahren viele Zweifel haben. Nur eines ist unter Volkswirten unbestritten: Mehr Flexibilität der Beschäftigten führt zu mehr Jobs. Kein Zufall, dass in den Vereinigten Staaten die Beschäftigungsquote der erwerbsfähigen Bevölkerung 74 Prozent, in der EU aber nur 63 Prozent beträgt.

Gemessen an den hoch gesteckten Erwartungen, die von den EU-Politikern geschürt worden sind, ist die bisherige Bilanz der Währungsunion durchwachsen. Die Festschreibung der Wechselkurse und die Einführung des Euros als Buchgeld am 1. Januar 1999 waren der Startschuss für die Einheitswährung. Doch in psychologischer Hinsicht war die dreijährige Übergangsphase ein Flop. Die Finanzmärkte vertrauten dem Euro schlicht nicht. Rund ein Viertel ihres Außenwertes hatte die europäische Währung in dieser Zeit gegenüber dem US-Dollar verloren.

Aber hatte sich der Euro nicht berappelt, als er am 15. Juli 2002 endlich wieder die psychologisch wichtige Marke von einem Dollar erreichte? Die Freude darüber wird gedämpft, wenn man den Grund dafür kennt: Nicht die europäische Währung hat Muskeln bekommen, sondern der Dollar ist eingeknickt. In den USA ist der Aufschwung auf Pump zusammengebrochen. Amerikas Schuldenberg ist mittlerweile riesig. Die gewaltigen Kosten für die Verteidigungsprogramme und den Kampf gegen den Terror reißen immer größere Löcher in den Haushalt. Die Leistungsbilanz der USA weist ein gigantisches Minus von 450 Milliarden Dollar auf. Die Supermacht importiert wesentlich mehr, als sie exportiert. Bisher wurde das von Investoren ausgeglichen, die ihr Geld in die USA pumpten, um von amerikanischen Aktien und Investmentfonds zu profitieren. Seitdem die Kurse in den Keller gerauscht sind und die Spekulationsblase geplatzt ist, läuft dieses Business nicht mehr besonders gut. Der Dollar könnte in den nächsten Jahren zum Ladenhüter werden.

Ob der Euro dadurch zwangsläufig zum Star in der internationalen Finanzwelt wird, ist keineswegs sicher. Wie an den Börsen werden auch an den Devisenmärkten die Erwartungen für die Zukunft gehandelt. Und es bedarf schon einer gehörigen Portion Optimismus, um anzunehmen, dass die hausgemachten europäischen Wirtschaftsprobleme bald gelöst werden. Die nach wie vor hohe Staatsverschuldung hebt das Zinsniveau. Hohe Zinsen sind Gift für Investitionen und die Schaffung neuer Arbeitsplätze. Das Geld rollt nicht. Ein Teufelskreis. Zwar könnte die Europäische Zentralbank gegensteuern und Zinssenkungen anordnen. Doch solange die Teuerungsrate in Euroland noch nicht völlig unter Kontrolle ist, müssen sich die Zentralbanker Fesseln anlegen.

Der Euro kam, die Preise stiegen?

Der Euro kam, und die Preise stiegen. Dem Eindruck, den Millionen von Verbrauchern an den Kassen in den Supermärkten haben, widersprechen die Statistiker. So habe die Umstellung auf das Bargeld zur Jahreswende 2001/2002 wahrscheinlich nur zu einem minimalen Preisschub von 0,2 Prozent geführt, behauptet das EU-Statistikamt Eurostat. Statistiken beweisen freilich viel und nichts. Es kommt stets auf den Blickwinkel und beim Euro vor allem auf den Lebenswandel an. Denn die von Eurostat berechnete Inflationsrate wird anhand des so genannten Harmonisierten Verbraucherpreisindex (HVPI) berechnet. Und der errechnet sich aus den jeweiligen nationalen »Warenkörben«. Das sind Listen von mehreren hundert Produkten und Dienstleistungen, die auf den Einkaufslisten eines durchschnittlichen europäischen Haushalts stehen: Waschmittel und Windeln, Katzenfutter und Klopapier, Rundfunkgeräte und Regenschirme – eben alles, was man so kauft. Eurostat sammelt pro Monat knapp 1,3 Millionen solcher Daten zum Konsumverhalten und berechnet daraus seinen HVPI. Weil Italiener und Franzosen aber beispielsweise mehr Wein als Deutsche trinken, hier aber mehr Bier fließt, muss ein Mittelwert unter den Mitgliedsstaaten gebildet werden. So gibt der Durchschnittseuropäer – den es in Wirklichkeit als lebende Person natürlich gar nicht gibt – im Monat 1,6 Prozent seines Einkommens für Schuhe aus. Restaurantbesuche schlagen mit etwa neun Prozent zu Buche. Ausgaben für Transport, also Bahn, Bus, Flugreisen und Auto, sind mit 15 Prozent veranschlagt. Nur: Niemand verhält sich wie dieser Durchschnitt. Wer beispielsweise regelmäßig im Restaurant zu Abend isst, sich öfter mal beim Friseur die Haare färben lässt oder sich für sein Auto gern mal die Vollglanzpflege leistet, passt nicht in die Norm der EU-Statistiker. Die Preisaufschläge der Gastronomie, aber auch die des Dienstleistungssektors wirken sich auf die Teuerungsrate des virtuellen Warenkorbs kaum aus. Die Statistiker von Eurostat räumen dennoch ein, dass es in vielen Restaurants, Cafés und für eine Reihe weiterer Dienstleistungen in der Tat »ungewöhnliche Preisänderungen« gab – ohne dass dies angeblich die Gesamtrate wesentlich beeinflusst hat, weil viele teurere Konsumgüter im Preis kaum gestiegen oder sogar gesunken seien.

Auch in Deutschland konnte das Statistische Bundesamt keine Belege für eine höhere Inflation erkennen. Doch EZB-Präsident Wim Duisenberg gab kurz vor Silvester 2002 zu, dass man einen Fehler gemacht habe, als man den »leichten Anstieg der Preise« hartnäckig leugnete: »Wir hätten ehrlicher sein sollen.« Der Bankpräsident sprach aus eigener leidvoller Erfahrung. »Wenn ich am Hauptbahnhof in Frankfurt mein Auto parke, kostete das früher eine Mark für eine halbe Stunde. Seit dem 2. Januar muss ich einen Euro zahlen. Das ärgert mich als EZB-Präsident natürlich auch«, bekannte der Niederländer in einem Interview.

Ein weiteres Problem: Nach wie vor sind die Preise in Euroland sehr unterschiedlich – ein Zeichen dafür, dass der Wettbewerb noch nicht ausreichend funktioniert. So kostet die Flasche »Fanta« beispielsweise in Amsterdam fast doppelt so viel wie in Berlin oder Hamburg. In Deutschland dagegen ist Tomatenketchup der Marke »Heinz« 70 Prozent billiger als in Italien. Preistransparenz in Euroland? Fehlanzeige. Nach wie vor sind die nationalen Märkte zu unterschiedlich, die Preise schon aufgrund unterschiedlicher Mehrwertsteuersätze kaum vergleichbar. Niemand wird zum Brötchenholen von München nach Lissabon fahren oder Big Macs nur noch in Amsterdam essen, nur weil es dort ein paar Cent weniger kostet. Das lohnt sich schon eher bei teuren Konsumgütern, wie zum Beispiel Autos oder DVD-Playern. Doch auch in der Luxusklasse ist der Wettbewerbsdruck noch zu gering, als dass sich die Preise in Europa in absehbarer Zeit angleichen würden.

Bis Ende 2002 ist es der Europäischen Zentralbank die meiste Zeit nicht gelungen, die Teuerung unter die selbst gesteckte Zielmarke von zwei Prozent zu drücken. Deutschland steht sogar noch ganz gut da. Im Jahresdurchschnitt 2002 erreichte die Teuerung bei uns

1,4 Prozent. Doch in denjenigen Euroländern, in denen anders als in Deutschland die Wirtschaft kräftig wächst, droht heftige Inflation. Für Irland betrug der Wert Ende 2002 sogar 4,7 Prozent, für Spanien und Griechenland immer noch 3,9 Prozent. Kein Wunder, dass Europas Zentralbanker nervös werden. Intern diskutieren die Notenbanker schon darüber, das Inflationsziel von maximal zwei Prozent zu ignorieren. Oder – analog zu den Haushalts-Zahlenjongleuren – die Sache einfach ein wenig hübschzurechnen. Den Begriff gibt's ja schon: »Kerninflation« heißt das Zauberwort. Die Idee: Waren, deren Preise häufiger schwanken, beispielsweise Nahrungsmittel, Benzin und Co., werden bei der Inflationsberechnung einfach ausgeklammert. Der Effekt: Auf dem Papier ist die Inflation erheblich geringer als in Wirklichkeit.

Das Wunschkind Euro

Auf dem Gebiet der Geschichte ist Alt-Bundeskanzler Helmut Kohl bekanntermaßen Experte. Auch um die Einführung der Europa-Währung zu sichern, sei er nochmals zur Bundestagswahl 1998 angetreten, räumte der Ex-Kanzler kurz vor dem Start des Euro-Bargelds am 1. Januar 2002 ein. Noch zu seinen Amtszeiten strickte er an seiner Legende für die Geschichtsbücher, brüstete sich bei seinen nächtlichen Kamingesprächen auf EU-Gipfeltreffen als Vater des Euros. Den Oggersheimer interessierten dabei weniger die wirtschaftlichen Auswirkungen des paneuropäischen Geldes als deren politische. Wechselkurse, Budgetdefizite und Zinsdifferenzen – die Feinheiten des Maastrichter EU-Vertrags waren für den Generalisten zweitrangig. »Der Euro ist ein Zahlungsmittel, aber vor allem ein Mittel der europäischen Integration«, bekannte der Nicht-Ökonom im Juni 2001.

Der Grund für die verklärte Sichtweise mag ein Trauma seiner Jugend sein, von dem Kohl selbst erzählte: In seiner Ludwigshafener Nachkriegsheimat sei es eine Selbstverständlichkeit gewesen, jedem französischen Besatzungsoffizier auf der Straße Platz zu machen, und zwar so weit, dass man das Trottoir verließ und auf die Fahrbahn wechselte.

War der Euro vielleicht sogar der Preis, den wir den Franzosen zahlten, um deren Zustimmung zur Einheit zu bekommen? In den offiziellen Protokollen der europäischen Ministerratstreffen aus dieser Zeit lässt sich keine eindeutige Antwort finden. Mitterrand hat einen Zusammenhang zu Lebzeiten immer bestritten. Kohl versteckte sich hinter seinen wolkigen Ausführungen über die europäische Einigung. Nur der frühere EU-Kommissionspräsident Jacques Delors hat die politisch motivierte Entthronung der D-Mark bestätigt. »Angesichts der unausgesprochenen Befürchtungen bei vielen europäischen Partnern Deutschlands wollte Bundeskanzler Kohl zeigen, dass sich an der deutschen Europapolitik nichts ändern werde. Seine Zustimmung zur Wirtschafts- und Währungsunion sollte auch als Beweis für das unveränderte europäische Engagement Deutschlands verstanden werden«, meinte Delors am 27. Dezember 2001 in der »Frankfurter Allgemeinen Zeitung«.

Tatsächlich ziehen sich die Bestrebungen Frankreichs, den wirtschaftlichen Riesen Deutschland geldpolitisch geschickt einzubinden, wie ein roter Faden durch die 50-jährige Geschichte der europäischen Einigung. Die Wirtschaftswunder-Deutschen wurden stets als potenzielle Bedrohung für die von Frankreich beanspruchte politische Vormachtstellung gesehen.

Schon die Gründungsväter der Europäischen Wirtschaftsgemeinschaft (EWG) vereinbarten eine engere Zusammenarbeit der sechs EWG-Staaten auf dem Gebiet der Währungs- und Geldpolitik. Doch die Zeit war noch nicht reif. Aus den vagen Ideen wurde zum ersten Mal ein Konzept, als der damalige luxemburgische Ministerpräsident Pierre Werner 1970 einen Dreistufenplan vorlegte, der dem späteren Maastrichter Vertrag schon verblüffend ähnlich sah. Werners Plan: Bis 1980 sollte der Startschuss für das gemeinsame Geld fallen. Doch die Mitgliedsstaaten verloren das Interesse. Sie gerieten 1973 in die Turbulenzen der Ölkrise. An eine gemeinsame Wirtschafts-, geschweige denn Währungspolitik war nun überhaupt nicht mehr zu denken – jeder versuchte, sich selbst aus dem Konjunkturtal zu retten. Allerdings nur mit begrenztem Erfolg.

Deshalb erfanden 1978 der französische Staatspräsident Valéry Giscard d'Estaing und Bundeskanzler Helmut Schmidt das Europäische Währungssystem (EWS) mit dem Ziel, die Wechselkurse zu stabilisieren. Als virtuelle Währung wurde der Ecu (European Currency Unit) installiert, der aus einer Verrechnungseinheit der teilnehmenden Währungen gebildet wurde und als Bezugspunkt für die Festlegung der Leitkurse im EWS diente. Der französische Franc war vorerst wieder in einem sicheren Hafen angelangt. Schon bald stellte sich freilich heraus, dass die starke D-Mark die beherrschende Kraft im EWS war. De facto leitete so die Deutsche Bundesbank die Geldpolitik in Europa. Dagegen verlor der französische Franc wiederum Vertrauen an den Finanzmärkten und musste mehrfach gegenüber der D-Mark abgewertet werden.

Dem damaligen französischen Finanzminister Jacques Delors gefiel das nicht, und er konterte 1983 mit einem harten Sparkurs. Delors wollte aber nicht nur die französische Wirtschaft flottmachen, sondern vor allem die geldpolitische Dominanz des deutschen Nachbarn knacken. Als Delors 1985 Chef der EU-Kommission wurde, rückte er mit seiner Idee heraus: Frankreich und Deutschland sollten künftig als die beiden Kernstaaten einer Währungsunion näher zusammenrücken.

Den Euro als französische Verschwörung zu interpretieren greift allerdings zu kurz. Auch die deutsche Wirtschaft stöhnte immer vernehmlicher unter dem hohen D-Mark-Kurs, der die Ausfuhren erschwerte. Und jede weltwirtschaftliche Turbulenz wirbelte das Gleichgewicht der europäischen Währungen schockartig durcheinander – mit der Folge, dass die Exportchancen allzu häufig unkalkulierbar waren. So akzeptierten die Deutschen das französische Projekt der Währungsunion – aber nur unter den deutschen Bedingungen. Die Europäische Zentralbank hatte unabhängig zu sein wie zuvor die Bundesbank. Sie musste ihren Sitz in Frankfurt wählen. Und das neue Geld sollte nicht, wie von den Franzosen gewünscht, Ecu heißen, sondern wurde auf den Namen Euro getauft.

Die mehrjährigen Verhandlungen über das Vertragswerk ließen freilich nicht alle deutschen Hoffnungen reifen. Kohl und die Bundesbank forderten, die Währungsunion durch eine politische Union zu flankieren – mit einer starken Kommission in Brüssel, kontrolliert von einem machtvollen Europäischen Parlament. Die gemeinsame Währung, so schrieben Bundesbankchef Karl Otto Pöhl und sein Vize Helmut Schlesinger noch im Frühjahr 1988 an Kohl, sei »zum Scheitern verurteilt«, solange es nicht auch »ein dazu passendes Maß an wirtschafts- und finanzpolitischer Willensbildung und Entscheidungsfindung auf Gemeinschaftsebene« gebe.

Im September 1990 bekräftigen die Bundesbanker diese Forderung noch einmal öffentlich: Mit der Währungsunion entstehe eine »nicht mehr kündbare Solidargemeinschaft, die nach aller Erfahrung für ihren dauerhaften Bestand eine weiter gehende Bindung in Form einer umfassenden politischen Union benötigt«. Das ging den Franzosen zu weit und den Briten sowieso. Anders als London war Paris immerhin bereit, auf die eigene Währungspolitik zu verzichten – die war für sie angesichts der Dominanz der Bundesbank ohnehin nur noch von symbolischem Wert. Aber einen allzu großen Transfer politischer Macht von der Regierung in Paris auf die EU-Institutionen in Brüssel lehnten die Franzosen strikt ab.

Blaue Briefe für Haushaltssünder:
Der Stabilitätspakt wackelt

Die Bürger konnten noch kaum das Zehncentstück vom Zwanziger unterscheiden und kramten bei jedem Einkauf verwirrt in den Geldbörsen, da kam es schon zu einer ersten dramatischen Zerreißprobe im Euroclub. Im Mittelpunkt stand ausgerechnet der deutsche Finanzminister Hans Eichel. Am 11. Februar 2002 kämpfte er in Brüssel um seinen Ruf als Sparmichel. Im großen Sitzungssaal trafen sich abends die zwölf Finanzminister der Euro-Gruppe. Thema: Abmahnung Deutschlands wegen Verstoßes gegen den Stabilitätspakt, das ökonomische Grundgesetz des Euros. Auf dem Tisch lag der so genannte »blaue Brief« der EU-Kommission. Die Frühwarnung hatte die Brüsseler Behörde wenige Tage zuvor beschlossen: Deutschland würde mit seinem öffentlichen Haushaltsdefizit gefährlich nahe an die Schuldenobergrenze von drei Prozent des Bruttoinlandsprodukts heranrücken, so die Kommission. Im Herbst 2001 hatte Eichel noch ein Defizit von 1,5 Prozent nach Brüssel gemeldet. Doch dann vermasselte ihm die steile Talfahrt der Konjunktur seine schönen Prognosen. Mehr Arbeitslosigkeit, höhere Sozialkosten, sinkende Steuereinnahmen: Die Staatsbilanzen rutschten tiefer in die roten Zahlen.

Ironie der Geschichte: Gerade die Deutschen als Erfinder des Stabilitätspaktes standen am Pranger. Und ausgerechnet ein deutscher EU-Beamter war treibende Kraft hinter der Abmahnung. Sein Name: Klaus Regling. Der 52-Jährige ist Generaldirektor für Wirtschaft und Währung in der EU-Kommission. Meistens hält er sich im Hintergrund auf. Bei Pressekonferenzen lässt er seinem spanischen Kommissar Pedro Solbes den Vortritt. Und doch ist Regling einer der mächtigen Männer der EU-Bürokratie, die selbst einen Bundeskanzler zur Weißglut bringen. Der ehemalige Ökonom beim Internationalen Währungsfonds (IWF) gilt als einer der schärfsten Verfechter des Stabilitätspakts – und als einer seiner Erfinder.

Mitte der 90er Jahre half Regling als Abteilungsleiter im Bundes-finanzministerium seinem damaligen Vorgesetzten Theo Waigel (»Drei Komma null ist drei Komma null«), den Stabilitätspakt mit auszuarbeiten. Vor allem die Franzosen sperrten sich damals gegen die rigiden deutschen Vorschläge – aber Regling blieb stur. So stur, dass der überzeugte Marktwirtschaftler 1998 unter SPD-Finanzmi-nister Oskar Lafontaine zunächst das Weite suchte und zu einem Investment-Fonds nach London wechselte. Im Juni 2001 kehrte Reg-ling in die Finanzpolitik zurück und wurde zum Generaldirektor in Brüssel ernannt.

Jetzt im Februar 2002 steht Waigels und Lafontaines Nachfolger Eichel in Brüssel am Pranger. Wäre es allein nach dem Finanzminis-ter gegangen, hätte die Bundesregierung die Abmahnung aus Brüs-sel sogar akzeptiert. Eichel erhoffte sich davon einen heilsamen Schock für allzu spendierfreudige Kollegen in Deutschland. Aber für den Kanzler kommt das Schuldeingeständnis nicht infrage. Warum? Er will im Wahlkampf nicht als amtlich bestätigter Schuldenmacher dastehen. Also bietet Eichel jetzt in Brüssel lediglich eine Erklärung an, in der sich die Bundesregierung verpflichtet, einen »nahezu« ausgeglichenen Haushalt vorzulegen. Nein, nicht sofort, das wäre ja gar nicht möglich. Sondern im Jahr 2004. Der »blaue Brief« wird nicht losgeschickt. Er bleibt in Brüssel.

Wie viel die Erklärung Eichels allerdings wert ist, zeigte sich bald darauf: Die deutschen Wirtschaftsdaten verschlechtern sich weiter, die Zahl der Arbeitslosen steigt, und dann kommt auch noch das Hochwasser dazu. Die Deiche der Haushaltsdisziplin brechen. Am Ende des Jahres steht in den deutschen Staatsbilanzen eine rote 3,8 – weit, weit entfernt von den »Drei Komma null«, die gerade die Deut-schen ihren genervten Partnern noch vor wenigen Jahren unabläs-sig predigten. Die Bundesrepublik hätte das Limit sogar »ohne das Hochwasser in Ostdeutschland und Bayern« überschritten, konsta-tiert die Kommission. Jetzt zeigt sich: Währungskommissar Solbes und sein Generaldirektor Klaus Regling hatten Recht, als sie am Jah-resanfang eine Frühwarnung aussprechen wollten. Und nun – die

Bundestagswahlen sind ja vorbei – fügen sich Schröder und Eichel in ihr Schicksal und akzeptieren das Unvermeidliche.

Rasch stellt sich heraus: Deutschland wird aller Voraussicht nach auch im Jahre 2003 das Defizitziel verfehlen. Der Chefvolkswirt der Deutschen Bank, Norbert Walter, sieht »keine Chance«, dass die Stabilitätskriterien erfüllt werden können. Zum einen sei die Wirtschaft international zu schwach, als dass Deutschland einen Schub erhalten könne. Zum anderen tue die Bundesregierung mit ihrer Steuerpolitik ein Übriges, um das Wirtschaftsklima zu verschlechtern. Der Chefvolkswirt der Investmentbank Goldman Sachs in Deutschland, Dirk Schumacher, erwartet für 2003 ein Budgetdefizit von 3,5 Prozent.

Die Deutschen sind nicht die Einzigen, die wegen mangelnder Haushaltsdisziplin am Pranger stehen. Die Portugiesen hatten bereits im Vorjahr die Drei-Prozent-Grenze überschritten – aber wie in Deutschland wurde das ganze Ausmaß der Verschuldung erst nach den Wahlen ruchbar. Die Italiener wirtschaften so wenig solide, dass ihre bereits atemberaubend hohe Gesamtverschuldung im Jahr 2002 erneut steigt – auf 110,3 Prozent des Bruttoinlandprodukts. Die Verschuldung ist also weiter fast doppelt so hoch wie die gesamte jährliche Wirtschaftsleistung des Landes.

Und die Franzosen weigern sich sogar rundheraus, wie versprochen ihr Haushaltsdefizit zu reduzieren. Das wäre in der augenblicklichen Konjunkturflaute Gift, glaubt der Pariser Premier Jean-Pierre Raffarin. Also bestellen die Franzosen auf Pump einen neuen Flugzeugträger. Und Raffarin geißelt Eichels Steuererhöhungen als »eine ziemlich brutale Politik, die eine Schwächung des Wirtschaftswachstums in Europa riskiert«. Wohlgemerkt: Der deutsche Finanzminister kommt deshalb unter Druck, weil er versucht, mehr Geld einzunehmen, um den Stabilitätspakt einzuhalten.

Hat der Stabilitätspakt da überhaupt noch einen Sinn? Sollte er nicht gleich still und leise beerdigt werden? Es wäre wahrscheinlich das Ende der Währungsunion. Trotz aller Schwächen ist der Pakt eine Art Airbag für den Euro. Denn die notorisch skeptischen Devisenhändler haben nur Vertrauen in eine Währung, die eine solide

Haushaltspolitik im Rücken hat. Und hätte Deutschland, das seit Jahren auf Pump lebt, seine Finanzen eher in Ordnung gebracht, würden die Probleme jetzt nicht so drücken.

Das heißt freilich nicht, dass der Stabilitätspakt zu einer ökonomischen Zwangsjacke werden darf. Schon was sich die Europa-Politiker als konkretes Strafverfahren ausgedacht haben, wenn ein Land die Auflagen nicht erfüllt, ist eher klippschulenhaft. Die Abmahnungen, die Brüssel verteilen kann, sind mit preußischer Pingeligkeit geregelt. Alle Staaten der Währungsunion müssen der Brüsseler Behörde jedes Jahr ein Stabilitätsprogramm vorlegen. Die Behörde prüft dann die Prognosen zum Wirtschaftswachstum und Defizitabbau. Ist sie der Meinung, dass eine Regierung vom Haushaltsziel abweicht, gibt es eine Frühwarnung, den »blauen Brief« – allerdings muss der Ministerrat zustimmen. Stufe zwei ist die »Verwarnung«, in der die Kommission zu »umgehenden Korrekturmaßnahmen« auffordert. Verletzt ein Staat trotzdem die Defizitobergrenze von drei Prozent, gibt's die »rote Karte« – dann drohen sogar Geldstrafen in Milliardenhöhe. Bisher kam es noch nicht dazu. Zum Glück, denn es ist mehr als zweifelhaft, ob der Pakt in einem solchen »worst case« funktionieren würde. Einem nackten Mann kann man nicht in die Tasche greifen, und wer zahlt schon drakonische Bußen, wenn die Bilanzen dadurch noch tiefer ins Minus rutschen? Die Strafen können bis zu 0,5 Prozent des Bruttoinlandsprodukts eines Delinquenten betragen. Das wären im Fall Deutschlands sage und schreibe zehn Milliarden Euro.

Als die Euro-Bedingungen ausgeheckt wurden, war es noch einfacher, von Disziplin zu reden. In Zeiten wirtschaftlicher Boomphasen, in denen soziale Wohltaten wie Kamellen beim Karnevalszug unters Volk geworfen werden, kann man unbeschwert über den Abbau von Budgetdefiziten plaudern und vor den TV-Kameras das Blaue vom Himmel versprechen. Dann kam aber der weltweite Konjunkturbruch im Jahre 2001. Erstmals seit 1993 stieg die Verschuldung wieder: Während die öffentlichen Kassen aller zwölf Euro-Mitglieder im Jahr 2000 noch einen kleinen Überschuss von

0,2 Prozent des Bruttoinlandsprodukts aufwiesen, kehrte sich dies bereits 2001 zu einem Defizit von 1,3 Prozent um. Dass es nicht noch schlimmer kam, war nur Finnland, Luxemburg und Irland zu verdanken. Diese Länder hatten ein dickes Plus in ihren öffentlichen Bilanzen – und rechtzeitig ihre Budgets saniert.

Währenddessen ließen Berlin, Paris und Rom die fetten Jahre ungenutzt verstreichen – und wurden damit »ihrer Verantwortung nicht gerecht«, klagt Horst Köhler, der Chef des Internationalen Währungsfonds (IWF).

Zahlentricks im Euroland

In Euroland wird getrickst, getäuscht und gelogen. Portugal hat es zu einem traurigen Rekord gebracht. Subventionen an öffentliche Unternehmen, Steuereinnahmen und Sozialbeiträge wurden dort ohne Hemmungen falsch verbucht. Statt eines Defizits für 2001 in Höhe von 2,2 Prozent des Bruttoinlandsprodukts musste Lissabon später eine Verschuldung von 4,1 Prozent eingestehen. Seine Staatsbilanzen schöngerechnet hat auch Italien. Ohne Bedenken verrechneten die Beamten von Finanzminister Giulio Tremonti künftige Einnahmen der staatlichen Lotteriegesellschaft und Verkäufe von Immobilien über Zwischenhändler mit dem Budgetdefizit. Der Schwindel flog auf, als das EU-Statistikamt Eurostat nachprüfte: Statt einer Neuverschuldung von 1,6 Prozent im Jahre 2001 musste Rom einen Wert von 2,2 Prozent eingestehen. Eurostat-Chef Yves Franchet verglich die italienischen Buchführungstricks sogar mit den Manipulationen bei der US-Skandalfirma Enron – wurde aber vom Italiener Prodi rasch zurückgepfiffen. Ein Sprecher des Kommissionspräsidenten bedauerte den Vergleich, und Franchet schrieb einen Brief an die »Financial Times«, in dem er den Vorwurf zurückzog.

Die Phantasie der Bilanz-Tuner kennt keine Grenzen. Und auch die Bundesregierung beteiligt sich daran. Ein Beispiel: Bisher zahlte Berlin Investitionshilfen an die neuen Bundesländer in Höhe von mehreren Milliarden Euro. Diese Finanzhilfen nach Artikel 104a, Absatz 4 des Grundgesetzes rissen Jahr für Jahr ein beträchtliches Loch in die ohnehin tiefroten Staatsbilanzen. Anders für den Haushaltsentwurf 2003: Dort werden diese Gelder als so genannte »Bundesergänzungszuweisungen nach Artikel 107, Absatz 2 des Grundgesetzes« ausgegeben. Dadurch erscheint die Ost-Stütze nicht mehr als Ausgabe, sondern als Minderung von Steuereinnahmen. Der Bund kann also auf dem Papier eine Ausgabenkürzung von 1,4 Prozent gegenüber dem Etat 2002 nachweisen. Das Staatsdefizit – der Saldo zwischen Einnahmen und Ausgaben – verringert sich entsprechend. Natürlich nur in den Büchern, denn die Ost-Subventionen fließen ja weiter. Das ist so, als ob ein Arbeitnehmer, der jeden Monat 200 Euro für Kantinenessen ausgegeben hat, diesen Betrag nun gleich vom Gehalt abgezogen bekommt und nun dafür kostenlos Mittag essen kann. Mehr Geld hat er dadurch auch nicht übrig.

Doch nicht nur mit kreativer Buchführung wird das Regelwerk ausgehöhlt. In den ministerialen Amtsstuben liegen schon Pläne für einen »Stabilitätspakt light«. Gemeinsam mit Frankreichs Staatspräsident Jacques Chirac plädiert im Herbst 2002 sogar Kanzler Schröder für eine flexiblere Anwendung des Paktes – und Kommissionspräsident Prodi disqualifiziert den Pakt gar als »dumm und starr«. Damit liegt der Politiker auf einer Linie mit der Regierung in seinem Heimatland. Italiens Finanzminister Tremonti will öffentliche Investitionen, beispielsweise für Infrastrukturvorhaben, generell aus der Defizitberechnung ausklammern. Sein französischer Kollege Mer findet Gefallen daran, die Rüstungsausgaben als Extraposten zu berechnen. Eine andere Variante lautet: Keine Berücksichtigung von Schulden, die durch den Konjunkturverlauf verursacht sind. Es soll also nur noch der »harte Kern« des Defizits, der unabhängig vom Wirtschaftszyklus entstanden ist, berücksichtigt werden – umschrieben mit dem hübschen Wort »strukturelles Defizit«. »Man könnte die Bereinigung so weit treiben, dass man zu dem Ergebnis kommt: Es gibt überhaupt keine Haushaltsprobleme«, merkt der Finanzwissenschaftler Stefan Homburg von der Universität Hannover sarkastisch an.

Es sind die Musterschüler in den kleinen Euro-Staaten, die alle Versuche der Aufweichung des Stabilitätspaktes stets energisch zurückweisen. »Wenn Länder wie Luxemburg und Österreich ein Problem haben, dann will man sie zur Räson bringen. Wenn andere ein Problem haben, dann ändert man die Regeln«, schimpft der Luxemburger Premier Jean-Claude Juncker im Herbst 2002.

Eine von manchen erträumte Änderung des Stabilitätspaktes können Berlin, Paris und Rom darum einstweilen vergessen – sie brauchten dazu die Stimmen aller Mitgliedsländer. Nur etwas erreichen die Kritiker des Paktes auf alle Fälle: dass das uneinig Euroland mit Zank und Gezerre in den internationalen Schlagzeilen bleibt. Werde der Pakt von den Großen verletzt, habe die Europäische Zentralbank (EZB) überdies »unvermeidlich weniger Spielraum« für die Zinssenkungen, auf die die europäische Wirtschaft sehnsüchtig wartet, argumentiert der finnische Regierungschef Paavo Lipponen.

Der Dauerstreit um die Anwendung des Stabilitätspakts ist aber weit mehr als nur ein Geplänkel um richtige oder falsche Prozentzahlen. Im Kern geht es um einen Machtkampf zwischen Ministerrat und Kommission: Wer hat die Hoheit in der EU-Wirtschafts- und Finanzpolitik? Noch ist nicht ausgemacht, wer in diesem Poker die besseren Karten hat. Künftig will die EU-Kommission ein formales Vorschlagsrecht für Warnungen an Budgetsünder haben. Das würde dazu führen, dass beispielsweise »blaue Briefe« nur einstimmig vom Rat der Finanzminister abgelehnt werden könnten. Deutschland hätte unter diesen Umständen schlechte Karten gehabt, die Abmahnung wegen des hohen Budgetdefizits abzuwenden. Denn bisher reicht für die Ablehnung eine qualifizierte Mehrheit. Bundesfinanzminister Eichel hat schon mal vorgebaut: »Das wäre schädlich und zutiefst undemokratisch«, beschwerte er sich in der »Zeit« über die Kommissionsvorschläge. In Deutschland habe noch nicht einmal die Bundesregierung gegenüber den Ländern so viel Macht.

Hüter des Geldes: Wie Big Wim gemobbt wurde

Die Demontage des Willem Frederik Duisenberg, kurz Wim genannt, begann in der Nacht vom 2. auf den 3. Mai 1998. Ort des Ge-
schehens: der Brüsseler Ministerrat. Die EU-Chefs hatten zum Son-
dergipfel gerufen. Wie die Teppichhändler kungeln Bundeskanzler
Helmut Kohl, Großbritanniens Premierminister Tony Blair und
Frankreichs Staatspräsident Jacques Chirac um einen der wichtigsten Posten in Europa: Es geht um die Berufung Duisenbergs zum
Präsidenten der Europäischen Zentralbank. Chirac bockt. Er verlangt, dass Duisenberg bereits nach der Hälfte der Amtszeit seinen
Posten aufgibt. Der Niederländer soll Platz machen für einen anderen. Das kann in den Augen Chiracs nur ein Franzose sein. Am Ende
setzt sich der französische Präsident gegen alle seine Kollegen durch
– auf Kosten Duisenbergs und des Euros. In einer windelweichen
Erklärung sagt der Niederländer zu, vorzeitig aus dem Amt zu scheiden. Aus Altersgründen. Immerhin ist er jetzt schon 62 Jahre alt. Der
Friese vom Ijsselmeer, der das Wohlwollen des damaligen Bundes-
bankchefs Hans Tietmeyer genießt, besteht immerhin darauf, selbst
den Zeitpunkt seines Abtretens zu bestimmen. Währenddessen präsentiert Paris eine andere Version. Danach habe Duisenberg als »Eh-
renmann« einem definitiven Amtsverzicht zur Hälfte seiner Amtszeit, also im Sommer 2002, zugestimmt.

Wenige Monate vor dem Start des Euros wird so der fatale Eindruck erweckt, dass der Maastrichter EU-Vertrag nach Belieben zu-
rechtgebogen werden kann. In dem Paragraphenwerk steht es un-
missverständlich: Der EZB-Präsident amtiert acht Jahre lang. Doch
weil der Sitz der Notenbank nach Frankfurt ging, war es aus Perspektive der französischen Regierung unerträglich, im Euro-Tower
keinen eigenen Top-Mann zu haben. Chirac lancierte deshalb bereits
1998 einen Namen: Jean-Claude Trichet. Der Präsident der französischen Nationalbank ist ein knochenharter Währungspolitiker, der in
der Bankenszene einen hervorragenden Ruf genießt. Doch ihm haf-

tet ein Makel an, der es für Paris schwer machte, ihn fix auf den Chefsessel zu hieven. Gegen den 60-Jährigen wird wegen einer Affäre bei der Skandalbank Crédit Lyonnais ermittelt. Trichet wird vorgeworfen, Anfang der neunziger Jahre als Direktor des französischen Schatzamts Bilanzfälschungen gedeckt zu haben.

Der faule Kompromiss erwies sich für Duisenberg als Hypothek. Als Präsident auf Abruf muss er einen Zweifrontenkrieg führen. Die einmal losgetretene Personaldebatte flammt in immer neuen Varianten auf. Und die andere Front, an der sich Duisenberg bewähren muss, ist der Euro. Eigentlich bringt der hoch gewachsene Niederländer beste Voraussetzungen mit. 1982 wurde der Sozialdemokrat niederländischer Zentralbankchef und drängte die Regierung zu einem harten Sparkurs. Unter seiner Ägide wurde der Gulden eine der härtesten Währungen der Welt. Doch in seinem neuen Job in Frankfurt hat Duisenberg erhebliche Startprobleme: Immer wieder leistet er sich Schnitzer, welche die Glaubwürdigkeit der jungen Währung unterlaufen. Duisenberg hat das in einem Interview mit der »Welt« sogar selbst eingeräumt. »Unsere Kommunikation ist immer wieder mal kritisiert worden und gelegentlich wohl zu Recht«, meint er kurz vor dem Start des Eurobargelds.

Keine Frage, Duisenberg übernimmt im Sommer 1998 eine Herkulesaufgabe. Das Umfeld für den Euro ist nicht günstig. Es ist die verrückte Zeit der New Economy. Längst ist die Finanzwelt zum großen Spiel-Casino geworden. Devisen im Wert von etwa zwei Billionen Dollar werden täglich von Frankfurt nach New York, von Tokio nach London, von Paris nach Hongkong und zurück gejagt. 60 Prozent davon werden in Form von Termingeschäften und Swaps abgewickelt. An den Finanzmärkten gibt es keinen Stillstand. Sie alle mischen mit: Banken, Pensions- und Investmentfonds, aber auch große Industrieunternehmen, die ihre Exporte und Importe durch Währungsgeschäfte absichern. Devisenmakler jonglieren im Auftrag ihrer Kunden mit Summen, die sich jeder Vorstellung entziehen. Gerät eine Währung in ihren gierigen Blick, bestimmen sie über das Schicksal nationaler Notenbanken. Mit einem Mausklick können sie Milliardensummen bewegen. Die professionellen Zocker beeinflussen täglich den Wechselkurs des Euros, aber ebenso des Dollars und des britischen Pfundes. Denn auch Währungen werden gehandelt: Die guten steigen, die schlechten sinken. Ob die Geld-Gurus auf Baisse oder Hausse setzen, hängt von ihren Erwartungen ab. Und die waren, was den Euro betraf, zunächst nicht besonders euphorisch.

Nachdem also die Währungsunion am 1. Januar 1999 mit vielen Vorschusslorbeeren gestartet war, setzte ihr Außenwert zum Sinkflug an. »Big Wim«, der alles so gut machen wollte, geriet gewaltig unter Druck. Die Internationale der Devisenspekulanten hatte gegen sein Baby gesetzt. Im Herbst 2000 ziehen die Zentralbanker endlich die Notbremse. Zum ersten Mal in ihrer jungen Geschichte interveniert die EZB an den Devisenmärkten. Zusammen mit der amerikanischen Notenbank und der Bank of Japan werden sechs Milliarden Dollar auf den Markt geworfen. Nach dem Gesetz von Angebot und Nachfrage soll dies den Euro nach oben hieven. Der Effekt ist allerdings gering. Nach einer kurzen Erholung dümpelt der Euro wieder an der Schmerzgrenze von 86 US-Cent entlang. Scharenweise flüchten Anleger in den Dollar. Am 26. Oktober notiert der Euro mit 0,831 Cent gegenüber dem Dollar auf seinem historischen Allzeittief seit seiner Einführung.

Duisenbergs Rücktritt scheint danach nur noch eine Frage von Wochen. Viele haben allerdings die Dickköpfigkeit des Niederländers unterschätzt. Wohl auch die Franzosen. Im Herbst 2001 geht Duisenberg in die Offensive. Nach einer Sitzung des EZB-Gouverneursrats in Wien erklärt er, dass er es für »unweise« halte, seinen Posten innerhalb der nächsten zwölf Monate zu räumen. In Paris hört man es mit Widerwillen. Duisenberg scheint sogar langsam Freude an seinem angeblichen Schleudersitz in Frankfurt zu finden. Zum Start des Euro-Bargelds beeindruckt er seine Widersacher mit einer logistischen Glanzleistung. 50 Milliarden Münzen und knapp 15 Milliarden Banknoten im Gesamtwert von 664 Milliarden Euro stecken pünktlich vom 1. Januar 2002 an in Ladenkassen und Bankautomaten. Keine Spur von Chaos. Und einige Monate später beginnt der Kurs der europäischen Währung tatsächlich zu steigen. Big Wim scheint aus dem Schneider.

Pünktlich zum zehnjährigen Jubiläum des Maastrichter Vertrags, am 7. Februar 2002, kommt Duisenbergs kleine Überraschung: Mit knappen Worten kündigt er seinen Rücktritt zum 9. Juli 2003 an. »Ich möchte aus rein persönlichen Gründen aus dem Amt scheiden«, sagt der Holländer. Er verweist darauf, dass er genau an dem Tag das 68. Lebensjahr erreichen werde. Ein cooler Schachzug, denn seine Feinde in Paris geraten mit der unerwarteten Rücktrittsankündigung unter Druck. Wegen des immer noch laufenden Verfahrens gegen Trichet kann Staatspräsident Chirac keinen unangefochtenen Kandidaten präsentieren. Unausgesprochen entscheidet nun die französische Justiz mit, wer der künftige EZB-Präsident wird. Kein gutes Omen für die Unabhängigkeit der Europäischen Zentralbank.

Sorgenkind Deutschland

In einem politisch immer noch nicht geeinten Europa ist der Euro ein heimatloser Streuner. Ein armer Hund gewissermaßen. Den Vätern des Maastrichter EU-Vertrags schwante, was auf die Manager des Europageldes im Frankfurter Eurotower zukommen würde. Doch auch sie konnten nur auf das Prinzip Hoffnung setzen. Der Euro sollte eine Art Treibriemen für eine politische Union sein. Die wiederum sollte der Währung jedes potenzielle Misstrauen austreiben. Nur: Der Weg zu diesen ambitiösen Zielen ist mehr als zehn Jahre nach Verabschiedung dieses Vertragswerks immer noch im Ungewissen. Der Euroclub hat zwar den Währungsschlüssel bei der EZB in Frankfurt abgegeben. Doch noch immer fehlt es an einer Wirtschafts- und Finanzpolitik aus einem Guss, um auf Wirtschaftskrisen reagieren zu können. Die EU ringt um eine Reform ihrer verbürokratisierten Entscheidungsmechanismen. Forderungen nach mehr Transparenz und Demokratisierung stoßen auf hartnäckigen Widerstand.

Ein spezielles Problem sind nach wie vor die Briten. Die britische Exportindustrie würde zwar lieber heute als morgen das Europa-Geld einführen. Doch die Politiker trauen sich nicht, ihrem Volk den Abschied vom Pfund zu verordnen. Ein Referendum ist immer wieder verschoben worden. Strategisch hätte der Beitritt Großbritanniens zum Euroclub eine große Bedeutung: Die drittgrößte Volkswirtschaft der EU würde das Gewicht des Eurolandes in der Welt stärken. Vor allem aber könnte sich der Pragmatismus der Engländer positiv auf den politischen Zusammenhalt auswirken.

Bisher sind die Probleme eher größer statt kleiner geworden. Hinter dem Euro steht ein Fragezeichen. Das wirtschaftliche Fundament des Zwölferclubs ist keineswegs so stabil, wie die Politiker es in ihren Sonntagsreden weiszumachen versuchen. Vor allem ist eingetreten, was noch vor drei Jahren kaum jemand erwartet hätte: Ausgerechnet der europäische Wirtschaftsriese Deutschland ist zum Problemfall der Währungsunion geworden. Er bedroht die Prosperität der gesamten Euro-Zone. Französische Ökonomen sprechen vom »Kranken Mann Europas«. Die britische »Financial Times« stellt die Bundesrepublik auf eine Stufe mit dem daniederliegenden Japan. »Deflation« drohe den Deutschen – seit sie nicht mehr wie in Vor-Eurozeiten von konkurrenzlos niedrigen Zinssätzen profitierten, sondern mit einem gemeinsamen Euro leben müssten, der für die schwächelnde hiesige Wirtschaft überbewertet sei.

In den Zeiten von D-Mark und Bundesbank waren die Zinsen in Deutschland in der Regel niedriger als in den Nachbarländern. Denn nur durch höhere Zinssätze konnten Franzosen oder erst recht Italiener und Spanier das Vertrauen der Investoren in die Stabilität ihrer Währungen gewinnen. Den Zinsvorteil hat die Bundesrepublik nun verloren – und zugleich, so glauben manche Ökonomen, ging die Mark überbewertet in die Währungsunion. Der französische Volkswirt Patrick Artus beziffert diese Überbewertung sogar auf

25 Prozent. Soll heißen: Löhne und Produktionskosten in Deutschland seien im Vergleich zu hoch und müssten sinken.

Pessimisten sehen für Deutschland sogar eine akute Deflationsgefahr. »Das Land erfüllt alle Kriterien, die auf eine bevorstehende Deflation hindeuten«, meint Véronique Riches-Flores, Europa-Chefvolkswirtin der französischen Großbank Société Générale. So könne sich eine Spirale aus nachlassender Nachfrage und sinkenden Preisen entwickeln. Ähnlich wie in Japan würden die Unternehmen keinen Anreiz mehr haben zu investieren. Dann sinken auch Beschäftigung und Einkommen. Die Wirtschaft taumelt von einer Rezession in die andere. »Die Situation ist höchst gefährlich«, warnt Ulrich Beckmann von der Deutschen Bank. Schuld ist nach Auffassung vieler Experten auch der Euro, der die Volkswirtschaften in ein zu starres Korsett zwingt. Denn eigentlich müsste die Europäische Zentralbank die Zinsen für Deutschland senken, um die Wirtschaft anzukurbeln. Doch Banker zögern, weil die Inflationsrate in mehreren anderen Euro-Staaten immer noch zu hoch ist.

Jetzt zeigt sich aber auch, dass der deutsche Nachholbedarf gewaltig ist – schon seit Jahren hinkt Deutschlands Wirtschaftswachstum hinterher. »In der Euro-Zone gibt es ein klar identifizierbares Problem: Deutschland«, bemerkt Währungskommissar Solbes im November 2002. Schon länger fragt er sich: »Warum wächst Deutschland heute schwächer als die anderen, während es früher genau umgekehrt war?« Eine so »gereifte und weitgehend gesättigte Volkswirtschaft wie die deutsche« könne gar nicht im selben Tempo wachsen wie die früheren Habenichtse in Irland oder Portugal, hielt Kanzler Schröder dagegen. Doch in einer in Solbes' Auftrag erstellten Studie schlug ihm die Kommission dieses Argument im Mai 2002 aus der Hand: Auch im Vergleich zu so reichen und gesättigten Volkswirtschaften wie Frankreich oder den Niederlanden verliere Deutschland an Fahrt.

In einem internen Report, den die Kommission im November 2002 zusammen mit der Defizitwarnung an die Bundesregierung verabschiedet, zeichnen Solbes' Leute ein noch düstereres Bild: Neben den Kosten der Wiedervereinigung behinderten »zahlreiche strukturelle Hemmnisse« den Aufschwung. Die deutschen Schwächen reichen nach Brüsseler Urteil von dem »untransparenten Steuerrecht« über eine übertriebene und starre Regulierung, das »teure und oft uneffiziente Gesundheitssystem«, hohe Arbeitskosten, einen »unflexiblen Arbeitsmarkt« bis hin zu Leistungen für Arbeitslose, die zu hoch seien, um zur Rückkehr in den Job zu ermutigen. Die Gründe für das seit zehn Jahren zu beobachtende »sehr schwache« deutsche Wachstum seien darum »eher struktureller als konjunktureller Natur«.

Weitere Mängel kommen aus der Sicht der Kommission hinzu: Weil – im Vergleich etwa zu Frankreich – zu wenig Kinder geboren werden, schrumpft und altert die Bevölkerung. Mitverantwortlich ist das nach europäischen Maßstäben jämmerliche Angebot an Kinderbetreuungseinrichtungen in der Bundesrepublik.

Weil die Bundesrepublik ein Drittel zur Wirtschaftsleistung der Euro-Zone beitrage, »ist es entscheidend wichtig für alle anderen, was hier passiert«, mahnt Solbes die Deutschen. Doch viele Deutsche »bevorzugen eine Periode des langsamen Niedergangs« gegenüber allzu abrupten Reformen, höhnte bereits die »Financial Times« in London.

Dabei kommen über kurz oder lang ganz neue Probleme auf den Euroclub zu: Lieber heute als morgen würden die Osteuropäer ihre Złotys, Kronen und Forints gegen den Euro tauschen. Nur: Diese Länder haben keine ausreichende Erfahrung mit einer stabilen Geldpolitik. Außerdem ist der wirtschaftliche Nachholbedarf gewaltig. Die meisten Staaten kämpfen mit den Strukturproblemen eines hoffnungslos veralteten Agrarsektors. Kommt die Konjunktur ins Straucheln, wird der Druck auf Brüssel wachsen, mit milliardenschweren Transferleistungen die Risse im Euroclub zu kitten. Im Vergleich dazu dürften die gegenwärtigen Streitereien um die Struktur- und Kohäsionsfondsmittel nur ein laues Lüftchen sein. Die Währungsunion steht vor der Gefahr, sich durch bloße Größe zu überheben.

Zoff im Euroclub ist programmiert. Und dabei geht es auch um die Frage, ob sich Europa künftig eine stärkere Koordinierung seiner Wirtschafts- und Finanzpolitik leisten kann und will. Wird es in der Kakophonie von zwölf Mitgliedern künftig einen Dirigenten geben?

Die Kommission träumt von einer größeren Rolle. Der Europäischen Zentralbank fehle »der politische Partner für einen Dialog« – so wie es die Bundesregierung für die Bundesbank war, klagt Kommissionspräsident Romano Prodi. Das habe »ganz sicher einen Einfluss auf den Euro-Kurs«. Doch die Kommission hat es bisher nicht geschafft, sich bei den Regierungen der Euro-Länder Gehör zu verschaffen. Die Rufe des Präsidenten nach einer größeren Rolle in der EU-Wirtschaftspolitik nimmt niemand ernst: »Herr Prodi ist Herr Prodi, und der Vertrag ist der Vertrag«, spottet Luxemburgs Regierungschef Jean-Claude Juncker.

Soll die Wirtschaftsregierung aus der Euro-Gruppe, also einem engeren Zusammenrücken der Finanzminister erwachsen? Auch das ist noch unklar. Und auch die demokratische Kontrolle ist keineswegs geklärt. »Es gibt schon genug Kungelrunden in Brüssel«, warnt die SPD-Europaabgeordnete und Währungsexpertin Christa Randzio-Plath.

Die Europäer müssen ihre Wirtschafts- und Finanzpolitik wirksamer koordinieren. Aber das darf nicht in den Hinterzimmern der Bürokratie geschehen. Andernfalls wird man sich nicht wundern dürfen, wenn rechtspopulistische und nationalistische Propaganda gegen den Euro bei den Menschen Erfolg hat. Doch einen Zerfall der Währungsunion – siehe oben – kann niemand wollen.

11 DIE VERHINDERTE WELTMACHT

»Amerikaner sind vom Mars, Europäer von der Venus.«
Der US-Historiker Robert Kagan

Warum der Wirtschaftsriese Europa ein außenpolitischer Schwächling ist. Warum die Europäer den Bush-Kriegern in Washington nicht gewachsen sind. Wie Kommissare, Minister und ein hoher Beauftragter gegeneinander arbeiten. Wie die EU als großzügiger Geldgeber auftritt und trotzdem nicht viele Freunde hat – weil die Hilfsprogramme so schlecht organisiert sind

Teheran, 26. September 2001. 15 Tage nach den Attentaten auf das World Trade Center empfängt der iranische Außenminister Kamal Charrasi bedeutende Gäste aus Brüssel. Und zwar gleich drei davon. Rechts von Charrasi sitzt EU-Außenkommissar Chris Patten. Links von ihm EU-Außenpolitikbeauftragter Javier Solana. Und direkt neben dem Minister des Mullahregimes der Chef der EU-Delegation, der belgische Außenminister Louis Michel – sein Land hat gerade die sechsmonatige Ratspräsidentschaft inne.

Gemeinsam bilden sie die Troika, die im Ausland die EU repräsentiert – ein hochkarätiges Team, das jetzt im Mittleren Osten Verbündete gegen den Terrorismus sucht. Trotzdem hat es gerade eben allen dreien auf einmal die Sprache verschlagen. Ein BBC-Journalist stellte »den Gentlemen von der EU« eine unschuldige Frage. Wie denn die Europäer die Tatsache kommentierten, dass der Iran weiter unverdrossen Subsidien für die Hisbollah-Milizen zahle, deren Raketen unschuldige israelische Zivilisten töten?

Das Trio ist perplex. Michel starrt auf den Boden, Solana an die Decke, Patten wartet ab. Nach einer langen Schweigeminute findet der Belgier die Sprache wieder. »Äh, an wen richtet sich die Frage?«, will er schüchtern wissen – obwohl der Außenminister und Delegationschef normalerweise kein Mikrophon verpasst. Der BBC-Mann erbarmt sich und stellt die Frage an seinen Landsmann Patten. Der antwortet wie aus der Pistole geschossen: Jetzt müssten erst mal die Täter des 11. September gefasst werden. Aber dann folge ein »breiter angelegter Feldzug«. Für ihn sei klar, sagt der Brite: Wer unschuldige Menschen töte, »hat immer Unrecht«.

Besser hätte er es nicht formulieren können. Patten ist diplomatisch und trotzdem deutlich. Sind in dieser Delegation womöglich zwei Männer überflüssig?

Wer mit EU-Außenpolitikern um die Welt reist, muss vor Enttäuschungen gewappnet sein. Ausgerechnet nach den Attentaten in New York werden 380 Millionen Europäer repräsentiert durch einen ebenso rundlichen wie unberechenbaren belgischen Außenminister. Nach dem Regierungseintritt der FPÖ in Österreich hatte er im Namen der Menschenrechte zum Boykott der östereichischen Skipisten aufgerufen. Jetzt, nach den Terrorattentaten von New York, kann er all die Mullahs und Diktatoren im Mittleren Osten gar nicht genug preisen. In Teheran rühmt er »unsere iranischen Freunde« – als seien die Verantwortlichen für die Berliner »Mykonos«-Morde an iranischen Dissidenten nicht immer noch im Amt. In Pakistan rühmt er die »hohe Qualität« der Machthaber – die Generäle putschten sich zwei Jahre zuvor an die Macht im Land. Und als der syrische Außenminister in Damaskus ganz offen die Hisbollah-Angriffe auf Israel verteidigt, murmelt Michel, das seien Differenzen, mit denen man für den Anfang »vielleicht leben« könne.

Drei Dutzend Journalisten, die die Mission in dem belgischen Airbus begleiten, verfolgen gebannt die Profilierungsversuche der drei

Chefdiplomaten. Solana lässt durchsickern, dass er es ist, der beinahe täglich mit US-Außenminister Colin Powell telefoniert. Der gewiefte Patten spielt seine intellektuelle Überlegenheit aus. Derweil wird Ex-Schullehrer Michel, Coladose in der Hand, Pfeife im Mund, rasch grundsätzlich, wenn er sich zu den Journalisten im hinteren Teil des Flugzeugs gesellt. »Die Amerikaner sind sehr amerikanisch«, lautet so ein Michel-Motto. Unterwegs träumt er allen Ernstes davon, bald das Embargo gegen den Irak aufzuheben – dabei sind die amerikanischen Angriffspläne gegen Saddam Hussein längst kein Geheimnis mehr.

Slapstick auf der Weltbühne

Die Szenen sind bezeichnend. Nirgends könnten die Europäer mit einem geschlossenen Auftreten solch einen Eindruck machen wie in der Außenpolitik. »Großbritannien, Frankreich und Deutschland haben im 21. Jahrhundert einfach nicht mehr die richtige Betriebsgröße, um in der Welt mitspielen zu können«, sagt Joschka Fischer. Gemeinsam könnten es die Europäer jedoch beinahe mit jedem aufnehmen. Weder fehlt es der EU an der ökonomischen Kraft noch an den diplomatischen Traditionen. Heute schon ist die Gemeinschaft die wichtigste Handelsmacht der Erde. Die Kommission in Brüssel verwaltet einen der größten Hilfstöpfe des Planeten.

Doch die Europäer verspielen ihr Potenzial. In Grundsatzfragen – von Irak bis Israel – sind die Hauptstädte bis heute zerstritten. Und weil sich die Regierungen – vor allem in Paris, London und Berlin – gegenseitig ebenso wenig trauen wie den EU-Institutionen in Brüssel, haben sie die außenpolitische Macht Europas fragmentiert.

Da gibt es den Außenkommissar Chris Patten, einen mit allen Wassern gewaschenen Politprofi, der als Gouverneur von Hongkong sogar den Machthabern in Peking die Stirn bot. Er gebietet über einen Milliarden-Hilfsetat und mit mehr als 120 Vertretungen in der Welt über den viertgrößten diplomatischen Dienst der Union. Doch Patten ist nicht etwa der Außenminister der EU – diese Ehre gebührt viel eher dem Spanier Solana. Der Mann mit dem Dreitagebart und dem nuscheligen Englisch amtiert als hoher Beauftragter für die Gemeinsame Außen- und Sicherheitspolitik – abgekürzt GASP – und sitzt nicht etwa in der Kommission, sondern als Generalsekretär und damit Chefbeamter an der Spitze des Sekretariats des Ministerrats. Acht Bodyguards folgen seinen Spuren, denn anders als Prodis Kommissare gilt der frühere Nato-Generalsekretär als gefährdet. Mit rhetorischer Schmusetaktik und Tätscheldiplomatie hat es der Spanier rasch geschafft, sich überall als Gesprächspartner einzuführen.

Kein Zweifel – es ist ein Fortschritt, dass es seit 1999 seinen Posten gibt. In Mazedonien hilft er, einen Bürgerkrieg zwischen slawischen und Albanisch sprechenden Einwohnern zu verhindern. »Im Nahen Osten«, sagt Außenminister Fischer, »spielt mittlerweile Javier Solana für Europa die entscheidende Rolle und nicht mehr die nationalen Außenminister.« Der Spanier ist stets mit dabei, wenn das so genannte Quartett aus USA, Russland, Uno und EU über Friedenslösungen für den Nahen Osten verhandelt. Nach einigen Sitzungen und vielen Manövern hinter den Kulissen haben sich freilich auch Außenkommissar Chris Patten und der Außenminister des jeweiligen EU-Präsidentschaftslandes Einladungen verschafft. UN-Generalsekretär Kofi Annan, US-Außenminister Colin Powell und der russische Minister Igor Iwanow sind folglich zu dritt im Quartett – und die Europäer auch.

Denn neben Patten und Solana repräsentiert eben auch der jeweilige Ratspräsident Europa – also Regierungschef und Außenminister des Mitgliedsstaats, der der Ministerrunde jeweils für sechs Monate vorsitzt. Das Rotationssystem läuft mit der unerbittlichen Konsequenz eines Uhrwerks ab und lässt darum auch Vollamateure wie Louis Michel mal ran.

Die künstliche Aufgabenteilung zwischen Ratsbehörde und Kommission führt zu ständigen Reibereien und albernen Kleinkriegen.

Gemeinsam waren EU-Kommissar Günter Verheugen und Solana vom EU-Gipfel in Helsinki zum Kurztrip nach Ankara aufgebrochen, um die türkische Regierung von den Vorteilen eines EU-Kandidatenstatus zu überzeugen. Von der Übernachtreise wieder zurück in Helsinki, marschierte der arglose Verheugen erst mal unter die Dusche. Gewitzt nutzte Solana die Chance und stellte sich auf einer Pressekonferenz als erfolgreichen Krisenmanager dar – ganz alleine, versteht sich.

Anfang 2002 erklärt US-Präsident George Bush in martialischer Sprache der »Achse des Bösen« den Kampf. Der Irak wird zum potenziellen Angriffsziel. Jetzt ist es nicht Solana, sondern der unerschrockene Patten, der als Erster die richtigen Worte findet. Ein Alleingang der USA wäre »uneffektiv und kontraproduktiv«, mahnt er. Wirkliche Freunde, so macht der Brite den Amerikanern klar, seien keine »Speichellecker«.

Doch Solana konterkariert den Vorstoß des Kommissars öffentlich: »Unter Freunden müssen wir uns die Wahrheit ins Gesicht sagen können, aber wir müssen das nicht unbedingt mit dem Lautsprecher tun«, mahnt er. Diese Maxime gilt für den Spanier nur bei der Beziehungspflege mit Washington – aber natürlich nicht für den Umgang mit dem Kollegen in Brüssel.

Pattens Kabinettschef Anthony Cary revanchiert sich, indem er den zur Leisetreterei neigenden Solana schon mal verspottet – als den »hohen Beauftragten des kleinsten gemeinsamen Nenners«.

Krieg gegen Saddam

Nie wäre europäische Einigkeit so wichtig gewesen wie angesichts der amerikanischen Angriffspläne gegen den Irak. Der Aufmarsch gegen Saddam Hussein ist aus Sicht der meisten europäischen Bürger ein gefährliches Abenteuer. Doch selten haben die EU-Regierungen ihre Zerstrittenheit und Schwäche so peinlich zur Schau gestellt wie hier. Selbst ein US-Kommentator wie William Pfaff mahnt die Staaten des alten Kontinents, mit einer geschlossenen Opposition die Washingtoner Präventivkrieger aufzuhalten. Wenn die Europäer gegen einen Angriff auf den Irak Widerstand leisten, »können sie ihn verhindern oder zumindest viele Monate lang blockieren«, schreibt Pfaff im September 2002. Doch in Europas Hauptstädten dominieren die nationalen Reflexe – nicht die Suche nach dem Konsens.

Britenpremier Tony Blair ist sogleich zu einem »Blutzoll« bereit, um als Alliierter an der Seite der Amerikaner seine Vorzugsstellung zu pflegen. In Berlin, wo sie den Londoner Regenten gerne als »Vizepräsidenten Amerikas« verspotten, nutzt Kanzler Schröder sein publikumswirksames Nein zu einem »Abenteuer« als Wahlkampfmunition. Derweil taktieren die Franzosen. Sie wollen ihre traditionellen arabischen Bündnispartner nicht vergrätzen, aber trotzdem dabei sein, wenn nach einem möglicherweise erfolgreichen Krieg die Öl-Claims im Irak neu abgesteckt werden.

Besieht sich der deutsche Außenminister Joschka Fischer die Diskrepanz zwischen europäischem Anspruch und niederschmetternder Realität, dann konstatiert er diplomatisch eine »sehr große Lücke«.

Der Zwist hat in der europäischen Außenpolitik Tradition. Nie wirkte er sich so verheerend aus wie während der blutigen Kriegsjahre im auseinander fallenden Jugoslawien. Die Deutschen wollten lieber früher als später die ehemals österreichischen Teilrepubliken Slowenien und Kroatien anerkennen. Frankreich und Großbritannien schreckten andererseits jahrelang davor zurück, ernsthaft gegen ihre ehemaligen Alliierten in Serbien vorzugehen. Erst als die Amerikaner mit Luftangriffen begannen, neigte sich der militärische Vorteil in Bosnien so sehr zugunsten der Muslime und Kroaten, dass ein Friede möglich wurde. Und im Kosovo waren es im März 1999 wieder die Amerikaner, die die Führung beim Krieg gegen Belgrad übernahmen – die Europäer hätten dafür gar nicht die militärischen Mittel gehabt.

Gewiss, die Außenpolitik ist für ehemalige Weltmächte wie

Frankreich und Großbritannien so etwas wie das Allerheiligste der eigenen Souveränität. In Wahrheit fehlen aber selbst Paris und London die militärischen und wirtschaftlichen Potenzen, um die Großmachtrolle glaubwürdig spielen zu können. Was Großbritannien und Frankreich pflegen, ist schon lange eine außenpolitische Scheinsouveränität. Doch reflexartig folgt nun das wieder vereinigte Deutschland immer öfter ihrem schlechten Beispiel – und sei es, wenn Kanzler Schröder den »deutschen Weg« in der Irak-Politik proklamiert. Dabei weckt das nur das latente Misstrauen bei den Partnern.

Wollten die Europäer auf der Weltbühne kraftvoller auftreten, stünden ihnen viele Möglichkeiten offen. Sie könnten ihre Stimmrechte in Weltbank und Internationalem Währungsfonds (IWF) zusammenlegen. Damit wären die Europäer in beiden Einrichtungen das wichtigste Mitglied und könnten laut Statut sogar verlangen, dass sie ihren Sitz von Washington nach Europa verlagern. Gäbe es eine europäische Außenpolitik, brauchte es einen europäischen ständigen Sitz im Weltsicherheitsrat der Vereinten Nationen – doch auf absehbare Zeit sind Franzosen und Briten nicht bereit, auf ihre privilegierte Position in der Uno zu verzichten.

Solange die EU-Mitgliedsstaaten alle eifersüchtig ihre Eigenständigkeit hüten, bleibt die Zentrale in Brüssel in Zeiten der Krise handlungsunfähig. Immer noch scheint es unvorstellbar, dass die Außenminister eine gemeinsame Linie mit Mehrheit festlegen. Deutschland ließe sich auch von der EU nicht gegen Israel mobilisieren, und »es wird noch eine Weile dauern, bis man mit einem Mehrheitsvotum Tony Blair daran wird hindern können, zusammen mit Bush den Irak zu bombardieren«, konstatiert Peter Glotz, der zeitweilige deutsche Vertreter im europäischen Verfassungskonvent. Konventspräsident Valéry Giscard d'Estaing denkt darum an die konditionierte Einführung von Mehrheitsentscheidungen in der Außenpolitik – wer nicht einverstanden ist, soll nicht zur Teilnahme gezwungen werden, aber auch die anderen nicht öffentlich kritisieren. Vielleicht brauche man erst mal »eine gemeinsame Lernphase«, sagt der französische Europaabgeordnete Alain Lamassoure. Anders gesagt: Die europäischen Außenpolitiker sind immer noch Klippschüler.

Trippelschritte nach vorn

In Trippelschritten geht es vorwärts. In diplomatischen Fragen zweiter und dritter Ordnung finden die Europäer meist eine gemeinsame Linie. Durch das von der Kommission verwaltete interne Fernschreibnetz COREU tauschen die 15 Außenminister pro Jahr 13 000 Telegramme aus – von der geplanten britischen Demarche zu Sierra Leone bis zum jüngsten deutschen Nahost-Friedensplan.

In der Mehrzahl der Fälle stimmen die Europäer inzwischen in der Uno gemeinsam ab. Dass der Internationale Strafgerichtshof durchgesetzt wurde, gilt als Erfolg der EU. Schon seit Jahren treten die 15 Mitglieder einigermaßen geschlossen auf, wenn es um Fragen des Welthandels geht. Das wird dadurch erleichtert, dass die Kompetenzen bei der Kommission und ihrer straff organisierten Generaldirektion für Handelsfragen liegen. Bei den WTO-Konferenzen in Seattle und Doha ist der Brüsseler Kommissar Pascal Lamy der Chefunterhändler aller Europäer – obwohl vor allem sein Heimatland Frankreich immer wieder auf komplizierten Abstimmungsprozeduren besteht. Paris sperrt sich stur gegen jede Liberalisierung, die zu mehr Importen von Hollywood-Filmen führen könnte.

Von Tokio bis Moskau ist es heutzutage üblich, dass sich Botschafter wie Fachbeamte der 15 europäischen Botschaften in festen Rhythmen zu Abstimmungsgesprächen treffen. »Wie reagiert die japanische Regierung auf die Anschläge vom 11. September? Werden sich die Streitkräfte des Landes an Militäraktionen beteiligen?«, diskutierten die Europäer im Herbst 2001 in Tokio, schreibt der Diplomat Georg Schmidt. Trotzdem gibt es weiter viele konkurrierende Interessen. »Frankreich«, so Schmidt, »setzt sich für seinen Wein und Weizen ein, die Niederlande für ihre Blumen, und der Erfolg des dänischen Botschafterkollegen orientiert sich an den Exporterlösen für dänisches Schweinefleisch.«

Alle Versuche, Botschaften ganz zusammenzulegen, scheiterten bisher an Eifersüchteleien und inkompatiblen Vorschriften.

Der Pygmäe Europa

Rivalitäten und Zank sind nur einer der Gründe für die schwache Vorstellung der Europäer auf der Weltbühne. Weit wichtiger noch: Es fehlt ihnen die nötige militärische Hardware, um als Großmacht ernst genommen zu werden. Beim Blick auf die Verteidigungshaushalte ist der Abstand bereits groß, aber eigentlich nicht dramatisch. Die EU-Staaten geben für Verteidigung etwa 40 Prozent dessen aus, was im Washingtoner Budget zur Verfügung steht. Doch dafür bekämen die Europäer »nur zehn Prozent der militärischen Handlungsfähigkeit« der USA, sagt Josef Janning vom Münchner Centrum für angewandte Politikforschung.

Beim Kosovokrieg im Frühjahr 1999 wollten Deutsche, Franzosen und Briten auf jeden Fall dabei sein – aber die übergroße Mehrheit der Luftangriffe wurde von amerikanischen Maschinen geflogen. Ein prominenter Grüner entdeckte da erstmals seine Begeisterung für die Rüstungsindustrie. Auch der diplomatische Einfluss bemesse sich nun mal an der Zahl der Kampfflugzeuge, lernte der deutsche Außenminister Joschka Fischer. Vier zu 400 – das sei sein Gewicht gegenüber dem Außenminister der USA.

Wegen seiner militärischen Schwäche bleibe Europa »ein Pygmäe«, konstatiert Nato-Generalsekretär George Robertson. Die Ursachen für die Wachstumshemmung sind vielfältig. Rüstungsinvestitionen werden nicht koordiniert. Einige Länder wie Deutschland halten an der teuren Wehrpflichtarmee fest. Vor allem aber sind die europäischen Truppen immer noch in erster Linie auf die Verteidigung gegen die Panzerarmeen aus dem Osten ausgerüstet, die in absehbarer Zeit überhaupt nicht aufmarschieren werden.

Was bringe es, fragt Nato-Generalsekretär Robertson, dass die »europäischen Alliierten« über zwei Millionen Soldaten verfügten, wenn sie immer noch Schwierigkeiten hätten, »40 000 Mann für Friedenseinsätze auf dem Balkan zu finden«. Der Nato-Mann konstatiert einen schweren Fall von »Geldverschwendung«.

Die militärischen Schwachstellen der Europäer sind seit Jahren bekannt. Rainer Schuwirth, der Chef des EU-Militärstabes, kann eine lange Liste aufzählen. »Was uns in Europa fehlt, sind Fähigkeiten zur Führungsunterstützung, in der Informationstechnologie, bei der Aufklärung und Gewinnung von Nachrichten«, sagt der deutsche Viersternegeneral. »Nachholbedarf haben wir auch bei der strategischen Verlegefähigkeit.« Schließlich mangele es »vielen Kampfflugzeugen in Europa an der angemessenen Bewaffnung, die auch außerhalb der Reichweite von Abwehrsystemen eingesetzt werden kann«.

Es fehlen Flugzeuge und Schiffe für den raschen Lufttransport, logistische Kapazitäten und vor allem moderne Hightech-Waffen. Es geht um all die supermoderne Kriegselektronik für Aufklärung und Kommandoführung, die der ehemalige Generalinspekteur der Bundeswehr, Klaus Naumann, mit dem Fachkürzel »C4ISR« zusammenfasst: »Command, Control, Communication, Computer, Intelligence, Surveillance and Reconnaissance«. Amerikaner können ein bewegliches Angriffsziel vom Aufklärungsflugzeug verfolgen und die aktuellen Koordinaten direkt in den Gefechtskopf einer Abstandswaffe senden, die das Ziel mit schlafwandlerischer Sicherheit trifft. Europäer können von solchen Möglichkeiten nur träumen. Würde man präzise Satellitenbilder beim EU-Satellitenzentrum in der Nähe von Madrid anfordern, so höhnt der Ex-General, »dann würde man dort vermutlich Bilder des amerikanischen kommerziellen Satelliten Icons bestellen, weil die in der Qualität deutlich besser sind als alles, was noch so geheime europäische Satelliten zu bieten haben«.

Sterben für Javier Solana?

Weil der Kosovo-Krieg den Europäern ihre Unterlegenheit überdeutlich vor Augen geführt hatte, gaben sich die Staats- und Regierungschefs einen kleinen Ruck. Erstmals entwickelt die EU nun einen militärischen Arm – oder besser gesagt ein Ärmchen.

Noch in diesem Jahr soll eine gemeinsame Eingreiftruppe von
60 000 Soldaten einsatzbereit sein. Was beschlossen wurde, ist keine
stehende Truppe in Brüsseler Kasernen, sondern ein Verband, der
nach Bedarf aus Truppenteilen in den Mitgliedsstaaten zusammen-
gestellt wird. Eine Luftflotte von 196 nagelneuen Airbus-Militär-
transportern soll ab 2007 dafür sorgen, dass die Einsatztruppen überhaupt an den Einsatzort gelangen.

Die Palette möglicher Einsätze ist groß – sie reicht von humanitä-
ren Hilfseinsätzen bei Überschwemmungen oder Erdbeben über die
Evakuierung von EU-Bürgern aus Krisengebieten über friedenser-
haltende Blauhelm-Einsätze bis zu risikoreichen so genannten »frie-
denserzwingenden« Missionen. Wer wolle, dass seine »Kinder für
Javier Solana sterben«? So fragte prompt die Londoner »Times« ihre
europakritischen Leser. Trotzdem marschieren die Briten vorne mit.

Seit 2001 arbeiten so erstmals Militärs in Brüsseler EU-Gebäu-
den. Der deutsche General Schuwirth schmückte seine Bürowand
sogar mit einem Raketenwerfer in Öl – ein ungewohntes Dekor,
denn früher arbeitete in diesem Haus in der Avenue Cortenbergh
die hochzivile Wettbewerbsbehörde der Kommission. Schuwirths
Militärstab bereitet die gemeinsame Truppe auf mögliche Einsatz-
szenarien vor. »Unser Stab entwickelt Konzepte und Verfahren zur
Führung, zur Unterstützung. Wie gehe ich die militärisch-strategi-
sche Planung an? Wie stelle ich die Kommandokette auf? Was brauche ich, um Nachrichten zu erhalten und zu verarbeiten?«, erzählt
der Soldat, den Brüsseler Kommentatoren wegen seiner markigen
Gesichtszüge mit Lee Marvin vergleichen.

Schuwirth und seine 135 Mitarbeiter stellen nicht etwa einen europäischen Generalstab: »Wir sind kein stehendes militärisches Hauptquartier, wie es bei der Nato existiert oder in den Nationalstaaten«, sagt der General selbst. Im Krisenfall sollen seine Leute Optionen ausarbeiten, keine Operationspläne. Würde die EU-Armee eines Tages in Marsch gesetzt, wird das operative Hauptquartier entweder der Generalstab eines der Mitgliedsstaaten sein oder das militärische Nato-Hauptquartier im belgischen Mons.

In einem Coup, der die Franzosen kalt erwischte, sicherten die Deutschen für Schuwirth den Posten, auf den sich eigentlich auch Paris Hoffnungen gemacht hatte. Die Londoner »Sunday Times« grub sogleich die Tatsache aus, dass der Vater des Bundeswehr-Offiziers schon in Hitlers Wehrmacht als Hauptmann gedient hatte. Doch die Presseattacke ist vielleicht weniger erstaunlich als eine andere Tatsache: Einige Jahre früher wäre es Europäern aus von Deutschland einst überfallenen Ländern sicher schwerer gefallen, einen hohen europäischen Militärposten ausgerechnet einem Mann aus der Bundesrepublik zu übertragen – und anders als in der Nato fehlt in der EU die beruhigende Oberaufsicht der Amerikaner. Aber die Zeiten ändern sich.

Redeverbot mit der Nato

Doch erneut sind sich die Hauptstädte nicht einig, was sie eigentlich wollen. Träumen die Franzosen davon, den Amerikanern mit einer schimmernden europäischen Wehr Konkurrenz zu machen, wollen sich Deutsche und Briten von Nato und USA nicht abkoppeln. Der Grundsatzkonflikt werde mit Formelkompromissen verkleistert, klagt die »Frankfurter Allgemeine Zeitung«, breche jedoch immer wieder auf – schon beim ersten möglichen Einsatz.

Dafür hat Chefaußenpolitiker Solana bereits im Frühjahr 2002 Mazedonien auserkoren. Dort ist eine 1000 Mann starke Friedens-

mission der Nato stationiert, die ohnehin ausschließlich mit europäischen Soldaten bestückt ist. Was läge also näher, als sie unter das
Kommando der EU zu stellen? Doch schon beginnen die Schwierigkeiten. Um die Operation »Amber Fox« in europäische Regie über-
führen zu können, müssen die Europäer mangels eigener Infrastruktur auf die Nato-Organisation zurückgreifen. Dafür muss ein
Abkommen zwischen beiden Organisationen geschlossen werden.
Doch das liegt lange auf Eis, weil sich das Nato-Land Türkei Mitsprache bei Einsätzen in seiner Interessensphäre ausbedungen hat.
Das EU-Land Griechenland will das wiederum nicht akzeptieren und
blockiert, bis beim EU-Gipfel in Kopenhagen im Dezember 2002
schließlich eine Lösung gefunden wird.

Solange das Abkommen mit der Nato fehlt, stößt Schuwirths Militärstab im Alltag immer wieder auf absurde Hindernisse. »Es gibt
keine endgültige Sicherheitsvereinbarung zwischen Nato und EU«,
klagt der General im Sommer 2002. »Wenn wir klassifizierte Nato-
Dokumente brauchen, ist das überaus mühsam.« Schuwirth darf offiziell mit den Nato-Militärs nicht mal sprechen.

Es scheinen die Kinderkrankheiten der europäischen Verteidigungspolitik. Doch das Grundproblem bleibt ein anderes. Gemessen
an ihrer Wirtschaftskraft, hätten die Europäer sehr wohl die Ressourcen, nach den USA und vor China die zweite Supermacht der
Erde zu werden. Aber wollen die Europäer das überhaupt?

Eine Umfrage des German Marshall Fund of the United States
kommt im Sommer 2002 zu einem ernüchternden Ergebnis: Zwar
möchten 91 Prozent der Franzosen, 76 Prozent der Italiener, 56 Prozent der Briten und immer noch 48 Prozent der Deutschen, dass
die EU eine »Supermacht wie die USA wird«. Doch kosten darf es
nix – denn zugleich verlangen gerade in Deutschland und Italien
besonders viele Bürger (45 Prozent in Deutschland, 52 in Italien),
die Verteidigungsaufgaben eher zu kürzen als auszuweiten. Mehr
Geld für Rüstung befürworten nur 14 Prozent der Deutschen. Kein
Politiker in Europa wird seine Wähler mit dem Versprechen mobilisieren können, er werde Milliarden in eine bessere europäische

Bewaffnung investieren – und dafür an anderer Stelle Ausgaben kürzen.

EU/USA – Das ungleiche Paar

Die Handynummer von Colin Powell hat EU-Chef-Außenpolitiker Javier Solana stets parat. Zuweilen telefonieren die beiden ein- oder sogar zweimal pro Tag miteinander. Der amerikanische Außenminister schätzt seinen Kollegen Javier. Und auch der Spanier hat noch kein böses Wort über Powell verloren. Die Zeiten, als sich der ehemalige US-Außenminister Henry Kissinger darüber beschwerte, dass die Europäer noch nicht einmal eine Telefonnummer hätten, um in dringenden Fällen erreichbar zu sein, sind vorbei. Dennoch läuft es in den Beziehungen zwischen den USA und der EU alles andere als rund.

Ein Graben scheint sich aufzutun. Der amerikanische Präsident George W. Bush erscheint Europas Bürgern als Inbegriff eines texanischen Cowboys, der lieber mit rauchenden Colts um die Welt zieht als mit dem Diplomatenkoffer. Seine »Achse des Bösen« – von Libyen über den Irak bis zu Nord-Korea – wird in Europa als eine typisch amerikanische Obsession, nicht aber als reale Bedrohung empfunden. Während 70 Prozent der Amerikaner davon überzeugt sind, dass der irakische Diktator Saddam Hussein notfalls auch mit Waffengewalt vertrieben werden muss, ist die Mehrheit der Europäer dagegen.

Ihr »intensiver Nationalismus« verleite die Amerikaner dazu, die Welt als gefährlich wahrzunehmen, glaubt Pattens rechte Hand, Anthony Cary. Erst war Russland der Angstgegner, dann China, dann Osama Bin Laden – »und als der nicht gefangen wurde, Saddam Hussein«.

Insbesondere konservative amerikanische Publizisten und Politiker mokieren sich ihrerseits über die schwächlichen Europäer. »Europäische Hoffnungen kreisen darum, irgendwie die globale Mama neben Amerikas globalem Papa zu spielen – und die maßvolle, nette Hälfte des globalen Paars abzugeben. Wenn Papa den Iran oder den Irak ohne Abendessen auf sein Zimmer schickt, möchte Mama sich die Treppe hochschleichen mit Plätzchen und Milch«, höhnt der US-Journalist und Historiker Russel Mead.

Im Sommer 2002 provoziert der in Brüssel lebende amerikanische Historiker Robert Kagan mit einem Essay in der Zeitschrift »Policy Review« heftige Diskussionen auf beiden Seiten des Atlantiks. Kagan sieht Amerikaner und Europäer als Bewohner zweier verschiedener Planeten: In strategischen Fragen seien »Amerikaner vom Mars und Europäer von der Venus«. Die Amerikaner betrachteten die Welt gerne »aufgeteilt in Gut und Böse«. Sie bevorzugten eine Politik des Zwangs, nicht der Überzeugung. Europäer beriefen sich dagegen lieber auf »internationales Recht« und multilaterale Institutionen – auch um den Preis, gegenüber Diktatoren wie Saddam Hussein zu freundlich aufzutreten.

Hinter den Vorwürfen der »Cowboy-Allüren« hier und des »Drückebergertums« dort macht Kagan tiefere Beweggründe aus. Früher hätten die europäischen Kolonialmächte ja ohne Zögern selbst zu den Mitteln ruchloser Machtpolitik gegriffen, die sie den Amerikanern heute ankreideten. Umgekehrt war es damals Washington, das eher auf Verträge und Konventionen setzte. Kagans These ist simpel: Weil die Amerikaner heutzutage als Einzige die militärischen Mittel für weltweite Interventionen hätten, seien sie auch bereit, deren Einsatz zu erwägen. Für Europäer macht das keinen Sinn. Für sie ist die Suche nach Verhandlungslösungen und globalen Verhaltensregeln die logische Konsequenz aus ihrer militärischen Handlungsunfähigkeit.

Kagan führt auch ein Argument zur Entlastung der Europäer an. Nach zwei blutigen Weltkriegen und im Windschatten des Kalten Krieges hätten sie ja auf dem eigenen Erdteil mit gewalttätiger Machtpolitik Schluss gemacht – und könnten sich nun verständlicherweise vorstellen, dieses erfolgreiche Modell der Konfliktlösung durch Kooperation zu übertragen. Die Amerikaner besäßen damit, konstatiert Kagan, »keine Erfahrung«.

Die Streitigkeiten zwischen den zu Alleingängen neigenden Amerikanern und den multilateral orientierten Europäern sind nicht auf Militärfragen beschränkt. Präsident Bush zieht ja auch die Unterstützung für den Internationalen Strafgerichtshof zurück, die Vorgänger Bill Clinton zögerlich gegeben hatte. Unter der Führung des früheren Ölindustriellen Bush steigt die Hauptverschmutzernation USA auch aus dem Kyoto-Abkommen zum Schutz der Erdatmosphäre aus. Dass die Amerikaner scheinbar mehr denn je die Todesstrafe praktizieren, empört die Europäer – immerhin ist diese barbarische Strafe für Brüssel sogar ein Grund, Beitrittskandidaten wie der Türkei die Aufnahme in die EU zu verweigern.

Zwischen den USA und der EU tue sich eine breite kulturelle Kluft auf, glaubt Außenkommissar Chris Patten. »Wir haben unterschiedliche Antworten auf die Frage, wie Demokratie, Kapitalismus und Rechtsstaat zu vereinbaren sind.« Selbst Briten fänden soziale Sicherheit deutlich wichtiger als Amerikaner.

Der politische Kurswechsel der USA seit Bush markiert einen Umbruch in den transatlantischen Beziehungen, der weit über die Außen- und Sicherheitspolitik hinausgeht. Im Kern geht es um das Ende eines hegemonialen Abhängigkeitsverhältnisses. Seit dem Ende des Kalten Krieges haben die Amerikaner in Europa als Schutzmacht gegen die Sowjetunion ausgedient. Andererseits haben sich die Europäer trotzdem nicht zu der neuen Supermacht entwickelt, die in den Prognosen eines Samuel Huntington schon dabei war, in naher Zukunft die USA herauszufordern.

Die Europäer kappten nach dem Mauerfall ihre Verteidigungsetats und kassierten die Friedensdividende. Die Amerikaner investierten auf nur leicht verringertem Niveau weiter – und scheuen nun nicht vor der Androhung weltweiter Präventivschläge gegen echte oder vermeintliche Schurkenstaaten zurück. Washington wird sich dabei von niemandem reinreden lassen, auch nicht von der Nato, in der die ewig zaudernden und zögernden Europäer mit am Tisch sitzen. Die

Allianz hat aus amerikanischer Sicht ihren Job erledigt. Nicht nur die Strategen in den großen »Think Tanks«, wie der konservativen Hoover Institution oder Brookings Institution, haben nur noch ein mildes Lächeln für die Europäer übrig. Zu schwach, zu unbedeutend, lautet das Verdikt der Washingtoner Politiker.

»Europäische Politiker mögen ja Recht haben, dass die Diplomatie in der Welt eine größere Rolle spielen sollte. Aber sie haben die Grundregel vergessen, dass Diplomatie, die auf Schwäche statt auf Stärke basiert, nicht die geringste Wirkung entfaltet. Sie bewirkt nicht mehr als das Predigen vor Menschen, die aufgehört haben, die Prediger ernst zu nehmen«, schreibt der Politologe und Mitglied am Center for Strategic and International Studies (CSIS) in Washington, Walter Laqueur. Europäische Klagen über die Washingtoner Wildwestmanier grenzen da rasch an Schizophrenie – solange die Investitionen in modernes Militärgerät ausbleiben.

Die Europäer provozieren mit ihrer Schwäche, die Amerikaner mit Hochmut. Wie US-Präsident Bush und sein Verteidigungsminister Donald Rumsfeld dem frisch im Amt bestätigten Kanzler Schröder die kalte Schulter zeigten, hat selbst in deren Heimatland viele schockiert. Bush verweigerte selbst simple Glückwünsche zur Wiederwahl. Und Rumsfelds Berater Richard Perle hatte sogar die Chuzpe, Schröder zum Gehen aufzufordern: »Es wäre das Beste, er würde zurücktreten.« Den Anti-Amerikanismus in Europa hat Washington mit solchen Ausfällen weiter gefördert. Auch der französische »Nouvel Observateur« beklagt die »beleidigende Haltung« von Rumsfeld gegenüber den Deutschen. Und der Wiener »Standard« schreibt, was viele denken: »Hier soll ein aufmüpfiger Verbündeter durch öffentliche Demütigung in die Schranken gewiesen werden und für die anderen europäischen Staaten ein Exempel statuiert werden, dass man Amerika nicht kritisieren darf.«

Die Erosion der transatlantischen Beziehungen ist ein Prozess, der sich keineswegs auf den Bereich der Außen- und Sicherheitspolitik beschränkt. Die nackten Zahlen spiegeln zwar ein rosiges Bild wider: Der bilaterale Handel und die Investitionen beiderseits des Atlantiks belaufen sich auf rund 500 Milliarden Dollar. Mehr als sechs Millionen Arbeitsplätze in den USA und der EU hängen davon ab. Doch die Wirtschaftskrise nach den Terroranschlägen vom 11. September 2001 hat die Träume vom immer währenden Wachstum und globalen Kapitalströmen zerstört. Wirtschaftlich ziehen Europäer und Amerikaner nicht mehr an einem Strang.

Der in den 90er Jahren gefeierte Turbo-Kapitalismus an der Wall Street ist zur Abzocker-Wirtschaft verkommen. Milliardenwerte wurden vernichtet durch die kriminelle Gier von Konzernbossen. Nicht nur eine Spekulationsblase ist geplatzt. An die Wand gefahren ist das Modell eines Raubtierkapitalismus. Die Europäer sind allzu lange den amerikanischen Heilsbringern der New Economy gefolgt. Da passte es ins Bild, dass man auf dem Lissaboner EU-Gipfel im Frühjahr 2001 frohgemut verkündete, innerhalb eines Jahrzehnts die USA als innovativster Wirtschaftsstandort der Welt zu überrunden – vor allem mit Hilfe von Internet und Telekommunikation. Alles Branchen, die nun in einer tiefen Krise stecken.

Dass die EU-Staaten nicht schon längst untereinander mit Währungsaufwertungen oder -abwertungen im Clinch liegen, ist der disziplinierenden Knute des Euros zu verdanken. Die Währungsunion ist gewiss ein Trumpf. Langfristig wird der Euro ein Gegengewicht zum Dollar bilden. Doch die Chancen der Währungsunion hat die EU nur unzureichend genutzt. Zu zaghaft wurden die Reformen auf wirtschaftspolitischem Gebiet in Angriff genommen. Vor allem fehlt es an einem alternativen, europäischen Modell des Kapitalismus. Jetzt, wo die Wall-Street-Propheten an ihrer eigenen Hybris gescheitert sind, herrscht auch in Europa Katerstimmung.

Beiderseits des Atlantiks ist die Versuchung groß, Märkte abzuschotten und die Liberalisierung der vergangenen Dekade zurückzunehmen. Parallelen zur Weltwirtschaftskrise von 1929 werden deutlich. Auch damals nahmen die Staaten Zuflucht im Protektionismus, schadeten sich damit freilich selbst. Denn der Welthandel ging dramatisch zurück. Noch mehr Arbeitsplätze gingen verloren. Doch solche gefährlichen Folgen kümmern die Bush-Administration nicht. Im Frühjahr 2002 verhängte die US-Regierung für ihre Stahlindustrie Schutzzölle. Präsident George W. Bush gab damit dem Druck der heimischen Stahl-Lobby und der Gewerkschaften nach. Ende August 2002 autorisierte die Welthandelsorganisation (WTO) die Europäer gar zu Vergeltungsmaßnahmen in Höhe von vier Milliarden Dollar – diesmal gegen ungerechtfertigte Steuervorteile, die Washington großen US-Konzernen wie Kodak, Microsoft, General Motors oder Boeing gewährt. Sie dürfen ihre Exporte steuerbegünstigt über Tochterfirmen in Steueroasen wie Guam, Barbados oder den Jungferninseln abwickeln – eine indirekte Subvention für etwa ein Viertel der amerikanischen Ausfuhren.

Seitdem hängt ein Handelskrieg wie ein Damoklesschwert über den transatlantischen Beziehungen. Die Gefahr wächst, dass der Protektionismus zum Flächenbrand wird. Denn auch die Europäer sind keine Unschuldsknaben. Um ihren unrentablen Bananenanbau in den ehemaligen Kolonien zu schützen, haben sie jahrelang gegen die Handelsregeln verstoßen und den Markt gegen billigere Dollar-Bananen aus Mittelamerika abgeriegelt. Zuvor hatte die WTO der EU bescheinigt, unzulässigerweise den Import von hormonbehandeltem Rindfleisch aus den USA zu blockieren.

Es herrscht Misstrauen zwischen den größten Handelsblöcken der Welt – schlechte Voraussetzungen, um aus der Wirtschaftskrise herauszukommen.

Europa macht den Abwasch

Die Amerikaner laden zum Abendessen, die Europäer machen den Abwasch – so beschreiben Spötter das ungleiche transatlantische Verhältnis. Washington trifft die Entscheidungen über Krieg und Frieden. Brüssel kommt ins Spiel, wenn verwüstete Landstriche und zerbombte Städte wieder aufgebaut werden müssen. Egal ob in Afghanistan, auf dem Balkan oder in den Palästinensergebieten – als Geldgeber sind die EU-Kommission und damit die europäischen Steuerzahler immer an vorderster Front dabei.

Das Geld kann durchaus gut angelegt sein. Solche Investitionen sind allemal billiger als neue Kriege. Doch wieder mal stellen sich die Europäer selbst ein Bein. Mit jährlich zehn Milliarden Euro für auswärtige Hilfen verwalten die beiden EU-Kommissare Chris Patten und Poul Nielson zwar einen der größten Hilfsetats der Welt. An die 6000 EU-Beschäftigte kümmern sich darum, Elend und Unterentwicklung mit Geldspritzen zu bekämpfen. Doch das Geld ist in Brüssel nicht in guten Händen. Eine fest etablierte Kultur des Missmanagements sorgt dafür, dass Hunderte Millionen Euro vergeudet werden. Die teuren EU-Hilfsprogramme mehren nicht den Ruf der Gemeinschaft – sondern verhageln ihr immer wieder mit negativen Schlagzeilen das Image. Es wisse doch jeder, pestete die britische Entwicklungshilfeministerin Clare Short im Herbst 2000, »dass die EU die schlechteste Hilfsagentur der Welt ist, die uneffizienteste, die sich am wenigsten an echter Armut orientiert, die langsamste – und dass sie Geld hinauswirft für politische Gesten statt für echte Entwicklungshilfe«.

Das Grundmuster ist immer das gleiche. Ein Land, nennen wir es Weitwegistan, ist in einer Krise. Die Minister der Mitgliedsstaaten und die Kommission beschließen ein viele Millionen schweres Hilfsprogramm – mit dem Ziel, ein politisches Signal zu setzen. Den Bedarf vor Ort hat in der Eile niemand genau geprüft. Am Reißbrett in Brüssel werden nun ambitionierte Hilfsprojekte entworfen. Weil die nicht zu den Nöten in Weitwegistan passen und weil die europäische Bürokratie bremst, fließen die Hilfsgelder jahrelang nicht ab. Sind einige Projekte am Ende trotzdem umgesetzt, interessiert in Brüssel kaum jemanden, ob das Ergebnis den Erwartungen entspricht. Werden Gelder zweckentfremdet, hat das meist keine Konsequenzen. So oder so landet ein großer Teil der Summen von vornherein in den Taschen europäischer Beratungsfirmen – die überraschend häufig ihren Sitz in Brüssel haben.

Kommissar Patten spricht die Probleme einige Monate nach Amtsantritt einigermaßen ungeschminkt an. Er prangert die unglaublichen »Verspätungen« an, die sich bei der Umsetzung der Programme eingebürgert haben. Bis zu acht Jahre dauert es häufig, bis Hilfsprogramme überhaupt anlaufen. Hilfsgelder für Kosovo-Flüchtlinge in Mazedonien kommen erst an, als die Flüchtlinge bereits in die Heimat zurückkehren. Der Hurrikan »Mitch« tötete in Honduras im Oktober 1998 um die 10000 Menschen – 250 Millionen Euro EU-Wiederaufbauhilfe begannen erst mit einem Jahr Verspätung zu fließen, weil die Kommission versäumt hatte, das Managementpersonal bereitzustellen.

Im Jahr 2000 beträgt der Rückstau nicht abgerufener Hilfsgelder sage und schreibe 20 Milliarden Euro. Der mangelnde Mittelabfluss ist typisch für ein System, in dem erst ein Topf Geld bereitgestellt wird – und erst danach die Prüfung folgt, ob es einen Bedarf und die dazugehörigen Managementkapazitäten gibt. Überproportional große Teile der EU-Hilfe fließen bis heute in die 71 so genannten AKP-Länder – und das sind nicht unbedingt die bedürftigsten. AKP steht für »Afrika, Karibik, Pazifik«. In Wahrheit ist es eine vornehme Umschreibung für die ehemaligen Kolonien vor allem von Frankreich und Großbritannien.

Der lange Vorlauf bis zur Projektumsetzung wird überdies nicht genutzt, um die Vorhaben besser vorzubereiten. Tatsächlich litte gerade europäische Hilfspolitik häufig unter »schlechter Projektqualität«, bemängelt Patten in seiner ersten Bestandsaufnahme. Die Gründe, die er ausmacht, sind eigentlich allen bekannt, doch die Kommission ist ihnen allzu lange ausgewichen. Der Brite nennt »unklare und zersplitterte Verantwortlichkeiten in der Kommission, deutlichen Personalmangel und überkomplexe Verwaltungsprozeduren«. In fast 50 verschiedenen Verwaltungsausschüssen mischen sich überdies Vertreter der Mitgliedsstaaten in Entscheidungen über »einzelne Projekte« ein – immer mit dem Ziel, die Umsetzung von Hilfsprojekten Firmen aus dem eigenen Land zuzuschustern.

Der Kommissar, der in seinem Leben schon einiges gesehen hat, macht in der Kommissionsbürokratie für ihn erstaunliche Entdeckungen: »Selbst Routineentscheidungen können mehr als 30 Unterschriften erfordern.« Was Patten nicht sagt: Am von ihm beklagten Mangel von 1300 Mitarbeitern ist die Kommission selbst schuld – denn zum Zeitpunkt seiner kritischen Bilanz sind sage und schreibe 1800 Stellen in der Kommission unbesetzt, Folge der jämmerlich organisierten Brüsseler Personalpolitik.

Bodo Hombachs Lektionen

Trotzdem bricht Pattens Zustandsbericht mit einigen Brüsseler Tabus – wenn auch nur für kurze Zeit. Patten versucht es mit einigen Reformen – aber das Eigengewicht der Bürokratie ist stark. Davon kann Bodo Hombach ein Lied singen. Zweieinhalb Jahre verbringt der deutsche Sozialdemokrat als europäischer Beauftragter für den Balkan-Stabilitätspakt in Brüssel. Dort lernt er zwei Dinge fürs Leben: erstens routiniertes Englisch. Zweitens die Wahrheit über die Eurokratie. »Man nannte mich immer wieder EU-Koordinator«, belustigt sich der massige Politiker. Völlig falsch – denn »Teile der EU-Bürokratie wollten gar nicht koordiniert werden.«

Im Januar 2001 ging der Sozialdemokrat zurück nach Deutschland, als Geschäftsführer der WAZ-Zeitungsgruppe. Auf seine Zeit in Brüssel blickt er mit einer Mischung aus Wut und Belustigung zurück. Vier Monate brauchte die Kommission allein, um ihm ein Faxgerät zu stellen. Jahre wird es dauern, bis Hilfsprojekte endlich verwirklicht sind, die die Brüsseler Administration umsetzen sollte. »Wenn Europa scheitert«, lautet Hombachs Lehre, »dann nicht an mangelndem politischen Willen oder fehlender politischer Einsicht, sondern nur an der Ineffizienz der Apparate.«

Hombach und seinem 35-köpfigen Stab gelang es, weit über 200

Projekte anzuschieben. Als er im Dezember 2001 geht, hat er einiges getan – und trotzdem bleibt vieles unvollendet. In Mazedonien stauen sich bei Hombachs Abschied weiter die LKWs vor dem Übergang an der Grenze zum Kosovo. Der Ausbau des Checkpoints Blace und die Verbreiterung der Straße, »das hatte allerhöchste Priorität«, erinnert sich Hombach. Schon im März 2000 kündigte Kommissar Patten den sofortigen Baubeginn an. Im Winter darauf fährt Hombach hin und stellt fest: Fertig sind nur Teilprojekte der US-Amerikaner und der Portugiesen. Im April 2001 preist Patten von Brüssel aus den »fortgeschrittenen Grad der Fertigstellung«. In Wahrheit haben die Bauarbeiten für neue Zollgebäude und mehr Fahrspuren bis Ende 2001 nicht begonnen. Die Mazedonier hatten vergessen, rechtzeitig alle Grundstückseigentümer ausfindig zu machen – und die Kommission schaut offenbar monatelang einfach zu.

Brüsseler Beamte seien nicht ins Gelingen verliebt, ärgert sich der deutsche Sozialdemokrat – »für viele ist das Problem schon gelöst, wenn man die Arbeit einstellen kann, weil der andere einen Fehler gemacht hat«. Das organisatorische Versagen der Brüsseler Bürokratie hat in Hombachs Sicht unmittelbare politische Konsequenzen. Wo die EU schon militärisch kein nennenswertes Gewicht habe, könnte sie ihre ökonomische Stärke ausspielen. »Wenn die EU außenpolitisch eine große Rolle spielen will, geht das nur nach dem Konditionalitätsprinzip: Wenn du dich gut verhältst, wirst du belohnt.« Doch wen kann es zu Wohlverhalten verlocken, wenn zugesagte EU-Hilfe frühestens dem Amtsnachfolger zugute kommt? »Man könnte den lieben Gott zum Präsidenten der EU-Kommission machen«, spottet Hombach am Ende bitter. »Das würde nur dazu führen, dass die Erschaffung der Welt nicht mehr sechs Tage, sondern acht Jahre braucht.«

Wo Milliarden verpuffen

Zwei von der Kommission selbst bestellte Evaluationsberichte der EU-Hilfe für Albanien und Mazedonien bestätigen im Herbst 2001 Hombachs Befund im Detail. Experten der Londoner Firma Development Strategies (DS) stellen der Brüsseler Balkanpolitik ein vernichtendes Zeugnis aus. Die Mittel – allein im Untersuchungszeitraum um die 500 Millionen Euro – seien weitgehend verpufft, der Effekt »sehr unbedeutend«.

Missmanagement praktizierten die Brüsseler Aufbauhelfer demnach bereits bei der Aufstellung der Programme. Die Prioritäten wurden unter »Anweisung hoher Beamter« am grünen Tisch in Brüssel festgelegt, Ortskundige kaum angehört. Den Konflikt zwischen albanischen und slawischen Mazedoniern, der das Land an den Rand des Krieges trieb, entdeckte die Kommission erst, als er offen ausgebrochen war – ungefähr zeitgleich mit allen Fernsehzuschauern Europas. Schlimmer noch: In Mazedonien spendierte die Brüsseler Behörde jährlich etwa 50 Millionen Euro – aber ohne jede ausgearbeitete Strategie. »In Kommissionsdokumenten wird auf den Entwurf einer Länderstrategie aus dem Jahr 1996 verwiesen«, schreiben die Prüfer. »Kommissionsbeamte informierten uns jedoch, dass ein derartiges Papier nicht existiert.«

Straßenprojekte in Albanien verzögerten sich unnötig, weil man bei der Planung nicht rechtzeitig an nötige Grundstücksenteignungen gedacht hatte. Vorzeitig schloss die Kommission Verträge für den Bau von vier Straßen – obwohl die EU-Beamten genau wussten, dass die Albanier den Zeitplan nicht einhalten konnten. Doch die Kommission wollte Gelder ausgeben, bevor sie verfielen. Das »Image der EU in Albanien« wurde durch das Missmanagement beschädigt, konstatieren die Prüfer. Ihr deprimierendes Fazit: Besser, die EU überwiese das Geld direkt den Albanern, als es selbst auszugeben. Der bettelarme Balkanstaat sei eher in der Lage, das Geld wirksam zu investieren, als die mächtige Brüsseler Bürokratie.

Die »übertriebene Auftragsvergabe an Beraterfirmen« stößt den Prüfern ebenfalls kritisch auf. Für deren Dienste werde viel zu bereitwillig gezahlt, stellen die Prüfer fest. »Mit wenigen Ausnahmen war die Leistung von Beraterfirmen in EU-Projekten extrem schwach«, konstatieren sie. »Vertragspartner mit schlechter Leistung hatten oft bereits auf anderen Gebieten oder in anderen Ländern schlechte Arbeit abgeliefert und wurden trotzdem ausgewählt.« Die Kommissionsbeamten kümmere das nicht: »Es gab kaum den Willen oder die Fähigkeit, die Qualität der Beraterfirmen zu kontrollieren.«

Eine merkwürdige Kombination aus »zeitraubenden und komplizierten Verwaltungsprozeduren« sowie schwachen Kontrollen sorge dafür, dass die Gelder im Schneckentempo abfließen und trotzdem allzu oft schlecht investiert werden, schreiben die Balkan-Evaluatoren. Mit dieser Kritik stehen sie nicht allein. »Die Kommission hat sich nicht auf Ergebnisse konzentriert – das heißt Armutsbekämpfung –, sondern auf die Einhaltung von Verwaltungsprozeduren und die Auszahlung von Geldern«, attestieren externe Prüfer bereits im Jahr 1998 der EU-Entwicklungshilfe. Der Interne Auditdienst (IAS) der Kommission kommt Ende 2001 zu dem gleichen Ergebnis: Ergebnisse scheinen allzu viele der mit Außenhilfe befassten Kommissionsbeamten nicht zu interessieren – was zählt, ist die penible Befolgung archaischer Prozeduren. Übergroße Personalfluktuation führe dazu, dass Mitarbeiter »über Stellen surfen, bevor das Projekt beendet ist«. Einzelne Bedienstete seien nur für so kurze Zeitabschnitte verantwortlich, »dass sich die Frage nach der Verantwortung nicht stellen lässt«.

Die Bürokratie genügt sich selbst – und massiver Schlendrian ist weit verbreitet. Die Beamten hätten wichtige Unterlagen schlicht »nicht lokalisieren« können, beklagen die Prüfer wiederholt. »Die Kommissionszentrale sollte ihre Systeme so verbessern, dass für die Programme wichtige Dokumente komplett und korrekt registriert sind«, empfehlen die Berater. Eigentlich sollte das eine Selbstverständlichkeit sein.

Was bitter fehlt, sind begleitende Kontrollen und Audits der Ergebnisse. Gibt es sie, werden die Schlussfolgerungen allzu rasch ignoriert. Die »Fähigkeit, aus Fehlern zu lernen«, sei sehr gering. Kommissionsbeamte in der Delegation in Tirana taten ihre Pflicht und spürten verbreitete Unregelmäßigkeiten mit EU-Geldern auf – aber die Hinweise wurden von der Kommissionszentrale nicht ernst genommen. Anstatt Lob ernteten die in Albanien stationierten Beamten Ärger mit ihren Vorgesetzten – der Streit führte sogar zum »Zusammenbruch der Beziehungen zwischen der Kommission in Brüssel und der Delegation«, heißt es in dem Prüfbericht.

Eigentlich gehört der Kampf gegen den Betrug in den Empfängerländern zu den obersten Prioritäten von Entwicklungshelfern. Denn Korruption führt nicht nur zu Geldverschwendung und in der Folge zu Unwillen bei den Steuerzahlern in den Geberländern. Auch in den Empfängerländern unterminieren solche Praktiken Vertrauen in die Politik und schädigen damit das Fundament jeder Demokratie.

Die EU-Kommission hat diese Lektion bis heute nicht gelernt. Noch immer spielt sie Korruptionsvorwürfe nur allzu gern herunter. Selbst wenn sich die Anschuldigungen als richtig erweisen, sind Konsequenzen selten. Ende 2000 kritisierte der Rechnungshof, dass von geprüften 40 Millionen Euro Entwicklungshilfe sage und schreibe 36 Prozent »nicht förderfähig« waren. Ein Jahr später mahnte der Rechnungshof die Kommission ab: Offenbar habe die Behörde »Schwierigkeiten«, aus den Prüfberichten Konsequenzen zu ziehen. So zögerten die Beamten monatelang, ehe sie versuchten, das Geld wieder einzuziehen.

An der Elfenbeinküste unterschlug das örtliche Gesundheitsministerium 27,4 Millionen Euro – ein Viertel eines Investitionsprogramms für das Gesundheitswesen. Der Trick: Die Ministerialien bezahlten weit überhöhte Preise für Einfachgegenstände. Stethoskope schafften die Ministerialen für 250 Euro pro Stück an – in Abidjan kosten sie sonst gut 12 Euro. Petroleumlampen bezahlte die Regierung mit 80 Euro – im Laden um die Ecke kosteten sie

4,50 Euro. Wo blieb das Geld? Laut »taz« ließ sich die Ehefrau des Gesundheitsministers in ihrem Heimatort eine Luxusvilla bauen.

Ein auch mit EU-Vertretern besetztes Kontrollkomitee habe ja nie Einwände erhoben, verteidigte sich die Regierung. Eigentlich hätte die Kommission nun gegen ihre Beamten in der Vertretung in Abidjan Disziplinarverfahren einleiten müssen, findet der Europaabgeordnete und Haushaltskontrolleur Freddy Blak. Doch die EU-Beamten kamen ungestraft davon. Blaks Fazit: »Es interessiert sie nicht, was mit dem Geld passiert.«

Zumal ein Großteil der Hilfsanstrengungen durch den EU-Protektionismus konterkariert wird. Gerade für die Güter, mit denen Dritte-Welt-Länder konkurrieren könnten – Agrarprodukte und Textilien –, sind die Einfuhrbarrieren der Gemeinschaft besonders hoch. Hohe EU-Einfuhrzölle für Reis, Zucker und Bananen verdarben bis vor kurzem selbst den Ärmsten der Armen das Exportgeschäft. Jetzt endlich will die EU ihre Märkte für sie öffnen – aber nur in Trippelschritten. Der EU-Markt für Zucker soll erst im Jahr 2009 vollständig für die ärmsten Länder der Erde entsperrt werden. Für Schwellenländer wie Brasilien oder Thailand bleibt er ganz blockiert. Nach Indien exportiert die EU sogar selbst mehr Zucker, als sie von dort einführt. Dabei »wächst Zuckerrohr in den Tropen viel billiger und besser«, sagt Nicholas Stern von der Weltbank. Trotzdem subventioniert Brüssel bis heute den Zuckerexport – etwa in den Nahen Osten und nach Afrika. Ohne das EU-Zuckerregime könnten Brasilien, Thailand, Kuba und das südliche Afrika ihre Exporte um mehrere Millionen Tonnen steigern. Lateinamerika würde nach Modellrechnungen der Ökonomen Hubbard und Borrell seine Fleischexporte – gäbe es nicht die EU-Agrarpolitik – um 63,5 Prozent erhöhen. Afrika und die ärmeren Teile Asiens hätten die Chance, ihre Exporte von Milchprodukten mit 91,5 Prozent sogar fast zu verdoppeln.

Schockiert lernt EU-Entwicklungskommissar Poul Nielson im Sommer 2002 bei einem Besuch in der Dominikanischen Republik, wie die Europäer ihre eigene Entwicklungshilfe unterminieren. Während die EU 23 Millionen Euro für die Förderung der Milchproduktion zahlt, ruinieren subventionierte EU-Milchpulverexporte die Arbeit der lokalen Farmer. »Was wir durch das EU-Förderprogramm gewonnen haben, ging durch den Bankrott vieler Bauern infolge des unfairen Wettbewerbs durch EU-subventioniertes Milchpulver verloren. 20 000 Farmer mussten ihre Produktion einstellen«, sagt Projektleiter David Cueto der dänischen Zeitung »Jyllands-Posten«. Nielsons Kommentar: »Man sollte sich fragen, ob das irgendjemandem dient.«

Niemand sperrt sich übrigens so sehr gegen mehr Öffnung wie die Franzosen – dabei führen Pariser Politiker besonders gerne blumige Anti-Globalisierungsrhetorik im Mund. Die britische Entwicklungshilfeministerin Claire Short hat dafür einen wütenden Kommentar: »Frankreich und die EU haben sich verschworen, um Afrika in Armut zu halten. Und zugleich predigt die EU den Freihandel.«

Reformen bleiben stecken

Und Pattens Reform? Der Europäische Rechnungshof lobt zwar im November 2002 »zahlreiche positive Entwicklungen« – doch die hätten »noch nicht die erhofften Verbesserungen erbracht«. Wie eh und je kümmert sich die Kommission zu wenig um die Ergebnisse ihrer Hilfszahlungen. So hätten Pattens Beamte einfach nicht genug Personal für Prüfungen »zugewiesen«. Auch im Fall der Hilfe für Albanien und Mazedonien kamen die Prüfer zu einem ernüchternden Ergebnis. Demnach werden die Hilfsprogramme auch unter der neuen Führung »nicht besser« umgesetzt. Neue Vorhaben würden in Brüssel noch ehrgeiziger konzipiert. Sie seien damit »noch weiter entfernt von der Realität« – und ziemlich sicher zum Scheitern verurteilt.

Patten hat eine klare Priorität: Er will so rasch wie möglich den 20-Milliarden-Rückstau nicht abgerufener Hilfsgelder auflösen. Man gehe mit den Subventionen weiterhin allzu sorglos um, beklagt darauf im November 2001 der Interne Prüfdienst der Kommission: »Der Fokus ist immer noch zu stark auf Umfang und Geschwindigkeit.«

Der Chef des EU-Hilfsamts Aidco, Giorgio Bonacci, empfindet das freilich gar »nicht notwendigerweise als Kritik« – sondern als Kompliment. Sein Amt sei »sehr unter Druck, rasch die Geschwindigkeit zu erhöhen«, argumentiert der italienische Beamte. Zugleich versuche man, »schrittweise die Qualität zu verbessern«. Der Balkan-Experte Jonathan Portes ist skeptisch. Die »jüngsten Erfahrungen zeigten, dass höhere Auszahlungen von Hilfsgeldern oft begleitet wurden von einer weiter verschlechterten Umsetzung«, sagt er der Wochenzeitung »European Voice«.

Um die Projektqualität zu erhöhen, will Patten dezentralisieren. Die so genannten Delegationen – Botschaften – der EU-Kommission sollen künftig stärker für das Management von Entwicklungshilfeprogrammen zuständig sein. Schließlich wissen die Beamten vor Ort am besten, was gebraucht wird und wo der Schuh drückt.

Das klingt vernünftig, aber wieder spielt die alltägliche Brüsseler Desorganisation den Reformern einen Streich. Es fehle an Vorbereitung und Training für die Beamten, die jetzt in großer Zahl in die Ferne geschickt würden, warnt im November 2001 der Interne Prüfdienst. Keinesfalls dürfe man vergessen, dass die Delegationen in einem »korruptionsanfälligen Umfeld« arbeiten – »mit relativ viel Geld« im Koffer und »ständigem Druck« aus Brüssel und von den Empfängerländern, das Geld auszugeben.

Genau das scheint in Pristina im Kosovo zu passieren. In der von der Uno verwalteten ehemaligen serbischen Provinz arbeitet Pattens Vorzeigebüro: die Agentur für den Wiederaufbau des Kosovo. Deren Chefs erregen die Bewunderung von Patten und seiner Kollegin Schreyer, weil sie die bürokratischen Hürden bei Auszahlungen stark reduziert haben und das Geld darum rascher beim Empfänger landet.

Aber wieder gibt es Klagen, dass die EU an den Resultaten ihrer Subsidien zu wenig interessiert ist. Die Qualitätskontrolle nach der

Vergabe von Verträgen sei »mehr als schlampig«, sagt ein Uno-Mann. Da fördert die EU den Weinbau – aber vergisst offenbar, auch die Weiterverarbeitung der Trauben zu finanzieren.

Im April 2002 erschüttern Schlagzeilen den Kosovo. Die UN-Verwaltung gibt bekannt, dass in der Provinz 4,2 Millionen Dollar an westlichen Hilfsgeldern verschwunden sind – Gelder, die zum Ankauf von Strom vorgesehen waren. Einige Zeit später sichern Fahnder unter der Ägide des Betrugsbekämpfungsamts Olaf 3,2 Millionen auf einem Bankkonto in Gibraltar. Ein deutscher Energieingenieur stellt sich im Dezember 2002 der Polizei in Bochum. Der 36-jährige Mann, der als Aufsichtsratschef der lokalen Energieversorgung arbeitete, soll die Gelder fehlgeleitet haben.

Dass die Kommission von früheren Fehlern lerne und endlich eine »Atmosphäre der offenen Debatte« schaffe, sei »entscheidend« für Pattens Erfolg, schreiben im Herbst 2001 die Prüfer, die für den Kommissar die Balkanhilfe analysiert haben. Doch Kritik gilt den Beamten nach wie vor als unziemlich. Sie werfen den Evaluatoren vor, ihr Mandat überschritten zu haben. Unzulässigerweise hätten die Evaluatoren auch »die mögliche Existenz von Unregelmäßigkeiten« angesprochen.

Mit dem Aufrichten von Tabus schaden die Funktionäre freilich sich selbst – und ihrer eigenen Behörde. Solange das alltägliche Brüsseler Missmanagement kein Ende hat, werden die Mitgliedsstaaten der Kommission kaum zusätzliche Kompetenzen in der Außenpolitik geben – und zwar ganz zu Recht.

12 ROMANOS NEUES KAISERREICH

> »Das erste Mal seit dem Fall des Römischen Reichs
> haben wir die Chance, Europa zu vereinigen.«
> Kommissionspräsident Romano Prodi

Osterweiterung – wie ein sinnvolles Projekt von Missmanagement und Egoismus bedroht wird. Wie Brüssel die Kosten der Erweiterung herunterspielt. Schummeln bei der Reifeprüfung – wie die Zeugnisse der Kandidaten verhübscht werden. Zehn neue Mitglieder auf einen Schlag – wie ein »Big Bang« die EU zu sprengen droht

Hinter Lempice ist die Welt zu Ende. Zuerst geht die geteerte Straße in einen schlammigen Feldweg über. Dann kommt eine Kuhweide. Dahinter beginnt der Wald. Er dehnt sich über fast 100 Kilometer bis an die weißrussische Grenze aus. Das ist die Welt der Lempickis – eine typische polnische Bauernfamilie. Sesshaft, zäh und bodenständig. Ihre Vorfahren, die hier zwischen Sumpf, Heide und Wald siedelten, hatten einst dem 100-Seelen-Dorf den Namen gegeben. »Wir sind stolz auf unser Dorf. Alles haben wir uns mit eigenen Händen erarbeitet«, sagt Senior Stanislaw Lempicki. Auf den ersten Blick eine Idylle wie aus dem Bilderbuch.

Aber sie täuscht. Die Familie Lempicki hat es nicht leicht gehabt. Während der Besetzung durch die Nazis wurden die Dorfbewohner von den deutschen Besatzungstruppen drangsaliert. Das Vernichtungslager Treblinka, in dem SS-Schergen die europäischen Juden in die Gaskammern schickten, ist nur eine halbe Autostunde entfernt. Die einst blühende jüdische Kultur in Ostpolen wurde brutal ausgelöscht. Für die Lempickis und ihre Nachbarn wurde das Leben nach 1945 nicht viel besser. Die Sowjets kamen. Wie die anderen osteuropäischen Staaten wurde auch Polen zum Trabanten Moskaus. Eine europäische Tragödie, die auch im Dorf Lempice Spuren hinterlassen hat.

Mit Tränen in den Augen erzählt Stanislaw Lempicki von einem Erlebnis, das er mehr als 50 Jahre später noch immer als Trauma empfindet. 1946 durchsuchten sowjetische Soldaten sein Elternhaus. Sie waren auf der Suche nach polnischen Partisanen, die sich nach dem Krieg in den nahen Wäldern versteckt hielten – Widerständler, die für ein unabhängiges Polen kämpften. Die Sowjets verschleppten Stanislaws Schwester. Der Vater wurde festgenommen und auf der Polizeistation so grausam misshandelt, dass er an den Folgen der Verletzungen starb. Das Haus wurde von der Soldateska abgefackelt. Für Lempicki war fortan alles tabu, was in Moskau an Heilslehren für die Menschheit erfunden worden war. Die Familie kämpfte darum, weiter selbständig Landwirtschaft betreiben zu können, trotzte der kommunistischen Regierung. Und schaffte es. Geblieben ist ein tiefes Misstrauen – gegen Bevormundung von außen.

Jetzt greift eine neue anonyme Macht in ihr Leben ein. Und die heißt Brüssel. Es geht um Milchquoten, Garantiepreise und Zuckerverordnungen, die von einer fernen Bürokratie bestimmt werden. Polen soll vom Jahre 2004 an Mitglied der EU sein. Das Land mit seinen 38 Millionen Einwohnern steht vor der einschneidendsten Veränderung seit dem Ende der kommunistischen Diktatur. Doch Lempicki sieht die Zukunft nicht so optimistisch wie die Bürokraten in Brüssel. »50 Jahre haben wir unter kommunistischer Knechtschaft gelitten. Und jetzt werden die in Brüssel uns wieder unsere Rechte wegnehmen«, sagt er mit zittriger Stimme.

Die Dürre in den Sommern der vergangenen Jahre hat die kleinen polnischen Bauern hart getroffen. Die ohnehin kargen Erträge gingen noch weiter zurück. Die Woiwodschaft Podlaskie, zu der auch das Dorf Lempice gehört, ist eine der ärmsten Regionen Europas. Fast jeder Dritte in der Gebietshauptstadt Bialystok ist arbeitslos. Für die Menschen in Lempice sind die smarten Neureichen in Warschau, Posen und Stettin ebenso exotisch wie die Eurokraten Brüssels. Ein Viertel der Landbevölkerung Polens, rund 3,5 Millionen Menschen, lebt unter dem Existenzminimum. Jeder Zweite der über drei Millionen Arbeitslosen wohnt auf dem Dorf.

Seit dem 30. Januar 2002 haben sich die Sorgen der Familie Lempicki noch vergrößert. An diesem Tag legte die EU-Kommission ihre Vorschläge über die künftigen Agrarhilfen für die neuen Mitgliedsländer vor. Die osteuropäischen Landwirte sollen zunächst nur ein Viertel dessen erhalten, was ihre vergleichsweise reichen Kollegen im Westen kassieren. Erst nach einer Übergangszeit von zehn Jahren will Brüssel die vollen Sätze an die armen Vettern im Osten zahlen.

Die so genannten Direktbeihilfen sind eine der ungezählten Absurditäten des EU-Agrarsystems: Mit der EU-Agrarreform von 1992 wurden die Garantiepreise für viele Produkte gesenkt. Doch in konsequenter Anwendung des Grundsatzes, dass freier Wettbewerb auf dem Agrarmarkt nicht stattfinden darf, hat man damals einen finanziellen Ausgleich erfunden – direkte Einkommenszuschüsse. Für die Neuen reicht das Geld allerdings nicht.

Was in den Amtsstuben im 1600 Kilometer entfernten Brüssel ersonnen wurde, hat Lempicki zwar noch nicht im Detail kapiert. Doch eines meint er schon genau zu wissen: Von der EU droht Schlimmes für ihn und seine Familie. »Wie sollen wir überleben, wenn die Reichen noch reicher und die Armen mit Brosamen abgespeist werden?«, schimpft der Landwirt. Dass diese Reichen seine Konkurrenz sind, sieht er bei seinen seltenen Einkaufsfahrten zum Supermarkt. Dort stehen seit einiger Zeit Joghurt, Milch, Butter und Käse aus Westeuropa in den Regalen. Die Erzeuger wirtschaften, von der Brüsseler Agrarbehörde hoch subventioniert, in Deutschland, Frankreich und den Niederlanden. Ihre Produkte sind bei den Polen beliebt. So schmeckt der Fortschritt. Joghurt, Milch, Käse – das alles wird auch auf Lempickis Hof hergestellt. Aber eben viel zu unproduktiv und mit museumsreifer Technik.

17 Hektar hat der Hof der Familie. Damit haben die Lempickis sogar mehr Grundbesitz als die meisten anderen Betriebe. Doch große Sprünge sind nicht drin. Der Stall schützt nur notdürftig gegen den kalten Ostwind im Winter. Das Mauerwerk ist rissig. Das Dach müsste dringend repariert werden. Von einer automatischen Melkanlage kann Lempicki nur träumen. Der Traktor der Marke Ursus hat mehr als zwei Jahrzehnte auf den abgefahrenen Reifen. Mit 20 000 Złoty Jahreseinkommen – das sind etwa 5000 Euro – müssen die Lempickis über die Runden kommen. Rund ein Viertel der Einnahmen stammt aus der kleinen staatlichen Rente, die Opa Stanislaw bezieht. Davon müssen sechs Menschen ernährt werden. Denn auch Sohn Romuald, seine Frau Joanna und zwei Enkelkinder leben auf dem Hof.

In Warschau sitzt Landwirtschaftsminister Jaroslaw Kalinowski an einem Februartag 2002 in seinem kargen Büro und zeigt Ratlosigkeit. »Man kann unsere Kleinbauern nicht einfach aus der Statistik streichen, auch wenn es die EU gerne hätte«, poltert Kalinowski, dass sein mächtiger Schnauzbart zittert. Mit seinen kräftigen Händen traktiert er den Schreibtisch, als könnte er die Lösung herbeitrommeln. Der schwerfällige Mann war selbst mal Landwirt. Nun mimt er den Archetypus eines Bauernführers. Aber seine Doppelrolle als Vorsitzender der mit regierenden Bauernpartei und Landwirtschaftsminister fällt ihm sichtlich schwer. Er hat sich vorgenommen, in Brüssel dafür zu sorgen, dass seine Landsleute nicht zu den Verlierern der EU-Erweiterung gehören. Zu Hause wird er freilich misstrauisch beäugt. Unter seiner Klientel wächst der Unmut über Europa. Und Kalinowski weiß, dass aus Unmut schnell Wut werden kann. Im Sommer 2003 stimmen die Polen über den Beitritt ihres Landes zur EU ab. Dann wird über die Zukunft des Landes vor allem auf den Dörfern entschieden.

1,8 Millionen landwirtschaftliche Betriebe hat Polen. 60 Prozent von dem, was sie produzieren, kommt noch nicht einmal auf den

Markt. Viele sind reine Selbstversorger: ein Hund, ein Schwein, ein Dutzend Hühner und ein Mini-Acker von der Größe eines Fußballfeldes. 20,5 Prozent der Beschäftigten quälen sich in Polen immer noch in der Landwirtschaft ab – in den 15 EU-Staaten sind es gerade mal fünf Prozent. Nur jeder Fünfte der bäuerlichen Betriebe habe gegen die hoch gerüstete EU-Agrarindustrie eine Chance, glaubt man in Warschau.

Längst hat der Verteilungskampf um die EU-Subventionen begonnen. Ohne Umschweife räumen hohe Regierungsbeamte in Warschau ein, dass Polen künftig ebenso forsch die segensreichen Euros einfordern wird wie bisher schon Spanien. Und die Madrider Regierenden sind in Brüssel für ihr beinhartes Auftreten bekannt.

Wie ein »Big Bang« die EU erschüttert

Die EU steht vor der größten Erweiterungsrunde ihrer Geschichte. Noch niemals zuvor sind so viele Staaten mit einem Schlag in die Union aufgenommen werden. Vor der Tür stehen Polen, Ungarn, Tschechien, Slowakei, Slowenien, Litauen, Lettland, Estland, Malta und Zypern. In Brüssel spricht man vom »Big Bang« – einem großen Knall, der das politische Gesicht Europas verändern wird. Zwischen Atlantik und Bug entsteht ein Koloss: 23 Prozent mehr Fläche und 20 Prozent mehr Bevölkerung wird die große EU künftig haben. Kommen die beiden Nachzügler Rumänien und Bulgarien eines Tages dazu, werden in der EU fast eine halbe Milliarde Menschen leben. Europa wird bunter und vielfältiger, aber auch die Unterschiede zwischen Arm und Reich werden dramatisch wachsen.

Die neuen osteuropäischen EU-Staaten erreichen im Durchschnitt nur etwa 45 Prozent der Wirtschaftskraft der alten 15er-Gemeinschaft. Das macht die Brisanz künftiger Verteilungskämpfe deutlich: Die armen Vettern im Osten wollen an die Fleischtöpfe Brüssels. Sie wollen keine EU-Mitglieder zweiter Klasse sein. Entsprechend groß sind die Erwartungen. Es geht um viel Geld, aber auch um Macht und Einfluss. Wer soll künftig über das Riesenreich bestimmen?

Gar kein Zweifel, die Gemeinschaft kann die Länder Osteuropas nicht der Tür verweisen. Gegen ihren Willen blieben Polen, Tschechen oder Ungarn jahrzehntelang hinter dem Eisernen Vorhang abgeriegelt und mussten zuschauen, wie die Westeuropäer an ihrer Einigung arbeiteten. Gerade die Deutschen profitieren von dem größeren Wirtschaftsraum und von der Stabilisierung der jungen Demokratien östlich von Oder und Bayerischem Wald. Doch es gibt auch viele Fragen. Wie kann eine derart aufgeblähte Gemeinschaft entscheidungsfähig bleiben? Und sind die neuen Mitgliedsländer wirklich bereit, große Stücke ihrer Souveränität an die Gemeinschaftsinstitutionen in Brüssel abzugeben? Dominiert nicht bei ihnen viel eher die Angst, dass die Zentrale in Brüssel unter neuen Vorzeichen das darstellt, was früher der Kreml in Moskau war?

Die Erweiterung ist ein Projekt mit einer ungeheuren Dimension. Treten zehn neue Mitgliedsstaaten bei, dann heißt das auch: In Brüssel wächst die Zahl der Kommissare auf 25. Zehn zusätzliche Minister und Dutzende zusätzliche Beamte bevölkern die Sitzungen des Rates. Neun weitere Amtssprachen schaffen Bedarf für Tausende neue Dolmetscher und Übersetzer – von den nötigen Sitzungssälen und 4000 zusätzlichen Kommissionsbeschäftigten ganz zu schweigen.

Die Erweiterung sei unausweichlich – aber sie werde die Gemeinschaft an den Rand des »Auseinanderbrechens« bringen, sagt der Münchner Politikwissenschaftler und EU-Experte Josef Janning voraus. »Die Probleme, die der Beitritt von zehn Staaten mit sich bringt, wurden verheimlicht«, glaubt selbst der ehemalige EU-Kommissar Karel van Miert. Noch im Jahr 2000 hatte Luxemburgs Premier Jean-Claude Juncker in einem »stern«-Interview offen gewarnt: »Wer glaubt, wir könnten in einem Jahr den Beitritt von zehn Ländern verdauen, der überschätzt die Leistungsfähigkeit der EU.« Jetzt mag auch er das Großprojekt nicht mehr infrage stellen.

Auf den Bühnen der pompösen EU-Gipfel scheint noch alles in bester Ordnung zu sein. Die EU feiert sich selbst und die Erweiterung. Der Kreis schließt sich geradezu symbolhaft: von Kopenhagen bis Kopenhagen. Im Jahre 1993 sprachen die EU-Staats- und -Regierungschefs in der dänischen Hauptstadt die Einladung an die Osteuropäer aus. Allerdings nicht, ohne die Aspiranten auf harte Kriterien aufmerksam zu machen: Wir nehmen euch nur auf, wenn Marktwirtschaft und Demokratie funktionieren.

Neun Jahre später treffen sich die Staats- und Regierungschefs wieder zum Gipfel in der Ostseemetropole – und am Ende des zweitägigen Treffens haben zehn Bewerber die begehrte Eintrittskarte in der Tasche.

Zunächst freilich balgen sich die Regierungschefs aus West und Ost so ausdauernd um Strukturfonds und Milchquoten, dass im Schloss der dänischen Königin Margrethe das feierliche Abendessen ausfällt. Der gedeckte Tisch bleibt unberührt, während die Polen höhere Beihilfen für ihre Bauern durchsetzen. Tschechien lässt sich die Bezeichnung »Budweiser Bier« als Herkunftsname schützen. Und die Esten dürfen fünf Jahre lang weiter die in der EU eigentlich geschützten Luchse jagen.

Doch schließlich steht das Verhandlungspaket – und die Politiker überschlagen sich mit der Beschwörung des historischen Momentes. Schließlich habe man hier nicht weniger als die Wiedervereinigung Europas besiegelt. »Das war ein großer Tag für Europa, und weil es ein großer Tag für Europa war, war es auch ein großer Tag für Deutschland«, hämmert Kanzler Schröder den Journalisten ein. Der polnische Premierminister Leszek Miller, perfekt gescheitelt wie ein braver Schulbub, dankt vor 20 TV-Kameras sogar Papst Johannes Paul II. in Rom – an diesem »historischen Tag«. Und tatsächlich: Es geht ja nicht um die Verabschiedung einer Altautoverordnung oder einer x-beliebigen Mehrwertsteuerrichtlinie. Vielmehr wird die politische Vision der Gründungsväter der EWG aus den 50er Jahren Wirklichkeit: In Europa wächst zusammen, was jahrzehntelang durch den Eisernen Vorhang getrennt war.

Nur: Ebenso wie die Euphorie steigt auch die Nervosität. EU-Strategen in Brüssel, aber auch Beamte in den Staatskanzleien der Mitgliedsstaaten beschleicht ein mulmiges Gefühl. Immerhin ist die Erweiterung das teuerste Projekt, das die EU jemals schultern musste. Trotzdem tut die Kommission so, als sei es aus der Portokasse zu finanzieren. Unablässig verbreitet Erweiterungskommissar Verheugen Optimismus: »Es bestand nie und es besteht kein finanzielles Risiko bei der Osterweiterung«, behauptet er. Die Erweiterung werde »sehr billig«, assistiert Haushaltskommissarin Michaele Schreyer und verweist dabei auf die in der Tat bescheidenen Anschubzahlungen, die die Neumitglieder bis 2006 erhalten: insgesamt netto etwa 25 Milliarden für drei Jahre. Genauso gut könnte man freilich jemand ein Auto auf Pump verkaufen, mit billigen Jahresraten in den ersten drei Jahren locken und verschweigen, dass die Zahlungen danach dramatisch wachsen. Tatsächlich sagen alle seriösen Ökonomen einen deutlichen Anstieg der Erweiterungskosten ab 2007 voraus. Darum gelingt es Schreyer nicht einmal, ihren grünen Parteifreund Daniel Cohn-Bendit zu überzeugen. Den erinnern die Feierlichkeiten in Kopenhagen »an die deutsche Wiedervereinigung.« Damals, so der grüne Europaabgeordnete, »sprachen auch alle von dem historischen Ereignis«. Und wie damals bei der Vereinigung würden die Kosten der Osterweiterung »weit unterschätzt«.

Im Bundeskanzleramt haben Experten der Europaabteilung pingelig nachgerechnet: Ohne eine Reform der Agrar- und Strukturpolitik droht Deutschland eine dramatische Erhöhung der Nettozahlungen. Statt etwa sieben Milliarden Euro müsste Berlin künftig bis zu 17 Milliarden Euro in die Gemeinschaftskasse zahlen.

Wie die Zeugnisse verhübscht werden

Hat sich die Gemeinschaft vielleicht doch übernommen? Ist das Jahrhundertprojekt Erweiterung mit heißer Nadel gestrickt worden? Kein Zweifel – die Erweiterung ist eine große Chance. Kommissionspräsident Prodi hält sie gar für ein Jahrtausendereignis. »Das erste Mal seit dem Fall des Römischen Reichs haben wir die Chance, Europa zu vereinigen«, tönt er. Angesichts der historischen Dimension mag der Italiener sich mit Details der Aufnahmebedingungen nicht allzu lang aufhalten. »Wenn wir es dabei nicht schaffen, dass eins plus eins auch mal drei oder vier sein kann, machen wir einen schweren Fehler«, erklärt der Präsident schon kurz nach Amtsantritt im »Spiegel«.

Die Worte des Chefs sind Programm: Was das große Projekt behindern kann, ist für die Brüsseler Superbehörde tabu. Prodis Mann fürs Grobe ist der deutsche EU-Kommissar Günter Verheugen. Zäh und hartnäckig hat er das ungeheure Vorhaben durchgesetzt. 80 000 Seiten Paragraphen mussten seine Beitrittskandidaten abzeichnen – den Acquis Communautaire, die Sammlung von Richtlinien und Verordnungen, die jedes EU-Mitglied befolgen muss.

Doch je näher das Zieldatum rückt, desto größer wird scheinbar die Neigung, zur Not beide Augen zuzudrücken. Habe ein Land bis 2002 »die Bedingungen nicht voll erfüllt, wird die Kommission es nicht zur Aufnahme empfehlen«, tönt Verheugen noch im Januar 2002. Ende des Jahres hat er den Kurs gewechselt: Sein Reifezeugnis enthalte »ein gewisses prognostisches Element«, räumt der Sozialdemokrat nun ein. Soll heißen: Man hofft, dass die Neumitglieder bis zum endgültigen Beitritt im Jahr 2004 so kräftig nacharbeiten, dass sie dann hoffentlich die Kriterien erfüllen – was jetzt eindeutig noch nicht der Fall ist.

Im Dezember 2001 muss sich Verheugen des Verdachts erwehren, einen Bericht über die Lage in der Slowakei frisiert zu haben. In seinem so genannten Fortschrittsbericht zitiert der Kommissar einen Rechnungshofbericht aus Bratislava, der »zu dem Schluss« komme, es gebe im Zusammenhang mit einer Affäre um EU-Gelder in der Slowakei »keinen Beweis für Betrug oder Missbrauch«. Lediglich »institutionelle Schwächen und Mängel beim Management« der Brüsseler Subventionen habe man feststellen können. Kurz darauf gerät Verheugen in Erklärungsnot – denn tatsächlich finden sich in dem internen Bericht keine der zitierten verharmlosenden Aussagen. Vielmehr zählen die slowakischen Rechnungsprüfer eine Vielzahl von »Unregelmäßigkeiten« auf.

Die Klagen über den »Verheugen-Terror« sind in Brüssel nicht zu überhören. Der Kommissar schließe die Augen vor den Fakten, klagen Fachleute hinter vorgehaltener Hand. Besonders dramatisch ist der Rückstand Polens beim sensiblen Thema der Lebensmittelsicherheit. Gerade mal 38 der 405 polnischen Molkereibetriebe erfüllen Ende 2002 die EU-Standards – nur 18 mehr als zwei Jahre zuvor. Von den etwa 2000 Schlachtbetrieben in dem Land an der Weichsel arbeiten schlappe 60 im Einklang mit den Brüsseler Normen. Zum Beitrittsdatum muss die Regierung sage und schreibe 1700 Schlachthöfe schließen, weil die nicht modernisierbar sind. Brüsseler Experten zweifeln, ob Warschau dafür den Mut aufbringt. Im offiziellen Gemeinsamen Standpunkt der EU zu den Beitrittsverhandlungen vom September 2002 wird darum vor dem Risiko gewarnt, dass hygienisch ungenügende Lebensmittel »in betrügerischer Weise« auf den gemeinsamen EU-Markt gelangen.

Der Kommissar hält Bedenken trotzdem für das »Gequatsche von einzelnen Beamten« – er könne das »nicht mehr ernst nehmen«. Doch selbst der Brüsseler Interne Auditdienst warnt Ende 2001 intern, aber ganz offiziell vor dem »Risiko«, dass der Zeitplan ernster genommen würde als der Vorbereitungsgrad der Kandidatenländer. Es sei »beunruhigend«, wie wenig sich die Kommission darum kümmere, ob die Osteuropäer überhaupt in der Lage seien, die bald fließenden Milliardensubventionen aus Brüssel ordnungsgemäß zu verwalten.

Die Erblast der Planwirtschaft

Vor allem die wirtschaftliche Leistungskraft der künftigen Mitglieder lässt zu wünschen übrig. Mit Ausnahme von Slowenien, Malta und Zypern sind deren Volkswirtschaften noch zu schwach, um dem knallharten Wettbewerb im EU-Binnenmarkt standzuhalten, glauben viele Experten. »Es wird im Durchschnitt mindestens 20 Jahre dauern, bis die zehn neuen Mitgliedsstaaten das Wohlstandsniveau der alten EU erreicht haben«, glaubt EU-Währungskommissar Pedro Solbes. Für Polen rechnen seine Fachleute mit 33 Jahren, für Tschechien mit 15 und für Ungarn immerhin noch mit 11. Nur die Slowenen könnten in ein bis zwei Jahren den Anschluss schaffen. »Der Aufholprozess ist nicht einfach durch einen Endspurt zu schaffen. Notwendig ist ein nachhaltiges wirtschaftliches Wachstum!«, heißt es in einem Solbes-Dossier. Die Beamten des Währungskommissars weisen noch auf ein weiteres gravierendes Problem hin: Als die südeuropäischen Länder Griechenland, Spanien und Portugal in den 80er Jahren zur EU stießen, hatten sie bereits eine wettbewerbsfähige Marktwirtschaft. Dagegen haben die Osteuropäer viel schlechtere Startbedingungen, weil ihre Ökonomien immer noch mit den Erblasten der alten Planwirtschaft zu kämpfen haben.

Für die Osteuropäer bahnen sich weitere Schwierigkeiten an: Der weltweite Konjunktureinbruch macht den Kandidaten schwer zu schaffen. Noch in den 90er Jahren boomten Polen, Ungarn und Tschechien – mit traumhaften Wachstumsraten von bis zu sechs Prozent jährlich. Besonders Polen galt als das Wirtschaftswunderland par excellence. Doch dann folgte das böse Erwachen. 2001 und 2002 erreichte das Wirschaftswachstum nur noch jeweils weniger als ein Prozent. Mittlerweile ist das größte Beitrittsland zum Sorgenkind geworden. Die Arbeitslosigkeit ist auf 19 Prozent gestiegen. Die Staatsverschuldung hat dramatisch zugenommen. Das ehrgeizige Privatisierungsprogramm ist ins Stocken geraten. Für die alten

Staatsbetriebe der Kohle- und Stahlbranche interessiert sich kein ausländischer Investor. Ehemalige Kombinatsdirektoren, die nach wie vor in den Unternehmensleitungen vertreten sind, schanzen sich nach alter Manier Pfründe und Posten zu. »Es ist in den vergangenen Jahren viel versäumt worden«, räumte Polens Ex-Finanzminister Marek Belka ein. Nach nur acht Monaten Amtszeit warf er im Sommer 2002 das Handtuch. Belka wollte vor allem die maroden Staatsfinanzen sanieren. Doch er hatte zu wenig Rückhalt in der Regierung.

Nicht nur in Polen sehnen sich die vom postsozialistischen Kapitalismus enttäuschten Menschen zurück nach den alten Zeiten. Von der Ostsee bis zum Schwarzen Meer machen nationalistische Parteien und Gruppierungen gegen den EU-Beitritt mobil. Die mehrheitlich links orientierten Regierungen stecken in einem Dilemma. Einerseits müssen sie ihre Wähler durch soziale Versprechungen bei Laune halten. Groß ist die Versuchung, unrentable Staatsbetriebe mit Subventionen über Wasser zu halten. Ineffiziente Strukturen werden zementiert. Andererseits sollen die Volkswirtschaften für die Erweiterung fit gemacht werden.

Korruption grassiert

Aber nicht nur mit dem Umbau der Wirtschaft sind die Beitrittsländer überfordert. Auch die Reform der Verwaltungen kommt nicht voran. In den Behörden grassieren Korruption und Vetternwirtschaft. Erfahrene Anwälte, die deutsche Unternehmen in den osteuropäischen Staaten vertreten, berichten von chaotischen Zuständen. So sei es beispielsweise in Polen üblich, selbst Amtsrichter zu schmieren. Und Verwaltungsbeamte halten bei West-Investoren sowieso gern die Hand auf, um dadurch ihre schlechte Bezahlung aufzubessern. »Wer da nicht mitmacht, kann auf Baugenehmigungen und Firmeneintragungen lange warten«, so der Anwalt einer großen süddeutschen Sozietät, die Mandanten in Osteuropa vertritt. Durch Anhebung der Dienstbezüge von Richtern, Justizangestellten und anderem Verwaltungspersonal habe sich die Regierung bemüht, einen der Korruptionsfaktoren auszuschalten, heißt es in Verheugens »Fortschrittsbericht« 2001. Das ist hübsch verklausuliert.

Die Politiker in den Beitrittsländern selbst sind da ehrlicher. In Warschau macht Innenminister Krzysztof Janik offenherzig »die Mentalität des polnischen Volkes« als »größte Hürde« bei der Korruptionsbekämpfung aus. Während Verheugen die Probleme am liebsten nicht wahrhaben will, gibt die polnische Regierung offen zu, dass das Land auf der Korruptionsskala der Organisation »Transparency International« seit 1996 von Jahr zu Jahr zurückfällt – genauso wie übrigens Nachbar Tschechien. Inzwischen sind beide Länder gleichauf mit Brasilien und Marokko.

In Tschechien sind es im März 2002 die örtlichen Handelskammern von Deutschland, Frankreich, Großbritannien, den Niederlanden und Schweden, die öffentlich Alarm schlagen. Korruption sei so weit verbreitet, dass es für Mittelständler schwer sei, sich in dem Land zu etablieren, beklagen die im »Euro-Czech Forum« zusammengeschlossenen Unternehmensvertreter. »Ohne Bestechung oder persönliche Beziehungen« sei es nicht einmal möglich, eine Firma zügig ins Handelsregister eintragen zu lassen.

»Firmen aus dem Westen überschütten das EU-Parlament mit Beschwerden über Korruption und fehlende Rechtssicherheit«, sagt der CSU-Abgeordnete Joachim Würmeling. Er kommt als Berichterstatter für den Rechtsausschuss des Europaparlaments im April 2002 zu einem ernüchternden Ergebnis. Verwaltungs- und Justizbehörde »einiger Beitrittsländer« seien noch nicht in der Lage, die EU-Gesetze umzusetzen und damit die Beitrittskriterien »zu erfüllen«.

Wie die lettische Mafia agiert

Ein typischer Problemfall ist Lettland, ein Miniland im Baltikum mit rund 2,4 Millionen Einwohnern, darunter fast 800 000 Russen. Ohne den Widerstandswillen des lettischen Volkes gegen die sowjetische Vorherrschaft wäre Europa nicht dort, wo es heute ist. Nur: Die Letten haben seit ihrer Unabhängigkeit im Jahre 1991 auch erfahren müssen, dass aus einer Planwirtschaft nicht zwangsläufig eine funktionierende Marktwirtschaft entsteht. Rund ein Drittel des Sozialprodukts werde im so genannten informellen Sektor erwirtschaftet, schätzen EU-Diplomaten vor Ort.

Andris Vike, wie sein Vater und Großvater Friseurmeister in der Hauptstadt Riga, glaubt nicht mehr daran, dass er sich eines Tages seinen Traum von seinem eigenen Salon erfüllen kann: »Meine Kollegen, die versucht haben, einen kleinen Laden aufzumachen, stehen ständig unter Druck. Jede Woche wird abkassiert.« Obwohl er in der winzigen Küche seiner eigenen Plattenbauwohnung sitzt, schaut er sich ängstlich um. Eigentlich darf er so etwas gar nicht laut sagen. Vike hat Angst. Mafiose und kriminelle Organisationen beherrschen große Teile der lettischen Wirtschaft.

Sogar einfache Handwerker und mittelständische Betriebe werden zu Schutzgeldzahlungen erpresst. Auf offener Straße beobachtet man Szenen wie in billigen Actionstreifen. Die Erpresser fahren in schwarzen Mercedeslimousinen mit abgedunkelten Scheiben vor. Wenn sie Geschäfte und Bürohäuser betreten, haben sie Ray-Ban-Sonnenbrillen im Gesicht und Pitbulls an der Leine. Die EU-Vertretung in Riga hat ihre Mitarbeiter angewiesen, in einem der größten Hotels der Stadt nicht mehr per Kreditkarte zu zahlen. Das Haus gilt als Hochburg von Scheckkartenbetrügern. Ausländische Investoren kennen diese Hindernisse auch. Die »Mafiakosten« beliefen sich auf gut zehn Prozent der Erlöse, berichtet ein deutscher Firmenvertreter.

Der »Spiegel« zitiert eine Einschätzung der Weltbank, wonach in Lettland das Phänomen der »State capture« eingetreten sei – der

Staat werde erobert von der Mafia. Ein paar Clans hätten undurchsichtigen Einfluss auf Wirtschaft und Politik und könnten sich Gesetze bei der Regierung bestellen, beispielsweise über die Platzierung von Seilschaften, über Parteienfinanzierung und Abgeordnetenbestechung. Bei »Transparency International« landet Lettland im Jahr 2002 auf Platz 52 – noch hinter Ghana.

Die von Verheugen vorgelegten »Fortschrittsberichte« verniedlichen diese Probleme. So gibt der Bericht von 2001 zwar verschämt zu, dass das »Korruptionsniveau in Lettland immer noch relativ hoch ist«. Das genaue Ausmaß lasse sich jedoch nicht quantifizieren, schreiben die Autoren vorsichtig. Wie Verheugens Beamte aber dazu kommen, Lettland im gleichen Atemzug eine »funktionierende Marktwirtschaft« zu bescheinigen, bleibt ein Rätsel.

Gewiss: Auch in den alten EU-Staaten sind Korruption und Bestechung verbreitet. Das fängt bei kleinen Freundschaftsdiensten windiger PR-Berater für Minister an und endet bei Millionen-Schmiergeldern für öffentliche Bauaufträge und Waffengeschäfte. Der Unterschied ist allerdings, dass es in den meisten osteuropäischen Ländern keine funktionierende Justiz gibt, die die kriminellen Machenschaften verfolgt.

Der Club der Egomanen

Auf Haushaltskommissarin Michaele Schreyer lässt EU-Kommissionspräsident Romano Prodi nichts kommen. Die oberste Sparerin knausere mit jedem Euro, erzählt der Präsident stolz. Als Machthaberin über das fast 100 Milliarden schwere EU-Budget hat sie kapiert, worauf es in Brüssel ankommt: den EU-Tanker auf Erweiterungskurs zu halten – koste es, was es wolle. Das gleicht allerdings einer Fahrt durch ein gefährliches Riff. Die grüne Politikerin kann nur wählen zwischen Skorbut und Meuterei an Bord. Berücksichtigt sie die Forderungen der neuen EU-Mitglieder nach gleichberechtigten Finanzhilfen, müsste sie unverzüglich den Offenbarungseid für das Unternehmen EU leisten. Folgt sie dagegen den rigiden Sparappellen der EU-Finanzminister, nimmt sie in Kauf, dass die Wohlstandslücke zwischen Ost und West erhalten bleibt. Trotzdem behauptet Schreyer tapfer, der Kommission sei mit ihren Vorschlägen zur Erweiterung die Quadratur des Kreises gelungen.

In Wahrheit haben sich die Brüsseler Unterhändler aus dem Dilemma mit einem faulen Kompromiss herausgewunden: Man gibt den Aspiranten nur einen Bruchteil dessen, was ihnen eigentlich zusteht. Dagegen dürfen die saturierten Alteuropäer weiter ihre Subventionen einstreichen. In den drei Jahren bis 2006 bekommt Polen netto zusammengenommen etwa 6,4 Milliarden Euro aus Brüssel. Das ist weniger als der jährliche Nettozufluss von 7,7 Milliarden, den das etwa gleich große, aber deutlich reichere Spanien einsackt. Eigentlich war das zu erwarten. Es wollte nur keiner wahrhaben. Bereits auf dem Berliner EU-Gipfel 1999 hat sich die Union die Erweiterung mit einer Lüge erkauft. Das Projekt sollte ohne eine grundlegende Reform der Agrar- und Strukturpolitik vorangetrieben werden.

Von den Ausgaben in Höhe von insgesamt 86 Milliarden Euro, welche die »Agenda 2000« bis zum Jahr 2006 vorsieht, sind für die Beitrittskandidaten schlappe zehn Prozent reserviert. Diese bescheidene Summe entspricht weniger als einem Viertel dessen, was die 15er-Union in dem siebenjährigen Zeitraum für die Agrarpolitik im Westen ausgibt. Solidarität mit dem Osten hört dort auf, wo's ums Geld geht: Landwirtschaftliche Direkthilfen hatten die EU-Strategen auf dem Berliner Gipfel zunächst völlig ausgeklammert. Sie packte schlicht die Angst vor einer unkalkulierbaren Kostenlawine: Denn die Erweiterung führt mit einem Schlage zu einer Verdoppelung der in der Landwirtschaft beschäftigten Menschen in der EU.

Schamvoll beschloss die Kommission Anfang 2002, den Bauern aus den osteuropäischen Staaten immerhin einen kleinen Schritt entgegenzukommen. Sie sollen nun ein Viertel von dem erhalten, was ihre Kollegen in Deutschland oder Frankreich aus den EU-Töpfen kriegen. Und ab dem Jahr 2013 soll es für die Osteuropäer dann sogar 100 Prozent des von der Agrarproduktion abgekoppelten EU-Gehalts geben, verspricht Brüssel. Typisch EU: Unbequeme Entscheidungen werden zunächst ein paar Jahre hinausgeschoben. In der Hoffnung, dass sich alles zum Besseren wendet.

Der Vorschlag hatte freilich einen PR-trächtigen Charme: Die EU brauchte angeblich ihren geltenden Finanzrahmen bis 2006 nicht zu ändern. Der Nachteil des am grünen Tisch ausbaldowerten Plans: Europa betreibt künftig eine »Zwei-Klassen-Agrarpolitik«. Die armen Ost-Verwandten werden möglichst billig abgefertigt. Einschnitte im Westen werden vertagt.

Aber solche schönen Projekte ändern nichts am Wettbewerbsnachteil von Lempicki und Co. Denn wenn Milch-, Getreide- und Fleischpreise aufgrund der West-Konkurrenz sinken, schmälert das die ohnehin kargen Einkommen der osteuropäischen Bauern noch weiter. Westwaren überschwemmen noch flotter die Märkte. Für die Einheimischen gibt es keinerlei Ausgleich. Die EU beginnt die Erweiterung also mit einer politischen Zeitbombe. Um die Privilegien ihrer eigenen Bauernklientel zu sichern, nimmt sie eine soziale Spaltung der Gemeinschaft in Kauf.

Experten wie dem EU-Agrarkommissar Franz Fischler fällt dazu auch nicht viel ein. Er beruft sich auf die überirdischen Kräfte: »Die Frage nach der Gerechtigkeit konnte ja schon die Bibel nicht beantworten. Und die Kommission hat beileibe keine göttliche Fähigkeit«, redete sich der Österreicher heraus. So jonglieren die EU-Politiker mit Milliarden, hantieren an den Stellschrauben der Budgetplanungen und kommen doch immer zu dem simplen Ergebnis, das jeder Familienvater kennt: Werden an einem Ende Euros abgeknapst, fehlen sie an anderer Stelle.

Doch diese Argumente zählen nicht. Stattdessen herrscht Hauen und Stechen – auch bei der Verteilung der so genannten Struktur- und Kohäsionsfonds. Mit diesen Geldern, die rund ein Drittel des EU-Haushalts ausmachen, unterstützt die EU ärmere Regionen.

Nutznießer sind zurzeit vor allem Griechenland, Spanien und Portugal sowie Irland, aber beispielsweise auch die neuen Bundesländer. Gebaut werden Autobahnen, Kläranlagen, Staudämme und Brükken. Kein Wunder, dass nicht nur in Warschau, sondern auch in Prag und Budapest schon lange Wunschlisten in Arbeit sind. Das ist recht, aber das Gegenteil von billig. Folglich ist nun die Furcht unter den Alt-Mitgliedern groß, dass die armen Cousins aus dem Osten die Kasse leeren könnten.

Die höchsten Fördergelder erhalten die so genannten Ziel-1-Regionen, in denen das durchschnittliche Inlandsprodukt pro Kopf unter 75 Prozent des EU-Durchschnitts liegt. Stoßen die Neuen dazu, werden Dresden, Halle und Magdeburg, aber beispielsweise auch Asturien in Spanien und die portugiesische Algarve Opfer eines statistischen Effekts: Verglichen mit Armutsregionen wie Ostpolen und der Hohen Tatra, rücken sie in der Wohlstandsskala nach oben – und rutschen aus der Förderung heraus. Bisher sind die alten EU-Mitglieder freilich ihrem Ruf als Egoisten gerecht geworden: Die Neuen sollen erst mal bis 2006 warten, bevor ihnen der volle Zugriff auf die Subventionen gestattet wird. Dabei besteht kein Zweifel, dass Polen und andere auf der vollen finanziellen Gleichbehandlung bestehen werden, sobald sie erst mal mit am Tisch sitzen und mit einem Veto drohen können.

Forscher des Instituts der deutschen Wirtschaft (IW) in Köln warnen vor einer politischen und sozialen Zeitbombe. »Mit der Erweiterung der Union wird sich das ökonomische Performancegefälle erheblich vergrößern. Die daraus entstehenden potenziellen Verteilungskonflikte werden die europäische Kohäsionspolitik stark belasten«, heißt es in einer 2002 veröffentlichten Studie. Gemessen an den Einwohnerzahlen des Jahres 1999, leben in den zwölf Kandidatenländern fast 100 Millionen Menschen, deren Einkommen weniger als 75 Prozent des EU-Durchschnitts erreicht – die also eigentlich Anspruch auf die Ziel-1-Förderung hätten. Nach den Berechnungen des IW ergibt sich ein Betrag von 21,6 Milliarden Euro jährlich. Dieser würde sich zwar wegen einer geltenden Kappungsgrenze für die Strukturfonds – ein EU-Mitglied darf nicht mehr als vier Prozent seines Bruttoinlandsprodukts an Hilfen aus Brüssel erhalten – auf 12,9 Milliarden Euro reduzieren. Doch dieser Betrag ist immer noch so erheblich, dass derzeit niemand weiß, woher das Geld kommen soll.

Die EU-Politiker unterliegen einem kollektiven Verdrängungsprozess: Während Dutzende Beamte an haushaltspolitischen Notlösungen bis zum Jahre 2006 herumdoktern, werden die langfristigen Kosten und Risiken der Erweiterung verdrängt. Und als ob sie nichts aus den Fehlern des Wiedervereinigers Helmut Kohl gelernt hätte, steuert die EU auf eine fatale Erweiterungslüge zu. Es würde die »Enttäuschung programmieren«, wer den Bürgern jetzt den »Nulltarif« verspricht und dieses Versprechen dann nicht einhält, warnt Dresdner-Bank-Chefvolkswirt Klaus Friedrich.

Europas Bauherren werkeln an einem Haus, von dem sie keinen Plan haben, wie teuer es eines Tages werden wird. Der geltende Finanzrahmen reicht gerade mal für das Hochziehen der Seitenwände. Solange freilich das Dach fehlt, wird die größer gewordene EU-Familie im Regen stehen. Bis 2006 können die Ausgaben wegen der strikten Vorgaben der Agenda 2000 noch unter Kontrolle gehalten werden. In der neuen Finanzierungsperiode 2007 bis 2013 werden die Kosten für die EU allen Prognosen zufolge lawinenartig zunehmen. Erstens schlägt dann die schrittweise Erhöhung der Agrardirekthilfen zu Buche. Zweitens klettern die Ausgaben für die Strukturfonds in immense Höhen. Diese Mittel werden nämlich in Abhängigkeit zur Entwicklung des Bruttosozialprodukts gezahlt. Wächst die Wirtschaftskraft der neuen Mitglieder, haben diese auch mehr Anspruch auf Hilfen – zumindest auf dem Papier. Wolfgang Quaisser vom Osteuropa-Institut München sieht denn auch hier die größten Risiken für die Erweiterungskosten: »Wenn die Ausgaben für die Strukturpolitik im gleichen Maße wie das Bruttosozialprodukt steigen, wird dies zu einer Kostenexplosion führen«, warnt der EU-Fachmann. Im Klartext: Die Gemeinschaft wird sich dann von ihrem eisern eingehaltenen Grundsatz, dass die EU-Beiträge nicht mehr als 1,27 Prozent des Bruttosozialprodukts der Mitgliedsstaaten betragen dürfen, verabschieden müssen. Und das bedeutet: Wir alle müssen tiefer in die Tasche greifen.

Im Jahr 2013 – wenn die Neumitglieder laut Plan in den vollen Genuss der Agrarsubventionen kommen sowie Rumänien und Bulgarien beigetreten sind – dürfte sich die jährliche Belastung auf 40 Milliarden Euro belaufen, schätzt Quaisser. Das alles unter der Voraussetzung, dass die großen EU-Ausgabenprogramme nicht grundlegend reformiert werden – was eine realistische Annahme ist. Sogar Kommissar Verheugen gibt zu, dass die bisher in der EU-15 stets gescheiterten Reformen mit 25 Mitgliedern am Tisch »nicht einfacher werden«.

Beim Brüsseler EU-Gipfel im Oktober 2002 einigten sich Kanzler Schröder und Frankreichs Präsident Chirac zwar schlagzeilenträchtig auf eine so genannte Obergrenze der Agrardirektzahlungen. Doch geschickt bestimmte Chirac die Modalitäten so, dass selbst unterhalb dieser Obergrenze die Bauern in den alten Mitgliedsstaaten nicht »nennenswert« auf Subsidien werden verzichten müssen, ermittelte das Deutsche Institut für Wirtschaftsforschung (DIW). Vor allem der in Brüssel beschlossene »Inflationsausgleich« wird dafür sorgen, dass der gesamte Kuchen jedes Jahr um ein Prozent wächst – die Kosten trägt der Steuerzahler.

Doch in der Kommission gibt es keine fundierten Szenarien und Berechnungen, die über das Jahr 2006 hinausgehen. Nach uns die Sintflut, heißt das Motto. Besteht da eventuell ein Zusammenhang mit der Amtszeit von Prodi und seinem Team, die ohnehin nur bis 2005 amtieren? Denn jedem ist klar, dass nicht die Erweiterungsinitiatoren, sondern deren Nachfolger sich mit den zukünftigen Problemen werden herumschlagen müssen.

Angesichts solcher Anwürfe hat Budgetkommissarin Michaele Schreyer stets ein einfaches Argument parat: Deutschland sei neben Österreich »der größte Erweiterungsgewinner«. Damit hat die Grünen-Politikerin Recht – aber sie sagt trotzdem nicht die volle Wahrheit. Gewiss, Deutschland profitiert enorm – doch das gelte dank der

Grenzöffnung bereits jetzt und sei damit »schon gelaufen«, sagt Rüdiger Pohl, Präsident des Instituts für Wirtschaftsforschung in Halle. Im Umkehrschluss heißt das: Der pure Beitritt von Ländern wie Tschechien oder Polen spült dem Finanzminister in Berlin erst mal keine neuen Einnahmen in die Kasse – bedeutet aber sehr wohl höhere Kosten. Und weil Deutschland in der Tat sowohl wirtschaftlich wie politisch der Hauptprofiteur der Erweiterung ist, zögern Länder wie Spanien oder Frankreich nicht, sich mit aller Gewalt gegen Einsparungen zu ihren Ungunsten zu stemmen.

Zum Nulltarif ist die Erweiterung also nicht zu haben. Anders als für das Gewinnerland Deutschland sei die rein finanzielle Bilanz der Erweiterung für die Gesamt-EU in der Tat negativ, rechnet Wirtschaftsforscher Quaisser vor: Der Preis des Projekts sei um etwa 15 Milliarden Euro pro Jahr höher als der Wohlstandsgewinn durch den größeren Markt. »Die Kosten der Osterweiterung werden die EU an den Rand ihrer finanziellen Solidität bringen«, glaubt Quaisser.

Um das drohende Finanzdesaster abzuwenden, hat die EU nur eine Möglichkeit: Sie müsste sich vom Subventionswahnsinn der Agrar- und Strukturpolitik verabschieden. Aber das heißt radikale Kappung, nicht nur für die Armen im Osten, sondern auch für die Subventionsempfänger im Westen. Und die werden das nicht so leicht hinnehmen, denn sie haben sich an die Überweisungen längst so gewöhnt wie an Strom, der aus der Steckdose kommt.

EU-Fördergelder in dunklen Kanälen

In dem slowakischen Dorf Zohor, nördlich der Hauptstadt Bratislava, hat sich die EU ein Denkmal gesetzt. Dort steht eine Kläranlage, die selbst verwöhnte Kommunalpolitiker aus dem Westen vor Neid blass werden ließe. So stehen die Klärbecken nicht etwa unter freiem Himmel, sondern sind in einem massiven Haus untergebracht.

Die Innenwände des Fäkalienpalastes sind mit Holz vertäfelt, das Dach hübsch mit Ziegeln gedeckt. Das alles finanzierte die EU mit 613 000 Euro. »Wir haben nicht eine Krone mehr ausgegeben als nötig«, versichert Bürgermeisterin Lubica Havranová. Tatsächlich ist das Klärwerk eine offenkundige Fehlkonstruktion. Zwei Jahre nach Inbetriebnahme wölben sich viele Bretter bereits faulig. Trotzdem sind zwei Jahre nach Inbetriebnahme 40 Prozent der 3500 Bewohner nicht angeschlossen – darunter die Roma, die in einer schäbigen Hüttensiedlung direkt neben dem Klärwerk leben.

Zohor ist eines von vielen fragwürdigen Projekten, die in der Amtszeit des slowakischen Spitzenbeamten Roland Toth zustande kamen. Jahrelang war er der Hauptverantwortliche für das Verteilen der EU-Millionen in der Slowakei – und hatte dabei offenbar ziemlich viele Freiheiten. Am 12. März 2001 schreibt seine Ehefrau einen kompromittierenden Brief an Toths Vorgesetzte. Ihr Gatte habe Aufträge Firmen zugeschanzt, in denen er selbst heimlich Teilhaber sei, behauptet Zuzana Tothova. Die Vorwürfe scheinen Hand und Fuß zu haben, denn zwei Tage später nimmt Toth seinen Hut. Um die 50 Millionen Euro – fast die Hälfte der jährlichen EU-Förderung von über 100 Millionen – seien womöglich verschwunden, schreiben slowakische Zeitungen. Doch die Kommission in Brüssel reagiert erst mit wochenlanger Verspätung. Kurzzeitig sperrt Verheugen die Förderung. Doch schon lange bevor die slowakische Polizei und das EU-Betrugsbekämpfungsamt Olaf ihre Untersuchung beendet haben, ist sich der Kommissar »sicher«, dass »kein EU-Geld verschwunden ist«.

Monate später findet die slowakische Polizei in der Tat »keinen Beweis« für Straftaten – doch das klingt nicht sehr überzeugend. Denn zugleich bestätigt der Untersuchungsbericht, dass Toth ein Haus bewohnt und auf eigene Kosten ausbaut, das einer von ihm begünstigten Firma gehört. Seine Frau arbeitete für das Unternehmen. Ihr Mann sei Miteigentümer, behauptet sie. Doch Toth macht glauben, er habe mit der Firma nichts zu tun.

Noch mehr Zweifel an Verheugens verharmlosenden Worten weckt ein interner Untersuchungsbericht des EU-Betrugsbekämp-

fungsamts Olaf vom 12. Juli 2002. Toths bekanntes Vermögen sei
»mehr als 200-mal so groß« wie sein Einkommen als Beamter zwischen 1996 und 2001, schreiben die Ermittler. Woher kam das Geld?
Nach slowakischem Recht sei Toth »nicht verpflichtet, die Quelle
seines Vermögens offen zu legen«, notieren die Olaf-Leute resignie-
rend.

Die in der Slowakei herrschende »Bargeldkultur« verkomplizierte
es zusätzlich, Geldflüssen nachzugehen – seine Auslandsreisen bezahlte Toth cash. Olaf registrierte in der Karpatenrepublik überdies
eine »verbreitete Zurückhaltung, mit Ermittlungsbehörden zusammenzuarbeiten und ihnen zu trauen«.

Der slowakischen Polizei gelang es nicht einmal, »den tatsächlichen Wohnort« des verdächtigen Ex-Funktionärs zu ermitteln. Warum nicht? »Herr Toth wurde von Personen unterstützt, die zu einem professionellen Sicherheitsdienst zu gehören schienen und die
ihm halfen, der Beschattung durch die Polizei zu entgehen«. Wahrlich ein vertrauenswürdiger Zeitgenosse.

Was die Prüfer auf alle Fälle ausmachen konnten, war eine
»Hochrisikostruktur für Korruption«: Niemand, der EU-Förderung
für ein Projekt wollte, kam an dem ehemaligen Spitzenbeamten vorbei. Dass er dafür Bakschisch verlangte, ist nicht bewiesen – war aus
Sicht der Olaf-Ermittler aber gut »möglich«. Nur den EU-Beamten,
die die Fördertöpfe verwalteten, fiel diese Risikostruktur offenbar
nie auf.

Auch der slowakische Rechnungshof findet eine Vielzahl von Unregelmäßigkeiten: fehlende Unterlagen, Regelbruch, Fälle von »Interessenkonflikt«. Warum Projekte ausgewählt und warum andere
verworfen wurden, ist anhand der Akten nicht klar zu erkennen.
Viele Entscheidungen fielen offenbar im vertraulichen Gespräch
zwischen Toth und dem zuständigen Beamten in der Kommission.
»Die Verhandlungen in Brüssel wurden stets zwischen denselben
zwei Personen geführt«, notiert die slowakische Polizei. Protokolle
dieser Treffen findet sie nicht. Auffällig häufig bekommen Brüsseler
Beratungsfirmen Aufträge aus dem slowakischen EU-Topf – und

geben Unteraufträge an Toth nahe stehende Firmen weiter. Es müsse auch untersucht werden, ob Kommissionsbeamte verwickelt sind, verlangt die slowakische Europaministerin Mária Kadlecíková. Doch Olaf-Chef Brüner sieht dafür offenbar keinen Anlass.

Der Fall macht deutlich, wo es beim Kommissionsmanagement hapert: Bis zu einer kürzlich umgesetzten Reform fielen die Entscheidungen in der Brüsseler Zentrale. Die EU-Vertretungen hatten wenig zu sagen. Dabei sind die Beamten vor Ort oft weitaus sachkundiger und darum kritischer als ihre Vorgesetzten im EU-Hauptquartier. In Bratislava müssen sie immer wieder unkorrekte Ausschreibungen annullieren und für Fair Play im Umgang mit dem Millionensegen aus Brüssel sorgen – vorausgesetzt, die Unregelmäßigkeiten fallen überhaupt auf. Und in der Slowakei wird ohnehin vieles nicht so genau genommen: Bis heute ähnelt das Land einer Art Wildwestdemokratie. Der amtierende Präsident glaubt allen Ernstes, er werde von seinen Gegnern vergiftet. Unter dem linkspopulistischen Premier Meciar explodierten Autos kritischer Journalisten, und der Sohn des damaligen Präsidenten wurde von Geheimdienstleuten entführt.

»Wenn es um die Kontrolle der Gelder geht, ist die EU auf mindestens einem Auge blind«, kritisiert der Europaabgeordnete Herbert Bösch. »Notorisches Missmanagement«, beklagt die Europaabgeordnete und Haushaltsexpertin Gabriele Stauner. Häufig hapert es nach Meinung der CSU-Politikerin schon daran, dass in der Brüsseler Verwaltung niemand so exotische Sprachen wie Lettisch oder Slowakisch ausreichend spricht, geschweige denn versteht. »Wie soll man dann richtig kontrollieren können, was in den Ländern vorgeht?«, fragt sich die Abgeordnete.

Im slowakischen Fall ging es um Mittel aus den Phare-Fördertöpfen. Mit diesen Geldern unterstützt die EU alles, was die Osteuropäer fit für die Erweiterung machen soll: Schulungs- und Fortbildungsprogramme, Investitionen in Verkehrswege und Umweltschutz. Insgesamt rund 1,6 Milliarden Euro jährlich erhalten die zehn osteuropäischen Bewerberstaaten aus Brüssel. Theoretisch jedenfalls. Denn das Absurde ist, dass die Gelder häufig nicht rechtzeitig abfließen. Im Frühjahr 2002 addierten sich die Rückstände auf 3,7 Milliarden Euro. Das mag die EU-Finanzminister freuen, die den Daumen auf den EU-Haushalt halten. Nur es zeigt eben auch, dass Brüssel auf seinen schönen Programmen sitzen bleibt. Sie sind am grünen Tisch erdacht und funktionieren nicht.

Häufig sind die Aufbauprogramme für Osteuropa ein Selbstbedienungsladen für dubiose Beraterfirmen. Sie nutzen ihr Insiderwissen, um lukrative Projekte an Land zu ziehen. Der Nutzen für die Empfängerländer ist oft gering. Beispiel: ein von der EU mit 300 000 Euro gefördertes Projekt in der polnischen Region, die östlich an Brandenburg grenzt. Laut Plan sollte eine Datenbank für kleine und mittelständische Unternehmen entstehen. »Eigentlich eine gute Idee. Denn deutsche Unternehmen, die hier herüberkommen, sind interessiert daran, polnische Partner kennen zu lernen«, sagt Jacek Robak von der Deutsch-Polnischen Wirtschaftsförderungsgesellschaft (TWG) in Gorzów Wielkopolski. Allerdings hatten die TWG-Manager mehr Mühe mit dem Programm, als dass sie davon profitierten.

Computer sowie Software wurden nämlich von einer spanischen Firma aus Madrid geliefert. Deren Mitarbeiter konnten weder Deutsch noch Polnisch. Handbücher, Installationsmanuals und Menüs gab es nur in Spanisch. Das Ergebnis waren mühsame Übersetzungen, die vor allem von der TWG selbst geleistet und finanziert werden mussten. Trotzdem kassierten die Spanier die EU-Gelder, weil sie die Projektausschreibung in Brüssel gewonnen hatten. Robak kann sich nur wundern: »In Brüssel wird offenbar nicht gefragt, ob ein Projekt wirklich nützlich ist. Die entscheiden stur nach ihren Richtlinien.«

Des Kommissars schwierigster Fall

Eine Wagenkolonne rast durch Bukarest. Es ist ein sonniger Tag
Ende April 2001. Willkommen in Rumänien, dem Armenhaus Europas. In der warmen Frühlingssonne haben die zerfressenen Belle-
Époque-Fassaden immer noch eine würdige Ausstrahlung. Bukarest,
das galt einmal als das Paris des Ostens. Aber die Eleganz von einst
ging im kommunistischen Rumänien verloren. Nun gilt hier schon
der Besuch eines EU-Kommissars als Hoffnungsschimmer. Polizisten verjagen Fußgänger von den Straßenkreuzungen. Streunende
Hunde, die hier zu Tausenden wildern, werden weggescheucht.

Vorn, im dunkelblauen BMW mit dem EU-Diplomatenkennzeichen, sitzt Günter Verheugen. In den rumänischen Zeitungen ist
sein Bild heute sogar auf den Titelseiten. Filmreif, mit kreischenden
Bremsen, halten die Limousinen vor dem »Palast des Volkes«, dem
Monumentalprojekt des ehemaligen Diktators Nicolae Ceauşescu.
Ein ganzer Stadtteil wurde für ihn und seine Kamarilla abgerissen.
Nun wird in dem verkitschten Gebäude mit den überdimensionalen
Säulen und den meist gähnend leeren Wandelgängen Demokratie
geprobt. Das rumänische Parlament hat hier seinen Sitz.

Lächelnd steigt Verheugen die blank schimmernden Marmorstufen hinauf. »Rumänien inspiriert mich«, sagt er und winkt in die
Kameras. Das zaubert ein Lächeln auf das Gesicht des Parlamentspräsidenten Valer Dorneanu. Doch als Verheugen hinter das monumentale eichene Rednerpult des Plenarsaals geklettert ist, donnert
er geradezu auf die Abgeordneten herab. »Rumänien muss beweisen, wie es den Beitritt zur EU schaffen will. Sie brauchen Reformen!«, ruft Verheugen. Keine besonders höfliche Art den Gastgebern gegenüber. Aber die Rumänen lassen es sich gefallen. Vielleicht
ist es ein Reflex aus der Ära Ceauşescus, dass man lieber klatscht als
buht, wenn sich hoher Besuch angekündigt hat. Selbst die Abgeordneten der nationalistischen Großrumänien-Partei, die eigentlich von
Europa nichts wissen wollen, schwenken auf die Generallinie der

EU-Freunde ein. Und bald wird klar, woher der Opportunismus kommt: Dort vorn steht ein Mann, der mit entscheidet über milliardenschwere Finanzhilfen, die aus den Brüsseler EU-Töpfen in das heruntergewirtschaftete Land gepumpt werden.

Zwar hat das Land demokratische Institutionen – Parlament, Regierung und eine zumindest auf dem Papier unabhängige Justiz. Aber Korruption und Bürokratie lähmen jede Reform. Rumänien ist im Vergleich zu den anderen EU-Bewerbern weit zurück. Das Pro-Kopf-Bruttosozialprodukt des Balkanlandes mit seinen knapp 23 Millionen Einwohnern erreicht nur 27 Prozent des EU-Durchschnitts. Die Kindersterblichkeit beträgt 1,86 Prozent – mehr als in jedem anderen europäischen Land. In der veralteten Landwirtschaft sind 42,8 Prozent der Beschäftigten tätig – mehr noch als in Polen. Drei Viertel der Industrie stehen immer noch unter Staatsregie. Die Rumänen müssen nach Meinung von EU-Experten noch fünf Jahre auf die Mitgliedschaft warten. Mindestens.

Verheugen – der Handlungsreisende in Sachen Erweiterung. Kaum jemand aus der EU-Kommission jettet so viel in Europa herum wie der SPD-Politiker. Morgens Sitzung in Brüssel, abends Gespräch mit einem Regierungschef in Warschau, Prag oder Bukarest. Gern nutzt er die TV-Kameras, um seine Botschaft unters Volk zu bringen: »Wir dürfen die Erweiterung nicht scheitern lassen«, sagt er dann beschwörend. Er tanzt auf einem dünnen Seil, muss sich absichern nach allen Seiten. Er ist nicht nur Makler zwischen Kommission und den EU-Kandidatenstaaten. Er muss auch Vermittler zwischen Kommission und Mitgliedsstaaten spielen. Sie haben das letzte Wort bei der Erweiterung. Und nicht nur Paris muckt zuweilen auf. Als Kanzler Schröder im Dezember 2000 eine siebenjährige Übergangsfrist beim freien Zugang von Arbeitnehmern aus Osteuropa in die EU forderte, brachte er Verheugen in eine peinliche Lage. Der Kommissar wollte eigentlich einen ähnlichen Vorschlag machen. Aber nun war ihm Schröder in seiner nassforschen Art zuvorgekommen. In Europa entstand der fatale Eindruck, dass der deutsche Kommissar lammfromm dem Vorsager aus Berlin folgte. Das verträgt sich kaum mit seinem Job als unabhängiger Kommissar. Wie hält Verheugen die Nervereien aus? Er klammert sich an die historische Bedeutung seiner Mission. Der will er seinen Stempel aufdrücken. Die »Zeit« ertappt ihn, wie er vor einer Gruppe osteuropäischer Journalisten unbescheiden bekennt: »Ich weiß, dass ich in die Geschichtsbücher eingehen werde.« Vielleicht lassen sich mit der Vision von einem großen geeinten Europa im Kopf die Brüsseler Stürme besser ertragen. Denn die haben Verheugen immer wieder kräftig ins Gesicht geblasen. Sein Stuhl wackelte, als er im September 2000 in einem Interview mit der »Süddeutschen Zeitung« eine Volksabstimmung über die EU-Erweiterung anregte. Das Bürgervotum würde die Eliten zwingen, auf die Sorgen der Bevölkerung einzugehen, meinte er. Vielredner und Vordenker Verheugen hatte den Finger in die Wunde gelegt: Das Volk wird nicht gefragt, wenn Europas Grenzen nach Osten verschoben werden.

»Das war mein jährlicher Flop«, räumte Verheugen ein. Vor den Abgeordneten im Straßburger Europaparlament musste er sich entschuldigen. Und in Berlin tobte Bundesaußenminister Joschka Fischer. Dem grünen Oberlehrer im Fach Europapolitik ist heute eine Volksabstimmung ähnlich widerwärtig wie früher die Startbahn West.

Verheugens Stärke ist gleichzeitig seine Schwäche. Der gelernte Journalist denkt, während er redet. Der gebürtige Rheinland-Pfälzer liebt die Zuspitzung. Seine Berater bezeichnen das wohlwollend als »rollierende Reflexion«. Doch wenn der Kommissar laut überlegt, schießt er zuweilen übers Ziel hinaus. In einem Redemanuskript bei seinem Trip nach Warschau Mitte 2002 hieß es: Polnische Bauern sollten »auf die Knie fallen und Gott dreimal am Tag dafür danken«, dass die Erweiterung ohne Verzögerung stattfinde. Zum Glück wurde dieser brisante Satz noch kurz vor Verheugens Auftritt herausgestrichen. Ansonsten wäre ein diplomatischer Eklat wohl unausweichlich gewesen.

Verheugen war FDP-Generalsekretär, SPD-Bundesgeschäftsführer und Staatsminister im Auswärtigen Amt – unter Joschka Fischer.

Nun regiert er im vierten Stock eines glasverspiegelten Brüsseler Büroklotzes. Sein Arbeitszimmer hat der Antiquitätensammler mit schweren Stilmöbeln eingerichtet. Alles wirkt gediegen bis bieder. An den Wänden hängen Gemälde junger Künstler aus Osteuropa. Hier empfängt er Regierungschefs und Außenminister. Endlich spielt er nicht mehr die zweite Geige, wie in Berlin. Hier ruft der Kanzler an, wenn er den deutschen Kommissar um einen Gefallen bitten will. Der Junge aus Bad Kreuznach ist endlich am Puls der Macht. Und die hält fit. Noch immer wirkt der 58-Jährige fast jugendlich. Die tägliche Terminhatz ist ihm nicht anzumerken – morgens Kabinettssitzung, mittags mit einem Verbandslobbyisten essen, nachmittags Dienstreise nach Bukarest – alles offensichtlich kein Problem.

Dem sportlichen Ehrgeiz seines Kollegen Lamy, der abends Runde um Runde um den Cinquantenaire Park wetzt, sieht er staunend zu. Nein, über Turnschuhe kann man mit ihm nicht reden. Dann doch eher über Erfolge auf politischer Ebene. Am besten über seine eigenen. Verheugen ist davon überzeugt, dass er es war, der zehn Beitrittskandidaten über die Ziellinie gebracht hat – statt wie ursprünglich geplant nur drei, vier oder sechs.

Droht eine Einwanderungswelle?

Bei den Bürgern ist die Erweiterung nicht beliebt – im Osten so wenig wie im Westen. Polen befürchten, dass raffgierige Deutsche ins Land einfallen, um wertvollen Grund und Boden zum Schnäppchenpreis aufzukaufen. Dagegen werden Deutsche nervös, weil Polen ihnen angeblich Arbeitsplätze wegschnappen. Aber was ist dran an diesen Ängsten? Werden Jobs dadurch gefährdet, dass im Frühjahr Polen den Brandenburger Spargel stechen? Wohl kaum. Die Ernte könnte schon jetzt ohne die fleißigen Helfer aus dem Osten gar nicht eingebracht werden. Auch die bayerische Gastronomie müsste in den Sommermonaten schließen, wenn es nicht die Kellner, Zimmermädchen und Köche von drüben gäbe.

Zwar kann niemand exakt voraussagen, wie viele Menschen aus den neuen Mitgliedsstaaten einwandern werden. Eine Studie des Deutschen Instituts für Wirtschaftsforschung (DIW) in Berlin geht aber davon aus, dass nach dem Beitritt anfangs jährlich rund 335 000 Menschen in die alten EU-Staaten ziehen werden. Unter der Voraussetzung, dass es keine Beschränkungen gibt, würden bis zum Jahre 2030 etwa drei Millionen Osteuropäer zusätzlich in den EU-15-Staaten leben. Das sind gerade 1,1 Prozent der gegenwärtigen EU-Bevölkerung. Schon heute arbeiten etwa 850 000 Bürger aus den Bewerberstaaten Osteuropas in der EU, der größte Teil davon in Deutschland. Sie zahlen Steuern, Krankenkassenabgaben, Arbeitslosenversicherung und Rentenbeiträge. Wer von den Risiken einer unkontrollierten Zuwanderung redet, vergisst die Chancen. Fachkräfte werden in Deutschland dringend gesucht. Und: Der Binnenmarkt darf keine Einbahnstraße sein – weder vom Osten noch vom Westen aus betrachtet.

Schon heute kooperieren mittelständische Betriebe über die Grenzen hinweg. Ein Brandenburger Schreinerbetrieb lässt Doppelrahmenfenster in Polen fertigen und kann sich nur so auf Berliner Großbaustellen Aufträge sichern. Dass umgekehrt deutsche Agrarier, die in Polen Land kaufen wollen, vom Geist des Revanchismus beseelt sind, dürfte auch eher einer Horrorvorstellung entspringen. Denn wenn deutsche (und vor allem auch holländische) Landwirte nach Polen kommen, wird investiert. Das hilft den Dörfern. Umgekehrt sind es gerade die östlichen Nachbarn, die zeigen, wie ein Wirtschaftswunder funktioniert. Die polnische Ostseestadt Stettin erlebt einen Gründerboom, von dem die benachbarte deutsche Krisenregion Mecklenburg-Vorpommern nur träumen kann. Während auf der deutschen Seite die Schlangen auf den Fluren der Arbeitsämter immer länger werden, haben die Polen ihre »Ich-AG« längst in die Praxis umgesetzt. Die Osterweiterung, sie bietet auch durchaus Chancen.

Die Türken vor Brüssel?

Mehr noch als die angebliche Einwanderungswelle aus dem Osten taugt ein ganz spezifisches Kandidatenland als Reizthema: die Türkei.

Soll diese Republik mit ihren 67 Millionen Einwohnern Mitglied der EU werden, obwohl ihr Territorium größtenteils in Asien liegt? Verträgt die christlich geprägte Gemeinschaft den Beitritt eines mehrheitlich von Muslimen bevölkerten Landes? Wann ist die Türkei politisch und wirtschaftlich dafür reif? Die Debatte lässt kaum einen Bürger gleichgültig.

Wahr ist: Die Situation in dem Land zwischen Europa und Asien ist zwiespältig. Bis jetzt ist die Folter in den Gefängnissen verbreitete Praxis. Der Einfluss des Militärs geht weit über das hinaus, was in einer Demokratie zulässig sein kann. Demnach ist es zu früh, mit der Türkei die Aufnahmeverhandlungen zu beginnen.

Andererseits: Allein die Perspektive eines möglichen Beitritts hat in dem Land Kräfte freigesetzt, die kaum einer für möglich gehalten hätte. Die Todesstrafe ist praktisch abgeschafft. Selbst die regierende islamistisch verwurzelte Regierung treibt liberale Reformen voran. Die Türkei könnte das erste Land der Geschichte werden, das Islam und Demokratie vereinbart – es könnte sich als Entwicklungsmodell für den gesamten Nahen und Mittleren Osten entpuppen.

Und die Wirtschaft? Ökonomisch ist das Land am Bosporus – gemessen am Bruttoinlandsprodukt pro Kopf – nur knapp ärmer als Rumänien und Bulgarien. Keinesfalls erwirtschaftet die Türkei »weit weniger als irgendein anderer Beitrittskandidat«, wie der Historiker Heinrich August Winkler frohgemut behauptet. Wobei der Durchschnittswert nichts über die gewaltige Kluft verrät, die sich zwischen der gut entwickelten West-Türkei und den bettelarmen Landstrichen nahe der iranischen oder irakischen Grenze auftut.

Konventspräsident Valéry Giscard d'Estaing würde der Türkei gerne aus einem anderen Grund den Zutritt verwehren. Die Türkei sei »kein europäisches Land«, dozierte er in einem Interview. »Seine Hauptstadt ist nicht in Europa, 95 Prozent seiner Bevölkerung leben außerhalb von Europa.« Dieser Einwand kommt allerdings etwas spät. Tatsächlich haben die Europäer schon vor Jahrzehnten den europäischen Charakter der Türkei offiziell anerkannt – darum hat man Ankara ja die Mitgliedschaft im Straßburger Europarat gewährt und eine EU-Mitgliedschaft immer wieder in Aussicht gestellt. Das ist auch der Unterschied zwischen diesem eurasischen Land und eindeutig nicht-europäischen Staaten wie Israel oder Marokko. Ein Beitrittsgesuch aus Rabat hat die EU schon einmal zurückgewiesen. Der Türkei dagegen lässt sich die versprochene Aufnahme so nicht verwehren – sondern nur, wenn sie ihre demokratischen und ökonomischen Reformen nicht weit genug treibt.

Bedenkenswert ist ein anderes Argument. Nehme die Gemeinschaft das bald vielleicht 80 Millionen Einwohner zählende Land in ihre Reihen auf, müssten die Europäer eine engere politische Union für immer abschreiben, warnen manche. Eine um die Türkei erweiterte EU sei zu heterogen, um zu vertiefter Integration fähig zu sein. Aber stimmt das? Droht diese Gefahr nicht längst durch die Erweiterung der EU um die zehn osteuropäischen Kandidaten sowie Malta und Zypern? Schon mit diesem Big Bang drohe zwar »nicht das Ende der Welt«, sehr wohl aber »der Beginn des Chaos« – so das Bonmot des belgischen Politikwissenschaftlers Franklin Dehousse.

Anders gesagt: Nur wenn die Europäische Union den Massenbeitritt der Osteuropäer organisatorisch bewältigt und nicht daran erstickt, wird sie sich später schrittweise für weitere Länder öffnen können. Eine EU unter Einschluss der Türkei brauche »viel mehr Integration«, nicht weniger, sagt Joschka Fischer voraus.

Ohnehin rechnet in Brüssel keiner damit, dass die Türkei vor dem Jahr 2013 Mitglied der EU werden kann. Selbst wenn Brüssel im Jahr 2005 Beitrittsverhandlungen mit Ankara eröffnen sollte, werden sie sich viele Jahre hinziehen.

Manchmal scheint es, als ob die Gegner eines türkischen Beitritts Probleme zitieren, die sie im Fall Polens oder Rumäniens stillschweigend in Kauf nehmen. Das muss am Bosporus den Argwohn wecken, dass die EU eben doch ein exklusiver Christenclub sei, der aus ideologischen Gründen vor der Aufnahme eines moslemischen Millionenvolkes zurückschrecke.

Doch die Kritiker haben noch ein weiteres Argument auf Lager. Die Aufnahme der Türkei sei ja nie mit den Bürgern diskutiert worden, beschweren sie sich. Sie haben Recht – aber war es mit der Erweiterung um die osteuropäischen Länder anders?

Für die Debatte um die Aufnahme der Türkei gilt das Gleiche wie für den Erweiterungsprozess als Ganzen: Das mangelnde Vertrauen der Menschen in dieses Großprojekt hat sich die EU selbst zuzuschreiben. Nun rächt sich, dass das Jahrhundertvorhaben weitgehend unter Ausschluss der Öffentlichkeit abgewickelt wird – als eine Art Verwaltungsakt.

13 EUROPA IN BESSERER VERFASSUNG?

»Das ist der letzte Schuss, den die EU hat.«
Der CDU-Europaabgeordnete Elmar Brok

Wie ein Konvent von Parlamentariern und Regierungsvertretern Europa demokratisieren soll. Wie Präsident Giscard d'Estaing die Strippen zieht. Wie um die Macht in Europa ein Kampf entbrennt

»Vive l'Europe!« – mit diesen Worten beginnt ein einmaliges historisches Experiment. »Es lebe Europa!«, so eröffnet Valéry Giscard d'Estaing die erste Sitzung des europäischen Konvents. Minister und Kommissare, Parlamentarier aus Brüssel wie aus den nationalen Hauptstädten haben sich an diesem 28. Februar 2002 in Brüssel versammelt, um eine europäische Verfassung vorzubereiten.

So etwas hat Brüssel noch nicht gesehen. Nur mit Mühe können sich die Teilnehmer den Weg zu ihren Plätzen bahnen. TV-Teams aus beinahe allen Ländern Europas versperren den Weg. Giscard d'Estaing, der ehemalige französische Präsident, macht als Konventsvorsitzender den Anwesenden klar, wie groß die Herausforderung ist. Misslinge der Konvent, dann drohe Europa ein »Abgrund des Scheiterns«. Denn »die größte Erweiterung in der Geschichte der EU wurde beschlossen«, wird Giscard später klagen, ohne dass zuvor »die Institutionen reformiert wurden«. Aber es gebe auch große Chancen, mahnt der gerade 76-Jährige. Die Welt warte auf ein

»starkes, einiges, friedliches Europa«, das im Konzert der großen Mächte des Planeten mitspiele. Giscard spricht nicht nur im nuschligen Französisch seiner heimatlichen Auvergne, sondern passagenweise auch auf Englisch und Deutsch – schaut her, will er sagen, ich bin ein echter Europäer.

105 Männer und Frauen sollen nun einen Bauplan für die künftige Architektur Europas entwerfen, von der finnischen Universitätsprofessorin Teija Tiilikainen bis zum türkischen Vize-Premier Mesut Yilmaz. Denn die Vertreter der 15 Mitgliedsstaaten sind nicht unter sich. Auch die dreizehn Kandidatenländer schicken Repräsentanten.

Das Spektrum im Saal ist groß. Da gibt es den wortgewaltigen österreichischen Grünen Johannes Voggenhuber, der die EU längst »auf dem Weg zur Staatswerdung« sieht. Und im Saal sitzen auch einige wenige Euroskeptiker wie der Däne Jens Bonde, der möglichst viele Kompetenzen zurück in die Nationalstaaten holen will. Auffällig viele ältere Männer sind dabei – Ex-Minister, Ex-Kommissare und Ex-Diplomaten zuhauf. Frauen und junge Leute sind kaum vertreten.

»Alle sind enthusiastisch, alle sind mitgerissen und begeistert, Geschichte zu schreiben«, schwärmt der 44-jährige CDU-Abgeordnete Peter Altmaier, der als Vizevertreter des Bundestages im Saal sitzt. Es ist eine Premiere. Erstmals sind es nicht mehr nur Beamte, Minister und Regierungschefs, die im kleinen Kreis und hinter verschlossenen Türen über die Verfasstheit der Union entscheiden. Erstmals wird in aller Öffentlichkeit über die Fragen verhandelt, die alle Europäer angehen: Wer hat die Macht in der Union? Wer entscheidet was? Und welchen Einfluss haben die Bürger? Anders als in der hergebrachten europäischen Geheimdiplomatie hat nun das bessere Argument eine Chance, nicht mehr nur die reine Machtpolitik. Jedenfalls hofft das Peter Altmaier.

Beim Gipfel in Laeken im Dezember 2001 hatten die Regierungschefs eine Erklärung verabschiedet, die in ungewöhnlich deutlicher Sprache die Probleme benennt. Die Union müsse »demokratischer, transparenter und effizienter« werden, heißt es in dem vom belgischen Premier Guy Verhofstadt vorformulierten Text. Denn: »Die Bürger finden, dass alles viel zu sehr über ihren Kopf hinweg entschieden wird.«

Es ist ein ungewöhnliches Eingeständnis, das die mächtigsten Männer und Frauen Europas da ablegten. Dass die Debatte sich nun um mehr dreht als nur die Zahl der Stühle rund um den Kommissionstisch und die Gewichtung der Stimmen im Ministerrat, kann sich neben Verhofstadt vor allem ein deutscher Politiker zugute halten: Joschka Fischer, der deutsche Außenminister. Mit einer Rede in der Berliner Humboldt-Universität im Mai 2000 brach er ein Tabu. Offen plädierte er für eine Demokratisierung der Gemeinschaft. Wie anders, so fragte Fischer, sei die Union nach ihrer Erweiterung sonst noch regierbar? Wie könne eine EU mit 25, 28 oder mehr Mitgliedern überhaupt noch funktionieren? »Wie lange werden Ratssitzungen dann eigentlich dauern? Tage oder gar Wochen?« Wie wolle man »verhindern, dass die EU damit endgültig intransparent, die Kompromisse immer unfasslicher und merkwürdiger und die Akzeptanz der EU bei den Unionsbürgern schließlich weit unter den Gefrierpunkt sinken wird?«. Fischer plädiert für eine parlamentarisch kontrollierte europäische Regierung in einer »Europäischen Föderation«. Nur die könne verhindern, dass die Union an der eigenen Größe ersticke.

Wie Recht Fischer hat, zeigt sich sieben Monate später beim Gipfel in Nizza. Wieder scheitern die Staats- und Regierungschefs daran, die Strukturen der EU so klar und durchschaubar zu gestalten, dass die Union die Erweiterung verkraftet. Zugleich wächst der Druck von unten. Nicht zuletzt in den deutschen Bundesländern verlangen Ministerpräsidenten wie Wolfgang Clement in Düsseldorf und Edmund Stoiber in München, die Brüsseler Kompetenzen klarer von denen der Mitgliedsstaaten und der Regionen abzutrennen. Andernfalls drohen sie gar, den neuen EU-Vertrag im Bundesrat scheitern zu lassen. Schon am Ende der Beratungen in Nizza im Dezember 2000 setzt darum Gerhard Schröder zusammen mit seinem italienischen Amtskollegen durch, dass noch vor der Erweiterung eine erneute Reformdiskussion beginnen muss.

Anti-Demokratisierer machen mobil

Die Probleme, die der Konvent lösen muss, liegen also auf der Hand. Es geht um Effizienz, Demokratie und Transparenz der Gemeinschaft. Auch mit 25 und mehr Mitgliedern muss die Gemeinschaft zu Entscheidungen kommen können – mehr Mehrheitsvoten im Rat sind unumgänglich. Doch das setzt voraus, dass das Europaparlament stets voll einbezogen ist. Andernfalls würde sich das Demokratiedefizit der Gemeinschaft nur noch weiter vergrößern. Mehr Mehrheitsentscheidungen – das stärkt zugleich die Macht der Brüsseler Zentrale, die ihre Vorschläge so leichter durch den Rat wird bugsieren können. Also stellt sich die Frage, wie die Kommission größere demokratische Legitimation erwerben kann. Und schließlich die Transparenzfrage: Gefragt ist Klarheit darüber, wer in der Union welche Kompetenzen hat.

Das klingt simpel. Doch in den Konventsberatungen zeigt sich rasch, dass jeder der 105 Teilnehmer seine eigene Interpretation dessen hat, was die drei Reformprinzipien bedeuten. Die PDS-Europaabgeordnete Sylvia Kaufmann will eine »Sozial- und Beschäftigungsunion«. Der SPD-Bundestagsabgeordnete Jürgen Meyer regt eine EU-Steuer an. Der französische Sozialist Olivier Duhamel schlägt eine europäische Grenzpolizei vor. Die französische Sozialistin Pervenche Beres verlangt eine bessere Koordination der Wirtschaftspolitik. Und der baden-württembergische Ministerpräsident Erwin Teufel möchte einen klaren Kompetenzkatalog, um die Macht der Brüsseler Zentrale zu begrenzen.

»Jeder ergreift das Wort mit der Hoffnung, dass seine Vision sich für ganz Europa durchsetzen wird«, beobachtet der CSU-Europaabgeordnete Joachim Würmeling amüsiert. Bei einigen Punkten schälen sich trotzdem rasch große Mehrheiten heraus. Die meisten im Konvent wollen eine stärkere gemeinsame Außenpolitik – allerdings sperren sich die Briten dagegen, nationale Kompetenzen abzugeben. Alle Teilnehmer führen die Forderung nach mehr Demokratie im Mund. Aber was heißt das konkret? Die Meinungen gehen weit auseinander.

Peter Altmaier ist einer der radikalen Reformer. Seit 1996 ficht der Christdemokrat für eine EU, die ihr »unerträgliches Demokratiedefizit« endlich überwindet. Der Saarländer plädiert dafür, dass die Kommission wie eine nationale Regierung vom Parlament gewählt wird – und nach den nächsten Wahlen auch wieder gestürzt werden kann. Nur wenn die Bürger so mitbestimmen können, werden sie Europa wirklich akzeptieren, davon ist Altmaier überzeugt.

Als Helmut Kohl noch als Bundeskanzler regierte, wurde der Christdemokrat Altmaier als aufmüpfiger »junger Wilder« bekannt. Im Dezember 2002 nominiert ihn die Union als ihren Sprecher im »Wahlbetrug«-Untersuchungsausschuss des Bundestages. Aber der Jurist, der fließend Englisch, Französisch und Niederländisch spricht, ist vor allem Europäer. Fünf Jahre lang arbeitete er sogar als Beamter für die Kommission in Brüssel – jetzt sieht er die Chance, seine Zukunftsvision zu verwirklichen.

Doch die findet in der Konventsrunde nicht sofort Resonanz. Der britische Europaminister Peter Hain findet die Idee eines gewählten Kommissionspräsidenten schlicht »grotesk«. Wie solle eine linksgewirkte Kommission vertrauensvoll mit konservativen Regierungen in den Mitgliedsstaaten zusammenarbeiten, fragen britische Diplomaten. Dass so etwas in föderalen Staaten wie den USA oder Deutschland sehr wohl funktioniert, stört die Bedenkenträger nicht.

Die Bremser sind auch in Paris stark vertreten. Der ehemalige französische Europaminister Pierre Moscovici, der zeitweise als Konventsmitglied amtiert, verspottete Fischer nach dessen Humboldt-Rede sogar öffentlich wegen seiner »planetarischen Visionen« – die seien einfach unrealistisch.

Aus der EU-Kommission meldet sich Günter Verheugen zu Wort. Er hat das Demokratiedefizit der Union eigentlich immer kritisiert – doch jetzt, wo es um seine Beseitigung geht, hat er »leise Bedenken«. Bei einer Wahl des Kommissionspräsidenten gerate die EU-Administration leicht in den Verdacht, »allein Parteiinteressen zu vertreten«, nicht das europäische Gemeinwohl. Aber ist dieses Gemeinwohl nicht eine Chimäre, solange es nicht demokratisch definiert wird? Und wie gelingt es eigentlich den gewählten Regierungen in allen Mitgliedsstaaten, den Verdacht der Parteilichkeit abzustreifen? Gewiss, eine gewählte Kommission müsste bestimmte Funktionen abgeben, weil sie sich mit Parteipolitik nicht vertragen – so könnte ein EU-Kartellamt die Wettbewerbsaufsicht in der Gemeinschaft übernehmen. Doch zugleich hätte eine gewählte europäische Exekutive die Chance, sich kraftvoll in vielen anderen Politikfeldern zu engagieren, zum Beispiel der Außenpolitik.

Außenminister Fischer plädierte noch in seiner Berliner Rede für eine »Vollparlamentarisierung«. Doch bevor Fischer im Oktober 2002 selbst den Job des deutschen Regierungsrepräsentanten im Konvent übernimmt, schickt er einen nur ungenügend vorbereiteten Platzhalter – Peter Glotz. Der frühere SPD-Bundesgeschäftsführer und Sankt Gallener Professor ist mehr aus Zufall in den Konvent geraten – aus Mangel an Alternativen. Glotz ist ein brillanter Formulierer und Charmeur alter Schule. Aber mit dem Stand der europäischen Verfassungsdebatte ist er nicht vertraut.

Kann sich Glotz anfangs noch für die Volldemokratisierung erwärmen, schwenkt er nach einigen Wochen auf eine laue Kompromisslinie ein. Es genüge, wenn der Präsident der Kommission gewählt würde, verkündet er. Die Kommissare jedoch sollten weiter in den Mitgliedsstaaten ernannt werden. Alles andere schwäche die Unabhängigkeit der Kommission.

Auf den ersten Blick scheint die Idee tragfähig. Erst beim zweiten Hinschauen zeigt sich der Pferdefuß: Denn wenn die Kommission weiter wie eine große Koalition bestückt wird, bleiben die Wahlen zum Europaparlament weitgehend bedeutungslos. Fast noch schlimmer: Es fehlt wie bisher an jeder ernsthaften Opposition im Parlament.

Der Professor führt ein verräterisches Argument ein: »Wir müssen noch eine ganze Zeit dafür sorgen, dass eine Kohäsion der 25 Staaten entsteht. Da braucht man einen Katalysator, das ist die Kommission«, doziert er. Aber warum muss es wie bisher eine Bürokratie sein, die für den Zusammenhalt sorgt? Würde nicht eine europäische Konkurrenzdemokratie mit dem Dauerkonflikt zwischen Regierung und Opposition eine europäische Öffentlichkeit schaffen, die viel wirksamer für ein Gefühl der Zusammengehörigkeit sorgt?

Im Oktober 2002, nach der Bundestagswahl, sind die Tage des Hobbyeuropäers Glotz gezählt. Jetzt übernimmt Joschka Fischer. Endlich nehme Berlin die Verfassungsdebatte ernster, hoffen viele. Die »Stärkung der demokratischen Legitimität« der EU sei ihm »besonders wichtig«, versichert Fischer in seiner ersten Rede vor der Verfassungsversammlung. Was das konkret heißt, lässt er freilich lange im Unklaren. Einigermaßen eindeutig lehnt er immerhin ein Verfassungsmodell ab, das den demokratischen Standard der Gemeinschaft eindeutig nicht erhöhen würde: Gemeint ist der Vorschlag der Regierungen von Großbritannien, Frankreich und Spanien, die alle drei skeptisch sind, wenn die Rede von einer demokratisch legitimierten Brüsseler Exekutive ist. Sie schlagen die Schaffung eines ganz neuen Postens vor: Ein von den Regierungen und nur den Regierungen für mehrere Jahre ernannter Ratspräsident solle die Union künftig repräsentieren und ihre Außenpolitik bestimmen. Tony Blair in London und José María Aznar in Madrid machen sich angeblich bereits Hoffnungen auf diesen Job.

Freilich würde diese Konstruktion das Demokratiedefizit der Gemeinschaft nicht verringern, sondern erhöhen. Welchem Parlament und welchen Wählern wäre ein solcher Präsident rechenschaftspflichtig – wo er doch von der Regierungen Gnaden lebt? »Die EU hat dann Kaiser und Papst zugleich«, spottet Glotz. Da hat er durchaus mal Recht.

Schließlich gibt es die Verfechter des Status quo. Sie wollen es wie bisher den Staats- und Regierungschefs überlassen, den Kommissionspräsidenten auszuwählen. Das Parlament dürfte weiter nur abnicken – oder dürfe den Präsidenten zwar wählen, aber nur mit einer schwer zu erreichenden Zwei-Drittel-Mehrheit, was das Elend der lähmenden großen EU- Koalition auf Dauer fortschreiben würde. Unter Prodis Kommissaren und Beamten hat dieser Vorschlag viele Anhänger. Manche von Prodis Kommissaren schüren sogar offen antiparlamentarische Ressentiments. Die Brüsseler Exekutive dürfe sich nicht zur »Geisel des Parlaments« machen lassen, argumentiert allen Ernstes Justizkommissar Antonio Vitorino.

Hinter jedem der vier Modelle stehen bestimmte Interessen. Die Status-quo-Variante gefällt vielen Kommissaren, denn die »Mehrheit der Kommission hat Angst, Privilegien zu verlieren«, konstatiert Peter Altmaier. Vor allem das Monopol für neue Gesetzesvorschläge ist den Beamten wichtig, denn sie behalten damit die Herrschaft über den Bestand der gemeinsamen Gesetzgebung. Diesen Alleinvertretungsanspruch kann die Kommission freilich nur verteidigen, wenn sie den Anschein der Überparteilichkeit aufrechterhält – eine gewählte Kommission müsste das Initiativmonopol aufgeben.

Es ist auch kein Zufall, dass gerade Frankreich, Großbritannien und Spanien den Ministerrat aufwerten wollen. Die drei ehemaligen Kolonialmächte verfügen über eine gut organisierte und schlagkräftige Diplomatie. Eine Gemeinschaft, in der wie bisher vorzugsweise hinter den Kulissen entschieden wird, kommt ihnen entgegen. Eine nicht gewählte Kommission erlaubt es außerdem, die Illusion aufrechtzuerhalten, in Brüssel würden nur einige technokratische Details entschieden – und die Macht residiere weiter im Élysée-Palast und in Downing Street Nr. 10.

Dass gerade die Deutschen energisch für mehr Parlamentsrechte und eine gewählte Kommission plädieren, sei ebenfalls kein Zufall, sagen die Franzosen. Als bevölkerungsreichstes Land profitiere die Bundesrepublik stets am meisten von jeder Demokratisierung. Das

Argument ist nicht völlig falsch. Allerdings hat das angeblich deutsche Modell im Konvent auch prominente französische Anhänger wie den Europaabgeordneten Alain Lamassoure. Eine demokratisierte und politisierte Kommission ist für ihn schlicht »der Preis, der zu bezahlen ist«, damit die Bürger Europa annehmen.

Manche Gegner einer parlamentarisierten Union scheinen zugleich arg kurzsichtig bei ihrer Interessenpolitik. Denn langfristig kann es der Kommission durchaus nutzen, wenn sie sich auf eine politische Mehrheit stützen kann. Ein Wechsel von Regierung und Opposition führt dazu, dass die Bürger Versager in die Wüste schicken können – es ist nicht mehr Brüssel pauschal, das für alle Missstände an den Pranger gestellt werden kann.

»Aber ist Europa reif für das Pingpong zwischen Regierung und Opposition, rechts und links?«, zweifelt Glotz. Scheitere – so fragen andere – nicht die europäische Demokratie allein daran, dass es keinen europäischen »Demos« gebe, kein europäisches Volk – ja keine Europäer, sondern nur Franzosen, Deutsche, Polen oder Griechen? Sei die EU darum nicht dazu verurteilt, sich zuallererst auf die Nationalstaaten zu stützen? Der österreichische Grüne Johannes Voggenhuber hat eine schlagende Antwort parat. »Demos entsteht dort, wo Menschen einem Recht unterworfen werden«, argumentiert Voggenhuber. Keiner kann bestreiten, dass das in Europa geschieht.

Kulissenschieber im Konvent

Bis Januar 2003 finden diese Debatten im Plenum des Konvents freilich fast gar nicht statt. Präsident Giscard d'Estaing hat eine präzise Vorstellung über den Zeitplan. Erst ganz zum Schluss will er die großen Fragen der künftigen europäischen Verfassung diskutieren lassen. Bis dahin beschäftigt er die Versammlung ausschließlich mit anderen Themen. Das von Giscard geleitete Präsidium setzt Arbeitsgruppen ein, die sich mit solchen zwar bedeutsamen, aber doch vergleichsweise zweitrangigen Fragen beschäftigen wie der Rechtspersönlichkeit der EU und ihren »komplementären Kompetenzen«.

Aber ist das nicht ein sträflicher Fehler? Denn der Konvent muss viel nachholen. Eine große öffentliche Verfassungsdebatte, bei der das Für und Wider möglicher Regierungssysteme diskutiert wurde, habe in Europa bisher kaum stattgefunden, konstatiert der Oxforder Politologe Larry Siedentop. Seit Jahren diskutieren stattdessen EU-Fachleute mit EU-Fachleuten über so periphere Konzepte wie die so genannte »offene Methode der Koordinierung«.

Die Europäer zäumten das Pferd vom Schwanz auf, glaubt der gebürtige Amerikaner Siedentop. »Richtiger wäre stattdessen, zunächst eine Debatte zu initiieren.« Dem Politologen gefällt nicht, wie der Konvent seine Arbeit organisiert. »Einmal im Monat für ein, zwei Tage in Sektionen zusammenkommen, wie es der europäische Konvent tut, ermöglicht nur, einen Konsens zu erreichen, und macht es für den Präsidenten leicht, die Diskussion zu beherrschen«, glaubt Siedentop.

In der Tat dominiert Giscard d'Estaing die Debatten für den Geschmack vieler Konventsmitglieder eindeutig zu stark. Der ehemalige französische Präsident (der seinerzeit mit dem grausamen zentralafrikanischen Diktator Jean-Bedel Bokassa jagen ging und sich von diesem selbst ernannten »Kaiser« Diamanten schenken ließ) ist offensichtlich der falsche Mann, wenn es um eine bürgernahe, demokratischere EU geht. Giscard registriere nur das, was ihm in den Hauptstädten eingeflüstert werde, beschwert sich Voggenhuber. Der Konventssaal sei ein »akustisches Bermudadreieck«, in dem viele Reden vom Präsidenten einfach überhört würden. Zweifel kommen auf: Vertritt der Franzose den Konvent? Oder einige mächtige Regierungen?

Schon die Art und Weise, in der er bestallt wurde, spricht demokratischen Prinzipien Hohn. Es waren nicht etwa die Konventsmitglieder, die Giscard kürten, sondern die Staats- und Regierungschefs. Genauer gesagt: Es war Frankreichs Staatspräsident Jacques Chirac.

Er schlug seinen Landsmann beim Gipfel in Laeken vor – und das nicht nur, weil er sich damit Einfluss auf die künftige EU-Verfassung sichern wollte. Er entledigte sich auf diese Weise auch eines potenziellen Rivalen bei den im Frühjahr 2002 angesetzten Präsidentschaftswahlen.

Ursprünglich war die Mehrheit am Gipfeltisch in Laeken gegen Chiracs Kandidaten. Giscard scheint ihnen mit seinen 76 Jahren eher Europas Vergangenheit als die Zukunft zu verkörpern. Er gelte als betagt, »hochmütig, verschlagen und elitär«, fasst der »Economist« die Kritik zusammen. Doch mit gewohnter Sturheit und dank der Unterstützung von Tony Blair und Gerhard Schröder setzt sich der französische Präsident durch.

Viele sind erstaunt über Schröders Zustimmung, denn Giscard hat zuvor schon öffentlich klar gemacht, dass er von einem Europa à l'allemande wenig hält. Seine Vorstellungen einer EU-Reform passen besser zu den Ideen, die gerade in London und Paris entwickelt werden – nicht so sehr zum deutschen Modell einer demokratisierten Kommission. Die neue EU-Verfassung solle »geprägt sein von der Klarheit und Logik des französischen Geistes«, tönt der Präsident im französischen Parlament. In Wahrheit schwebt ihm ein konstitutionelles Ungetüm vor, das alles bringen würde, nur keine Klarheit. Er hat zwei Lieblingsideen: Ein EU-Volkskongress aus nationalen plus europäischen Abgeordneten soll künftig wichtige Entscheidungen treffen – nicht das direkt gewählte Europaparlament. Außerdem möchte er die künftige europäische Exekutive im von den Hauptstädten beherrschten Rat ansiedeln. Regierungschefs und Minister aus den Mitgliedsstaaten sollen in Brüssel den Ton angeben.

Aber wie können in den Mitgliedsstaaten gewählte Politiker glaubwürdig europäische Politik machen? Wie sollen sie auf europäischer Ebene demokratisch kontrolliert werden? Wird ein französischer Minister nicht stets vorrangig auf die Wähler in Paris und Marseille schauen, so wie sein deutscher Kollege nach Berlin und Köln?

Man könne »nicht ein 500 Millionen Einwohner zählendes Gebilde mit zentralisierten und demokratisch schwach legitimierten Institutionen regieren«, argumentiert Giscard. Wohl wahr. Aber warum plädiert er dann gegen eine stärkere demokratische Anbindung der Kommission? Öffentlich macht sich der Präsident für einen, wie er es nennt, »stabilen Präsidenten« der EU stark, der nach Giscards Vorstellung zunächst nur von den Staats- und Regierungschefs gekürt werden soll. Erst zu einem »späteren Zeitpunkt« sei auch eine minimale demokratische Legitimierung vorstellbar – etwa durch das Votum des Kongresses aus nationalen und europäischen Abgeordneten.

So entferne man die EU nur noch weiter von den Bürgern, kritisiert der europäische Ombudsmann, der Finne Jacob Söderman, zu Recht. In seinem ersten Verfassungsentwurf im Herbst 2002 plädiert der Konventspräsident sogar ganz offen für »eine Union europäischer Staaten«. Die Bürger kommen in diesem Europamodell überhaupt nicht vor. In der Verfassung des Franzosen gehe es »vielmehr um Effizienz als um Demokratie«, analysiert Quentin Peel in der »Financial Times«. Giscards Paragraphen »handeln alle von Prozeduren, nicht von Verantwortung. Und das ist genau das Problem der ganzen EU«.

Wo bleibt da Verhofstadts Versprechen von mehr Klarheit und Demokratie? Gewiss, Giscard will dem Europaparlament größeren Einfluss auf die Gesetzgebung gewähren. Aber in Wahrheit, glaubt er, seien die Bürger gar nicht so sehr an Verbesserungen der »internen Maschinerie« der EU interessiert. »Die Menschen fragen: Was bringt uns Europa? Sie fragen nicht: Wie funktioniert Europa?« Soll das heißen, dass die Bürger gar nicht wissen wollen, wie über ihr Wohl entschieden wird – solange erleuchtete Eliten das für sie übernehmen?

Machtkampf der Institutionen

So gerät der Konvent in den Sog eines Machtkampfes der Brüsseler Institutionen. Der Konvent konzentriert sich – in Södermans Worten – auf »Power Play auf höchster EU-Ebene«. Angeführt von Vizegeneralsekretär Pierre de Boissieu, träumen die Beamten im Sekretariat des Ministerrats davon, die Führungsrolle im künftigen Europa zu erobern. Mit Giscards »stabilem Präsidenten« an der Spitze könnten diese Träume wahr werden – statt der schwach legitimierten Kommissionsbürokratie regierte dann die gar nicht legitimierte Ratsbürokratie.

Die Deutschen sind eigentlich mit anderen Vorstellungen in den Konvent gegangen. Ein künftiger Ministerrat mit 25 Mitgliedern müsse eher nach dem Vorbild des Bundesrates parlamentarisiert werden, glauben Schröder und Fischer. Anders sei er gar nicht mehr entscheidungsfähig.

Doch dagegen sträubt sich der Partner Frankreich. »Es kann nicht sein, dass in einer Art Senat der Vereinigten Staaten von Europa Deutschland Kalifornien, Frankreich Texas und Tschechien Tennessee wird«, empört sich Frankreichs zeitweiliger Konventsvertreter Pierre Moscovici.

Wer spricht für die Deutschen?

Wer zieht hier im Hintergrund die Strippen? Ursprünglich ist die Verfassungsdebatte eine Forderung von Deutschen, Belgiern und Italienern. Jetzt übernimmt ein franko-britisches Tandem die Kontrolle. Denn Giscards oberster Zuarbeiter stammt aus London – es ist der hochintelligente und EU-erfahrene britische Diplomat John Kerr.

In Giscards Namen versucht Kabinettschef Kerr dem Konvent von Anfang an ein strenges Regime aufzuerlegen. Unter seiner Ägide entsteht der Entwurf einer Geschäftsordnung, die alle Macht auf den Präsidenten konzentriert. »Der Präsident wacht über die ordnungsgemäße Durchführung der Debatten. Zu diesem Zweck kann er jede Entscheidung treffen, die ihm notwendig erscheint. Er organisiert die Reihenfolge der Tagesordnung, bestimmt die Länge der jeweiligen Debatte, erteilt das Wort und teilt die Redezeit zu«, heißt es in dem Entwurf. Unter Druck erklärt sich d'Estaing zu einigen Änderungen bereit. Aber er setzt seine Politik fort, die Debatte möglichst effizient fernzusteuern.

Die Regierungen in Paris und London scheinen ganz genau zu wissen, was sie wollen. Doch was ist mit den Deutschen?

Fast hätte der Konventspräsident ja gar nicht Giscard, sondern Helmut Kohl geheißen. Parteifreunde versuchen, ihn im Vorfeld zu einer Kandidatur zu überreden – keiner hätte seine Kür zum Präsidenten stoppen können, glauben Freunde des Altkanzlers. Aber der mag sich den Stress nicht zumuten. Gleich nach seiner Ernennung bietet Giscard der Bundesregierung immerhin an, ihm einen Diplomaten als Kabinettschef vorzuschlagen – doch in Berlin findet man niemand Tauglichen. Der Posten geht an den Briten Kerr.

Schließlich – im Januar 2003 – legen Kanzler Schröder und Frankreichs Präsident Chirac eine Blaupause für die künftige Machtstruktur der Union vor. Einiges daran klingt ja durchaus vernünftig. Der Kommissionspräsident soll eine Richtlinienkompetenz gegenüber seinen Kommissaren bekommen. Für die Kommissare verlangen Schröder und Chirac ein Weisungsrecht gegenüber ihren Generaldirektoren, um die Bürokratie besser zu kontrollieren. Außerdem wollen Berlin und Paris Schluss machen mit der diplomatischen Rivalität von Außenkommissar und Hohem Beauftragten für Außenpolitik, wie sie heute zwischen Chris Patten und Javier Solana ausgetragen wird.

Doch was das an Vereinfachung bringt, geht eine Stufe höher wieder verloren: Neben dem Kommissionspräsidenten wollen Schröder und Chirac einen für mehrere Jahre amtierenden Ratspräsident installieren. Ein für beide Seiten ruinöser Konkurrenzkampf wäre die fast logische Folge.

Wo schon der Grundsatz der Effizienz unter die Räder gerät, steht es um die anfangs versprochene Demokratisierung noch schlechter. Schröder konnte Chirac zwar überzeugen, den Kommissionschef vom Parlament wählen zu lassen. »Die EU-Bürger sind die größten Gewinner unseres Vorschlags«, behauptet darum Außenminister Joschka Fischer. Tatsächlich ist der Grüne damit reichlich voreilig. Denn Chirac versteht den Kompromiss so, dass der Chef der Brüsseler Exekutive eine Zwei-Drittel-Mehrheit hinter sich versammeln muss. Die große Brüsseler Koalition würde so auf immer weiter regieren – und das Wahlergebnis hätte wie bisher nur zweitrangige Bedeutung.

Noch grotesker: Die Staats- und Regierungschefs verlangen für sich das Privileg, die vom Parlament demokratisch getroffene Entscheidung wieder auszuhebeln – der Kommissionschef muss nach dem Parlamentsvotum nämlich auch eine qualifizierte Mehrheit im Rat erringen. Es wäre, als müsste der gewählte Kanzler hinterher außerdem eine Zwei-Drittel-Mehrheit im Bundesrat erobern.

Geht es nach Schröder und Chirac, soll der neu zu berufende Ratspräsident sogar gekürt werden, ohne dass irgendein Parlament reinreden kann. Die Staats- und Regierungschefs allein wollen ihn berufen – so wie es früher dem Kommissionspräsidenten erging. Teil der Arbeitsplatzbeschreibung für den neuen Brüsseler Würdenträger: Die »Umsetzung der Beschlüsse« der Regierungschefs zu überwachen. Entsteht also ein Oberaufseher für den gewählten Kommissionspräsidenten? Dessen demokratische Verantwortlichkeit vor dem Parlament würde damit flugs wieder beschädigt.

Schröder will kurz vor dem 40. Jahrestag des deutsch-französischen Élysée-Vertrags Einigkeit mit Paris demonstrieren und macht dafür viel zu viele Zugeständnisse an Chirac. Wenn das Brüsseler Ungetüm künftig zwei Köpfe hat, statt nur einen, wird es dem Bürger kaum größeres Vertrauen einflößen. Es klingt fast wie eine

Satire auf die Prinzipien von Effizienz, Demokratie und Transparenz, denen der Konvent eigentlich folgen sollte. Mit einem von einer ewigen großen Koalition getragenen Kommissionspräsidenten und einem gar nicht demokratisch gewählten Präsidenten an der Spitze des Ratssekretariats rüsten sich die Brüsseler Apparate zu einem Konkurrenzkampf, bei dem die Bürger einmal mehr nur Zuschauer sind.

Die Deutschen scheinen dem geschickten Taktieren von Franzosen und Briten lange hilflos ausgeliefert. Selbst Außenminister Fischer scheint inzwischen nicht mehr auf der »Vollparlamentarisierung« zu bestehen, die er ein Jahr zuvor ins Gespräch gebracht hat. Ist es bessere Einsicht in das realpolitisch Mögliche? Oder bereitet sich der Grüne gedanklich schon auf eine Kandidatur als Kommissionspräsident im Jahr 2004 vor? Der Gedanke an diesen Karrieresprung gefällt dem wieder gewählten Außenminister.

So oder so: Was dieser Konvent produziert, wird über lange Zeit die Europäische Union prägen. Giscard glaubt: für 50 Jahre. Seien erst mal alle Kandidatenländer voll stimmberechtigt, werde jeder neue Reformanlauf auf lange Zeit illusorisch, glaubt Elmar Brok. Der CDU-Europaabgeordnete hat eine treffende Beschreibung für das, was die 105 Konventsmitglieder vor sich haben. Es sei, so Brok illusionslos, »der letzte Schuss, den die EU hat«.

NACHWORT

»Die Union wird demokratisch sein, oder sie wird
nicht überleben.«

Der französische Europaabgeordnete
Alain Lamassoure

*EU-Beamte proben den Aufstand. Wie ein Zahnarzt Fälschungen
produzierte und was den Wettbewerbshütern sonst noch so auffiel. Warum Europa in der Krise steckt. Warum Europa nie wichtiger war als heute. Ist das Raumschiff Brüssel noch zu retten?*

Das Gesicht aschfahl, das weiße Hemd verschwitzt – so betritt Kommissionspräsident Jacques Santer am 16. März 1999 den stickigen
Pressesaal. »Die Kommission hat beschlossen, kollektiv zurückzu-
treten«, verkündet der Präsident mit tonloser Stimme den Journalisten. Ein kurzes Grabwort für eine EU-Kommission. Dann verschwindet der Luxemburger wieder so rasch, wie er gekommen war.
Es ist 43 Minuten nach Mitternacht. Nach langen Diskussionen haben Santer und seine Mannschaft beschlossen, der Krise ein Ende zu
machen und eine knappe Kapitulationserklärung abzugeben. Zu ver-
nichtend war das Urteil eines Expertenkomitees, das in den frühen
Abendstunden veröffentlicht wurde: Santer und seine Kollegen hätten schlicht und ergreifend die »Kontrolle über die Verwaltung, die
sie eigentlich führen müssten, verloren«. Zu viele Skandale und Be-

trugsaffären hatten sich aufgestaut, die in der Kommission über Monate und Jahre hinweg vertuscht wurden.

Jaques Santer war einst aus dem kleinen Moselort Wasserbillig ausgezogen, um in der großen Politik Karriere zu machen. Seine Frau Danielle Santer hatte »nie geglaubt, dass das als Erfolg für ihn endet«. Sie sah ihren Jacques als »Bürgermeister irgendeiner Ortschaft« enden. Tatsächlich brachte es der Mann mit dem immer etwas geröteten Gesicht und dem arglosen Lächeln sehr viel weiter. Der Christdemokrat schaffte es nicht nur, Regierungschef des kleinen Luxemburg zu werden – die Staats- und Regierungschefs kürten ihn 1995 sogar zum Kommissionspräsidenten.

Unter dem freundlichen Luxemburger gelang der Kommission etwas, was vor ihr noch keiner geglückt war: Selbst die normalerweise friedfertigen Europaabgeordneten probten den Aufstand. Vor allem die Bildungs- und Forschungskommissarin Edith Cresson brachte viele Abgeordnete gegen sich auf. Monatelang verheimlichten ihre Beamten dem Parlament, dass es bei dem 600 Millionen Euro teuren Bildungsprogramm Leonardo massive Betrugsvorwürfe gab. Die ehemalige französische Premierministerin ließ einen Zahnarzt aus ihrem Heimatort Châtellerault als »Gastwissenschaftler« einstellen – später stellte sich heraus, dass die wenigen angeblich von dem Dentisten René Berthelot produzierten Papiere in Wahrheit nachträglich gefälscht waren. Außerdem hatte sich die Kommissarin in zweifelhafter Weise als Lobbyistin im Dienste ihres Heimatlandes betätigt. Dem belgischen Wettbewerbskommissar Karel Van Miert fiel in Kommissionssitzungen immer wieder auf, »dass Edith Cresson vor allem ausgesprochen französische Standpunkte vertrat. Sie las dabei meistens von Spickzetteln ab, die offensichtlich in enger Zusammenarbeit zwischen Paris und ihrem Kabinett ausgearbeitet waren.«

Der Moloch Brüssel scheiterte kurz vor der Jahrtausendwende an sich selbst – an Arroganz, Überheblichkeit und Immunität gegen jede Kritik. Die EU war am Tiefpunkt ihrer bis dahin 47-jährigen Geschichte angelangt. Santer und seine 19 Kommissarskollegen kamen zu Fall, weil sie es zugelassen hatten, dass sich Teile der Kommissionsbürokratie verselbständigten – und weil sie unter dem Druck der Regierung in Paris selbst die hoch kompromittierte Kommissarin Cresson weiter deckten. Was aus Sicht der Gründerväter die Stärke der Gemeinschaftsinstitutionen sein sollte, erwies sich als Schwäche. Losgelöst von Parlament und Öffentlichkeit, waren sie Lobbys und nationalen Seilschaften zum Opfer gefallen. Es schien wie eine Zeitenwende. Doch die Konsequenzen bleiben bis heute aus.

Santers Sturz wurde als unbedeutender Zwischenfall abgebucht – statt ihn zum Anlass einer Runderneuerung der europäischen Politik zu nehmen. Romano Prodis neue Kommissarsmannschaft ließ einige administrative Prozeduren ändern, teils zum Besseren, teils zum Schlechteren – und deklarierte das als Reform. Gegen Cresson leitet die Kommission erst fast vier Jahre nach ihrem Abgang, im Januar 2003, ein Verfahren ein, das in eine Pensionskürzung münden könnte. Hohe Beamte, die die Verantwortung für Misswirtschaft und Skandale trugen, überstanden alle Stürme.

Europa wird weiter aus den Hinterzimmern der Diplomatie regiert. Die EU-Führung wirbt weiter nicht mit offenem Visier und im öffentlichen Streit der Meinungen um die Gunst der Bürger. Kommission, Ministerrat und Europäisches Parlament – die europäischen Institutionen bilden das Räderwerk einer Organisation, in der es bis heute weder eine klare Gewaltenteilung noch eine wirksame demokratische Kontrolle gibt.

Die Kommissionsführung muss nicht primär um die Qualität ihrer Arbeit kämpfen, sondern im politischen Gerangel mit den Regierungsbürokratien der Mitgliedsstaaten ihre Anpassungs- und Überlebensfähigkeit unter Beweis stellen. Eine Herrschaft der Institutionen ist die Folge – eine erbärmliche Entwicklung für den europäischen Kontinent, dessen große historische Leistung eigentlich darin besteht, den demokratischen Rechtsstaat erfunden zu haben.

Schon glauben manche, erst müsse Europa durch eine weitere Krise gehen, bis der große Reformsprung gelingt. Die Elemente einer solchen Krise sind allesamt bereits zu erkennen. Je größer die Zahl der Mitgliedsstaaten, desto größer das Risiko von Streit und Blockade. Werden eben erst unabhängig gewordene Mitgliedsländer aus dem Osten ohne weiteres akzeptieren, bei Mehrheitsabstimmungen zu unterliegen? Wie werden die Steuerzahler im Westen reagieren, wenn nach der Erweiterung die Brüsseler Fördermilliarden in Osteuropa in die Hände lokaler Verbrecherringe fallen – statt dem dringend nötigen Aufbau der immer noch maroden Infrastruktur Osteuropas zu dienen? Wird es sich bald als sträflich erweisen, dass die Kommission Prodi die Finanzkontrolle eher geschwächt als gestärkt hat? Was wird aus dem Euro angesichts großer ökonomischer Gegensätze und einer nur schwach koordinierten Wirtschaftspolitik?

In Europa haben sich die Koordinaten verschoben, ohne dass die Brüsseler Institutionen mitgewachsen sind. Die Gemeinschaft trägt immer noch den Konfirmationsanzug aus den 60er Jahren. Doch mit Hochwasserhosen und abgewetzten Ärmeln ist kein Staat zu machen.

Ende der Hegemonie Frankreichs?

Der Sturz der Kommission von Jacques Santer und Cressons unwürdige Rolle waren symptomatisch für eine Entwicklung, die sich schleichend vollzieht: das aufkommende Ende der französischen Hegemonie in Brüssel. Die politische Dominanz Frankreichs ist in Jahrzehnten eigentlich fest etabliert. Ohne französische Politiker wie Jean Monnet, Robert Schuman und Jacques Delors wäre die Gemeinschaft heute nicht dort, wo sie ist – das gilt im Guten wie im Schlechten.

Doch die Machtkonstellationen sind nicht mehr die gleichen. Die festgefügten Ränge der Nachkriegsordnung – Frankreichs politischer Führungsanspruch und die Selbstbeschränkung Deutschlands in der Außen- und Sicherheitspolitik – sind obsolet geworden.

Noch dominiert scheinbar der französische Präsident Jacques Chirac die europäische Bühne – auch weil Kanzler Schröder oft zu schwach erscheint, ihm Paroli zu bieten. Trotzdem entgleitet Paris zunehmend die Kontrolle. Nur zähneknirschend hat die französische »classe politique« hingenommen, dass die Erweiterung längst nicht mehr zu stoppen ist. Die geographischen Gewichte der Gemeinschaft werden sich zwangsläufig nach Osten verschieben. Das hat vor allem wirtschaftliche Konsequenzen, jedoch auch politische und kulturelle.

In Paris regiert die Angst, die Definitionsmacht über den europäischen Einigungsprozess zu verlieren. Erstmals seit 1958 seien sich »die Franzosen nicht sicher, was sie wollen«, konstatiert der Politologe Larry Siedentop. Angesichts Erweiterung und EU-Reform verhielten sich die französischen Eliten wie »Angsthasen«, schreibt das Pariser Blatt »Libération«.

Und das Verhältnis zum deutschen Nachbarn? Dessen europäische Einbindung war immer ein vorrangiges Interesse der Politiker Frankreichs. Doch plötzlich sind die Verhältnisse östlich des Rheins nicht mehr so, wie sie mal waren. Mit der EU-Erweiterung rückt Deutschland aus seiner bisherigen geostrategischen Randlage im alten Westeuropa heraus. Der deutsche Michel kann nicht mehr das politische Neutrum spielen und sich ansonsten im Ohrensessel bequem zurücklehnen. Das immerhin hat man in Berlin begriffen.

Doch unterdessen ist der deutsch-französische Motor ins Stottern geraten. »Die Franzosen haben eine Idee, und die Deutschen bezahlen sie« – so beschreiben Spötter das Grundprinzip der EU. Doch heute geht den Deutschen das Geld aus und den Franzosen die Ideen. Paris ist in der Defensive – und beäugt misstrauisch alle Pläne für eine demokratisierte Gemeinschaft. Wenn es um den Einfluss der größeren Zahl gehe, könnten ja nur die Deutschen gewinnen, lautet das kurzsichtige Argument.

Das letzte große europapolitische Projekt, das nach dem alten deutsch-französischen Paradigma funktionierte, war wohl die Währungsunion. Doch ohne deutsch-französischen Akkord hat die EU auch in Zukunft kaum eine Chance, die großen Probleme der europäischen Politik zu lösen.

Pariser Ängstlichkeit

Mit seiner Ängstlichkeit blockiert Paris auch die Lösung, mit der Europa seine Midlife-Crisis überwinden kann. Die Gemeinschaft hat keine Wahl. Brüssel muss demokratischer werden. Sonst findet die EU eines Tages ohne die Menschen statt.

In den meisten Staaten Europas wurden und werden die Bürger bis heute zu den großen europäischen Einigungsprojekten nicht gefragt. Das war so beim Euro. Das wiederholt sich mit der Erweiterung der Union nach Osten. Doch als EU-Kommissar Günter Verheugen im September 2000 in einem Interview mit der »Süddeutschen Zeitung« die Idee einer Volksabstimmung ins Spiel brachte, erbebte in Brüssel und den anderen Hauptstädten die Erde. »Eine Volksabstimmung?«, riefen die Prodis, Chiracs und Fischers empört. Der SPD-Politiker war nach Meinung seiner Kollegen zu weit gegangen. Nun musste er zu Kreuze kriechen, um seinen Job zu retten.

Gewiss, man kann darüber streiten, ob Volksabstimmungen der geeignete Weg sind, über Abtreibung, Atomkraft oder eben auch über neue EU-Mitgliedsländer zu entscheiden. Das würde die Politik abhängig machen vom täglichen Medienzauber und von spontanen Meinungsumschwüngen. Doch sind Plebiszite schon deshalb Unsinn, weil sie die Regierenden in ihrem Trott stören können? Wohl nicht. Das Problem ist die Bequemlichkeit der Eliten, die sich mit dem Volk nicht auseinander setzen wollen. Deutlich wurde mit der hysterischen Reaktion auf Verheugens Fehltritt: Die Überheblichkeit der Brüsseler Regenten ist überaus fest verankert.

Machtspiele statt Bürgernähe

Machtspiele und Intrigen beherrschen die Brüsseler Szene. Mitgliedsstaaten wie Frankreich oder Großbritannien versuchen auf ihre Weise, von dem Ansehensverlust der Kommission zu profitieren. Sie wollen dem Rat, in dem die Mitgliedsstaaten das Sagen haben, die Führung der Gemeinschaft übertragen. Die Kommission soll zu einem besseren Sekretariat degradiert werden. Doch damit ersetzt man nur eine Bürokratie durch die andere – das System würde an Transparenz verlieren, nicht gewinnen.

Die Kommission wehrt sich gegen die Beschneidung ihrer Kompetenzen. Die hat sie ja durchaus immer wieder im europäischen Sinne nutzen können. Die engagierte Politik von Wettbewerbskommissar Mario Monti für verbraucherfreundliche Autopreise und Bankgebühren, sein Kreuzzug gegen staatliche Subventionen wären ohne die starke Stellung der Kommission im Gefüge der europäischen Institutionen nicht möglich gewesen. Einen mutigen deutschen Politiker, der die Filzokratie der deutschen Landesbanken infrage stellte, hat man vergeblich gesucht. Doch zugleich blendet die Kommission gerne aus, was das schöne Bild stört: ihr scheinbar unaufhaltsames bürokratisches Wachstum, Regelungswut und Anfälligkeit für Missmanagement und Vetternwirtschaft.

Als dritter Spieler auf der Brüsseler Bühne hat das Europäische Parlament nicht die Kraft, dem geballten Machtanspruch von Ministerrat und Kommission etwas entgegenzusetzen. Gewiss sicherte schon der EU-Vertrag 1997 von Amsterdam dem Parlament ein beachtliches Kontrollrecht. Doch die Abgeordneten sind eingebunden in ein eng geknüpftes Netz des politischen Lobbyismus. Das Parlament ist allzu oft nur ein Wurmfortsatz des Brüsseler Apparats.

Europa ist wichtiger denn je

Dabei war Europa noch nie so wichtig wie heute. Die europäische Integration ist kein Auslaufmodell. Im Gegenteil. Zu Beginn des 21. Jahrhunderts ist der alte Kontinent mit Herausforderungen konfrontiert, die nicht durch eine Wiederbelebung der Nationalstaaten, sondern nur durch eine gemeinsame Kraftanstrengung gemeistert werden können. Die globalisierte Weltwirtschaft zeigt ihre Schattenseiten. Zwischen Arm und Reich wird die Kluft größer. Der Traum der von der Wall Street inspirierten New Economy ist ausgeträumt. Europa muss zunehmend auf seine eigenen Potenzen vertrauen und sein eigenes Modell eines domestizierten Kapitalismus entwerfen. Die Kommission muss die Mitgliedsstaaten weiter unter Druck setzen, ihre Haushalte zu sanieren und die überfälligen Wirtschaftsreformen anzupacken.

Kaum irgendwo sonst ist der potenzielle Brüsseler Mehrwert so hoch wie in der Außenpolitik. Alleine können Deutsche oder Franzosen oder Briten auf der Weltbühne wenig ausrichten. Zugleich steht Europa nach dem Ende des Kalten Krieges vor neuen Bedrohungen. Im Mittelmeerraum spannt sich der Krisenbogen vom Nahen Osten bis hin nach Algerien und Marokko. Die EU muss außenpolitisch handlungsfähig werden. Nur so werden sich die Europäer auch gegen die Wildwestallüren der Bush-Regierung in Washington durchsetzen können.

Darum ist es höchste Zeit, die unsinnige Doppelung von Außenkommissar einerseits und Ratsbeauftragtem für Außenpolitik andererseits zu beseitigen. Doch Briten und (etwas verschämter) die Franzosen sperren sich. Müssten die Mitgliedsstaaten über ihre gemeinsame Außenpolitik nicht sogar mit Mehrheit entscheiden, um rascher handeln zu können? Oder würde das die Kompromissbereitschaft zu vieler Länder einstweilen überreizen? So oder so: Nur gemeinsam sind die Europäer stark.

Eine runderneuerte EU braucht in mancher Weise nicht weniger,

sondern mehr Kompetenzen. Um die Brüsseler Institutionen zu ei-
genverantwortlichen Wirtschaften zu erziehen, ist selbst eine eigene europäische Steuer durchaus eine gute Idee. Sie könnte das bisherige, kaum durchschaubare Finanzierungssystem ersetzen, bei
dem Brüssel seine Einnahmen auf dem Umweg über die Mitgliedsstaaten erhält. Über eine solche Steuer müsste freilich das Europaparlament entscheiden. Zudem darf sie nicht zu einer Mehrbelas-
tung der Steuerzahler führen. Ein europäischer Staatsanwalt sollte
zugleich dafür sorgen, dass der Betrug mit EU-Subventionen wirksamer bekämpft wird. Bisher können sich die Mitgliedsstaaten hinter unterschiedlichen nationalen Regelungen verstecken und eine
Aufklärung von Unregelmäßigkeiten allzu leicht verhindern.

Damit sich die EU auf die Aufgaben konzentrieren kann, die sie
tatsächlich besser kann als die Nationalstaaten, müssen aber umgekehrt dem Brüsseler Zentralismus Zügel angelegt werden. Warum
muss die Alkoholsteuer und die Standfestigkeit von Leitern in Europa harmonisiert werden? Warum sind EU-Bürokraten dafür zuständig, Eingriffe in Naturschutzgebiete zu überwachen?

Vieles kann besser von den Mitgliedsstaaten erledigt werden. Vor
allem die Agrar- und Strukturpolitik sind zu Hemmschuhen für die
europäische Einigung geworden. Es kann nicht sein, dass weiter fast
die Hälfte des Gemeinschaftsbudgets an die Landwirtschaft geht.
Die Zahlungen müssen drastisch reduziert werden. Was auch künftig an Subventionen fließt, muss daran geknüpft werden, dass die
Landwirte etwa als Landschaftspfleger eine Gegenleistung erbrin-
gen. Könnte die Agrarpolitik sogar ganz zurück in die Hände der
Mitgliedsstaaten gelegt werden? Oder riskiert Europa da Wettbe-
werbsverzerrungen zwischen reichen und armen Mitgliedsländern?
Dieser Diskussion wird sich die Gemeinschaft nicht entziehen können.

Was tun, wenn einige Mitgliedsstaaten Reformen hartnäckig verweigern? Außenminister Joschka Fischer hat von der Möglichkeit
einer »Avantgarde« von Ländern gesprochen, die den anderen vor-
auseilen. In der Tat ist absehbar, dass die europäische Einigung künf-

tig kaum noch im Gleichtakt vonstatten gehen kann. Europa muss sich auf unterschiedliche Geschwindigkeiten einstellen. Die Währungsunion ist eigentlich schon ein Beispiel dafür: Nicht alle Staaten nehmen teil. Und diejenigen, die dazugehören, haben ihr eigenes Regelwerk. Künftig könnte dieses Modell ebenso für die Militär- und Sicherheitspolitik der EU gelten.

Ohne Risiko ist ein solches Modell freilich nicht. Brauchte eine solche Gemeinschaft in der Gemeinschaft nicht einen neuen eigenen Apparat – und machte die überkomplizierte EU-Maschinerie so vollends undurchschaubar? Eine »Avantgarde«, als elitäre Veranstaltung der großen EU-Staaten gegenüber den kleinen, trüge den Spaltpilz in die Gemeinschaft.

Inzwischen beginnen in Brüssel bereits viel weiter reichende Diskussionen. Sollte die Gemeinschaft nicht solchen Ländern den Austritt ermöglichen, die die Zusammenarbeit andernfalls nur blockieren und in denen es zum Beispiel keine Mehrheit für eine neue EU-Verfassung gibt? Ein verbrieftes Recht zum Verlassen der Gemeinschaft, selbst unter strengsten Bedingungen, existiert bisher nicht.

Mehr Demokratie wagen

Handlungsfähigkeit, Effizienz und Stärke sind allerdings nur zu gewinnen, wenn die Bürger ernst genommen werden. Europa braucht eine institutionelle Revolution, die sowohl die Macht zwischen Europaparlament, Kommission und Ministerrat neu ordnet als auch das zentrale Problem der demokratischen Legitimation löst.

Was die Gemeinschaft braucht, ist nicht ein Mehr an Hinterzimmerdiplomatie, sondern ein Mehr an Demokratie. Aus der Union der Staaten und Bürokratien muss eine Union der Bürger werden. »Die Union wird demokratisch sein, oder sie wird nicht überleben«, schreibt der ehemalige französische Europaminister Alain Lamassoure seinen eigenen Landsleuten ins Stammbuch. Nur ein nach einem europäischen Wahlkampf von den Wählern legitimierter und von einer starken Opposition kontrollierter Kommissionspräsident hätte genug Autorität, um die Behörde so zu reformieren, dass sie den Herausforderungen des 21. Jahrhunderts standhält. Anders als heute Amtsinhaber Romano Prodi könnte ein demokratisch legitimierter Präsident (oder eine Präsidentin!) das europäische Gemeinschaftsinteresse mit Glaubwürdigkeit geltend machen – gerade dann, wenn Staats- und Regierungschefs auf den Höhen europäischer Gipfel nur ihre nationalen Steckenpferde reiten. Zugleich könnte sich das Europaparlament aus seiner Nebenrolle befreien. Es würde zum zentralen Scharnier im Machtgefüge der Gemeinschaft.

Freilich wäre das auch ein weiterer großer Schritt in Richtung einer stärkeren Integration. Erstmals müssten die Staats- und Regierungschefs sich eingestehen, dass in Brüssel reale Macht konzentriert ist. Auf einmal hätte die EU ein Gesicht. Es wäre Schluss mit der Anonymität der Brüsseler Eurokraten – und Schluss mit ihrer billigen Rolle als Sündenbock.

Demokratie im Brüsseler Alltag würde auch dem vielleicht größten europäischen Mangel abhelfen – der fehlenden gemeinsamen Öffentlichkeit. Bis heute führen die Europäer eher 15 nationale Debatten als eine einzige europäische. Euroskeptiker benutzen das als Argument gegen die Gemeinschaft. Tatsächlich wird umgekehrt ein Schuh daraus: Sobald im Brüsseler Parlament spannende Politik stattfindet – entsteht die europäische Öffentlichkeit ganz von alleine.

Es ist höchste Zeit, Europa vom Kopf auf die Füße zu stellen. Machen wir aus dem technokratischen Monster eine Demokratie! Oder anders gesagt: Bringen wir das Raumschiff Brüssel zur Landung.

VERWENDETE LITERATUR

Volker Angres/Claus-Peter Hutter/Lutz Ribbe: »Bananen für Brüssel«, München: Droemer Knaur, 1999.

Volker Angres/Claus-Peter Hutter/Lutz Ribbe: »Futter für das Volk«, München: Droemer Knaur, 2002.

Maurizio Bach: »Die Bürokratisierung Europas«, Frankfurt/New York: Campus, 1999.

Enrico Brandt/Christian Buck (Hrsg.): »Auswärtiges Amt – Diplomatie als Beruf«, Opladen: Leske + Budrich, 2002.

Leon Brittan: »A Diet of Brussels«, London: Little Brown and Company, 2000.

Marie-Thérèse Bitsch: »Histoire de la Construction Européenne«, Brüssel: Editions Complexe, 2001.

David Calleo: »Rethinking Europe's Future«, Princeton/Oxford: Princeton University Press, 2001.

Yves Conrad: »Jean Monnet et les Débuts de la Fonction Publique Européenne«, Louvain-la-Neuve: Ciaco, 1989.

Nicole Fontaine: »Mes Combats«, Paris: Plon, 2002.

Pierre-Gilles de Gennes: »Petit Point«, Paris: Éditions Le Pommier, 2002.

Charles Grant: »Delors – Inside the House that Jacques built«, London: Nicholas Brealey, 1994.

Liesbeth Hooghe: »The European Comission and the Integration of Europe«, Cambridge: Cambridge University Press, 2001.

Fernando Imposimato/Giuseppe Pisauro/Sandro Provvisionato: »Corruzione ad Alta Velocità«, Rom: Koinè Nuove Edizioni, 1999.

Markus Jachtenfuchs/Beate Kohler-Koch (Hrsg.): »Europäische Integration«, Opladen: Leske + Budrich, 1996

Robert Kagan: »Power and Weakness«, Washington: Policy Review, No. 113, 2002.

Pascal Lamy: »L'Europe en première ligne«, Paris: Seuil, 2002.

Bénédicte Lapeyre: »François, Peter, Maria, Hendrik et les autres«, Paris: Editions Albin Michel, 2002.

Wilfried Loth/William Wallace/Wolfgang Wessels: »Walter Hallstein – The forgotten European?«, Hounmills, Basingstoke: Macmillan, 1998.

Peter Ludlow: »The Laeken Council«, Brüssel: Eurocomment, 2002.

Peter Ludlow: »The Barcelona Council«, Brüssel: Eurocomment, 2002.

Peter Ludlow: »The Sevilla Council«, Brüssel. Eurocomment, 2002.

Matt Marshall: »Die Bank – Die Europäische Zentralbank und der Aufstieg Europas zur führenden Wirtschaftsmacht«, München: Karl Blessing Verlag, 1999.

Patrick A. Messerlin: »Measuring the Cost of Protection in Europe«, Washington, D.C.: Institut for International Economics, 2001.

Maurice Mestat: »Memoires et libres Propos«, Luxemburg: Schomer-Turpel, 2001.

Jean Monnet: »Mémoires«, Paris: Fayard, 1976 (Deutsch: »Erinnerungen eines Europäers«, Baden-Baden: Nomos, 1988).

Pierre Moscovici: »L'Europe, une Puissance dans la Mondialisation«, Paris: Editions du Seuil, 2001.

Beate Neuss/Wolfram Hilz: »Deutsche personelle Präsenz in der EU-Kommission«, Sankt Augustin: Konrad-Adenauer-Stiftung, 1999.

Neill Nugent (Hrsg.): »At the Heart of the Union – Studies of the European Commission«, London: Macmillan, 2000.

Bino Olivi: »L'Europe difficile«, Paris: Gallimard, 1998

John Peterson/Elizabeth Bomberg: »Decision-making in the European Union«, Houndmills, Basingstoke: Macmillan, 1999.

Jean Quatremer/Thomas Klau: »Ces Hommes qui ont fait l'Euro«, Paris: Plon, 1999.

George Ross: »Jacques Delors and European Integration«, Cambridge: Polity Press, 1995.

Eric Roussel: »Jean Monnet«, Paris: Fayard, 1996.

Fritz W. Scharpf: »Regieren in Europa«, Frankfurt/New York: Campus, 1999.

Peter Schönberger: »Hauptsache Europa – Perspektiven für das Europäische Parlament«, Berlin: Duncker & Humblot, 1994.

Dirk Schümer: »Das Gesicht Europas«, Hamburg: Hoffmann und Campe, 2000.

Leonardo Sciascia, »The Moro Affair«, London: Granta Books, 2002.

Philippa Sherrington: »The Council of Ministers«, London/New York: Pinter, 2000.

Cris Shore: »Building Europe – The cultural Politics of European Integration«, London: Routledge, 2000.

Larry Siedentop: »Democracy in Europe«, London: Penguin Press, 2000 (Deutsch: »Demokratie in Europa«, Stuttgart: Klett-Cotta, 2002).

Anne Stevens/Handley Stevens: »Brussels Bureaucrats?«, Houndmills, Basingstoke: Palgrave, 2001.

Paul van Buitenen: »Unbestechlich für Europa«, Basel/Gießen: Brunnen, 1999.

Karel van Miert: »Markt, Macht, Wettbewerb – Meine Erfahrungen als Kommissar in Brüssel«, Stuttgart/München: DVA, 2000.

M.P.C.M. Van Schendelen: »EU Committees as influential Policymakers«, Aldershot/Brookfield/Singapur/Sydney: Ashgate, 1998.

Roland Vaubel: »Europa-Chauvinismus«, München: Universitas, 2001.

Zeitungen, aus denen wir zitiert haben:

Agence Europe
Berliner Zeitung
Bild
Capital
The Daily Telegraph
Economist
E!sharp
EU-Journal
EU-Magazin
European Voice
Le Figaro
Financial Times
Focus
Frankfurter Allgemeine Zeitung
Frankfurter Rundschau
The Guardian
Handelsblatt
Helsingin Sanomat
Impulse
The Independent
International Herald Tribune
Irish Times
Jyllands-Posten
Le Soir
Libération
La Libre Belgique

Le Monde
Le Nouvel Observateur
Le Quotidien (Luxemburg)
Der Standard
Süddeutsche Zeitung
Spiegel
Stern
The Sunday Times
Tagesspiegel
tageszeitung (taz)
The Times
Welt
Wirtschaftswoche
Zeit

Empfehlenswerte Websites:
europa.eu.int (offizieller Server, über den Informationen über alle EU-Institutionen zu bekommen sind)
www.euobserver.com (wertet täglich auf Englisch Zeitungen aus ganz Europa auf EU-Themen hin aus)

Außerdem nutzten die Autoren eine große Zahl an Dokumenten von Kommission, Europaparlament und Europäischem Rechnungshof. Viele von ihnen sind interner Natur und wurden bisher nicht publiziert.